教育部人文社会科学面上项目（16YJA840007）、北京高等学校卓越青年科学家项目（JJWZYJH01201910003010）、上海大学2021年联合大作业项目（202112）联合资助

大都市社区生活空间资源评价与优化配置

李永浮　蔡宇超　著

中国建筑工业出版社

图书在版编目（CIP）数据

大都市社区生活空间资源评价与优化配置 / 李永浮，蔡宇超著 . —北京：中国建筑工业出版社，2022.1
ISBN 978-7-112-26876-4

Ⅰ.①大… Ⅱ.①李…②蔡… Ⅲ.①社区服务—基础设施—资源配置—研究—上海 Ⅳ.① D669.3

中国版本图书馆 CIP 数据核字（2021）第 247066 号

责任编辑：率　琦
责任校对：王　烨

大都市社区生活空间资源评价与优化配置
李永浮　蔡宇超　著

*

中国建筑工业出版社出版、发行（北京海淀三里河路9号）
各地新华书店、建筑书店经销
北京点击世代文化传媒有限公司制版
北京京华铭诚工贸有限公司印刷

*

开本：787 毫米 ×960 毫米　1/16　印张：23½　字数：394 千字
2022 年 5 月第一版　2022 年 5 月第一次印刷
定价：85.00 元
ISBN 978-7-112-26876-4
（38689）

版权所有　翻印必究
如有印装质量问题，可寄本社图书出版中心退换
（邮政编码 100037）

目 录

第1章 绪 论 / 1
    1.1 研究背景 / 1
        1.1.1 国家层面:"公共事业"与"生活产业"并举 / 1
        1.1.2 地方层面:"设施建设"与"服务提升"并进 / 2
        1.1.3 上海层面:"转型挑战"与"发展机遇"并存 / 4
    1.2 研究目的和意义 / 5
        1.2.1 研究目的 / 5
        1.2.2 研究意义 / 6
    1.3 研究内容及方法 / 6
        1.3.1 研究框架 / 6
        1.3.2 研究方法 / 8
    1.4 小结 / 8

第2章 城市生活服务设施配置的社会背景研究 / 10
    2.1 城乡一体化和城乡融合的理论进展 / 10
        2.1.1 国内理论进展 / 10
        2.1.2 国外理论进展 / 13
    2.2 城乡一体化和城乡融合的政策演变 / 16
        2.2.1 形成阶段:要素流动一体化 / 16
        2.2.2 探讨阶段:城乡协调一体化 / 17
        2.2.3 成熟阶段:社会经济一体化 / 17
        2.2.4 深化阶段:双向互动一体化 / 18
    2.3 上海城乡一体化与城乡融合发展制度分析 / 21
        2.3.1 上海城乡一体化发展 / 21

  2.3.2 浦东城乡一体化发展 / 23

  2.3.3 郊区城乡一体化发展 / 25

2.4 城乡一体化到城乡融合发展：关于生活服务设施配置标准 / 28

  2.4.1 国家标准规范 / 28

  2.4.2 地方标准规范 / 30

2.5 小结 / 33

第3章 城市社区生活资源配置的国内外案例 / 34

3.1 国内城市案例 / 34

  3.1.1 北京：区域协同型 / 34

  3.1.2 南京：城乡融合型 / 35

  3.1.3 港澳地区：集约紧凑型 / 37

3.2 国外城市案例 / 40

  3.2.1 纽约：人本关怀型 / 40

  3.2.2 东京：更新优化型 / 43

  3.2.3 伦敦：生活品质型 / 45

3.3 国内外案例借鉴 / 48

  3.3.1 案例比较 / 48

  3.3.2 案例借鉴 / 49

3.4 小结 / 50

第4章 城市生活空间资源配置的理论研究 / 51

4.1 核心概念：社区、生活空间、资源配置 / 51

  4.1.1 社区 / 51

  4.1.2 生活空间 / 54

  4.1.3 资源配置 / 58

  4.1.4 结语 / 60

4.2 生活空间资源配置的基本现状 / 60

  4.2.1 基本公共服务均等化视角 / 60

  4.2.2 公共服务设施规划视角 / 63

        4.2.3 城乡社区建设发展视角 / 66
    4.3 生活空间资源配置的制约因素分析 / 74
        4.3.1 设施配置对象视角：发展不平衡 / 74
        4.3.2 供给需求匹配视角：发展不充分 / 78
        4.3.3 体制机制建设视角：发展不协调 / 81
    4.4 生活空间资源配置的理论分析 / 85
        4.4.1 供给侧相关理论 / 85
        4.4.2 需求侧相关理论 / 88
        4.4.3 理论框架推导 / 90
    4.5 生活空间资源配置的技术方法 / 91
        4.5.1 技术方法总结 / 91
        4.5.2 技术方法应用 / 95
        4.5.3 技术方法关联 / 98
    4.6 生活空间资源配置的相关研究评述 / 99
        4.6.1 对象研究：侧重"由上至下"，应加强"由下至上"研究 / 99
        4.6.2 问题研究：侧重"局部思考"，应加强"层次系统"研究 / 99
        4.6.3 标准研究：侧重"基本保障"，应加强"品质提升"研究 / 100
        4.6.4 方法研究：侧重"单一手段"，应加强"技术融合"研究 / 100
    4.7 小结 / 101

第5章 上海社区空间资源配置的政策研究 / 102

    5.1 上海社区空间资源配置的政策变迁 / 102
        5.1.1 土地视角：从"管控"走向"治理" / 102
        5.1.2 建设视角：从"单向"走向"互动" / 103
        5.1.3 服务视角：从"被动"走向"主动" / 107
    5.2 上海社区生活空间资源配置的标准分析 / 110
        5.2.1 基础标准分析 / 110
        5.2.2 通用标准分析 / 112
        5.2.3 专项标准分析 / 113
    5.3 上海社区生活空间资源配置的主要问题 / 116

5.3.1　居住社区：匹配度问题 / 116
　　　5.3.2　产业社区：便利度问题 / 118
　　　5.3.3　商业社区：品质度问题 / 120
　5.4　上海社区生活空间资源配置的改进策略 / 121
　　　5.4.1　绿色健康：紧凑——都市社区 / 121
　　　5.4.2　创新再生：兼容——创意社区 / 122
　　　5.4.3　包容协调：连续——人本社区 / 122
　　　5.4.4　活力开放：舒适——品质社区 / 123
　　　5.4.5　共享合作：共居——互惠社区 / 123
　5.5　小结 / 125

第6章　浦东新区生活空间资源配置的实证研究 / 126
　6.1　浦东社区生活空间资源配置的现状分析 / 126
　　　6.1.1　问卷调查 / 126
　　　6.1.2　深度访谈 / 169
　6.2　浦东新区生活空间资源配置的时空评价 / 187
　　　6.2.1　评价指标 / 187
　　　6.2.2　评价数据 / 190
　　　6.2.3　评价思路 / 192
　　　6.2.4　评价内容 / 225
　6.3　浦东新区生活空间资源配置的健康评价 / 249
　　　6.3.1　评价背景 / 249
　　　6.3.2　评价现状 / 250
　　　6.3.3　评价指标 / 253
　　　6.3.4　评价方法和步骤 / 264
　　　6.3.5　浦东新区医院资源可获得性评价 / 266
　6.4　浦东新区生活空间资源配置的对策建议 / 289
　　　6.4.1　主要问题剖析 / 289
　　　6.4.2　对策建议 / 297
　6.5　小结 / 301

第7章 浦东新区生活空间资源配置的规划案例 / 303
7.1 典型地区案例类型 / 303
7.2 典型社区案例分析 / 305
  7.2.1 生活型社区：曹路单元社区 / 305
  7.2.2 生产型社区：外高桥保税区单元 / 321
  7.2.3 生态型社区：合庆镇郊野单元 / 331

第8章 主要结论和研究展望 / 342
8.1 主要结论 / 342
  8.1.1 社区生活空间资源配置基本特征 / 342
  8.1.2 社区生活空间资源配置影响要素 / 343
  8.1.3 社区生活空间资源配置作用机理 / 346
8.2 研究展望 / 349
  8.2.1 主要创新点 / 349
  8.2.2 需进一步探讨的问题 / 349

附　录 / 351
附录1　深度访谈提纲 / 351
附录2　社区生活空间资源配置调查问卷 / 353

后　记 / 366

第1章 绪 论

1.1 研究背景

1.1.1 国家层面:"公共事业"与"生活产业"并举

"十三五"时期是我国全面建成小康社会的决胜阶段,也是我国城乡社区服务体系建设的关键阶段。随着新型工业化、信息化、城镇化、农业现代化的加速推进,我国城乡社区服务体系建设面临一系列机遇和挑战,存在着乡村社区滞后于城市社区的总体局面尚未扭转,城乡社区服务设施供需关系依然十分紧张,以及社区服务的各项基础尚不牢固等多方面问题。因此,社区资源配置政策不仅关注各项城乡公共服务事业的体系完善,而且重视促进城乡生活服务产业的系统发展(表1.1-1)。

国家层面生活空间资源配置政策一览表   表1.1-1

发布部门	年份	政策名称
中国残联等	2010	关于加快推进残疾人社会保障体系和服务体系建设指导意见的通知
国务院办公厅	2011	社区服务体系建设规划(2011—2015年)
国务院办公厅	2011	社会养老服务体系建设规划(2011—2015年)
国务院	2013	关于加快发展养老服务业的若干意见
国务院办公厅	2015	全国医疗卫生服务体系规划纲要(2015—2020年)
国务院办公厅	2015	关于加快发展生活性服务业促进消费结构升级的指导意见
国务院办公厅	2016	关于加快发展健身休闲产业的指导意见
国务院	2017	国家教育事业发展"十三五"规划
商务部	2017	居民生活服务业发展"十三五"规划
国务院	2017	"十三五"推进基本公共服务均等化规划
国务院办公厅	2019	关于促进家政服务业提质扩容的意见
国务院办公厅	2019	关于加快发展流通促进商业消费的意见

围绕公共服务事业建设，国务院及各部委以基本公共服务均等化规划为兜底政策要求，编制社区服务体系及各专项体系规划，指引公共资源配置。相关政策从城乡社区服务机制、服务设施布局、服务信息化发展格局、服务人才队伍四个方面提出发展目标，依托城乡社区服务机构，持续扩大社区服务的均等化、便捷化、常态化供给，健全城乡社区服务设施网络，进一步完善城乡社区自我服务、政府购买、"三社联动"等创新机制。同时，政策针对社会养老服务体系、医疗卫生服务体系、残疾人社会保障和服务体系、教育体系等编制建设规划，对公共资源质量、布局结构、体系完善、部门改革、配置管理作系统指引。

围绕生活服务产业发展，针对当前居民生活中出现的服务总量不足、服务结构不优、服务质量不高、企业负担过重等问题，政策重视保障和改善居民生活服务行业。一方面，关照居民大众化、多元化、优质化的生活需求，以供给侧结构性改革为主线，以集约化、标准化为目标导向，提高社区生活资源有效供给；另一方面，围绕家政服务业、养老服务业、健身休闲产业的提质扩容等方面出台系列政策，提出生活服务产业资源保障、结构优化、质量提升、成本降低等方面的具体措施，加快促进商业消费和消费结构升级。

1.1.2 地方层面："设施建设"与"服务提升"并进

各地社区生活空间资源配置政策既注重硬件设施建设，也强调配套服务质量的提升。由于各地区社区建设发展的基础与阶段不同，东部与中西部城市社区生活空间资源配置政策侧重点各有不同。东部地区城市侧重于社区服务的品质化提升。北京市强调统筹规划和大力扶持社区服务业，多方筹集社区服务业发展资金，提升社区福利、便民利民与职工社会保险管理三大服务，以产业化与社会化为方向，以充满活力的社区服务运行机制为保障，建立具有首都特色的社会化服务网络。天津市着重从社区公共服务体系、社区组织、社区投入机制三方面开展社区建设工作，强调加强社区基础设施建设，建立包括社区就业、社会保障、救助、生活保障性商业、卫生、文教体育、安全、环境综合管理在内的综合服务体系。广州市坚持以社区居民服务需求为导向，以多元参与和分类创建为路径，以社区居民认同满意为标准，按照多元治理、多元参与、多元服务为特征的"幸福社区建设 GPS 模式"，推动幸福广州建设。深圳市推广社区"一门式服务"，构建联通市、区、街道、社区四级的网络平台，强调按照分类指导、分类推进的原则，针对不同类型的社区，根据不同的模式和要求，因地制宜建设社区服务设施。其中，京、津两市社区服务建设在突出重点的同时，强调网络化、体系化建设；穗、深两市则注重以多元需求为导向，构建一体化、层次化的服务平台。

中西部城市侧重于社区设施的资源整合与配套建设（表1.1-2）。重庆市鼓励进一步整合资源，通过多渠道、多形式解决好社区的工作用房和居民公益性服务设施需求问题。武汉市一方面有效整合社区人力、基础设施建设项目、财力、信息等工作资源，另一方面突出社区服务发展重点，着眼于"平安社区"建设、社区居家养老服务与物业服务，有效提升社区服务水平。成都市针对居住区公共配套设施建设内容、主体职责、各项管理作出详细规定。郑州市以"资源共享，共驻共建"与"社会化服务，产业化发展"为指导原则，将政府职能和社区服务有机结合，以社区福利服务、养老托幼服务、就业服务、物业管理、医疗服务、家政服务、便民商业服务和文体娱乐服务为重点，全面发展社区服务业。西安市指出发展社区服务业是推进社区建设的龙头，通过大力发展社会福利和便民利民两类社区服务业，不断增强社区服务功能，加强社区基础设施建设，营造完善的社区管理与服务环境。其中，渝、汉、蓉三市强调各类社区资源间的整合兼容与标准设置，西安、郑州两市则格外重视社区服务业配套设施建设。

各城市社区生活空间资源配置政策一览表　　表1.1-2

发布部门	年份	政策名称
北京市政府	1995	《关于加快发展北京市社区服务业意见的通知》
郑州市政府	2003	《关于印发郑州市社区建设与社区服务业发展规划的通知》
深发办	2005	《深圳市社区建设工作试行办法》
重庆市政府	2005	《关于进一步做好社区组织的工作用房、居民公益性服务设施建设和管理工作的意见》
天津市政府	2006	《关于进一步加强社区建设的意见》
西安市政府	2012	《关于进一步深化城市社区建设的实施意见》
武汉市政府	2014	《关于改进社区治理方式提升管理服务水平的意见》
广州市政府	2015	《广州市创建城市"幸福社区"试点工作方案》
成都市政府	2016	《关于加强居住区公共配套设施建设管理的意见》

1.1.3　上海层面:"转型挑战"与"发展机遇"并存

改革开放以来,伴随着上海社会主义市场经济体制改革的深入,以大型居住社区、国际社区、产业社区、旅游社区、乡村社区等为代表的新型社区类型不断涌现,城市社区结构和居民需求类型都发生了巨大变化。以社区为构成单元的现代城市社会体系打破了原先由单位职工生活区组成的单一社会结构,更具开放性的社区促进了社会发展,但同时也出现了许多新的问题。[1]

针对问题,上海从1994年开始探索"两级政府、三级管理"的社区模式。1996年,上海城区工作会议召开,下发《关于加强街道、居委会建设和社区管理的政策意见》,意见确立了处理地区工作和基层社区关系的原则,就此拉开了上海市社区建设帷幕。2006年,《关于加强社区公共服务设施规划和管理意见通知》和《关于完善社区服务促进社区建设的实施意见》先后出台,前者提出社区设施应实行差别配置,重点关注社区事务受理服务中心、文化活动中心和卫生服务中心等设施建设;后者以民生需求为导向,着力完善社区基本服务。两者从硬件建设与软件服务两个方面构成了上海社区设施服务体系的总体框架。

当前,上海正在经历深刻的发展转型,人口、经济、社会、城市建设等方面都呈现出新的发展趋势,对社区建设和社会治理提出了更高的要求[2],尤其是面临着人口数量巨大、人口老龄化严重、社区人员异质化等诸多挑战。其中,农村地区公共服务设施配套建设落后、郊区大型居住社区公共服务设施配套水平低等生活空间资源配置不公平现象显著存在。受到城市化进程的不平衡和地方政府结构的碎片化影响,中心城区与远郊区在公共服务基础设施可达性方面存在显著差异。[3]因此,上海如何切实转变政府职能,改善社区的治理与组织工作,成为促进上海"全球城市"建设的基础与关键。[4]

2016年,《上海15分钟社区生活圈规划导则》发布,聚焦"创新、协调、绿色、开放、共享"五大城市发展理念,提出生活圈概念,通过完善基本生活单元模

1　刘高山. 上海城市社区建设情况研究 [D]. 华东政法大学, 2011.
2　李萌. 基于居民行为需求特征的"15分钟社区生活圈"规划对策研究 [J]. 城市规划学刊, 2017, 1: 111-118.
3　Huiping Li, Qingfang Wang, Wei Shi, Zhongwei Deng, Hongwei Wang. Residential clustering and spatial access to public services in Shanghai[J]. Habitat International, 2015, 46.
4　谢媛. 上海城市社区建设与治理研究 [J]. 上海经济研究, 2008, 11: 74-80.

式反映和体现新时期的城市生活方式、规划实施、社区管理的转型,从而为社区公共服务设施配套水平的进一步提升创造机遇。2017年,上海新版城市总体规划提出建设成为卓越的全球城市、具有世界影响力的社会主义现代化国际大都市。在此背景下,社区公共生活资源配置作为社会发展的微观基础,一方面亟待通过品质提升,为城市高级劳动力创造良好的工作与生活环境;另一方面要求借助有效的资源配置手段,保障城市居民公平享有社区公共服务(表1.1-3)。

上海社区生活空间资源配置政策一览表　　　表1.1-3

发布部门	年份	政策名称
上海市委、市政府	1996	《关于加强街道、居委会建设和社区管理的政策意见》
上海市商业委员会等	2002	《关于促进本市社区商业建设发展的意见》
上海市政府	2006	《关于加强社区公共服务设施规划和管理意见通知》
上海市人民政府	2007	《关于完善社区服务促进社区建设的实施意见》
上海市人大	2012	《上海市社区公共文化服务规定》
上海市经信委	2013	《上海市智慧社区建设指南(试行)》
上海市体育局	2016	《上海市社区公共体育健身设施建设与管理办法》
上海市规国土局	2016	《上海15分钟社区生活圈规划导则(试行)》
上海市政府	2017	《上海市社区养老服务管理办法》

1.2 研究目的和意义

1.2.1 研究目的

本书研究的目的主要体现在:(一)总结理论与方法:在城乡一体化发展背景下,搭建供给侧与需求侧相互耦合的理论框架体系,并以此为基础建立适应分析评价社区生活空间资源配置的社区、空间、资源分类体系和问卷、访谈、评价方法体系。(二)开展评价与调查:一方面,借助问卷调查法与深度访谈法,深入分析不同类型社区、不同类型使用者反映出的需求差异与特征;另一方面,运用空间分析方法,从不同日常行为活动类型、不同空间资源需求类型、不同设施供给主体类型等处,比较社区生活空间资源在浦东新区各街道乡镇及居委会单元中的多尺度供给状态与特征。(三)提出对策与理念:针对上海当前社区生活空间资源配置的政策、标准不足与现实问题,在成因分析基础上提出经济、空间、制度三个方面的优化路径,总结社区资源配置的创新理念。(四)做好实例与验证:浦东新区城乡差异大、单元层次多、发展速度快,选取典型地区、典型社区为案例分析对象,对本研究建立的供需理论视角下的"问题—分析—解决"框架和"5C"社区生活空间资源配置理念进行实证检验。(五)总结机制与模式:提炼社区资源配置的影响要素,分析要素间的作用机理,总结上海城乡一体化发展背景下社区差异化资源配置模式与路径。

1.2.2 研究意义

本书研究的意义主要体现在:(一)建立社区生活空间资源"供给侧—需求侧"的双向耦合理论分析框架,创新社区、空间与资源分类体系,提出新型社区生活空间资源配置理念,不仅巩固了社区与社区生活空间理论的社会学与地理学基础,还拓展了规划学与制度学在公共资源配置领域的应用范围,具有较强的理论意义。(二)社区建设优化是推动上海城乡融合发展的基础性对策过程。本研究中关于社区生活空间资源配置的制度短板、空间障碍与现实不足等问题的发现及成因分析,是完善社区公共服务资源配置优化对策的重要环节,其对于上海"全球城市"和"卓越浦东"建设来说,具有重要的现实意义。(三)针对不同类型社区所提出的生活空间资源配置模式与路径,有利于上海"15分钟社区生活圈"的分类指引与差异管理,为上海城乡社区资源配置提供决策理论支撑与治理规划依据,具有较强的方法意义。

1.3 研究内容及方法

1.3.1 研究框架

研究内容分为"背景分析""理论研究""应用深化""结论探讨"四个核心部分递进展开,研究层次从"全国—上海—浦东"逐步聚焦。首先,围绕城乡一体化与社区公共服务发展现状进行分析,同时针对国际对标城市和国内先发城市社区设施规划建设理念和发展趋势进行总结。其次,立足于概念内涵、现状基础、制约因素、技术方法四个方面的理论研究综述,创新社区与生活空间资源分类,提出由"生活空间需求—公共设施配置—社区资源供给"三大关联体系构成的社区生活空间资源配置供需理论框架。再次,基于上海市社区生活空间资源配置的政策变迁需求与标准供给现状分析,探讨各类社区公共服务设施配置中存在的问题,提出以"5C"社区资源配置理念为核心的制度性对策体系;针对浦东新区社区生活空间资源配置开展主观调查访谈和客观空间评价,分析多尺度单元的需求差异与供给差距,并借助社区资源配置理念对典型地区及社区开展规划实践。最后,回顾背景、理论及应用研究内容,从供需特征、影响要素、作用方式三个方面总结不同类型社区生活空间资源的配置模式,指导社区建设实践(图 1.3-1)。

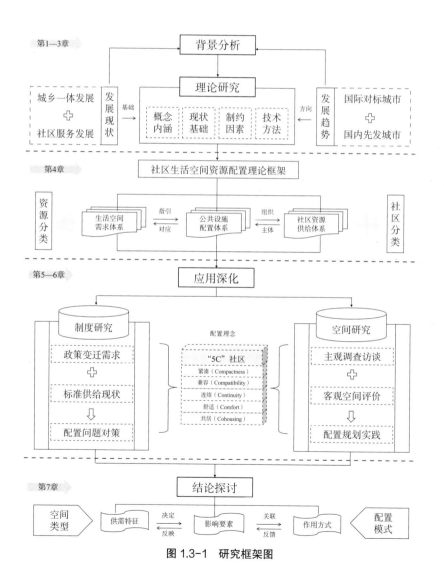

图 1.3-1　研究框架图

1.3.2 研究方法

主要涉及四个方面：(一) 理论分析方法与实证分析方法相结合。以社区资源理论、社会阶层理论、生活空间理论与资源配置理论为支撑构建问题分析与综合评价框架，依托社区规划、社区治理理论研究问题成因及解决对策，借助生活圈理论、产城融合理论、场景理论指导浦东新区典型地区及社区的实证分析。(二) 定性分析方法与定量分析方法相结合。借助定性分析方法对社区生活空间资源配置政策标准、学术文献、调研报告等进行归纳总结并得出结论；使用定量分析方法对调查问卷各项数据进行统计，同时对各层次单元的社区生活空间资源配置水平进行测算、比较与分析。(三) 主观调查方法与客观分析方法相结合。重点开展调查问卷与深度访谈工作，借助 SPSS 与 EXCEL 统计分析软件，对统计数据开展交叉分析，揭示居民特征、行为特征、社区特征与设施满意度、需求度的关系。同时，借助 GIS 地理信息技术平台，基于空间数据构建空间统计模型对空间格局、结构、差异等方面的特征进行总结。(四) 传统数据获取方法与新兴数据获取方法相结合。一方面，围绕研究需要查阅统计年鉴、统计公报等获取资料与数据；另一方面，借助 POI 数据、网页数据、社交媒体数据等大数据来源，深度挖掘获得数据。

1.4 小结

社区生活空间资源配置是社会公共事业不断进步与生活服务行业持续发展的基础动力。在中国经济社会深度转型过程中，社区对生活空间资源所能提供的设施、场所以及服务要求越来越高，政府与市场作为资源供给的主体，面临着优化资源配置环节的机遇，也被现实中广泛存在的配置不公平问题所困扰。社区生活空间资源配置首先是一个"供给-需求"关系的平衡问题，而这种供需失衡在空间上反映出的是设施及场所布局的不合理所带来的一系列使用难题，隐藏于具体可感知的空间问题背后的则是包含制度、经济、政策、管理等在内的复杂社会问题。这要求研究者不能拘泥于当前众多标准所罗列的空间设施与烦琐指标，而应该从设施所对应的经济活动本身描述并分析居民究竟处在怎样的生活空间之中，并且对生活空间的多面性与复杂性作出回应。事实上，这种特征与社区、生活空间、资源本身固有的广泛内涵密切关联，尤其是当我们从城市与乡村的二元角度审视这种内涵时，城乡间的社区资源配置一体化成为不容忽视的研究对象，所以在第 2 章将着重围绕城乡一体化的理论、政策、背景与标准展开分析，以求能够以更为广阔的城乡视野洞悉社区生活空间资源配置的发展趋势与目标。

第 2 章
城市生活服务设施配置的社会背景研究

2.1 城乡一体化和城乡融合的理论进展

2.1.1 国内理论进展

中国特色城乡一体化思想是中华人民共和国成立后,特别是在改革开放和现代化建设中形成和发展起来的。[1] 通过对"城乡一体化"1978—2020 年文献检索情况进行分年度比较,其数量变化呈现出四个明显阶段:改革开放到 20 世纪 90 年代初的低增长阶段;20 世纪 90 年代初到 21 世纪初期的较快阶段;21 世纪初期到 2012 年十八大正式提出的快速阶段;2012 年至今的减少阶段。研究进展显示,城乡一体化与城乡关系、城乡联系、城乡统筹、城乡融合间的理论交织与内涵关联不断加深。

1. 城乡一体化与城乡关系

城乡关系理论是城乡一体化的渊源与基础,城乡一体化则是城乡关系的重要理论内涵。从理论渊源上讲,马克思、恩格斯城乡关系理论对当前中国特色社会主义城乡一体化建设有着积极的启示意义。[2] 城乡关系是普遍存在于城乡间的耦合互动关系,是政治、经济、阶级关系等在城乡间的集中反映。改革开放以来城乡关系研究基本经历了城乡协调、城乡一体化到城乡统筹的过程。[3] 目前城乡关系研究所涉及的三个核心概念即城乡均衡发展、统筹城乡发展与城乡一体化发展。[4] 从理论内涵上来讲,"城乡一体化"一定程度上强调了城乡关系的终极性发展目标,是城乡关系协调发展的标志性状态,是针对城乡区域的特定

---

1 马晓,张阳生,孙皓.城市边缘区的产业演替及其城乡一体化发展模式研究——以西安城市边缘区的泾阳县为例[J].未来与发展,2014,38(11):107-112.
2 董济杰.马克思恩格斯城乡关系理论及对当前中国城乡一体化的启示[J].前沿,2017,8:11-17.
3 张永岳,陈承明.论城乡一体化的理论与实践——兼论中国特色城乡一体化的联动机制[J].毛泽东邓小平理论研究,2011,3:16-20,83.
4 刘祖云,李烨."城乡关系"学术文献的理论考察[J].中共四川省委省级机关党校学报,2014,2:12-19.

发展要求。

2. 城乡一体化与城乡联系

"城乡联系"与"城乡关系"相比，前者更侧重于城市与乡村间的动态关联过程，后者则更为突出城乡互动的客观状态。一方面，城乡一体化与城乡联系的理论本质具有一致性。城乡联系的实质是在资源相对稀缺的状态下，通过何种方式促使这些资源在社会不同的城乡聚落形态之间实现最有效的配置与流转[1]，这与城乡一体化的核心内涵相一致。另一方面，城乡一体化与城乡联系互为前提。城乡联系涉及城乡一体化的诸多方面，是城乡一体化有序发展重点考虑的核心内容。有学者指出，21世纪产生的城乡联系良性互动模式，其目的就是促进城乡一体化发展。[2]

3. 城乡一体化与城乡统筹

从城乡关联发展到城乡统筹建设是城乡一体化理论认识上的深化与进步。城乡一体化与城乡统筹具有目标与路径的密切关系。一方面，城乡一体化是意在通过努力，使城市与农村所要达到的一种状态；城乡统筹是意在为城市与农村所要达到这种状态而采用的一种方法。[3]具体而言，"城乡统筹"作为一种手段，关键在于建立以工促农、以城带乡的长效机制，从而促进城乡协调发展。另一方面，城乡一体化是城乡统筹发展的最终目标和最优状态，统筹城乡发展则是贯穿于城乡一体化之中的过程，旨在改变和摈弃过去重城市、轻农村，"城乡分治"的城市偏向观念和做法。

4. 城乡一体化与城乡融合

"城乡融合"与"城乡一体化"两个概念既有所区别，也一脉相承。从区别方面来看，"城乡一体化"追求城乡差别的缩小，"城乡融合"发展则在缩小差别基础上，进一步提出了城市与乡村间的良性互动和有机融合要求。"城乡融合"的创新在于强调了城乡共存共生关系与和谐发展局面，突出了乡村自身发展动力机制和潜在发展比较优势。[4]从联系方面来看，"城乡融合"是党的十九大以

---

1 马昂主.区域经济发展和城乡联系——研究亚洲发展中地区空间经济转变的新理论框架[J].城市问题，1993，5：6-13.
2 罗吉，王代敬.关于城乡联系理论的综述与启示[J].开发研究，2005，1：29-31.
3 张瑞怀，李宏伟.城乡一体化与城乡统筹[J].中国金融，2010，22：51-52.
4 王立胜，陈健，张彩云.深刻把握乡村振兴战略——政治经济学视角的解读[J].经济与管理评论，2018，34（4）：40-56.

来所提出的新理念,是对"城乡一体化"和"城乡统筹"理论的进一步发展。城乡一体化发展正是为最终破除城乡二元体制、实现城乡融合创造条件。从"城乡一体化"到"城乡融合"的提出,体现并适应了城乡空间关系变化的新趋势。[1]

5. 城乡一体化与城乡发展

城乡一体化与新型城镇化、乡村振兴发展关系密切(图2.1-1)。一方面,城乡一体化与新型城镇化具有一致的城乡统筹属性,两者互为重要内容和实现路径;另一方面,乡村振兴战略的提出是城乡融合的必然结果,[2]是"城乡融合"理念的实施途径。城乡融合理念是实施乡村振兴战略的必然选择和理论依据,是促进乡村振兴的根本途径和关键所在。[3]另外,在推进城乡一体化过程中,城乡基本公共服务均等化具有重要地位和作用,是破解城乡二元化格局的关键。[4]基本公共服务均等化对统筹城乡一体化发展也存在内在需求,[5]只有着力破解城乡二元结构,才能实现有效的均等化发展。

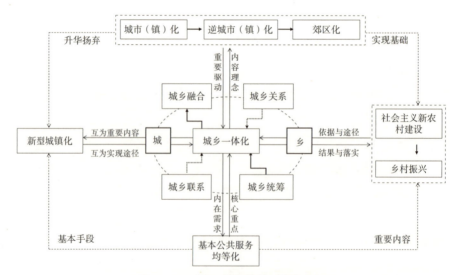

图2.1-1 城乡一体化相关理论联系图

---

[1] 张强,张怀超,刘占芳.乡村振兴:从衰落走向复兴的战略选择[J].经济与管理,2018,32(1):6-11.
[2] 孔祥智,张效榕.从城乡一体化到乡村振兴——十八大以来中国城乡关系演变的路径及发展趋势[J].教学与研究,2018,8:5-14.
[3] 吕凤勇.乡村振兴战略的根本途径在于城乡融合[J].中国国情国力,2018,6:53-55.
[4] 邵明昭,张念明.城乡一体化与基本公共服务均等化[J].中共山西省委党校学报,2010,33(4):71-74.
[5] 吴根平.我国城乡一体化发展中基本公共服务均等化的困境与出路[J].农业现代化研究,2014,35(1):33-37.

2.1.2 国外理论进展

1. 20 世纪 50 年代之前：萌芽与提出

空想社会主义理论是城乡关系思想的渊源。16—17 世纪，以"乌托邦"[1]、"太阳城""千年太平王国"和"自由共和国"为代表的现代文明世界之外的城乡共同体设想提出。18 世纪，以"绝对平均主义""禁欲主义"和"斯巴达式共产主义"阶级主张为主线的农村公社和手工工场式的理想社会原型进一步得到空想社会主义实践者的关注。19 世纪，以发展农业资本主义为导向的、兼顾工农利益、调和城乡矛盾的圣西门"实业制度"型组织原则出现，在"劳动力引力"作用机制下，以"谢利叶"和"法郎吉"等形式所组织起来的"农业为体、工业为用"的"重农型"工农业联合体得以试验，与此同时，以公有制为基础、以集体劳动为特点的工农合作式农业新村——"新协和村"得到实践。早期国民经济学和经济地理学视角下的城乡关系推演也极大地影响了城乡理论的发展。学者们从"自然顺序"出发阐释城乡关系演变并强调"政策—文化"和"地理—贸易"变量制约下的城乡互利关系，同时，以"圈境"为空间形态的城乡一体化关系模型"杜能圈"被提出，探讨了理想条件下以工农交换为经济基础、圈层结构式的农业区位布局模型。在这一阶段，马克思、恩格斯基于人类历史发展逻辑所提出的"城乡融合"思想也影响深远。

20 世纪 20 年代开始，围绕西方城市化现状问题与未来发展的城乡空间分散与集聚发展理论层出不穷。从"田园城市"和"社会城市"的簇群图景[2]构建到以"卫星城""有机疏散"和"新城市主义"为代表的离心型城乡发展反映出城乡空间理论的变迁，稠密集聚的"大都市区"、簇群发展的"区域统一体"及"区域城市"和高度分散的"广亩城"展现出两条迥异的城乡空间发展道路。在资本主义工业化背景下，城乡经济发展理论也不断得到推动与创新。学者们一方面以"创新经济学"和"创新地理学"为切入，运用国家及区域创新系统构架动态阐释城乡创新发展机制，另一方面立足"中心地理论"和"廖什景观"等计量地理方式静态描述城乡商品经济活动分化规律与依存关系。在宏观经济领

1　Thomas More. Utopia[M]. Yale University Press，1516.
2　PETER H，COLIN W.Sociable cities：The legacy of Ebenezer Howard[M].John Wiley & Sons.Ltd.，1998.

域，学者对城乡经济中的"看得见的手"展开研究，关注农业现代化和传统农业改造，重视国民经济部门平衡增长与投资的"外部经济效应"等方面的研究。在此阶段，绝对"主权理论"走向没落，以"公法"为代表的公共服务理论兴起。

2. 20世纪五六十年代：探索与丰富

第二次世界大战以后，不平衡发展战略对"城市偏向"型城乡关系理论形成产生重大影响。以探讨"现代的"与"传统的"两个经济部门间劳动力流动为基点的二元经济结构论成为"城市偏向"的理论策源地。学者们借助"极化—涓滴效应"和"扩散—回波效应"等城乡二元经济的作用关系，分析探索城乡区域发展的良性不平衡增长机制。还有学者提出"活动单元"或"增长诱导单元"等增长极理论，探讨如何通过支配、联系与分配效应，实现经济从极化到均衡发展。与此同时，平衡发展战略也为城乡经济部门间投资与增长问题解决提供了新思路。在这一阶段，以"城市群"与"乡村城市化"为核心方向的城乡空间理论不断发展。一方面，以"（大）都市带""都市区"和"都市圈"为代表的城市区域理论形成与发展为城乡空间理论奠定基础；另一方面，乡村城市化在西方发达国家、亚洲特殊区域、第三世界国家表现出迥然不同的空间和经济特征，得到学界重视。另外，战后重建进程中，以"不同类但等值"为核心内涵的城乡等值化发展理念在西欧兴起。

在此阶段，人文光芒下的芒福德城乡统筹发展思想不断受到重视并应用于理论实践。围绕城乡劳动力转移与农业剩余的二元经济结构模型不断得到派生与完善，"刘易斯—费—拉模型"指出要重视农业与工业之间的平衡增长，"乔根森模型"则强调农业剩余与技术发展在城乡二元经济发展中的重要作用。同时，"空间极化""梯度推进"和"点轴开发"等区域空间发展理论相继提出，着眼缩小地区差距的"梯度"理论以及"反梯度"和"广义梯度"理论不断延伸，包括以"点"与"轴"为基本骨架的区域不平衡开发理论，围绕空间系统的创新与发展、权力与权威、权威—依附关系以及空间极化发展的"核心—边缘"理论，关注核心城市及其外围郊区社会经济一体化空间形式的"城市场"理论等。另外，关于"道义经济"和"理性小农"[1]的农民学经典论题在学术界中得到广泛讨论。

1　Schultz T. W.Transforming Tradi-tional Apiculture [M].New Haven：Yale U-niversity Press，1964.

3. 20 世纪七八十年代：反思与交织

本阶段的理论反思来自对前述理论的否定与批判。针对自上而下的发展弊端，学者们提出强调自下而上的农村发展计划，以自生长乡村区域单位为中心的选择性空间封闭理论。[1] 另外，哈里斯和托达罗模型[2]对刘易斯二元经济结构模型进行了否定。学者们还通过分析"城市集团"和"农村富农"与"农村集团"冲突对"城市偏向"[3]展开批判。20 世纪 70 年代后，城市病治理和城乡差距现实下的西方逆城市化现象显著。在此基础上，关于乡村聚落空间、乡村社会学、乡村工业化的多维度讨论不断展开。学者们分析提出"未中心化""中心化"和"市集中心化"阶段性演变的乡村聚落空间结构，分析并理清家庭、职业、社区、组织等社会变迁对乡村生活的影响。也有学者侧重关注适宜于次级地区、小型企业的绝佳"中间技术"应用和"以人为核心"发展观。

在此阶段中，大量新兴城乡空间理论出现并展开跨学科的理论交锋。尤其是以"城乡一体区域"为基础的亚洲城市化现象——城乡混合体（Desakota）得到学者关注。关于"城市偏向"和"乡村偏向"战略的理论探讨也进一步得到深入，学者们通过关注城乡关系与社会政治的复合性，基于城乡政治对立展开对"城市偏向"批判的质疑。[4] 另外，还有学者提出由均衡、完整、分散性城乡体系构建的"次级城市发展战略"，[5]也有学者基于"城乡联系流"[6]的理论分析框架，对城乡交错区的空间现象展开分析，借助城乡联系要素分类探索城乡均衡发展规律，开展城乡交错区与城乡接合部地区的内涵与特征分析。此外，一般社会学、区域地理学、农业经济学等多元学科尝试对城乡关系进行探讨与解释。

1　Stohr W. B. & Taylor F.Spatial equity: Some antitheses to current regional development strategy [A]. In: H.Folmer and J. Ooster-haven, eds. Spatial Inequalities and Regional Development [C].Leiden: Nijhoff, 1978: 1917 - 1919.

2　Harris R., Todaro P. Migration, Unemployment and Development: A two-sector Analysis. American Economic Review, 1970: 60.

3　Lipton Michael.Why Poor People Stay Poor: Urban Bias in World Development[M].Cambridge, MA: Harvard University Press, 1977.

4　Corbridge, S.（1982）."Urban bias, rural bias, and industrialization: an appraisal of the works of Michael Lipton and Terry Byres." In Harries, T.（Ed.）Rural development: Theories of peasant economy and agrarian change.London: Hutchison.pp.94-116.

5　Rondinelli, Dennis A. Secondary cities in developing countries policies for disffusing urbanization[M]. Sage Publications, Beverly Hills, 1983: 29- 31.

6　Unwin Tim. Urban-rural interaction in developing countries: atheoretical perspective [A]. In Potter, Unwin, eds. The Geogra-phy of Urban-rural Interaction in Developing Countries: Essays for Alan B[C]. Mountjoy, Routledge, London, 1989.

学者们指出城乡不应割裂而应作为"区域"的关系统一体,主张重视工业与农业的协调发展与相辅相成,强调通过构建城乡"全社会系统"用以维护秩序与结构平衡,从而消除"环境"边界。

4. 20世纪90年代之后:创新与发展

一方面,主要涉及基于立体规划构想的理想"自然－空间－人类"城乡融合系统构建;另一方面,则突出表现在网络的、三维的、连续的等多种导向下的城乡区域发展理论创新。主要包括"区域发展网络模型"[1]、三维城乡合作模型、"城乡连续体"[2]、"城乡动力学"[3]等理论成果。其中,爱泼斯坦的"三维城乡合作模型"基于"城市偏向"理论,分析城乡迁移及其对城市中心的影响,指出城乡之间的不平衡需要纠正并改变发展政策。爱泼斯坦借助东南亚等地的微观农业政策研究,强调变化的内外部条件改变了农村结构,提出由农村增长区、农村增长中心与城市中心组成的三级"农村－城市"伙伴关系。道格拉斯的"区域发展网络模型"则指出要克服规划中的城乡差距,从"城市角色"在农村发展中的作用、城镇在农村发展中的实际作用、农村对城市作用的看法、区域规划中的城乡相互依存关系、城市发展的影响五个方面探索了城乡间的相互依存关系,同时基于印度尼西亚的案例,提出以区域网络或集群作为农村发展的空间框架。巴拉查亚则着重对以市场为导向的小城镇地域发展进行了研究。另外,还有社会学者针对"社会人"假设下的城乡一体化社会最优状态及其风险、群体、制度展开研究。

2.2 城乡一体化和城乡融合的政策演变

2.2.1 形成阶段:要素流动一体化

伴随着十一届三中全会召开,改革开放激发农村地区活力,城乡二元结构体制从闭锁开始逐渐松动。1982—1986年间,中央连续发布关于农业领域改革

---

1 Douglass, Mike. A regional network strategy for reciprocal rural urban linkages[J]. An Agenda for Policy Research with Reference to Indonesia, Third World Planning Review, 1998, 20(1).
2 Tacoli C. Rural-urban Interactions: A Guide to the Literature. Environment and Urbanisation, 1998, 10(1): 147-166.
3 Lynch K. Rural-urban Interaction in the Developing World[M].Routledge Perspective on Development, 2005.

的"一号文件",农业体制改革进一步优化城乡流通渠道。学者们重点从生产力与商品经济视角对城乡一体化进行阐释,认为其并非学术论证而是改革实践的产物,主要依据是城乡工业的共同发展,提出要打破城乡分割,实现要素流动组合,促进生产力布局合理化,逐步缩小生产力水平的城乡差距,实现农村城市化和农村工业化,建立并完善城乡间的经济网络,乃是社会经济效益提升和城乡经济协调发展的客观要求。本阶段研究的问题主要反映在两个方面:一是当前研究多从都市圈、区域或地理空间聚落等宏观视角展开讨论;二是对宏观区域中城乡空间融合的分析多停留在宏观经济的结构性和政策性思考上。因此研究层次在一定程度上存在缺失,空间研究也有系统性不强的问题。

2.2.2 探讨阶段:城乡协调一体化

20世纪80年代后期,国家改革重心由农村转向城市,由此开启了中国城市经济时代。"城乡一体化"在城市问题与城乡矛盾凸显中得到关注。在这一阶段,学者们指出城乡一体化决不意味着城乡一样化,其是城乡商品经济发展的必然结果和城乡改革深化的必然归宿[1],是城乡复合系统融合发展需要[2],是城乡整体性协调发展[3],包含社会、政治、经济、人口、文化、生态一体化等系统性内容。总之,城乡一体化既是地域社会经济过程,也是城乡关系发展终极目标[4],是城乡"自然 – 空间 – 人类"系统以及"社会 – 自然 – 经济"复合生态系统所达到的最优状态以及过程[5],是人类社会发展最终目标和城市化最高阶段。[6] 在此阶段,学者们多关注制度改革的一体化作用、机制和必要性,对土地、劳动力等方面的核心制度供给路径探索不足,对城市与乡村矛盾密集的重点地区讨论也显得不够。

2.2.3 成熟阶段:社会经济一体化

面临城市化、工业化对农业冲击加剧带来的一系列问题,党的十六大报告明确指出"统筹城乡经济社会发展",由此"城乡一体化"研究进入新阶段,理

---

1 陈锡根,熊诗平,凌岩. 城乡一体化研究中的几个问题 [J]. 农业经济问题, 1991, 3: 29-31.
2 甄峰. 城乡一体化理论及其规划探讨 [J]. 城市规划汇刊, 1998, 6: 28-31, 64-65.
3 朱磊. 城乡一体化理论及规划实践——以浙江省温岭市为例 [J]. 经济地理, 2000, 3: 44-48.
4 杨荣南. 关于城乡一体化的几个问题 [J]. 城市规划, 1997, 5: 40-42, 51.
5 石忆邵. 城乡一体化理论与实践:回眸与评析 [J]. 城市规划汇刊, 2003, 1: 49-54, 96.
6 周加来. 城市化·城镇化·农村城市化·城乡一体化——城市化概念辨析 [J]. 中国农村经济, 2001, 5: 40-44.

论实践探讨层出不穷。有观点指出我国当前改革重点就是城乡二元体制改革以及实现城乡一体化[1]，要建立起城乡社会经济发展新格局，让农民享有公平待遇、完整权益和平等机会[2]，其内涵相较上一阶段更多关注了基础设施、体制与产业以及面向政策的细化划分。因此，城乡一体化是城乡要素统一的区域综合体，并作为一个整体运行[3]，可以理解为在生产力与城市化水平达到一定条件下，通过城乡统筹建立的新型城乡协调关系使物质和精神文明达到城乡共享，实现城乡各方面一体化的发展过程[4]，具有典型的中国化个性特征。[5]此阶段研究对实践中涌现出的宅基地、农民工、农村企业创新制度案例的思考不够；评价指标体系的研究偏向于社会经济与自然生态等方面，对城乡居民政治参与、文化融合等非物质层面的考量比较少；样本分析中，对欠发达地区案例研究不够。这都造成了研究实质性与理论性的欠缺。

2.2.4 深化阶段：双向互动一体化

十八大报告中明确指出要"推动城乡发展一体化"，十八届三中全会进一步作出"建立以工促农、以城带乡、工农互惠、城乡一体的新型工农城乡关系"的重要论断，"城乡一体化"正式上升为国家战略，其研究不断得到深入。目前，相关研究既存在以"城市"或"乡村"某一个基本面为主导思考城乡一体化相关问题的倾向，也存在将城市与乡村视为"平均化"的一元整体进行研究的现象。这与城乡一体化的辩证统一特质和蕴含其中的城乡双向互动研究要求相悖。因此，单向的"以工促农、以城带乡"难以从根本上实现城乡一体发展逐渐成为共识，要实现从"单向城乡一体化"向"双向城乡一体化"的转变。如何促进乡村内源发展动力也由此成为城乡关系研究的主题。伴随着十九大正式提出"建立健全城乡融合发展体制机制和政策体系"，"乡村振兴"与"城乡融合"发展战略给予城乡一体化研究更为广阔的视野。学者们在新的国家战略框架下科学理解新型城镇化和乡村振兴，推进城乡一体化内涵进一步深化（表2.2-1）。

1　厉以宁.走向城乡一体化:建国60年城乡体制的变革[J].北京大学学报（哲学社会科学版），2009，46，6:5-19.
2　顾益康，许勇军.城乡一体化评估指标体系研究[J].浙江社会科学，2004，6:93-97，6.
3　洪银兴，陈雯.城市化和乡村一体化[J].经济理论与经济管理，2003，4:5-11.
4　杨玲.国内外城乡一体化理论探讨与思考[J].生产力研究，2005，9:23-26.
5　薛晴，霍有光.城乡一体化的理论渊源及其嬗变轨迹考察[J].经济地理，2010，30，11:1779-1784，1809.

改革开放至今城乡一体化政策表　　　　　　　　表 2.2-1

政策名称	出台年份	主要内容
《十一届三中全会公报》	1978	实行改革开放的新决策，启动了农村改革的新进程
《中共中央关于加快农业发展若干问题的决定》	1979	搞好城乡物资交流，合理布局方便城乡销售和供应，发展小城镇和加强城市对农村支援，逐步缩小城乡与工农差别
《全面开创社会主义现代化建设的新局面（十二大报告）》	1982	城乡人民生活水平的提高都只能靠努力发展生产，多种经济形式合理配置和发展，繁荣城乡经济
《全国农村工作会议纪要》	1982	解决联产承包制的性质问题
《当前农村经济政策的若干问题》	1983	解决人民公社体制改革问题
《关于1984年农村工作的通知》	1984	解决促进农村商品生产的发展问题
《中共中央关于经济体制改革的决定》	1984	疏通城乡流通渠道
《关于进一步活跃农村经济的十项政策》	1985	解决的是改革农产品统派购制度问题
《关于1986年农村工作的部署》	1986	解决进一步摆正农业在国民经济中的地位等问题
《沿着有中国特色的社会主义道路前进（十三大报告）》	1987	合理调整城乡经济布局和农村产业结构，注意城乡改革的配套，处理好城乡矛盾，巩固工农联盟
《中共中央关于建立社会主义市场经济体制若干问题的决定》	1993	建立全国统一开放的市场体系，实现城乡市场紧密结合。改革从农村起步逐渐向城市拓展，实现城乡改革结合
《高举邓小平理论伟大旗帜，把建设有中国特色社会主义事业全面推向二十一世纪（十五大报告）》	1997	支持、鼓励和帮助城乡多种形式集体经济的发展
《中共中央关于农业和农村工作若干重大问题的决定》	1998	深化农产品流通体制改革，完善农产品市场体系
《全面建设小康社会，开创中国特色社会主义事业新局面（十六大报告）》	2002	统筹城乡经济社会发展，建设现代农业，发展农村经济，增加农民收入，是全面建设小康社会的重大任务
《十六届三中全会公报》	2003	要按照统筹城乡发展、统筹区域发展、统筹经济社会发展、统筹人与自然和谐发展、统筹国内发展和对外开放的要求
《关于促进农民增加收入若干政策的意见》	2004	旨在通过有力的举措尽快扭转城乡居民收入差距不断扩大的趋势
《关于进一步加强农村工作 提高农业综合生产能力若干政策的意见》	2005	旨在解决农业投入不足、基础脆弱等问题
《关于推进社会主义新农村建设的若干意见》	2006	旨在落实党的十六届五中全会提出的建设社会主义新农村的重大历史任务
《高举中国特色社会主义伟大旗帜，为夺取全面建设小康社会新胜利而奋斗（十七大报告）》	2007	统筹城乡发展，推进社会主义新农村建设

续表

政策名称	出台年份	主要内容
《关于积极发展现代农业扎实推进社会主义新农村建设的若干意见》	2007	旨在夯实产业基础,确保新农村建设沿着健康的轨道向前推进
《十七届三中全会公报》	2008	坚持改革开放,必须把握农村改革重点,在统筹城乡改革上取得重大突破,给农村发展注入新动力,为整个经济社会发展增添新活力
《关于切实加强农业基础设施建设进一步促进农业发展农民增收的若干意见》	2008	旨在加强农业基础地位,保障主要农产品基本供给,解决农村社会管理和公共服务的矛盾
《关于促进农业稳定发展农民持续增收的若干意见》	2009	旨在应对国际金融危机,防止粮食生产滑坡与农民收入徘徊
《关于加大统筹城乡发展力度进一步夯实农业农村发展基础的若干意见》	2010	旨在以城乡统筹破解三农难题,协调推进工业化、城镇化和农业现代化
《关于加快水利改革发展的决定》	2011	旨在有效缓解水利"基础脆弱、欠账太多、全面吃紧"等问题,加快扭转"靠天吃饭"局面
《坚定不移沿着中国特色社会主义道路前进为全面建成小康社会而奋斗(十八大报告)》	2012	推动城乡发展一体化。城乡发展一体化是解决"三农"问题的根本途径。要加大统筹城乡发展力度,促进城乡共同繁荣
《关于加快推进农业科技创新持续增强农产品供给保障能力的若干意见》	2012	旨在依靠科技进步实现农业增产增收、提质增收、节本增收
《十八届三中全会公报》	2013	必须健全体制机制,形成以工促农、以城带乡、工农互惠、城乡一体的新型工农城乡关系,让广大农民平等参与现代化,共同分享成果
《关于加快发展现代农业进一步增强农村发展活力的若干意见》	2013	旨在解决城镇化进程中谁来种地、怎么种地以及农村社会管理等问题,激活农村农民活力
《关于全面深化农村改革加快推进农业现代化的若干意见》	2014	旨在贯彻落实党的十八届三中全会精神,破除农业农村体制机制弊端,推进四化同步发展
《关于加大改革创新力度加快农业现代化建设的若干意见》	2015	在经济增速放缓背景下继续强化农业基础地位,促进农民持续增收
《关于落实发展新理念加快农业现代化实现全面小康目标的若干意见》	2016	旨在用发展新理念破解三农难题,加快补齐农业农村短板
《决胜全面建成小康社会 夺取新时代中国特色社会主义伟大胜利(十九大报告)》	2017	要坚持农业农村优先发展,按照产业兴旺、生态宜居、乡风文明、治理有效、生活富裕要求,建立健全城乡融合发展体制机制和政策体系
《关于深入推进农业供给侧结构性改革加快培育农业农村发展新动能的若干意见》	2017	旨在从供给侧入手,在体制机制创新上发力,从根本上解决当前最突出的农业结构性、体制性矛盾
《中共中央国务院关于实施乡村振兴战略的意见》	2018	旨在实施乡村振兴战略
《中共中央国务院关于建立健全城乡融合发展体制机制和政策体系的意见》	2019	旨在重塑新型城乡关系,走城乡融合发展之路,促进乡村振兴和农业农村现代化

2.3 上海城乡一体化与城乡融合发展制度分析

2.3.1 上海城乡一体化发展

1. 1986—2001 年：乡村城镇化与城乡一体化

20 世纪 80 年代中后期，上海开启了新一轮城市建设。受"苏南模式"影响，上海乡镇企业迅速发展，极大地促进了郊区乡村城镇化进程，城乡经济联系发生了深刻变化。1986 年，上海农村工作会议明确指出，上海郊区农村经济与城市经济连成一体，必须要以城乡一体的观念来看待城市建设与发展。20 世纪 90 年代以来，社会主义市场化经济改革极大地加速了城乡要素之间的流动。为适应这种宏观格局的趋势变化，城乡行政区划发生调整，以破除郊区乡村城镇化工作推进的体制障碍，如嘉定县改为嘉定区，闵行区与上海县合并建立新的闵行区，吴淞区和宝山县合并为宝山区等。在改革不断深化的 1993 年，城乡一体化出现的新特点是郊区的资金源源不断进入城市，直接参与浦东开发，参与市区建设。[1] 同年召开的上海市农村工作会议，明确提出要加快改革开放步伐，有步骤地推进农村城镇化建设，向城郊型农业和农村经济新目标迈进。在此背景下，城市建设逐渐转向郊区，强调城郊并进，推进郊区工业化、城市化和现代化进程。

2. 2002—2014 年：郊区现代化与城乡一体化

21 世纪初，上海郊区发展面临新机遇。2002 年 4 月，上海召开郊区工作会议，与以往农村工作会议的不同之处在于强化了郊区概念，指出上海郊区发展进入新阶段，主要体现在四个方面的"转变"：第一，农村产业从传统农产品生产加工向都市型现代农业转变；第二，农村经济从单一的乡镇集体经济向园区型、外向型、多元型经济结构转变；第三，农村社会从城乡分割向城市化、现代化的新郊区转变；第四，郊区农民从传统小农向现代农业劳动者转变。[2] 在此背景下，上海郊区城乡一体化发展有了全新定位，其发展的基本目标是实现郊区的市场化、城市化与现代化，核心在于郊区农业、农村与农民的现代化转型。[3] 2011

---

[1] 陈锡根.上海城乡一体化格局的形成和飞跃[J].上海党史研究，1997，5：25-27.
[2] 中共中央政治局委员、上海市委书记黄菊在上海市郊区工作会议上作重要讲话指出 沪郊进入了城乡一体化发展新阶段[J].上海农村经济，2002，4：4-5，1.
[3] 袁以星.以城乡一体化为目标 推进上海郊区跨越式发展——在全国城郊经济发展研讨会上的发言[J].上海农村经济，2001，9：4-8.

年,《上海市人民政府关于本市加快城乡一体化发展的若干意见》出台,明确提高郊区发展的自主性和积极性,进一步加大公共资源和财政投入支持郊区农村发展的力度,增强郊区农村发展活力,逐步实现以城带乡、城乡融合、成果共享。2013年,《上海市推进城乡一体化发展三年行动计划(2013—2015年)》出台,指出要将郊区和农村建设放在现代化建设更加重要的位置,进一步完善促进郊区又好又快发展的体制机制。

3. 2015年至今:政策系统化与城乡一体化

2015年,被喻为"上海城乡发展一体化路线图"的《关于推进新型城镇化建设促进本市城乡发展一体化的若干意见》(以下简称《意见》)正式出台,成为指导上海城乡发展一体化的纲领性文件。上海城乡一体化体制机制的顶层设计强调"六个一"理念(图2.3-1)。基于此,《意见》指出上海城乡一体化进程中存在城镇发展不平衡、农业发展水平参差不齐、农村生态环境质量低、郊区交通网络服务能力弱、城乡基本公共服务均等化面临瓶颈制约、农村社会保障和就业水平有待提高等突出问题,提出涵盖农业发展方式、农村人居环境、郊区交通设施、农村社会保障、城乡公共事业、农业转型、农村土地改革、郊区农村治理在内的系统性政策措施。围绕《意见》,上海市政府将相继出台21项配套性政策文件,覆盖镇村规划体系完善、农业结构调整、农村生态环境整治、郊区设施建设、基本公共服务均等化等城乡一体化重点领域。其中,交通政策着重推动郊区交通设施的体系建设和标准拟定,提高郊区交通设施管理水平;民政方面聚焦郊区养老保障,重点从服务设施均衡、服务水平提升、服务人群覆盖三个方面给予政策支持。教育方面以落实城乡义务教育一体化"五大标准"[1]

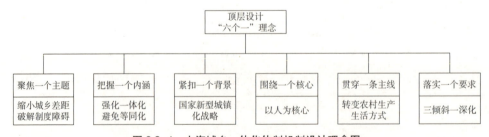

图2.3-1 上海城乡一体化体制机制设计理念图

---

[1] "五大标准"是指上海市基本统一的义务教育校建设标准、学校配置(设施设备)标准、教师队伍配置标准、教师收入标准和生均经费标准等五项标准。

为突破口，完善义务教育投入机制、建设机制、发展机制、人才机制、办学机制建设。劳动与社会保障方面则着力于建立城乡统一的基本社会保险制度，完善适应农村生产方式改革的劳动保障制度。

城乡一体化是城市发展的共同规律与基本趋势。快速城市化导致城乡差距不断扩大，城乡一体化政策的制定正是为弥合这一鸿沟。[1] 上海市城市化发展水平高，农业经济占比低，但郊区面积大，承载外来人口多，因此城乡不平衡、不协调的"鸿沟"仍然突出。其中，城乡差距短板主要反映在中心城区与郊区、城乡接合部地区之间的资源配置与治理水平差距上。本质上，上海城乡一体化就是郊区的城市化与现代化，从过去低水平的分散布点转变到组团式发展新城和配套建设中心镇，增强小城镇的集聚和辐射功能；从建设单一的居住区转变到建设以产业为支撑的小城镇；从基础设施建设转变到加强人文环境功能建设，实现从无序向有序、低水平向高水平的转变。[2]

2.3.2 浦东城乡一体化发展

1. 功能区域：制度创新下的城乡一体化

2005年6月，经中央批准，浦东新区成为我国首个综合配套改革试点地区，配套改革要求新区率先"消除城乡二元结构，促进经济社会一体化发展"。[3] 实践中，浦东新区大力推进政府管理的"城郊合一"，陆续成立陆家嘴、张江、金桥、外高桥、川沙、三林六大功能区域，"区镇联动"实践拉开帷幕。功能区域是具有消除城乡二元结构的空间载体，其将国家级经济开发区与周边街道乡镇连接在一起，并成立功能区域的党工委与管委会，对城乡区域发展进行统筹规划与管理。从实践情况来看，既取得了成效，也存在问题。一方面，功能区域的规划管理从功能布局与管理体制上实现了城乡一体化，奠定了打破城乡经济社会二元结构的体制基础。此举不仅将郊区的发展纳入浦东整体功能规划体系，对于高起点地推进"三个集中"以及统筹城乡发展起到了重要作用，而且把城

---

1 Chi-Pui Cheung. The Paradox of China's Urban-Rural Integration：The Hukou System, Rural Policy, And Rural Land Development[J]. Urban Anthropology and Studies of Cultural Systems and World Economic Development, 2012, 41（2/3/4）.
2 上海：加快城乡一体化建设[J]. 今日浙江, 2001, 5: 11.
3 姜朋. 浦东新区推进城乡一体化发展的经验与启示[J]. 湖湘论坛, 2008, 2: 66-67.

市管理社区的先进理念引入农村。[1] 另一方面，功能区域的管理体制设置与现代政府体制精简化改革方向存在矛盾，加之南汇区并入浦东新区后，功能区域的存在会造成地区的隔离，无法调和并将固化"南北二元结构"[2]，因此功能区域仅在浦东新区存在5年，未能实现长效的作用机制，但其作为城乡管理体制改革的有益尝试，依然在特定时期发挥了重要的一体化推动作用。

2. 新市镇：产镇融合下的城乡一体化

浦东新区的城乡一体化探索是以各类开发区与周边乡镇的融合开始的。早在1995年，浦东新区就提出了"列车工程"，即由新区重点开发公司发挥"车头"带动作用，引领周边乡镇企业、郊区农业和集镇地区共同发展。该模式已具备产镇融合发展的萌芽，其以整体发展的思路，初步实现了浦东国家级经济开发区与周边街道乡镇的一体化发展，也最大限度地避免了经济开发区与所在地区的空间与功能割裂。但"列车工程"的成效囿于经济发展层面，且在利益分配与责任分担上没有清晰界定，因此，浦东新区城乡一体化进程有待进一步深化。2009年，浦东新区提出"产镇融合"发展新思路，即以各级开发区为重点，突出"大飞机"和"迪士尼"等重大项目的牵引作用，辐射带动周边乡镇的统筹一体化发展。2014年，浦东新区为贯彻上海市"一号课题"要求，探索并提出"管镇联动"的城乡融合发展新模式。具体而言，即经济开发区管委会与周边乡镇政府结合自身治理特点与优势，在城乡社会与经济发展领域进行分工，充分发挥经济开发区管委会发展经济、乡镇政府社会治理的长处，统筹推进城乡经济社会一体化发展。2020年，上海自贸试验区临港新片区又提出构建"主城区－功能组团－城乡社区"新型城乡体系，培育功能组团带动周边城乡社区一体化发展。[3]

3. 新农村：三农振兴下的城乡一体化

上海要实现城乡一体化，必须对"三农"进行新的定位。[4] 浦东新区作为上

---

1 中共上海浦东新区党校课题组，周国华. 浦东新区实现城乡一体化的条件与路径选择 [J]. 成都行政学院学报，2008，4：43-46.

2 桂家友. 城乡一体化的历史使命与功能探索——基于构建上海浦东的体制机制载体 [J]. 上海城市管理，2016，25，5：49-55.

3 上海热线. 上海临港新片区国土空间总体规划草案今起公示 [EB/OL]. https://hot.online.sh.cn/content/2020-06/24/content_9589503_2.htm，2020-6-24.

4 山隆. 城乡一体化与上海都市现代化 [J]. 上海农村经济，2002，3：23-24.

海城乡一体化的重点探索地区,"三农"振兴成为一体化发展的重中之重。2000年初夏,新区将原有农村地区的22个镇整建制的全面调整为12个镇,以适应新区农业农村现代化发展迅速推进的要求。2009年,南汇区并入浦东新区,两区合并后的新浦东有34万农民、50万亩基本农田,"三农"工作空间进一步拓展。[1] 为适应新形势下的"三农"建设需求,在体制建设上,浦东新区在机构改革中调整组建了新区农委,统筹管理区农业发展、农产品安全、农村集体资产以及农村政策工作,并在"三农"工作定位中突出强调了南部郊区的重要地位。在农业发展上,新区重视加强农业产业现代化建设,通过农业生产组织、农业标准建设、农业规模效应的水平提升,促进农业提质增效。在农村建设上,一方面加强农村生态环境整治,推动公共服务设施建设;另一方面着力推进以村庄改造为核心的新农村建设,改善农村生活生产环境条件,缩小城乡在基础设施和环境方面的差距。[2] 在农民增收上,采取拓宽非农就业渠道、增强农产品营销服务、加大农民社会保障力度等政策手段促进农民收入增加,同时,不断健全完善农民增收的长效、良性机制。2017年,浦东新区印发《关于加快推进更高水平上的城乡发展一体化2020年行动计划》,聚焦美丽乡村、村庄服务生活圈、郊区农业产业转型,进一步推动"三农"发展。

2.3.3 郊区城乡一体化发展

1. 近郊区:重点项目引领城乡一体化

上海市域空间可划分为中心城区与郊区。根据距离中心城区远近,可将郊区划分为近郊区和远郊区(表2.3-1)。[3] 近郊地区靠近中心城区,便于接受城区功能辐射与产业转移,加之城乡一体化发展起步早,基础好,政策机制设计注重以项目建设为核心,构建系统、全面的一体化水平提升路径。例如,宝山区城乡一体化发展具有鲜明的"项目为重、以工促农"发展特点[4],一方面以"宝山城市工业园区"建设、逸仙路高架道路建设、吴淞"黄金岸线"开发、"宝山集装箱园区"开发等重点项目为突破口,带动工业小区建设,加速全区商

---

[1] 在新起点 加快新浦东城乡一体化发展 [J]. 上海农村经济, 2010, 3: 4-5.
[2] 张水龙. 浦东城乡一体化发展的思考 [J]. 上海农村经济, 2011, 2: 17-19.
[3] 郭岚. 上海城乡一体化测度研究 [J]. 上海经济研究, 2017, 7: 93-104.
[4] 徐建国. 建设新宝山城乡一体化 [J]. 上海经济, 1999, 5: 20-21.

业、旅游业与仓储业发展，促进宝山基础设施完善；另一方面依靠宝钢工业基础，依托宝山港口储运产业、上海大学科技创新产业、中心城区商业房地产业三大优势，围绕淞宝中心地区、上海大学城、月杨地区、重点集镇的建设，加快促进组团式的城乡一体化发展新框架。新世纪以来，上海市提出发展重点向郊区转移，加强城郊基础设施建设。[1] 2002年起，宝山按照"建设与上海现代化国际大都市相适应的具有综合城市功能的现代化滨江新城"的功能定位，进入统筹城乡的高速发展阶段。当前，宝山区紧紧围绕区第七次党代会提出的"迈向更高水平的城乡一体化"总体要求，推动农业绿色、高效、融合发展，促进农村硬件设施与文化内涵提升，实施"强村富民"工程与"公共服务品质提升"工程。

闵行区以城乡统筹行动计划为指引，主要在农民增收、农业产业、农村环境、财政支农等重点领域推进，努力实现城乡八个"一体化"，即城乡规划建设、城乡投融资、城乡产业发展、城乡就业保障、城乡居民收入增长机制、城乡基础设施建设、城乡社会事业发展与城乡社会管理体制一体化，力求在上海市郊区率先破解城乡二元结构。其中，城乡基础设施与城乡公共服务设施发展取得突出成绩。

一方面，城乡一体的格局使闵行区水利事业走上了都市化大水利道路，实现了从农村水利走向城乡一体化大水利，从行政治水、管水走向依法治水、管水，从单纯抓社会效益走向社会经济生态效益一起抓的蜕变[2]；另一方面，针对大量外来人口和市区拆迁户的流入问题，闵行区着重围绕动迁老年居民的卫生保健、外来人口孕产妇保健管理、外来人口职业卫生三个方面推动城乡设施一体化服务建设。[3]

2. 远郊区：乡村振兴助力城乡一体化

就远郊地区而言，城乡一体化发展政策与乡村振兴进程紧密衔接，重视乡村地区集中居住和安置工程建设，注重以农村产业结构调整与产业布局优化为

---

[1] 王湘琳，夏雅俐.城乡一体化视野下的农村发展——基于上海宝山的实践与思考[J].人民论坛，2010，8：92-93.
[2] 乔凯华.闵行区城乡一体化水利道路越走越宽[J].上海水利，1996，1：25-27.
[3] 倪政，陈信垠，王德耀，郑平，叶喜福，张全康，李达飞，仇萍.上海市闵行区城乡一体化进程中初级卫生保健问题研究[J].中国初级卫生保健，1997，12：7-8.

手段，加快农村、农业、农民现代化进程，提升一体化发展品质。例如，青浦区城乡一体化建设主要着眼于农业产业能级、农村人居环境、农民收入水平三个方面的有效提升，强调以村庄规划为引领，稳步推进农民渔民集中居住安置工作，同时对保护村和保留村积极开展村庄改造。以青浦区重固镇为例，在农业产业能级提升上，落实农业布局规划，推进生态农业、休闲农业，形成都市型现代化新型农业产业体系；在农村人居环境优化上，主要结合美丽乡村、美丽河湖建设，全面推进农村环境综合治理、农村基础设施建设和农村公共服务设施建设三大工程；在农村集体经济发展方面，通过集体经济组织入股新型城镇化建设项目公司方式，确保农民收益的长期稳定和造血机制的形成。[1]

奉贤区作为上海唯一的统筹城乡发展专项改革试点区，围绕统筹城乡发展改革试点总体方案，重点聚焦新型城镇化建设、农村发展方式转变、基础设施建设、公共服务提升、产业转型、农村改革和强村富民等九个方面内容。其中，奉贤区借助以农业园区为核心的发展载体、以农民合作社为抓手的农业经营载体和基层农业科技创新载体，大力发展都市现代农业，推进农业现代化建设，实现统筹城乡发展。[2] 另外，奉贤区城乡一体化发展注重镇村规划体系建设的覆盖度与实操性，着力推进集镇改造与农民集中居住工程，同时，强调建立镇区协同机制，重视淘汰落后产能，优化产业结构布局。

嘉定区城乡一体化发展着眼于"两个层面"，一是缩小嘉定与中心城区间的差距；二是加快区域内部新城与老城、建制镇与集镇间的融合。具体而言，主要通过"四个加大"，即加大农业生产经营方式改革、加大农村社会治理力度、加大集体产权制度改革、加大美丽乡村建设力度，推动城乡发展一体化进程。金山区以规划为龙头，紧紧围绕"1158"城镇体系安排各项城乡建设，促进城乡功能完善和形态提升，同时鼓励吸纳社会资本开展能源基础设施与海岸线深度开发建设。松江区重点聚焦于城乡一体的就业促进和社会保障体系建设，一方面通过开展"就业为民"活动、推进"万、千、百人就业项目"，不断优化农村剩余劳动力就业环境；另一方面有效整合城乡居民社会养老保险制度，大力完善基本医疗保障制度体系。

---

[1] 金峰.关于上海城乡一体化发展的若干思考[J].上海农村经济，2014，7：8-11.
[2] 李国强.都市现代农业是加快城乡一体化进程的重要突破口——上海市奉贤区都市现代农业发展调查[J].中国乡镇企业，2009，7：55-59.

上海市域划分表				表2.3-1
中心城区		郊区		
核心市区	边缘市区	近郊区		远郊区
黄浦区、静安区	徐汇区、长宁区、普陀区、虹口区、杨浦区	浦东新区、闵行区、宝山区、嘉定区		松江区、金山区、青浦区、奉贤区、崇明区

2.4 城乡一体化到城乡融合发展：关于生活服务设施配置标准

2.4.1 国家标准规范

1. 从用地配置走向空间管控

针对公共服务设施用地配置，目前城市与乡村各有相应标准。《城市公共设施规划规范》GB 50442—2008 主要适用于设市城市的城市总体规划及大、中城市的城市分区规划中的公共设施用地规划，目的在于合理配置各项城市公共设施用地，主要控制方式是依照不同城市的人口规模，拟定各类用地"占中心城区规划用地比例"与"人均规划用地"的分项指标与总量指标取值范围。《乡村公共服务设施规划标准》CECS 354：2013 主要适用于乡、村规划中的公共服务设施用地规划，与《城市公共设施规划规范》GB 50442—2008 控制方法相同，即依照乡驻地集镇、村庄人口规模相应拟定各类公共服务设施用地占建设用地比例。然而，城乡公共服务设施配置不仅与用地规划环节密切相关，而且格外受到其所承载的设施空间要素影响，如设施规模、服务半径等。2018 年 5 月 21 日，住建部就国家标准《城市公共服务设施规划标准 GB 50442（修订）》（简称"修订版"）公开向社会征求意见。

新标准与旧版标准相比，有两个方面明显变化：其一，标准适用层次从总体、分区规划深入详细、专项规划，发挥作用更为广泛，相应标准规定的分类及布局原则也相应细化加深。例如，"修订版"基于文化、教育、体育、医疗、福利各类设施的进一步细分，相较于原标准更为详细的规定了各级各类设施用地标准与布局原则；其二，标准关注对象从公共服务设施用地扩展到用地及其所承载的设施空间，相关指标控制体系也相应地更为完善，不仅包含用地比例及人均用地指标，还增加了包括服务人口、服务半径、容积率、建筑面积、建筑密度在内的设施配置指标，体育和医疗类设施还对坐席数、床位数进行了规定。

2. 从居住小区走向生活圈层

居住区是生活服务设施配置的重要载体。通过比较《城市居住区规划设计规范 GB 50180—1993（2016 年版）》（简称"原标准"）与《城市居住区规划设计标准》GB 50180—2018（简称"新标准"）两个不同时期的居住区设计标准，突出反映了居住配套设施"以人为中心"配置理念的不断深入。主要反映在三方面：

第一，生活服务设施配套对象内涵贴近实际。就"城市居住区"概念而言，"原标准"既泛指各类居住生活聚居地，又特指界限明确、规模相当、设施齐备的居住区。"新标准"对此进行了简化，指出只要是城市中住宅建筑相对集中布局的地区都可以称为"城市居住区"。该变化符合城市居民实际的多样化居住空间特征，同时为后续配置标准的灵活施行破除认知障碍。例如，"原标准"多适用于城市居住区尤其是新建居住区的详细规划设计，应用面相对较窄；"新标准"则可分别运用于城市总体规划、控制性详细规划、修建性详细规划与住宅建筑项目设计。

第二，生活服务设施配套分级标准反映需求。"原标准"中的居住区分级主要考虑到能满足居民从低到高不同层次的生活要求，能满足配套设施设置及经营对人口数量规模的要求，能与现行城市行政管理体制相协调，基于此划分为居住区、居住小区、居住组团三级，具有明显的"供给侧视角"划分特征。"新标准"中则首先强调了以居民步行时间内可满足其物质与生活文化需求为原则划分居住区范围，也对相应的服务人口规模、行政管理分区、空间划分边界做出分级规定，形成了 15 分钟生活圈居住区、10 分钟生活圈居住区、5 分钟生活圈居住区与居住街坊的四级划分，弥补了原有分级对"需求侧视角"的关注不足。

第三，生活服务设施配套建设指引更为清晰。"新标准"相较"原标准"明确提出了不同等级生活圈居住区配套设施的差异化集约建设要求，为居民便利使用配套设施提供条件。

3. 从兜底保障走向特色提升

村镇公共服务设施配置项目虽较城市地区类型少、规模小，但在整个城乡公共服务体系中发挥着重要的基础性作用。就配套标准而言，《镇规划标准》GB 50188—2007、《村镇规划标准》GB 50188—1993 重点围绕村镇集中建设区的公共设施类型、不同等级镇区及村庄配套建设要求、公共设施建筑及用地指标等进行规范。其中，《镇规划标准》GB 50188—2007 相较于《村镇规划标准》GB 50188—1993 而言，公共设施项目的配置项目根据新时期的新特点进行删减与增加，同时取消了对各类公共建筑人均用地面积的控制。但是，两项标准均是对村镇公建配套的兜底保障，目的是确保村镇具有与人口规模相适应的公共服务设施土地与空间供给。伴随着经济社会的发展与进步，尤其是当前乡村振兴战略视野下的特色小镇与美丽乡村勃兴，村庄与小城镇逐渐成为产业经济发展与吸引人口聚集所不容忽视的重要载体，相应公共服务设施的配建需求也愈发多样化、特色化。2015 年，《美丽乡村建设指南》GB/T 32000—2015 出台，公共服务设施配置围绕建制村与自然村的医疗卫生、公共教育、文化体育、社会保障、劳动就业、公共安全与便民服务提出建设目标与标准要求。另外，《国家特色小镇评定标准》则对特色小（城）镇的设施服务提出要求，一方面，强调基于小城镇设施服务的既有标准要求，从道路交通、市政设施、公共服务设施三大方面考核小镇的设施服务便捷性；另一方面，注重对现代服务设施的评审，包括 WiFi 覆盖，高等级商业设施设置等指标。需要指出的是，为适应村镇发展的标准提升，仍然要立足于保障性设施的完备发展基础上，两者不可偏废，而应该与村镇自身的发展阶段相互适应。

2.4.2 地方标准规范

1. 设施配置范围统筹城乡

各地标准采取不同的方式统筹解决城市与乡村公共服务设施的配置差异问题，具体可分为以下三类。第一，"城乡一体型"标准，即标准同时涵盖了城镇与乡村地区公共服务设施配置要求。例如，《河北省城乡公共服务设施配置和建设导则》适用于全省设区市、县（市）、镇（乡）、村庄公共服务设施的规划、建设与管理；《重庆市城乡公共服务设施规划标准》适用于重庆市辖区范围内市级以下城乡公益性公共服务设施的规划与管理。第二，"城乡并进型"标准，即部分地区针对设区市城区、县级市城区、县城等城市化地区编制"城市型"配置标准，同时针对乡村地区则单独编制"乡村型"标准指导设施配套。例如，《天津市居住区公共服务设施配置标准》《上海城市居住地区和居住区公共服务设施设置标准》和《北京市居住公共服务设施配置指标》等标准均适用于城市化地区的住宅配套公共服务设施建设，而《天津市村庄规划编制标准（试行）》《上海市村庄规划导则》和《北京市村庄规划导则》则同时发挥指引乡村地区设施配套作用，两方面共同构成城乡设施配置标准体系。第三，"城乡参照型"标准，即村镇地区设施配置标准参照城市地区标准执行。部分地区标准参照的适用范围比较宽泛，例如青岛市域范围内的其他地区都可以参照城市配套标准及导则要求执行。部分地区则较为明确地指定了参照适用范围，如广州提出镇、村级公共服务设施可分别参照街道与居委级标准进行设置，河北则指出乡驻地集镇可参照建制镇配置服务设施，北京则明确村庄建设项目和农民安置上楼项目需同期建设配套设施，可参照城市居住区指标执行。

2. 设施配置层次贴近实际

从设施分级看，各地区结合实际情况进行差异化的设施层级划分。第一，部分地区与基层行政管理层级相适应，直接将公共服务设施划定为"街道+居委"或"街道+基层社区"两级。第二，不少城市不仅重视基层设施，也统筹考虑了高等级公共服务设施，设施配置体系更为完善。例如，南京市、武汉市、成都市在基层基础设施"两级"划分基础上，将市级、区级设施纳入体系中。郑州市与重庆市设施分级体系则同时向下级延伸，进一步划分居住组团级设施。河北省则划分得更为细致，针对设区市公共服务设施按市级、区级、城市社区级三级配置，针对县公共服务设施按县级和社区级两级配置，针对建制镇公共服务设施按镇和村两级配置，针对村庄公共服务设施按新型农村社区和普通村庄两类配置，同时还对省级公共服务设施配置进行考虑。第三，部分城市重点对于居住区及以下级别公共服务设施进行细化分级研究。北京市以社区、街道为对接平台，设立了建设项目、社区、街区三级配套设施指标体系，即规模小于1000户的建设项目级，规模在1000—3000户的社区级和规模约2—3平方公里的街区级配套设施。第四，部分地区如合肥市则将街道社区服务中心（站）、派出所、警务室等社区管理类设施以及村级公共服务设施划定为"基层社会公共服务设施"，与其他类型社会公共服务设施（教育、文化、医疗等）区分开来，进行分类配置。

3. 设施配置思路趋向灵活

从设施配置思路的共性来看，各地标准基本围绕建筑面积、用地面积、服务人口、服务内容等要素提出设施要求。从设施配置思路的个性来看，第一，部分城市结合设施投资和经营类型，将配置指标要求区分为控制性与指导性两类，开展刚性与弹性相结合的双重管控。武汉公共设施按照投资和经营类型分为一类公共设施和二类公共设施两类，前者设定刚性的下限指标，后者则设定弹性指标。天津市则将指标分为必须执行的控制性指标和可根据标准或市场需求确定的指导性指标，分别展开管控。南京将公共设施按照公益属性和刚性控制要求区分为严格保障的公共设施、应予保障功能的公共设施、经营性公共设施三类，提出差异化配置要求。第二，部分城市突出强调公共服务中心的综合体布置模式。长沙市提出形成"两级管理、两个中心"，即街道级公共服务中心、基层社区级公共服务中心。成都市居住区级、基层社区级公建配套设施分别采用"居住区服务中心（6项）+独立设置（8项）"和"基层服务中心（4项）+独立设置（4项）"的方式进行配置，其中居住区及基层服务中心均以综合体的形式集中叠建布置（图2.4-1）。第三，部分城市针对不同职能与规模类型的城乡社区提出差异化配置要求。北京市区分了历史文化街区以内与以外、居住人口5万人以上及以下、新建改建扩建或现状补充的城市社区，沈阳市则按照6公顷、15公顷为区分值，将居住区划分为组团规模以下、小区规模以下、小区规模等开展分类设施配置。

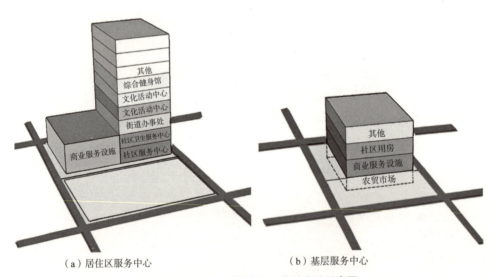

(a) 居住区服务中心　　　　(b) 基层服务中心

图2.4-1　社区公共服务中心集约建设示意图
（资料来源：成都市公建配套设施规划导则）

2.5 小结

伴随着人们对城市与乡村关系认知的不断深化,城乡一体化的内涵反映出阶段性的变化,但其不变的本质是城市与乡村之间共生共存的和谐关系。在西方理论界,城乡一体化是一个比较模糊的命题,但正是这种内涵边界的不清晰,使得不同领域的学者能够从跨学科的视角对城乡关系进行持续的反思。在中国,城乡一体化具有鲜明的本土政策属性与辩证哲学特色,其与宏观经济社会的发展演变密切相关,反映着中国城乡结构从闭锁走向开放、从分野到互济、从单向到共生的融合过程。上海作为经济社会发展面临深度转型的超大城市,外围郊区相较于中心城区的现实差距已成为城乡一体化发展的突出短板,破除体制障碍、实现乡村振兴成为上海城乡深度融合的必经之路。然而,城市与乡村的融合发展不仅是宏观的经济社会发展总体趋势,也十分真实地反映在城市社区与乡村社区追求平等生活空间质量的微观进程中。作为塑造城乡社区生活空间质量的基石,生活服务设施配置主要通过标准化的规范形式保障公平与效率。伴随着城乡融合程度的加深,借助社区生活空间资源配置保障城市与乡村平等、体面生活质量的要求也在不断提高。因此,第3章我们将视野投向国内外的优秀城市,尝试分析它们在生活服务设施配置中的独到经验,并思考如何将这些出色的配置理念与上海实际情况和未来需求衔接起来。

第 3 章
城市社区生活资源配置的国内外案例

3.1 国内城市案例

3.1.1 北京：区域协同型

1. 推进区域公共服务体系建设

北京市是京津冀协同发展的核心，是推动京津冀城市群公共服务体系建设向设施均好、区域均衡方向发展的重要力量。一方面，积极推进北京与天津、河北在养老、医疗、教育、社会保障等民生领域的合作。在教育方面，重点加强京津冀地区高等教育的规划对接与资源共享，鼓励多层次的产学研区域合作，同时加快优质教育资源的服务扩散进程；在医疗方面，采取共建、支援等措施提升区域医疗卫生整体水平，同时增强区域突发性公共卫生事件的应对能力；在养老方面，鼓励首都优质的品牌化养老服务机构运作经验输出，增强区域养老机构的服务能力。另一方面，加快形成京津冀公共服务的协同管理机制。在公共服务财政制度方面，强调改革现行财政体制，着力构建京津冀区域型公共服务分担与统筹体系，建立区域一体化的公共服务资金保障平台。同时，在确定统一的均等化标准基础上，充分结合三地实际发展水平，实现区域公共服务共建、共享、共治。在社会保障对接制度方面，破除体制壁垒，逐步实现区域内公共服务待遇的互认，同时实现医疗保险、职工养老保险、居民养老保险的互联与互通。

2. 促进区域公共服务均衡配置

北京城市副中心是北京"新两翼"中的"一翼"，是首都中心城区功能和人口疏解的重要承载地，是京津冀区域协同发展的核心示范区。北京城市副中心建设着力推动区域公共服务均衡配置具体反映在以下三个方面：第一，副中心地区以组团、家园为配置单元，提供均衡优质的城市公共服务。整个副中心区域被划分为更新改造、城乡统筹、创新示范三种类型的组团，各组团又划分为若干个家园，相应建立"市民中心—组团中心—家园中心—便民服务点"的公共服务体系，构建"5—15—30"分钟生活圈。第二，构建设施服务环，串联副中心地区公共资源体系。通过建设一条功能混合、分布均衡、地上地下一体化衔接的设施服务环，着力实现城市副中心的医疗、文化、教育、体育、商业、休闲等公共服务设施的有效衔接和开放共享。第三，发挥区域辐射带动作用，共建协同发展设施体系。充分发挥城市副中心的辐射带动作用，在公共服务品质提升方面与廊坊北三县地区加强合作、统筹发展，促进北京公共服务资源向廊坊北三县地区拓展延伸，进一步优化医疗卫生、教育、文化、体育、养老等公共服务设施配置，促进区域协同发展，缩小区域差距。

3. 优化区域公共服务领域合作

雄安新区是北京非首都功能疏解的集中承载地。一方面，北京市通过积极对接支持河北雄安新区规划建设，促进在京部属高校、市属学校、医院等优质公共服务资源向新区疏解，推动北京市与雄安新区公共服务领域全方位合作，支撑新区建设完善的公共服务设施体系。同时，鼓励采取多样化区域合作方式，有效引导在京企业参与新区公共服务建设。另一方面，雄安新区规划不仅提出有效承载北京公共服务资源的基本措施，提高公共服务水平和区域吸引力，同时也不断完善承接中心城区功能转移的就业政策，着力协调就业岗位分布，引导中心城区人口随非首都功能疏解而相应转移，实现新区产城融合、职住平衡。另外，雄安新区重点构建"城市—组团—社区"三级公共服务设施体系，形成多层次、全覆盖、人性化的基本公共服务网络。其中，城市级大型公共服务设施布局于城市中心地区，主要承担国际化、区域化的对外交往功能，承办国内大型活动，承接北京区域性公共服务功能疏解。

3.1.2 南京：城乡融合型

1. 构建"五级"城乡中心体系

南京市全域构筑"市级中心—市级副中心—地区级中心—居住社区级中心—基层社区级中心"五级城乡中心体系。其中市级中心有新街口、河西、城南、江北4个，是城市核心功能的重要承载区，服务全市以及更大区域范围。市级副中心有仙林、东山、大厂、六合、溧水、高淳6个，作为市域片区综合服务中心，同时承担面向区域的综合服务职能。地区级中心是为中心城区和副城内

200000—300000人的地区、新城以及为秣陵、江心洲等规模较大的新市镇服务而设置的片区中心。居住社区级中心是以新市镇和城区服务半径500—600米内的30000—50000名居民为服务对象，为居民提供较为综合、全面的日常生活服务。基层社区级中心以村庄和城区服务半径200—300米内的5000—10000名居民为服务对象，为居民提供最基本的日常生活服务。

2. 建设城乡公共服务设施网络

南京市深入推进城乡规划、产业发展、要素配置、基础设施、公共服务、社会治理六个一体化。城乡公共服务一体化强调应对人口结构变化趋势，采取政府主导、社会参与、公办民办并举的公共服务供给方式，重点关注老人、儿童、残障人士等弱势群体，健全面向全年龄段、全人群、全要素的教育、医疗、文化、体育、社会保障等公共服务设施，建设覆盖城乡、功能完善、服务均等、优质高效的现代化公共服务设施网络，不断提升居民获得感、幸福感和安全感。尤其是加快发展农村社会事业，着力提高农村义务教育、基本医疗、公共文化、社会保障水平。鼓励引导市区优质医疗卫生资源向郊县布局，提升农村幼儿园办学水平，创建农村职业教育品牌学校、品牌专业，推动区县文化馆、镇街文化站、村（社区）文化活动室的标准化建设，加快农家书屋向农村新社区延伸，完善农村养老保险、医疗保险、低保、五保和被征地农民基本生活保障"五道保障线"。

3. 加强农村公共服务建设指引

南京市对农村地区基本公共服务设施配套标准进行规划指引，坚持社会公平、实施高效、公建配置基本原则，根据服务半径与人口密度，投入成本与运营、管理者自身要求，集中布置与共建共享指引设施建设。其中，农村地区基本公共服务设施体系分为新城镇与新社区两级，新城镇参照《南京市新建地区公共设施配套标准规划指引》的规定，同时考虑新城镇所承担的区域服务功能。新社区则分为一级和二级社区进行分级配置，其中一级社区是指功能较为齐全、设施相对完善的农村居民点，人口规模在1000—5000人；二级设施是指乡村地区配置最基本公共服务设施的农村居民点，人口规模在300—1000人。设施分类按照使用功能分为行政管理服务设施、教育设施、医疗卫生设施、文化体育社会设施、社会福利保障设施、市政通信设施、公共绿地、商业金融服务设施，按照公共属性可以分为公益性基本公共服务设施与经营性公共服务设施。基于以上布局原则与设施体系，进一步结合新市镇、新社区基本公共设施配置容量要素，形成刚性需求与弹性需求并济的农村地区基本公共服务设施配套标准。

4. 推动城乡社区生活圈发展

城乡社区生活圈分为城市社区与乡村社区生活圈两类。其中，城市社区生活圈主要面向中心城区，根据服务步行可达范围可以分为居住社区生活圈与基层社区生活圈，前者是指在服务步行 10 分钟可达的空间范围内，面向 30000—50000 服务人口，集中配置居住社区级公共设施的生活圈层。后者是指在服务步行 5 分钟可达的空间范围内，面向 5000—10000 服务人口，提供最基本日常服务设施的生活圈层。乡村社区生活圈主要面向新市镇与新社区提供公共服务。针对新市镇，主要是指在新市镇镇区交通便利的中心地段或邻近公共交通站点集中设置新市镇级公共服务设施。针对新社区，主要是指在新社区中心地段或入口集中设置新社区级公共服务设施。另外，根据社区与轨道交通站点的空间关系，社区生活圈可以进一步分为非轨道交通站点片区、轨道交通站点片区两种模式，分类开展社区公共服务设施配置工作（图 3.1-1）。

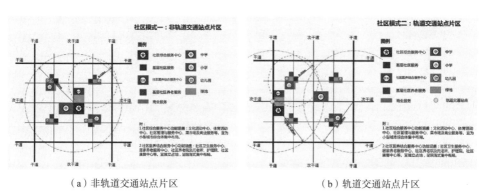

（a）非轨道交通站点片区　　　　　（b）轨道交通站点片区

图 3.1-1　社区生活圈分类模式图

（资料来源：南京 2035 年总体规划）

3.1.3　港澳地区：集约紧凑型

1. 构建畅行街道圈层体系

城市的流动性包括连接性、可步行性、单车可用性、可达性和通透度。香港城市的可连接性主要体现在以公共交通运输为导向的发展模式上，可步行性则主要体现在妥善规划人行道、步行街等，减少以机动车代步的短途出行次数和人车冲突，创造比较安全的步行环境，增强单车可用性。其中，"畅行街道圈"

作为可达性框架的核心概念，采用"以人为本"方针，着力优化步行网络质量，重点提供行人路、行人环境、行人绿化设施，减少影响行人步行体验的障碍物，有效提升行人舒适度和健康生活水平［图3.1-2（a）］。基于此圈层理念，"畅行街道圈层"强调邻里休憩用地应设置于服务对象徒步可达的地点，最理想是不超过400米的半径范围，并通过窄马路、高密度等通透性更强的街道结构，实现公共服务设施的更好利用［图3.1-2（b）］。

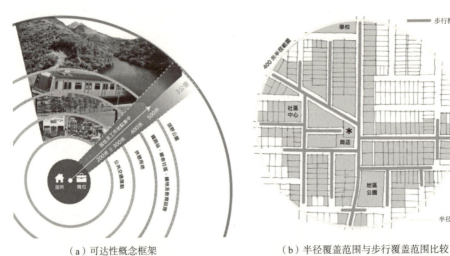

(a) 可达性概念框架　　　　　(b) 半径覆盖范围与步行覆盖范围比较

图3.1-2　畅行街道圈层理念图

（资料来源：香港2030年总体规划）

2. 精细利用各类公共空间

一方面，借助城市设计理念，强化公共空间的横向和纵向规划设计，营造城市活力。具体包括以下措施：善用消极空间，如天桥底空间和地下空间；注重微观设计，如临街界面的活力化设计；推崇市场元素，适度增加餐饮中心、市集等活跃的生活空间要素；注重都市可塑性，包括提供24小时不间断服务、适应每日不同时段需求的公共设施、公共空间和公共艺术计划等。另一方面，增强步行设施及公共休憩设施的可利用度，提供良好的人性化城市公共服务。①通过改善街道畅达性、可步行性和单车可用性，鼓励混合用途、临街铺面、行人友好的环境建设，促进步行和户外运动；②重视公共休憩用地建设，提高老龄人口的幸福度、满意度，构建共融互助城市；③改善公共设施服务条件，提出平台、建筑物内及天台等空间的人均量化考虑；④注重提升公共空间质量，如舒适的座位、充足的遮蔽空间以及动静结合的空间。

3. 推行设施集约开发模式

高密度城市开发。香港是世界上人口密度最高的城市之一，土地资源十分紧张，垂直密度发展、集约城市建设是比较理想的建设模式。香港以集约城市发展模式为导向，不仅从全局上抑制无序的都市扩展，而且能够创造规模经济，尤其是反映在商业服务设施与公共服务设施建设上。与此同时，需要着重考虑采取一定措施减少高密度发展对公共服务带来不良效果，例如，公共服务和居住进行相应的职位配套；发展以公共交通方式为主的集中运输，鼓励公共服务与公共交通站点的结合；运用绿色空间作为视觉调剂元素，降低高密度公共服务设施对使用者的心理压力；鼓励采取多元化的土地用途设计手法达到所需的建设密度与强度。

混合土地用途。混合土地用途是发展集约城市的重要内容。目前横向与纵向的混合用途在香港建成地区内已经非常普遍，这与香港高密度人口分布的支撑密切关联。混合用途视野下的公共服务设施配套策略，关键在于妥善管理设施用地的发展密度，促进互相协调的土地用途深度融合，有效运用城市设计概念组织不同类型的城市公共空间。

4. 适应不同年龄人士需求

香港公共设施活化策略分为两个部分：第一，针对年轻人提供教育培训、青年广场、初始创业和创意市集设施，以及一系列与之匹配的经济发展措施。香港注重为年轻人提供专上教育（高等教育）和职业专才教育等教育培训服务，同时优化设施空间，建设培育中心和创业加速器，提供财务资源、设施、业务发展培训和网络等内容，鼓励通过共有工作空间创造师友活动、网络活动、经验分享等机会。另外，大力发展创意市集，作为创意创新平台让不同范畴的社区和青年组织在一起，提供青年发展的场地及文化、体育康乐设施，创造多元化的就业机会。第二，针对老年人提供居家养老设施，并提出现有建筑环境和公共空间设施的改造措施。香港悉心制定关爱长者计划，遵循居家养老和持续照顾理念，扩充长者社区资源和护理服务，包括安老社区、安老院舍等各类型长者护理设施。在落实环节，采用通用设计的原则，建设方便长者出入及使用的各项公共设施，打造适合各年龄人士的建筑环境和公共空间。另外，努力为较年轻的长者提供再培训及跨代住房政策，鼓励跨代共融。

5. 强调设施规划公众参与

澳门新区总体规划经历了大约长达三年的公众参与过程。整个过程分为概念、规划草案与方案三个阶段。第一阶段公众参与历时2—3个月，主要通过公众咨询、专家座谈、问卷调查、巡回展览和其他宣传五种方式进行。该阶段重在回应居民的生活诉求，疏解旧区空间压力，提升居民综合生活素质。第二阶段是方案对比阶段，通过按区分类，双层归纳梳理分析公众意见。此阶段中规划部门提出基于全民意的概念（图 3.1-3），通过电脑辅助电话调查、现场问卷调查、现场深度访谈、焦点小组和网络挖掘五大调研方法，搜集包括普通大众和展览现场参观者等民意，以及网络和媒体民意，从而获得具有广泛代表性民意。第三阶段有比较详细的设计方案，公众意见搜集更为详尽，主要分三个方面：首先是社会意见的收集，共计 17194 条；其次是电话调查；再次是现场调查社会意见，包括主动提交的社会意见，传统媒体提交的意见以及网络民意收集的电话调查意见。

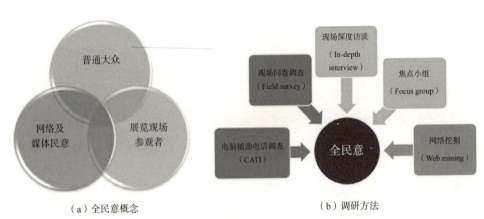

（a）全民意概念　　　　　　　（b）调研方法

图 3.1-3　全民意概念及其方法图

（资料来源：澳门新城总体规划）

3.2　国外城市案例

3.2.1　纽约：人本关怀型

1. 支持创建活力社区

纽约市通过减少混合用途开发的障碍和利用现有的融资工具，支持创建充满活力的社区。一方面,强调土地混合用途的使用,推动商业空间与住房混合,实现底层空间的最大化利用;另一方面,确立税收减免政策,为宜居社区建设吸引战略性投资。投资领域涉及劳动力、住房、交通、宽带、青少年教育、健康、刑事、司法改革、水资源、公园、自然资源、海岸线防御和邻里组织等多个方面。同时,借助校长、家长、教师和社区居民一体化组织建立,依托纽约公共服务设施一体化智能服务平台建设,不断推进政府与社会一体化服务水平提升。

2. 保障文化资源获取

比较贫困率和文化资源密度或布点情况发现,纽约市贫困率越高的地区文化设施数量越是缺乏,拨款进行文化资源配置的需求就越强(图3.2-1)。纽约

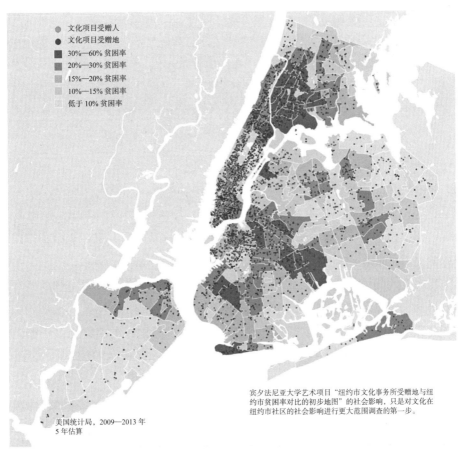

图 3.2-1 文化资源分布与贫困率关系图

(资料来源:纽约2030年总体规划)

市为此确立了所有纽约人都能够比较方便地接触到文化资源活动的目标,提出了确保文化设施良好使用的计划。具体内容包括:首先,为欠发达地区文化组织提供资金,支持其服务能力建设,鼓励创新公共艺术表达和节目表演;其次,促进公共机构中的文化伙伴关系,如建立艺术家居住地,帮助艺术人士有能力协同创作;再次,简化许可程序,增加公众参与社区活动以及接触公共设施和公共空间的机会;最后,通过扩大文化资源、教育设施以及公共场所的影响力,提高向公众开放的公园和公共空间的使用率。

3. 关怀儿童健康成长

立足于培育、保护、繁荣每一个纽约儿童的目标,纽约市着重提出了两个方面的计划:①养育和保护所有的婴儿,使他们能够在出生后的第一年获得良好的服务,为以后的茁壮成长打下基础。该项计划重点致力于促进妇女健康,提出在社区卫生中心设立妇女健康专区,在专区中支持母乳喂养,为婴儿在第一年内的健康打好基础。同时扩大"善待婴儿"医院数量,提高母乳喂养新生儿数量。②为每一个适龄儿童提供免费、全天、高质量的学前班服务,保证全纽约孩子们有机会上小学,为未来成功打下坚实基础。同时,纽约市还提出了全面、高质量的儿童早期照料计划。

4. 改善居民生活方式

首先,集中力量改善食品可获性、可负担性和质量。一方面需要创新食品供给制度,如区域粮食分配制度改革,改善部分居民无法获得充足的新鲜果蔬供给问题(图3.2-2);另一方面需要提升纽约市学校食品的质量,更新学校食堂等设施。其次,创造良好的环境,吸引公众参与体育活动。具体措施包括:增强学校内外体育活动机会;改造建筑物及设施设计元素;为居民提供社区体育活动的场所、设施及公共空间等。最后,解决家庭内部的健康危害。主要涉及二手烟、哮喘、住房跌倒危险等,纽约市政府将对部分地区的家庭提供资助,避免居民贫困对医疗健康进一步造成不利影响。

5. 确保优质医疗服务

主要涉及四个方面的措施:①纽约市提出将本市也是现行美国最大的城市公共医疗保健机构转换成具有社区预防保健功能的系统,从而更好地为居民提供社区层面服务。具体转换措施包括:创建嵌入社区而非医院的健康接入点,确保护理的连续性;采取措施保障医院的关键服务在特殊天气等情况下不会受

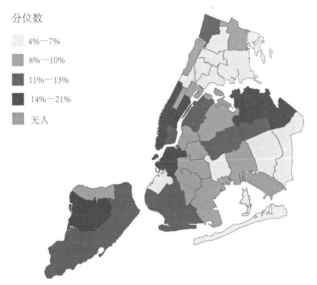

图 3.2-2 每天吃五份果蔬以上人数占比图（2011—2013 年）

（资料来源：纽约 2030 年总体规划）

到影响；改造校园废弃空置房屋，增加医疗设施布点等。②在医疗服务高需求型社区建立卫生设施，逐渐扩大初级保健服务覆盖面。③增多精神健康和虐待护理的设施接入点。④推动纽约市与纽约州合作，支持医疗服务转型，包括跨医疗系统的患者数据集成与医疗补助报销方式的衔接。

3.2.2 东京：更新优化型

1. 注重设施服务更新

东京市提出更新优化公共设施服务体系，旨在维持东京世界领先的国际商务交流城市地位，同时为多摩地区的国际学生、研究人员提供创新服务配套。围绕该策略提出如下政策和倡议：首先，提升市中心国际商贸与商务服务品质。具体措施包括：通过优质城市空间建设增强城市吸引力；以高质量基础设施支持密集城市活动，包括站前空间、道路上方空间利用与城镇立体开发；倡议建立吸引企业家和外国人士的商务与住宿环境，提供服务性公寓和高等级的艺术和文化设施。其次，创造个性鲜明的多元化服务地区。具体措施包括：基于现状基础打造特征鲜明的区域公共服务轴，以期在社区发展中实现个性，改善所在地区吸引力。最后，结合多摩地区现状，建立并优化可实现创造与创新的服务基础，构建城市对外交流与合作新形象。具体措施包括：利用大学和研究机构的积累创造实现创新服务，通过促进交流来创造新业务；借助交通设施支撑，包括加强入口地区设施与丰富交通网络等，促进基地间合作。

2. 充分利用空置空间

首先，倡议分步渐次更新住房和生活基础设施存量，借助尚未利用好的大规模土地、闲置公共用地等创造新价值。例如，通过土地置换形成城市规模经济效应；利用闲置的公共土地，增设医疗、护理、育儿等设施，重建车站等，提升地区潜力，最终实现活力复兴（图 3.2-3）。其次，利用空置房屋创造更多的居住和服务机会。东京市政府将根据当地需求检查空置房的改善情况，并促进空置房的再利用。具体的空置房更新利用方向：既可以改造为有助于地区振兴的设施如社区设施、营业场所、咖啡馆、饭店等，也可以翻新和改建为有助于增进社会福利的各类设施如育儿支援设施、高龄者住房等，还可以拆除部分空置房屋并对拆除后的空地进行管理，作为防灾基地、农业空间、艺术活动场所等使用空间。最后，东京市鼓励在现有高密度、混合的土地基础上，挖掘土地利用潜能，叠加更多功能，例如学术研究、文化艺术、健康体育、都市农业等功能在现有商业、住房、工业用地上的叠加。

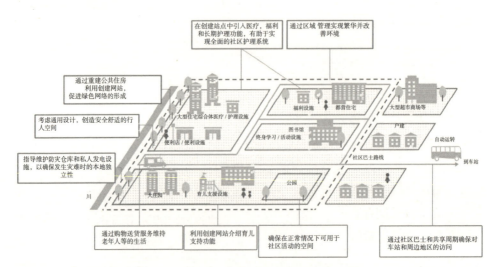

图 3.2-3　结合大型住区更新的城市功能示意图

（资料来源：东京 2030 年总体规划）

3. 优化生活场所品质

东京市确立了构筑品质化居住生活场所的基本愿景。主要涉及以下政策：①提供满足各种生活方式的生活场所。东京市将不断提升市中心的生活空间质量与环境质量，同时增强多摩地区等非东京都地区的居民区吸引力，并鼓励在山区和岛屿建设多样化的生活场所。②建立与各类生活需求相适应的设施场所体系。东京市着力创建便于养育幼儿与儿童健康成长的环境，为老年人、残疾人提供安心生活的品质化服务，同时结合现状实际优先在多摩地区、疗养地区和主要车站周边实现生活和交通便利，构建良好的体育运动设施服务体系。另外，在社区发展中充分利用历史传统和文化，活化旅游资源，提升观光体验。③鼓励塑造新的生活方式，创建可持续居住的品质化居住区。具体措施包括：一方面要保障优质住房供给，即通过有效的评估管理，创建高质量的房屋供给体系，推动优质的现有住房市场建设。另一方面，创建基于社区的城市规划系统。在城市层面制定区域发展准则，在地区层面提出社区发展计划，在社区层面倡议公共审查，以应对不同供应时期的住房数量与结构变化。

3.2.3 伦敦：生活品质型

1. 关注生活质量提高

伦敦市将可持续生活质量作为未来城市发展的主题。具体包括三个方面的具体内容：①重视自然生态环境质量的保护与提升。一方面，保护和改善伦敦的自然环境和栖息地在当地和伦敦范围内的总体环境质量，并采取行动解决空中问题质量和其他形式的污染；另一方面，充分认识绿色开放的空间和水道网络的所有好处，积极提高小区环境质量。②增强社区服务体系建设。不仅确保城镇中心网络建设与活力特质，更为重要的是确保伦敦所有地区的市民都有足够的高效交通工具网络和服务，以及对自行车和步行的支持，获得工作、社交和其他生活机会，同时尽量减少任何不利因素对环境或生活质量的影响。③着重要解决伦敦长期存在的剥夺和排斥问题，尤其是健康不平等问题，确保所有伦敦人都能获得优质健康的食物。伦敦市重点聚焦特定地区如奥运会举办地区、外伦敦、内伦敦、中心活动区、再生区和城镇中心地区的生活质量问题，所有人的平等生活机会问题，社会基础设施问题以及艺术、文化、娱乐、零售、城镇中心和小商店等各类服务需求问题，目的是支持高品质城市生活空间、建筑邻里以及包容性环境的建设。

2. 聚焦中央活动地区

伦敦中央活动区涵盖伦敦的地理、经济和管理核心区域。它汇集了伦敦最主要的金融服务功能和面向全球的商业服务功能。作为国家政府所在地，包括议会、中央政府总部以及与立法、行政有关的组织和协会。中央活动区也是一个全球性的文化中心，为剧院和音乐厅提供载体，同时包含一系列重要的零售中心和地方中心，用于满足居民需求。伦敦市提出以下服务增强策略：①增强和扩大零售服务能力，制定特殊零售政策，以满足战略和当地需要；②改善和管理集中度较大地区的夜间活动；③扩大政策优惠力度，大力改善部分地区复杂的文化地域环境；其四，确保补充、支持和发展具有重要战略意义的特殊用途，包括法律、健康、学术以及其他混合功能地区；其五，落实交通运输计划，维护和加强运输以及其他基本基础设施服务，以支持中央活动区的职能，实现发展能力的提升，进一步增强该地区的吸引力。

3. 提供平等生活机会

一方面，伦敦市致力于确保所有市民的生活机会均等，使他们能够实现自身的潜力和愿望，能够为城市的经济成功作出贡献，同时分享其利益。伦敦市认为解决市民和社区的空间需求，使他们能够享受一个安全、安全、无障碍、包容的以及可持续的环境，这一点至关重要。在评估当地社区的需求时，应包括卫生和社会保健、教育、体育、艺术、文化与娱乐设施在内的社会基础设施需求，还应特别关注以下特殊需求：健康公平需求、住房选择需求、混合社区需求、开放空间需求等。另一方面，伦敦市重视解决剥夺、排斥和歧视问题，去除具有身体、社会问题的人群获取生活机会的障碍。从公众参与来看，伦敦市鼓励所有伦敦人参与到战略和地方决策中，并推动出台无障碍伦敦规划指南、包容性环境建设指导意见、"更适合老年人"政策。从社区建设来看，应建立团结纽带，着力避免分离差异，帮助居民、团体找到共识或共同点，合力创造统一的社区愿景，实现社区的凝聚力与归属感建设目标。

4. 鼓励夜间经济活动

伦敦是一个非常适合夜间娱乐和社交的城市，具有独特的酒吧、餐厅、演艺场所、电影院和夜总会场所（图3.2-4）。夜间经济是伦敦城市经济的重要组成部分。夜间集群的发展为伦敦市带来机遇和挑战，一方面应鼓励在适当的地点开展多样化的夜间活动；另一方面要通过一系列综合管理措施实现经济效益提升，包括规划、许可证发放，治安、交通和街道清洁。这需要协调地方当局及其合作伙伴与居民之间的关系，整合企业及其客户的规划和许可政策。同时，为避免重复和无序经营，防止夜间经济活动间的相互影响与过度饱和，鼓励各行政区充分考虑影响夜间经济发展的店铺规模、店铺性质、使用类别、营业时间、零售比例等要素。另外，不仅考虑大型零售业的发展，而且要支持小型或独立零售商和服务网点的吸引力和竞争力的提升。

图 3.2-4　具有战略意义的夜间经济集群

（资料来源：东京 2030 年总体规划）

5. 推动终身居住区建设

伦敦市提出"终身居住区"（Lifetime Neighborhoods）理念，主要涉及几个方面：①工作和休闲场所、街道、社区、公园和开放空间的设计应满足人们各个不同阶段的需求，即遵循终身原则；②邻里关系良好，邻居间能够相互走动，而且可以通过步行的方式进行联系；③居民可以尽可能地自由选择居家或无障碍的公共服务设施及其场所消磨时间或开展工作；④社区具有凝聚力，能够促进多样性的社会互动以及社会资本。首先，居住区的开发设计应确保与周边地区的衔接，致力于改善社会和社区基础设施、生态水体网络、当地商店、就业和培训机会、商业服务和公共交通；其次，居住区发展应使人们能够过上健康、积极的生活，应最大限度地利用社区多样性和包容性，从而提高人们的归属感和安全感；最后，新建筑的设计和它们创造的空间应该有助于加强或增强特色性、易读性、渗透性和邻近地区的可达性。

3.3 国内外案例借鉴

3.3.1 案例比较

在中国，北京市公共服务设施配置在京津冀协同发展背景下具有区域统筹特征，不仅在硬件建设上强调主城区、副中心与新区内部组团间、内外部区域间、三大区域相互之间的共建共享，而且力求在软件配套上实现区域性的互联互通，突出反映了公共资源配置与非首都功能疏解相结合的政策过程。南京市注重完备的、深入乡村基层的城乡设施网络建设，借助规划配置标准分级，分类指引乡村公共服务设施配套，同时布局了城镇与乡村两类社区生活圈，用以组织居民日常生活所需的各类资源。香港特别行政区的社区生活空间资源配置以保持街道结构通透性为基本前提，鼓励设施立体混合开发，横向上注重用地合理兼容，纵向上强调建筑垂直功能复合，同时加强各类设施点尤其是交通类设施间的协调衔接关系。澳门特别行政区在新城公共服务设施规划中注重收集多类型民意，优化公众参与的全流程渠道，坚持多环节的有效公开，充分体现了民意导向下生活空间资源配置的优势。在美国，纽约社区生活空间资源配置具有显著的人文关怀属性，重点关怀弱者的各项生活需求，主张营造公共活力空间，提升社区交往性，聚焦市民生活方式的改善以促进建设社区建设。在日本，东京社区生活空间资源配置注重分区域推进不同类型社区复兴，同时采取创新的叠加方式挖掘土地使用潜能，推动空置土地与闲置建筑的空间再利用，营造可持续的社区体系。在英国，伦敦市将公平、可持续的生活质量提升置于中心地位，通过强化中央活动区服务能力，激发城市夜间经济活力，提供全时段城市公共服务，营造终身可享、步行可及、自由可选的社区生活空间资源体系（表3.3-1）。

典型城市案例对比表　　　　　　　表 3.3-1

城市	模式	内涵	特征
北京	区域协同型	・共建共享互联互通 ・构建内外设施系统 ・结合功能疏解进程	・共享性 ・系统性 ・政策性
南京	城乡融合型	・城乡设施网络建设 ・村庄设施标准指引 ・生活圈层分类规划	・覆盖性 ・规范性 ・层次性
香港	集约紧凑型	・保持街道结构通透性 ・横纵向立体混合开发 ・加强设施点之间衔接	・渗透性 ・兼容性 ・关联性
澳门	民意导向型	・多类型民意收集 ・全流程公众参与 ・多环节有效公开	・广泛性 ・民主性 ・透明性
纽约	人本关怀型	・重点关怀弱者需求 ・营造公共活力空间 ・聚焦生活方式改善	・人本性 ・交往性 ・健康性
东京	更新优化型	・分区推进社区复兴 ・挖掘土地使用潜能 ・闲置空间的再利用	・差异性 ・创新性 ・持续性
伦敦	生活品质型	・生活质量提升为中心 ・全时段城市公共服务 ・全生命周期社区营造	・平等性 ・活力性 ・舒适性

3.3.2 案例借鉴

（1）对于上海市公共服务资源配置实践而言，既可以在新城建设中借鉴北京副中心规划建设中的"设施环"、"家园服务中心"等创新理念，也可以在中心城区功能疏解进程中，参考雄安新区承接首都公共服务资源与就业岗位转移的"双重疏解"思路，推动郊区新城产城融合水平提升。（2）参照南京标准编制经验，结合上海乡村振兴战略发展实际需求，出台符合新时代郊区农村特征的村庄公共服务设施配置标准或导则，并对郊区生活圈的规划建设提出切实指引。（3）借鉴香港特别行政区高密度城市资源配置经验，不断引导街区适度规模尺度的形成，鼓励高强度开发地区楼宇功能垂直混合，提升交通通勤设施周转使用与衔接效率。（4）参考澳门特别行政区公众参与经验，在公共服务设施专项规划编制中听取居民呼声，关注民生重点难点，扩展民众参与与民意落实的可行渠道。(5) 吸收纽约以人为本的配置理念，建立以社区为依托，以人的需求尤其是弱者需求为中心，以居民维持健康体面的日常生活质量为导向的配置体系。(6) 学习东京社区更新经验，结合不同地区的社区特征提出差异化更新路径，在公共资源要素评估中强化闲置空间研究，充分发挥土地价值。(7) 借用伦敦"中央生活区"优化建设思路，进一步提升上海中心城区的高层次公共服务水平，同时重视"夜间经济"发展，激活郊区城市公共服务活力。

3.4 小结

城市的政治、经济、文化特征与所处的发展阶段各有不同，这种差异深刻影响着城市为居民提供生活服务的方式与效率。当城市置于强大的国家战略背景中时，公共服务资源配置成为实现城市与所在区域协同发展的有效手段之一，它不仅重视传统城镇化地区，而且愈发突出地强调乡村地区与城市地区的公平与均等。当城市作为一种强力集聚人口、物质与能量的"磁体"时，公共服务资源配置机制与城市空间精细化、集约化、复合化利用过程相融合，共同创造高效紧凑的城市生活空间。城市由人组成，也最终服务于人。城市公共服务设施的配置应以市民为本、以弱者为先，尤其是要关注缺少财力物力的贫瘠社区居民、无法承担创作费用的艺术家群体、难以给初生儿健康安全成长环境的弱势妇女、无力支付住房最低修缮费用的贫民和在特殊环境如风雨条件下无法前往医疗保健中心的残疾人士。城市公共服务设施配置的目标是维持全体居民体面的生活质量，这种维持应当不分城市与乡村，不论白天与黑夜，不因年龄阶段不同而减弱，也不因所处阶层差别而得到加强，应是一种公平、可持续的优质生活质量保障。不同城市的资源配置模式具有极强的借鉴意义，借助于这种交叉视野，社区生活空间资源的概念框架已初具轮廓。第4章将以社区、生活空间、资源配置为理论切入点，尝试进一步构建理论体系，清晰地展示社区生活空间资源配置的内部机理。

第 4 章
城市生活空间资源配置的理论研究

4.1 核心概念：社区、生活空间、资源配置

4.1.1 社区

1. 概念内涵

改革开放以来，居住生活区从传统的"单位制"向"社区制"变迁，成为中国社会结构和社会活动发生巨变的一个缩影。从基本定义来看，"社区"一词是外来语，并没有固定不变、始终如一的含义，通常是指以一定地域为基础的关系密切的社会群体，由社区成员、共同意识、社区组织与物质环境[1]四类要素组成。在城市规划领域通常特指居住区或街道及以下级别的社区。[2]社区具有社会与空间的双重属性，其本质上是对居民生活质量高低产生最为直接和关键影响的物质空间和社会生活环境的总和。从发展现状来看，中国城市在为其公民维持体面的生活质量方面面临巨大挑战。[3] 2016 年 11 月，《城乡社区服务体系建设规划（2016—2020 年）》出台，提出以居民群众需求为导向，构建机构健全、设施完备、主体多元、供给充分、群众满意的城乡社区服务体系。社区作为构成现代城市社会体系的基本空间组织单元，是城市基层治理与公共服务设施配置的核心环节，发挥着有效提高居民生活空间质量的关键性作用。从规划实践来看，当前社区公共服务资源的优化配置多通过"由上至下"的逐级指标分解来实现。然而，相较于城市宏观层面空间发展所要解决的战略性问题，微观社区层面的现实性问题难以得到分析与重视，需要基于社区为研究对象"由下至上"展开研究。因此，本次研究重点放在以社区为基本单元的生活空间研究上，

---

[1] 王志东. 开展社区服务是城市街道管理工作的重要职能 [J]. 城市问题，1991，1：58-63.
[2] 孙艺，宋聚生，戴冬晖. 国内外城市社区公共服务设施配置研究概述 [J]. 现代城市研究，2017，3：7-13.
[3] 胡以志，武军. 中国城市在为其公民维持体面的生活质量方面面临巨大挑战——对话彼得·霍尔爵士 [J]. 国际城市规划，2011，26，3：111-114.

探讨社区生活空间资源配置的问题与对策。在具体研究中,根据实际需求,可以分别使用行政区划中的"街道"与"居委会"、日常习惯中的"小区"、标准规范中的"居住区"等概念,但从本质上均属于"社区"范畴。

2. 分类体系

(1) 城市社区分类

就城市社区而言,其理论研究发端于西方。程玉申(1998)指出内城和郊区是西方学者研究城市社区类型的主要基地。[1] Gans(1977)[2]、Vernon(1959)[3]根据对内城居民群体特征和需求取向的分析,指出内城至少存在寄宿区、种族村、贫民窟(黑区)和灰区四种不同的社区类型。Muller(1981)根据郊区居民社会经济特征和社会互动方式,把美国郊区社区分为城市远郊排他性高收入社区、中产阶层社区、郊区世界主义者社区、工人阶级社区。[4] White(1984)把西欧郊区社区分为工业郊区、中产阶级郊区、通勤村庄和新工人阶级郊区四种类型。[5] 就国内研究而言,张鸿雁(2000)指出主要有以下六种城市社区类型:传统式街坊社区、单一式单位社区、混合式综合社区、演替式边缘社区、以房地产开发为主体的新型房地产物业管理型社区、城市社会变迁中形成的"自生区"或移民区。[6] 另外,傅新斌(2005)根据内外部联系将社区分为依赖型社区、混合型社区(相对依赖型社区)、松散型社区和自治型社区四种类型。[7]

(2) 乡村社区分类

就乡村社区而言,国内外学者从不同标准展开分类研究。罗吉斯和伯德格(1988)从乡村地域结构角度,将乡村社区分为散居型社区、集居型社区和条状型社区。[8] Cater 和 Jones(1989)根据"乡村性"(rurality)、社会组织结构等把

---

[1] 国外有关城市社区的研究述评 [J]. 程玉申, 周敏. 社会学研究. 1998, 4: 244.

[2] Gans, H.J, 1977, Urbanism and Suburbanism as Ways of Life: A Re-evaluation of Definitions, in Callow, A.B.

[3] Vernon, R, 1959, The Changing Economic Function of the Central City, New York: Committee on Economic Development, Supplementary Paper No.1.

[4] Muller, P.O, 1981, Contemporary Suburban America, Englewood Cliffs: Prentice-Hall.

[5] White, P, 1984, The European City: a Cocial Geography, London: Longman.

[6] 当代中国城市社区社会结构变迁论 [J]. 张鸿雁, 殷京生. 东南大学学报(哲学社会科学版). 2000, 4: 87.

[7] 社区警务在不同社区类型中的选择 [J]. 傅新斌. 江苏警官学院学报. 2005, 6: 8.

[8] (美)埃佛里特·M. 罗吉斯, 拉伯尔·J. 伯德格. 乡村社会变迁 [M]. 王晓毅, 王地宁译. 杭州: 浙江人民出版社, 1988.

乡村分为四种类型,即保护的乡村、竞争的乡村、家长范式的乡村、委托的乡村。[1] Michael(1951)在改变的趋向和综合指数基础上将村落社区分成开放而整合、封闭而整合、开放而分散、封闭而分散四种类型。[2] 奥田道大(1983)则从居民意识与行动维度将地域社会划分为地域共同体型、传统秩序失衡型、自我型和现代社区型。[3] 也有美国学者将乡村社区分为乡镇社区、开放的乡村社区、乡村社区、线形村、庄园村。我国学者张静波(2018)在目前实践中主要采用的生产方式划分方法基础上,根据居民社区参与价值、参与行动两个维度,将农村社区划分为四种类型：传统农业社区、城乡过渡型社区、迁移型社区、现代型社区。[4]

(3)城乡接合部社区分类

周大鸣(2001)指出在社区研究中一般分为城市与乡村两类社区,并进一步指出"城乡接合部社区"是介于城乡之间的第三种社区类型。[5] 该类社区不仅是中国城市化进程中广泛存在的一种社区类型,也是中国土地与户籍政策体系下的特有产物,具有"亦城亦乡"的特点。吕君(2009)则认为城乡接合部的社会属性依然是农村社区。[6] 也有学者从管理模式角度对城乡接合部社区做了类型区分,凌健(2007)指出包括镇管社区(村)、街道与镇并存、"政府—街道—社区"三级管理、社区自治与村民自治四种模式。[7] 总之,城乡接合部社区特殊的过渡与边缘特征使得其类型的进一步划分并非如城市社区与乡村社区那样清晰,故当前学界往往将城乡接合部社区作为城市社区和乡村社区的子类开展研究。

(4)上海社区分类

王颖(2002)以上海城市社区为研究对象,将上海城市社区归纳为五种类型：传统街坊社区、单位公房社区、高收入商品房社区、中低收入商品房社区和社

---

[1] CaterJ, JonesT. Social Geography: AnintroductiontoContemporaryIssues[M]. London: EdwandArnold, 1989: 194-221.

[2] Michael Pacione. Rural Geography[M]. London: Harper & Row, 1984.

[3] 奥田道大.都市コミュニティの理论[M].东京：东京大学出版会,1983.

[4] 张静波,周亚权.乡村治理视角下的北京农村社区类型与社区参与[J].新视野,2018,6: 81-88.

[5] 城乡接合部社区的研究——广州南景村50年的变迁[J].周大鸣,高崇.社会学研究.2001,4: 304.

[6] 城乡接合部社区管理的问题及对策[J].吕君,刘丽梅.未来与发展.2009,6: 18.

[7] 杭州城乡接合部社区管理模式创新探索[J].凌健.成都行政学院学报.2007,5: 11.

会边缘化社区。[1] 王娟（2015）基于社区空间类聚特征、社会属性分析进行上海城市社区类型划分，按照空间区位属性可划分为中心城的城市社区、中心城边缘区的城市社区、中心城外围的城市社区、中心城外围的农村社区；按照人口密度属性可划分为高密度社区、一般密度的社区；按照户籍结构属性可划分为以户籍人口为主的社区、以外来常住人口为主的社区、户籍人口和外来常住人口混合的社区；按照年龄结构可划分为老龄化社区、非老龄化社区；按照收入水平可划分为高收入社区、中等收入社区、低收入社区，并在此基础上，对社区类型进行分级赋值遴选出重点社区类型。[2] 陶冶（1996）按照地域中的主要居住者（单位或个人）的社会职能不同为衡量尺度，划分为工业社区、商业社区、居住社区、综合性社区，其中综合性社区按照它的发展前景，可分为过渡类型和非过渡类型：前一类已着手或列入近期的改造规划；后一类未有近期或远期的改造规划。[3] 罗仁朝（2009）将流动人口聚居区分为"自下而上的自发聚居"与"自上而下的统一安置"两大类，其中，前者可以分为"就业型聚居"和"居住型聚居"两类，后者可以分为"简易安置"和"集中安置"两类。[4] 王伟强（2016）从类型学角度，结合容积率、建筑层数、布局形式归纳总结出 8 种典型住区模式类型。[5]

4.1.2 生活空间

1. 基本定义

20 世纪 60 年代，人本主义逐渐取代科学主义成为后现代空间思想的核心，人类对于空间的生产与再生产也开始向强调人文、模糊矛盾不确定、多元、过程转向。人本主义规划大师芒福德指出，关心人和陶冶人是城市空间发展的关键。首先，生活空间作为具体实在的日常生活的经验空间，是容纳各种日常生活活动发生或进行的场所总和[6]，其实质是构成人们日常生活的各种活动类型及社会

---

1 王颖.上海城市社区实证研究——社区类型、区位结构及变化趋势[J].城市规划汇刊，2002，6：33-40，79.
2 王娟，杨贵庆.上海城市社区类型谱系划分及重点社区类型遴选的研究[J].上海城市规划，2015，4：6-12，25.
3 陶冶.上海城区的社区类型预测和社区的文化建设[J].上海艺术家，1996，1：28-29.
4 罗仁朝，王德.上海流动人口聚居区类型及其特征研究[J].城市规划，2009，2：31-37.
5 王伟强，李建.住区模式类型与居民交通出行碳排放相关性研究——以上海曹杨新村为例[J].上海城市规划，2016，2：109-113，121.
6 王开泳.城市生活空间研究述评[J].地理科学进展，2011，30，6：691-698.

关系在空间的投影[1],是城市社区空间体系中"关心人"和"陶冶人"的关键与核心场所。其次,围绕城市社区生活空间的服务设施品质和生活质量评价探讨成为近年来的研究热点。学者们主要针对边境生活空间、郊区生活空间、日常生活空间、移民生活空间、消费生活空间、"单位制"生活空间与"城中村"生活空间等代表性社区生活空间的构建与演变展开研究。最后,城市社区生活空间是城市生活空间的重要组成部分,与居民日常活动、城市社区生活空间质量概念关联密切。一方面,城市社区生活空间是各类居民日常活动的承载体,而居民日常活动需求也不断影响和塑造着城市社区生活空间的结构与特征;另一方面,城市社区生活空间满足了居民的各类生活需求,有效保障了社区生活空间质量水平,同时生活质量的理念与目标也成为社区生活空间要素配置的基本原则。

2. 理论关联

(1) 城市生活空间

有学者借助"图式"理论,探索不同发展时期人类生活空间变迁规律及其与社会文明演化关系[2],并进一步对信息时代人类生活空间图式[3]展开研究。生活空间按照活动发生场所的不同可以划分为多种类型。学者们重点关注了城市与乡村生活空间两种类型。其中,城市生活空间成为近年来研究的热点内容,人居环境和生活质量评价是当前主要的研究内容。[4] 目前城市职能从生产向生活的转变趋势日益明显,城市空间发展开始从生产性空间主导向生活性空间主导模式转型。[5] 在此背景下,学者们从不同层面展开理论研究。有学者从宏观"三生"空间功能分类出发探讨主导功能类型的确定方法[6],思考生活空间如何与其他类型空间如消费、生产、经济空间一起发挥城市治理[7]与区域发展[8]作

---

1 章光日. 人类生活空间图式变迁研究 [J]. 城市规划汇刊, 2004, 3: 60-66, 96.
2 章光日. 人类生活空间图式变迁研究 [J]. 城市规划汇刊, 2004, 3: 60-66, 96.
3 章光日. 信息时代人类生活空间图式研究 [J]. 城市规划, 2005, 10: 29-36.
4 周尚意, 柴彦威. 城市日常生活中的地理学——评《中国城市生活空间结构研究》[J]. 经济地理, 2006, 5: 896.
5 陈振华. 从生产空间到生活空间——城市职能转变与空间规划策略思考 [J]. 城市规划, 2014, 38 (4): 28-33.
6 李广东, 方创琳. 城市生态—生产—生活空间功能定量识别与分析 [J]. 地理学报, 2016, 71 (1): 49-65.
7 宋道雷. 城市治理的生产、消费和生活空间:产区、商区和社区的联动治理 [J]. 上海城市规划, 2017, 2: 34-38.
8 约翰·弗里德曼, 戈岳. 生活空间与经济空间:区域发展的矛盾 [J]. 国外城市规划, 2005, 5: 5-10.

用，也有学者针对生活空间单元划分的影响因素与主要依据[1]、信息通信技术下城市生活空间的新特征与组织结构模式的创新方向[2]等展开专题研究。另外，也有学者从规划设计实践出发，针对生活空间宜人性[3]、街道生活空间[4]、以"日常生活空间"为核心的城市设计[5]、苏州环古城地区生活空间[6]、新加坡城市生活空间无障碍设计[7]等进行讨论。

（2）乡村生活空间

乡村生活空间与城市生活空间具有显著差异性。国外研究主要针对生活主体多元化、生活空间异质化、弱势群体乡村生活体验及空间建构等方面[8]，国内学者围绕空心村背景下乡村居住生活空间的形态变化、利用模式和重构思路[9]，苏南乡村社会生活空间类型划分及形成机制[10]，乡村绅士化对生活空间影响[11]等展开研讨，但是乡村消费空间和休闲空间研究成果很少见，空间内涵的结构分析和空间意义的人本分析有待深化。[12] 除对城乡两大类生活空间展开研究外，还有学者针对边境生活空间构建[13]、郊区生活空间演变、重构特征机制及其与郊区化关系[14]、日常生活空间构筑与社会结构、文化性格联系[15]、移民生活空间特征[16]、居民

---

1 季珏，高晓路. 基于居民日常出行的生活空间单元的划分 [J]. 地理科学进展，2012，31（2）：248-254.
2 姜玉培，甄峰. 信息通信技术对城市居民生活空间的影响及规划策略研究 [J]. 国际城市规划，2018，33（6）：88-93.
3 李妍，张卫. 外籍专家视野下的宜居城市生活空间——以长沙为例. 现代城市研究，2013，28（6）：88-93.
4 刘佳燕，邓翔宇. 权力、社会与生活空间——中国城市街道的演变和形成机制 [J]. 城市规划，2012，36（11）：78-82，90.
5 张杰，吕杰. 从大尺度城市设计到"日常生活空间" [J]. 城市规划，2003，9：40-45.
6 徐春宁. 界——历史与现代生活空间的交汇——苏州环古城地区风貌保护规划 [J]. 现代城市研究，2002，3：18-23.
7 张晓，李朝阳，苗君强. 城市生活空间的人性化和通用化设计思辨——新加坡城市生活空间无障碍设计及启示 [J]. 现代城市研究，2014，29（12）：19-24.
8 余斌，卢燕，曾菊新，朱媛媛. 乡村生活空间研究进展及展望 [J]. 地理科学，2017，37（3）：375-385.
9 赵楠，冯健. 空心村村民居住生活空间特征及其优化重构——对河南邓州市8个村庄的调查 [J]. 人文地理，2016，31（6）：29-38.
10 姜爱萍. 苏南乡村社会生活空间特点及机制分析 [J]. 人文地理，2003，6：11-15.
11 张娟，王茂军. 乡村绅士化进程中旅游型村落生活空间重塑特征研究——以北京爨底下村为例 [J]. 人文地理，2017，32（2）：137-144.
12 余斌，卢燕，曾菊新，朱媛媛. 乡村生活空间研究进展及展望 [J]. 地理科学，2017，37（3）：375-385.
13 周雯婷，刘云刚，吴寅姗. 一国两制下的深港跨境生活空间形成——以中英街地区为例 [J]. 地理研究，2018，37（11）：2288-2304.
14 申悦，塔娜，柴彦威. 基于生活空间与活动空间视角的郊区空间研究框架 [J]. 人文地理，2017，32（4）：1-6.
15 何丹，朱小平. 石库门里弄和工人新村的日常生活空间比较研究 [J]. 世界地理研究，2012，21（2）：151-158.
16 刘云刚，谭宇文，周雯婷. 广州日本移民的生活活动与生活空间 [J]. 地理学报，2010，65（10）：1173-1186.

消费生活空间及行为规律[1],"单位制"下的生活圈空间[2]与"城中村"生活空间[3]七类代表性生活空间展开研究。

（3）城市社区生活空间

学者们所展开的讨论较多，主要集中在城市（社会）生活空间质量与城市社区生活空间两个方面。学者们以城市社会—生活空间质量观为理论依托，分别对图谱表达理念与社区资源可获性[4]，人本生活场所体系及城市社区体系公正结构的建构与重构[5]，城市（社会）生活空间体系单元建构[6]与演变、作用、扩散机制[7]，城市（社会）生活质量与城市（社会）生活空间质量耦合[8]，城市社会—生活空间理论结构模式[9]、中心城市及其卫星城镇[10]和超大城市市辖区[11]的生活空间质量评价等进行研究。关于城市社区生活空间的研究也显得尤为重要，城市社区生活空间体系作为城市生活空间的核心组成部分，与居民日常活动息息相关，极大地影响并塑造着城市社区生活空间质量（图4.1-1）。它主要包括三个方面的内容，①涉及城市社区生活空间体系结构的基本含义、特征、构成要素、效益衡量[12]及其公正体系建设影响因子[13]的研究；②关于社区生活空间规划控制要素、指标体系、控制模型[14]的研究；③针对城市生活空间和社区可持续发展研究关注的现状与未来趋势展开研究。[15]

1　杨晓俊,周源,杨晓峰.居民消费行为与城市生活空间行为规律研究[J].人文地理,2010,25（2）:50-53.
2　柴彦威.以单位为基础的中国城市内部生活空间结构——兰州市的实证研究[J].地理研究,1996（1）:30-38.
3　王立,王兴中,曾献君,谢利娟.城市社会生活空间质量观理念下的城中村发展演进机制[J].现代城市研究,2009,24（6）:78-82.
4　张苏,常芳,李九全,陈正江,谢元礼.大数据支持下城市社区生活空间质量的可获性图谱法初探——以西安为例[J].人文地理,2016,31（3）:52-59.
5　王立,王兴中.城市生活空间质量观下的社区体系规划原理[J].现代城市研究,2011,26（9）:62-71.
6　王兴中.城市生活空间质量观下的城市规划理念[J].现代城市研究,2011,26（8）:40-48.
7　刘明华,王立.空间重构视角下的城市生活空间体系[J].现代城市研究,2015,7:107-112.
8　杨卫丽,王兴中,张杜鹃.城市生活质量与生活空间质量研究评价与展望[J].人文地理,2010,25（3）:20-23,4.
9　王兴中.对城市社会—生活空间的本体解构[J].人文地理,2003,3:1-7.
10　程丽辉,王兴中.中国区域中心城市及其卫星城镇生活空间质量评价——以西安卫星城镇评价为例[J].地理科学进展,2003,3:216-225.
11　赵倩,王德,朱玮.上海市杨浦区的生活空间质量评价研究[J].上海城市规划,2012,6:90-95.
12　王立,王兴中.城市社区生活空间结构之解构及其质量重构[J].地理科学,2011,31（1）:22-28.
13　王立,王兴中.基于新人本主义理念的城市社区生活空间公正结构探讨[J].人文地理,2010,25（6）:30-35.
14　王立.城市社区生活空间规划的控制性指标体系[J].现代城市研究,2010,25（2）:45-54.
15　孙峰华,王兴中.中国城市生活空间及社区可持续发展研究现状与趋势[J].地理科学进展,2002,5:491-499.

图 4.1-1 概念内涵范畴图

关于城市生活空间未来研究，主要涉及具体类型、形成演化机理、规划手段和调控机制[1]等方面。

4.1.3 资源配置

1. 资源概念

资源是指社会经济活动中人力、物力和财力的总和，是社会经济发展的基本物质条件。对于不同的学科而言，"资源"可以有不同的解释。经济学中的"资源"侧重于物质的、有形的和经济的、市场的资源；社会学中的"资源"被理解为"社会资源"，根据不同的标准可以将社会资源划分为不同类型，如不同领域的社会资源可区分为经济资源、政治资源、文化资源、社会生活资源等。[2] 国外城市社会地理学近几年的研究成果认为，"社区资源"主要指影响并提供社区居住人群健康的社会和自然环境及设施或场所，其中购物与商业服务设施、医疗卫生设施、体育与娱乐设施、公共交通与通信设施、教育设施、社会与文化服务设施六个类型的要素是构成社区或邻里区生活空间质量的基础设施主体。[3] 因此，"设施"是构成"社区资源"的关键内容。"设施"一词是指安排布置，为某种需要而建立的机构、组织、建筑等。从广义上来讲，"社区服务设施"涵盖为社区所提供的各种软件服务和硬件设施；从狭义上来讲，"社区服务设施"仅指具有空间属性的社区服务内容，除包括教育、医疗卫生、体育、文化、商业等"社区公共服务设施"外，还包括水、电、煤气等各类市政基础设施。

---

[1] 王开泳. 城市生活空间研究述评 [J]. 地理科学进展, 2011, 30 (6): 691-698.

[2] 杨敏. 我国城市发展与社区建设的新态势——新一轮城市化过程社会资源配置的社区化探索 [J]. 科学社会主义, 2010, 4: 90-94.

[3] 刘晓霞. 基于城市社会—生活空间质量观的社区资源配置研究 [D]. 西北大学, 2009.

2. 资源配置概念

"资源配置"是指有限的资源以一定的方式合理分配到社会各领域中去，本质上是对资源各种用途加以比较作出的选择或决策，目的是要实现资源的最佳利用。任何有效的资源配置机制和政策的制定，都必须考虑公平与效率的权衡。[1] 在社会化大生产条件下，资源配置有两种方式，即计划方式和市场方式。社会资本则作为一种基于信任的资源配置方式对国家和市场手段进行有效补充，但社会资本并不是万能的，它既没有国家的政治强制力，也不可能代替市场而自发地对大多数资源进行有效的配置，内在地存在着许多局限。[2] 改革开放后，市场经济体制改革逐渐深入，政府逐渐从主导一切的"管理型政府"向以提供公共服务为主的"服务型政府"转化，附着在单位上的种种社会功能也逐渐被剥离。在"单位制"逐渐解体的过程中，整个社会的资源配置模式发生深刻变化。[3] 其中，资源配置方向社区化、资源配置主体多元化、资源配置领域民生化、资源配置理念均等化等社会趋势愈发明显。

3. 社区资源配置概念

社区是社会资源配置的基础性单元，社区与资源配置之间的关系密切。一方面，资源配置结构是社区治理结构形成的关键变量。[4] 不同类型的资源配置结构要适应不同的社区政治、经济、文化、社会结构，例如社区办公空间资源要适应社区管理结构特征，社区养老资源要适应社区人口结构特征，以求发挥最大的社会效应。同时，不同类型的资源配置结构能够加快或减缓社区结构中不同主体间的关系优化进程，例如，集约紧凑的社区资源服务体系能够有助于管理者提高社区治理效率，为使用者提供更便捷的服务；分散低质的社区资源服务体系则会降低经营者服务水平，增大管理难度，降低使用体验。另一方面，资源配置手段是社区服务体系建立与完善的重要保障。资源配置既能够借助政府力量，为社区公共服务体系建设提供兜底保障，也可以充分发挥市场自发、

---

[1] 孔娜娜. 农村社区服务中心建设：资源配置的公平与效率——以豫西北平原聚集村落（群）为分析对象[J]. 社会主义研究, 2009, 4: 31-36.

[2] 钱海梅. 社会资本：基于信任的资源配置方式探究——兼论社区治理中社会资本的运作机理[J]. 现代管理科学, 2011, 2: 88-90.

[3] 黄家亮, 郑杭生. 社会资源配置模式变迁与社区服务发展新趋势——基于北京市社区服务实践探索的分析[J]. 社会主义研究, 2012, 3: 70-74.

[4] 冯玲, 李志远. 中国城市社区治理结构变迁的过程分析——基于资源配置视角[J]. 人文杂志, 2003, 1: 133-138.

高效进行服务供给的优势，为居民提供丰富、多样的社区服务，还能够引导社区居民与社区组织积极参与，多渠道优化服务内容与品质。

4.1.4 结语

社区生活空间资源是一个容易泛化、比较模糊的概念，当前定义多陷入"就资源论资源"的窠臼，究其原因在于"空间"概念的多维交织与"资源"概念的包罗万象所带来的描述困难。社区生活空间资源的定义阐释应当以社区为视角，聚焦社会空间，着眼服务设施，提取社区生活空间资源的本质脉络与内部结构，清晰简明地对内涵进行说明。社区生活空间的本质是社会空间，是由社区居民、家庭与组织感知和利用的空间。社区生活空间资源是社会空间环境中能够为社区群体所利用、获得经济和其他效益的物质或非物质资源的总称。

社区生活空间资源本质上由"人"创造，其综合效益与质量影响着个体的使用选择，同时，群体行为感知也塑造着资源结构特征，显示出"人与物"之间的匹配关系。从物质方面来看，社区服务设施是构成社区生活空间物质资源的主体，涵盖了与居民日常行为活动需求相关的各类设施。社区生活空间物质资源概念不仅关注某一种类型的设施配置，而且重视多种类型设施之间的优化组合，反映着"物与物"之间的空间关联。从非物质方面来看，社区生活空间非物质资源既全面包含为公众群体所使用的各类社会交往场所，也逐类关照具有不同阶层、信仰、种族、家庭等社会属性人群的公共生活空间，体现着"人与人"之间的社会关怀。

综上所述，社区生活空间资源是指服务于社区群体的各类公共服务设施、社会交往场所以及公共活动空间所构成的"人—空间—社会"复合体。其贯穿于社区形成与发展的全过程，是促成居民行为选择、设施空间布局与社会活动组织之间良性互动关系的各类要素的总和，具有显著的空间性、社会性与人本性特征。

4.2 生活空间资源配置的基本现状

4.2.1 基本公共服务均等化视角

1. 东部地区基础好

东部地区均等化发展基础好、成效显著，目前已基本进入质量优化与完善阶段。其中，天津市基本公共服务体系已初步形成，基本实现"学有所教、劳有所得、病有所医、老有所养、住有所居"。上海市已确立本市基本公共服务的体系框架和建设目标，经过设施建设、标准建设、制度建设、机制创新四个方面的努力，基本公共服务整体水平和均等化程度不断提升。浙江省2008年在全国率先实施基本公共服务均等化的行动计划，目前已建立覆盖全省城乡居民的基本公共服务体系。山东省坚持把保障和改善民生作为出发点和落脚点，已初步构建起覆盖全省城乡居民的基本公共服务体系，基本公共服务软硬件条件明显改善，保障能力进一步提升。海南省已初步构建起城乡全覆盖的基本公共服务制度体系，深入实施重点民生项目发展规划，并着力推动城乡之间、市县之间、人群之间的基本公共服务均等化。广东省着力建机制、补短板、兜底线，健全城乡居民基本公共服务需求表达机制，基本公共服务体系逐步完善，阶段目标已基本实现。北京市推动基本社会保障制度向"人群全覆盖"升级，已进入有序疏解北京非首都功能带动服务资源均衡配置的新阶段。

2. 中部地区发展快

中部地区的均等化制度体系初步建立，公共服务项目建设与均等化服务水平在不断提高中。河南省坚持把基本公共服务制度作为公共产品向全民提供，以保基本、兜底线、促公平与可持续为准则，持续加大投入力度，初步构建覆盖全民、以基本公共服务项目及标准为核心的制度体系，有力推动了国家基本公共服务项目和标准的全面落实，为民生保障和社会治理体系建设奠定了坚实基础。湖北省贯彻保障和改善民生重大战略部署，基本公共服务制度体系初步构建，48个重点任务全面完成，77个服务项目和基本标准全面落实，29个保障工程顺利实施，基本公共服务体系建设取得明显成效，各级各类基本公共服务设施不断改善。湖南省已基本建立社会保障体系和公共服务制度体系，扶贫攻坚取得重大进展，城乡环境不断改善，人民生活水平和质量明显提高。山西省基本公共服务体系得到进一步健全，基本公共服务保障能力和群众满意度不断提升。安徽省基本公共服务体系建设取得显著成就，基本公共服务覆盖面持续扩大，服务设施得到明显改善，服务项目全面落实，保障标准逐步提高，共建能力和共享水平不断提升。江西省各地、各部门积极推进以改善民生为重点的社会建设，全省基本公共服务能力得到进一步增强，服务水平得到进一步提升（图4.2-1）。

3. 西部地区补短板

西部地区均等化建设短板多，各项社会事业投入大，重点向城乡基层与薄弱环节倾斜。甘肃省始终坚持把保障和改善民生放在重要位置，着力推进覆盖全民的基本公共服务体系建设，加大基本公共服务投入倾斜力度。青海省坚持把保障和改善民生作为出发点和落脚点，坚定"小财政办大民生"的理念不动

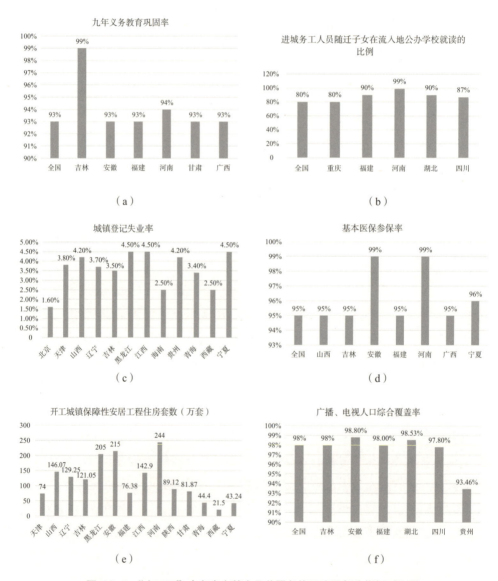

图 4.2-1 "十二五"末各省市基本公共服务体系建设部分指标对比图

摇，集中75%以上的财力办民生实事，着力增加公共服务和公共产品的有效供给。内蒙古自治区各级财政累计投入民生资金1.18万亿元，是"十一五"时期的2.6倍，初步建立起与区情财力相适应，并随经济社会发展动态调整的、可持续的基本公共服务体系。广西壮族自治区全区公共财政重点向民生领域倾斜，财政收入用于民生的支出比例提高至77%以上，完成了一批重大民生工程。四川省、西藏自治区、宁夏回族自治区等地高度重视民生工作，坚持公共服务下沉，重点向城乡基层和薄弱环节倾斜，持续加大投入力度，不断改善各级各类公共服务设施，着力推进基本公共服务项目和标准的全面落实。云南省公共服务体系覆盖面持续扩大，各族群众生活水平和质量不断提高，着重关注新增就业服务、贫困人口公共服务、灾后设施恢复重建等领域。

4. 东北地区重改革

东北地区积极推动基本公共服务体系建设，且侧重于关注资源配置的市场化改革。其中，辽宁省大力推进政府主导、社会参与、覆盖城乡的基本公共服务体系建设，强调依据基本公共服务的不同属性和功能类别，构建政府、市场、社会、公民自身等多元主体的参与机制，共同促进基本公共服务均等化。吉林省一方面重视培育多元供给主体，不断加快事业单位分类改革，积极引导社会力量参与，同时大力发展社会组织；另一方面强调创新服务提供方式。深入推进政府购买公共服务进程，加强政府和社会资本合作，鼓励发展志愿和慈善服务。黑龙江省大力实施"五大规划"发展战略，着力构建"龙江丝路带"，扎实推进十大重点产业，助力公共资源配置市场化改革取得突破，持续改善民生。

4.2.2 公共服务设施规划视角

1. 重视构建城乡公共中心体系

城乡公共中心体系是城市公共服务设施配置的基本骨架，具有串联城市公共服务功能区域、节点与轴带的结构性作用。各个城市均结合自身空间发展与行政管理实际形成差异化的城乡公共中心体系。例如，天津市推动形成由三级公共中心和专业化服务节点构成的中心体系：一级公共中心承担全市和区域的综合服务职能，二级公共中心是承载部分市级或辅城功能的综合性公共中心，三级公共中心是为承担城市片区综合服务功能的公共中心；业化服务节点是指具有一定区域性专业化职能的服务中心。广州市着力构建市级主公共服务中心、城市级次公共服务中心、地区级公共服务中心与组团级公共服务中心四级体系。重庆市提出构建城市公共中心与副中心体系，建立"市（片区）级—组团级—社区级"多层次、覆盖城乡、功能完善的综合公共服务体系。郑州市适应"都市核心区、外围组团、新市镇、新型农村社区"的城乡空间体系，按照"区域级、市级、组团级、片区级、社区级"五个层级，逐步引导公共服务设施向各级城市中心不断集聚，西安市主城区公共设施按省、市、区三级设置，省、市级公共设施用地主要设置在城市中心区，区级公共设施分别设置在各个片区。

就上海市而言，规划构建"主—副—地区—社区"四级公共中心体系，同时强调城乡公共中心体系在主城区与郊区的结构差异。主城区设置城市主中心、主城副中心、地区中心、社区中心四级，郊区则设置有城市副中心（新城中心与核心镇中心）、地区中心（新城地区中心与新市镇中心）与社区中心三级。各区通过建立"城市副中心—地区中心—社区中心"三级城乡公共服务中心体系，统筹全区公共服务资源，开展针对性的资源供给，推动片区化、网络化的公共服务设施体系全局建设。最后，各区结合自身特点，提出了各具特点的资源配置方式。例如，金山区引导城乡人口与公共资源向核心镇与中心镇集中；嘉定区注重新老城区多元融合与资源互补；青浦区突出区域生态人文特质，提供特色化的公共服务；宝山区加强产业社区中心建设，推动产城融合与职住平衡；崇明区突出乡村微更新，提升乡村公共资源水平与活力；闵行区强调市区级和社区级公共服务设施"两个全覆盖目标"（表4.2-1）。

郊区各区县城乡体系一览表　　　　　　　　表4.2-1

区名	城乡空间规划体系	城乡公共中心体系
浦东新区	"主城区—新城—新市镇—乡村"四级城乡体系	"城市主中心、城市副中心、地区中心、社区中心"构成的"1+5+21+X"的四级公共中心体系
奉贤区	"新城—中心镇—一般镇—集镇—乡村"五级城乡体系	"城市副中心—地区中心—社区中心"三级公共中心体系
闵行区	"主城区（闵行部分）—新市镇—乡村"三级城乡体系	同上
金山区	"核心镇镇区—中心镇镇区—一般镇镇区—集镇—乡村"五级城乡体系	同上
松江区	"新城—中心镇—一般镇—集镇—村庄"五级城乡体系	"1+3+N"（1个城市副中心、3个地区中心、N个社区中心）三级公共中心体系

续表

区名	城乡空间规划体系	城乡公共中心体系
嘉定区	"新城—中心镇——般镇"三级城乡体系	"市级副中心—地区中心—社区中心"三级公共中心体系
青浦区	"主城片区—新城—中心镇——般镇—小集镇—村落"六级城乡体系	同上
宝山区	"中心城（宝山部分）—主城片区（宝山部分）—中心镇镇区——般镇镇区—集镇社区—乡村"的六级城乡体系	同上
崇明区	"核心镇镇区—中心镇镇区——般镇镇区—小集镇社区—自然村落"的五级城乡体系	同上

2. 强调落实社区生活圈层理念

当前，社区生活圈理念已较为广泛地应用于各大城市的社区资源配置过程中。例如，广州市提出主城区、南沙副中心和外围城区的社区公共服务设施15分钟步行可达覆盖率达到90%，新型城镇和乡村地区的社区公共服务设施15分钟慢行可达覆盖率达到90%，推动形成社区公共服务网络。成都市则提出基本公共服务圈概念，即以15分钟步行距离为界限，500—600米为服务半径，在1.0—1.5平方公里的服务范围内配置居民日常生活所需的基础性、社区性公共服务设施，具体包含社区服务、教育、医疗卫生、文化、体育、交通、商业服务和绿化8大类、10项服务设施。[1]武汉市提出按照15分钟步行可达，活动半径500—800米空间范围，服务常住人口为30000—60000人，规模约1.0—3.0平方公里进行生活圈划定。根据建设改造程度将生活圈划分为修补、提升和新建三大类；结合圈层内部特征进一步划分为历史风貌型等10种类型。重庆市着力构建"20分钟街道公共服务圈"和"10分钟社区生活服务圈"，实现重要公共服务不出街道，日常生活服务不出社区，为居民提供方便、高效"一站式"公共服务。[2]

就上海市而言，15分钟社区生活圈已成为推动社区级公共服务设施资源配置进程的核心理念。城乡社区生活圈是配置公共服务设施的基本单元。其中，

---

[1] 陈茜，杨潇. 成都市基本公共服务圈规划探索 [J]. 城市规划，2013，37（8）：89-92.
[2] 王岳，彭瑶玲，闫晶晶，孟庆. 新时代街道和社区公共服务设施规划探索——从"服务短缺"到"治理协同"的重庆实践 [J]. 城市规划，2019，43（8）：53-59.

城镇社区生活圈侧重于步行可达空间的塑造，突出为市民提供就近公共服务的空间与机会。具体是指按照 15 分钟步行可达的空间范围，结合街道等基层管理需求划定，突出功能复合和职住平衡，集中配置社区服务功能，为市民提供就近就业空间和机会；以 500 米步行范围为基准，划分包含一个或多个街坊的空间组团，配置日常基本保障性公共服务设施和公共活动场所。郊区社区生活圈侧重于统筹乡村公共资源，加大基本公共服务向郊区倾斜的力度。具体是指按照慢行可达的空间范围，结合行政村边界划定乡村社区生活圈，统筹乡村聚落格局和就业岗位布局，合理配置公共服务和生产服务设施，满足居民文化交流、科普培训、卫生服务等需求。上海各区也借助"城镇圈"、"生活圈"理念优化公共服务设施配置，例如，浦东将"城镇圈"分为综合发展型与整合提升型两类，以利于资源差异化供给；奉贤区则着力构建城镇、产业、乡村三类生活圈，分类开展设施建设。

4.2.3 城乡社区建设发展视角

1. 大型居住社区

（1）街区尚未成型，配套进度落后

其一，《上海市大型居住社区规划设计导则》提出从大型居住社区中心向外依次构建中心、一般和特殊街区。以曹路大型居住社区为例，所谓"中心街区"地带，地铁站以及北侧公交总站周边仅设置公墓、公交车首末站、预留地和高层住宅楼，未布置商业、办公、文化等公共设施，难以提供充足的就业机会和公共服务，加之大型居住社区整体岗位数量偏少，居民十分依赖地铁进行每日外部通勤。据调查，曹路地铁站每天早高峰时段（7：00—9：00）需要送出约 13 万人。就各个"一般街区"而言，居民小区由中心向边缘呈密布蔓延状态，配套设施明显不足。"特殊街区"边界清晰，多为独立布局的医疗、教育设施，与住宅区间关系薄弱。其二，郊区设施配套建设落后于住宅建设。以川沙大型居住社区为例，其教育、商业、绿地等资源集中在西部已开发地带，东部在开发地带设施配套相对缺失，然而，东部住宅已有大量居民入住，实际设施使用必然存在诸多不便，例如居住区级公园"界龙古园"位于大型居住社区西北角，东侧居民平均需要步行近 25—30 分钟才能到达（图 4.2-2）。

图 4.2-2　浦东曹路大型居住社区现状图

（2）服务需求不满，设施使用率低

在设施资源配置上，以曹路大型居住社区为例，大居设有若干处医疗卫生服务设施，但均分布在西侧，凌空北路附近的居民需要至少 30 分钟的步行才能到达最近的医疗卫生设施。曹路大居目前在商业休闲配套方面仅有小规模零散分布的餐饮、便利店，周边娱乐设施和大型商业较缺乏。调研显示，居民们购物活动需要到两站地铁之外的宝龙城市广场。然而，上班族通勤时间长，每日可自由支配时间十分紧张，难以支持外出娱乐活动。在设施利用管理上，缺乏适宜的政策和精细化的管理造成资源浪费与需求不满并存的矛盾现状。以川沙大型居住社区为例，一方面，大型居住社区建设中鼓励不同功能的公共服务设施综合设置，从理论上可减少重复建设，但是政策执行力不强，后续管理跟不上，实际的使用率并不理想；另一方面，"只重硬件建设，忽视软件提升"的固有思

图 4.2-3　浦东川沙大型居住社区现状图

路也降低了社区公共服务设施的实际服务能力。如硬件设施条件良好的社区服务中心却无人光顾,主要是"衙门"气息太重,缺少文化和组织建设,服务项目过少,没有与居民实际需求对接等原因造成的(图 4.2-3)。

2. 产业社区

(1) 高等级设施少,文娱资源匮乏

由于设施服务资源投入有限,尤其是高等级医疗设施配套严重不足。以毗邻空港工业园区的祝桥镇千汇苑社区为例,就医困难已经成为当地民生的首要问题。祝桥镇及周边镇都没有大医院,只设置有社区卫生中心。然而,地段医院受制于自身条件,难以满足居民就医需求,尤其是没有完善的儿科诊治能力。因此,居民必须前往更远的大型医院就医,从而造成诸多不便。另外,祝桥医院夜间不接诊,一旦夜里有突发病情,就只能拼命赶往南汇中心医院,极易耽误病情。由于文化服务与体育健身设施较为缺乏,受访者对本社区是否有成人学校、老年大学完全不知情。另外,社区图书室、文化室等基层文化设施配置不齐全。从调研情况看,祝桥镇比较缺乏体育类场所和设施,目前多见的仅有小区内部设置的简易健身器材,没有综合型的健身中心、游泳馆(图 4.2-4)。

图 4.2-4 浦东祝桥千汇苑社区现状图

(2) 布局过于集中,产业配套不足

其一,商业设施集中分布于轨道交通站点附近,虽有助于集聚人气,但均好性有限。张江高科地铁站附近设置有公交车站、有轨电车站,是张江区域交通核心,人流量大,服务需求强。因此,商业设施集中分布于交通枢纽地区,对于距离轨交站点较远的社区而言,带来诸多使用不便。从调研中发现,远轨交站点的社区附近生活配套设施明显不足,不能满足当地居民的需求。菜市场、超市、百货商店等设施均需要步行30分钟以上才能到达,同时,缺少娱乐和文化类设施,尤其是图书馆、文化馆等。其二,张江高科园属于高科技产业园区,一方面,该区域拥有较多的创新企业以及相应的现代服务业需求,但园区内为上班族提供教育、培训、中介等设施配套服务的能力较为有限,亟待提升;另一方面,该地区与中心城区有一定的距离,各类设施开发建设晚,服务条件、建设规模和商品种类等与上海其他地区同类型设施相比有很大差距(图4.2-5)。

图4.2-5 浦东张江高科园现状图

3. 乡镇社区

(1)便利程度有限,服务供不应求

以新场古镇社区为例,一方面,新场古镇景区内外社区设施服务便利度存在差异。调查显示,居住在景区内的居民认为,菜市场容易到达,步行时间在10—15分钟以内,加上景区内常有附近村民摆摊卖菜,故买菜方便;而居住在景区外部的居民则认为,菜市场质量一般,且要至少20分钟才能走到,使用较为不便。另一方面,古镇景区统一开发的文化设施服务外向性较强,在实际使用中并没有很好发挥服务本地居民的作用。从调研来看,新场古镇文化场馆设施数量较多,仅展览馆就有浦东派琵琶馆、规划体验馆、历史陈列馆三处,另外还设有文创园区等。但是,即使各场馆开展的各项活动与本地居民生活密切相关,但参与者主要以外来人士如游客、学生、艺术人士为主,基本不见本地居民的身影。其三,文化健身设施数量供不应求,医疗服务质量有待提高。另外,老年大学、老年活动中心等文化服务设施活动多、质量高,但活动参与名额少,供不应求,居民需要排队才能有机会参与。老年活动场地十分有限,与居民迫切的健身需求形成矛盾。此外社区服务中心医疗水平一般，有大病要去南汇医院或者市区医院，且车程至少在30分钟以上（图4.2-6）。

图 4.2-6　浦东新场古镇现状图

（2）供需层次错位，服务能力薄弱

以邓三村为例，一方面，村庄公共服务设施供给与需求出现错位。村内目前留守村民结构单一，以中年打工人群为主，受教育程度不高，收入水平低。从需求层次调查来看，该类人群平时工作繁忙，几乎不使用体育及娱乐设施。即使是节假日，更多地会选择去镇上或者在家里休息休闲，因此村内设置的公园广场与健身场所使用率很低。与之相反的是，村民对医疗设施需求较高，但村内却连最基本的药店与诊所也未设置。另一方面，农村设施供给严重不足，

图 4.2-7　浦东邓三村现状图

居民对镇区设施服务依赖性极强。以邓三村为例,目前现状小卖部供给商品种类少,即使是基本日常生活需求都难以满足,缺少如日用电器、日用百货、粮油品等商品类型。以邓三村唯一一家小型饭店为例,其设置在居民楼内,仅可供最多不超过 3—5 人同时用餐。村民受制于村内设施供给的低能级,不得不采取定期去镇上采购的方式满足日常生活需要(图 4.2-7)。

(3)环境质量较差,基础设施缺失

城中村社区较周边城市社区而言,生活环境质量差,各类基础保障型设施奇缺。以北蔡老集镇为例,在整体现状建设上,老集镇是典型的城中村地块,地块内环境"脏乱差",建筑大多是居民自建房,违章搭建现象突出,安全存在隐患;道路网络不成体系;场地内部极度缺乏公共活动场地与配套服务设施,居民生活质量较差。与公共服务设施配置标准对比,医疗卫生设施较为缺乏,区域内所设置的一级甲等医院规模小,能级低,难以满足整个集镇片区的人群需求;另有零星分布的私人诊所,硬件配套条件差,医疗诊治能力和医技水平都存在问题。商业服务业态单一,现状以零散的小商业模式为主,小卖部、小餐馆数量多且分散。缺乏 24 小时便利店、商业中心等优质商业服务设施。教育设施与社会福利设施严重不足,区域内部和周边地区都明显缺乏配套的中小学校与福利养老院。

4. 国际社区

(1)服务品类丰富,生活成本偏高

国际社区设施供给品类与质量远高于普通社区,生活成本也相应偏高。以碧云社区为例,国际社区生活服务设施种类与服务质量较普通社区更为丰富和完备,各项设施条件明显更为优越。社区生活服务设施可达性好,普遍只需 5—10 分钟的步行距离即可获取。以体育设施为例,相较其他社区,体育锻炼场所更为多样,不仅有私人健身会所,还有齐全的公共网球场、游泳池等优质设施。其中,健身会所是会员制,只供给社区内居民使用。另外,较高的使用成本也是涉外社区公共服务设施的一大特点。社区周边超市的服务人群主要定位为外籍人士,销售的大部分为进口产品,价格相对昂贵,这对于周边社区内的本土居民而言有诸多不便。需要平价商品的周边居民只能前往距离相对较远的菜市场购买。另外,理发店,洗衣房等其他大众服务设施也存在同样问题。正如一位受访者所言:"不是我们这些普通老百姓所能够接受的"(图 4.2-8)。

图 4.2-8　浦东碧云社区现状图

（2）人群隔阂突出，概念炒作明显

调查显示，国际社区周边具有明显的边界，并且安保措施十分严格，尤其是别墅区，外来访客无论有何种目的，只要在别墅区内无相识人士，一律不允许进入。另外，外籍居民与本地居民缺少社会交往，社区层面的文化交流活动并不多，社区活动中心也很少会有外籍居民。相较于本地居民习惯于户外性、开放性、集体性的休闲健身活动而言，外籍居民更喜欢私密性较高的生活服务设施以及交往环境，主要活动场所为社区周边的酒吧、私密性较强的会所、私人健身场所，因此，两类人群生活方式的差异带来了截然不同的两种生活服务设施使用选择，在空间上反映出比较明显的差异化特征。另外，在这种私密性带来的"高尚感"作用下，"国际社区"被房地产开发商借用过来作为商业化的概念，存在一定的滥用倾向。目前，房地产开发商所展示出的"国际社区"所涵盖的区域面积已经远远超出外籍人士实际聚居范围，实际是开发商以"国际社区"作为"噱头"，吸引购房者前来置业。

5. 老公房社区

（1）长幼设施短缺，停车矛盾突出

一方面，适老化服务设施落后，儿童活动空间严重缺乏。2012 年调查数据显示，上海大约有 60% 的老人居住在老公房内。老公房社区是建设适老化设施、构建老年友好社区重要的组成部分。以梅园新村为例，调查显示，适老化设施数量较为有限，尤其是养老院、日间照料中心等机构型与社区型养老设施匮乏，老年活动中心与老年活动场地也供不应求。另外，老公房社区规划理念陈旧，建筑布局与开发中的不合理情况广泛存在，存在建筑密度大、绿地和社区广场面积严重不足等问题，难以为儿童提供专门的游戏和活动空间。另一方面，由于停车需求激增，老公房地面停车率严重超标，小区公共空间遭随意侵占。原因之一，老公房普遍没有建设地下停车场，地面停车位渊源不能满足居民需求，路侧停车成为主要的静态交通解决方式；原因之二，老公房所在地区往往是老旧城区，道路狭窄，空间有限，缺少必要的可有效运转的城市公共停车场，也进一步加剧了老公房停车带来的拥挤问题与空间矛盾（图4.2-9）。

图 4.2-9　浦东梅园新村现状图

（2）改造难度较大，违法侵占严重

老公房较新建社区而言，设施数量不够、质量差、服务能级低，普遍存在公共活动空间短缺，违法乱建现象严重等问题。以崂山新村社区为例，由于建成年份早，规划建设之处未充分考虑活动场地需求，而现状崂山新村位于寸土寸金的陆家嘴地区，土地权属关系复杂，改扩建难度大。例如，位于乳山路的篮球场是崂山新村附近少有的运动场地，但属于浦联进修学院内部设施，场地翻新工作难以进行。另外，小区公共空间侵占问题十分普遍，使得社区公共活动空间更为短缺，尤其是老年人活动场地、儿童活动空间严重缺乏。崂山新村小区内部有三处公共活动场地，分别是两处健身器材和一处树下活动区域，但仅有的活动场地经常被小汽车占据，居民日常晾晒衣物也会借用健身器材场地。另外，老公房由于物业管理不善，违法乱建侵占十分严重。例如，住宅楼底层私自改造、门面房随意扩建、小区绿地被圈占变成自家后花园、阳台和窗台擅自外延傍建、车位加盖顶棚等（图4.2-10）。

图 4.2-10 浦东崂山新村现状图

4.3 生活空间资源配置的制约因素分析

4.3.1 设施配置对象视角：发展不平衡

1. 区域地位与条件

从设施配置的不同地区来看，城乡、区域间公共服务设施资源配置矛盾突出，服务水平存在较大差距。其中，农村基本公共服务设施与城市相比差距明显。有学者在北京市远郊区县的 100 个行政村调查基础设施和公服设施现状，发现农村公服设施存在着缺乏规划指导、服务设施严重短缺等问题。[1] 优质教育、医疗资源仍主要集中于大中城市，市县之间的公共服务差距依然较大，与此同时，大城市生活空间质量下降也严重影响居民身心健康。[2] 部分中心镇区公益性服务设施严重缺乏，中心极化现象明显，涉及医疗卫生、教育以及文娱等主要设施。[3] 发达地区和欠发达地区公共服务供给水平仍存明显差异。农村、山区、基层的服务短板问题严重，西部地区基础建设和能力提升明显滞后于东部地区。政策先行地区与后发地区相关领域改革进度不一，力度不均，硬件与软件统筹协调性不足。

以上海养老设施为例，由于中心城区与郊区老年人口分布与土地利用条件差异，增加了城乡养老服务均等供给的难度。对于中心城区而言，老年人口密度大，土地开发成本高，新建或改扩建老年设施的难度大，往往出现设施规模

---

[1] 孙德芳, 沈山. 国内外公共服务设施配置研究进展 [J]. 城市问题, 2012, 9: 27-33.
[2] Greenwood N J, Edwards J M B. Human Environments and Natural Systems. 2nd ed. Massachusetts：Duxbury Press, 1979: 413-434.
[3] 刘欢芳, 刘玉亭. "大城镇"公共服务设施配置问题及其对策——以广州新塘镇为例 [J]. 城市发展研究, 2014, 21（8）: 76-83.

不够、服务压力大等问题。对于郊区而言，老年人口分布相较分散，土地开发强度不高，服务区域面积大，服务设施少，可达性相对较低，因此设施服务效率明显偏低。[1] 课题组在浦东新区调研中还发现，在浦东新区内部，部分动迁安置房社区设施配套较为落后，已严重影响居民日常生活（见访谈节选1）。即使是别墅型社区，相较于成熟社区而言，以教育、医疗为主的公共服务设施配套仍然短缺（见访谈节选2）。在产业园区附近社区，往往存在设施配套盲点或者盲区，交通设施配套的"最后一公里"问题也比较突出（见访谈节选3）。把浦东与浦西区域相比，在居民心目中，浦东与浦西之间仍然存在较大差距，重点体现在教育与医疗资源上（见访谈节选4）。

访谈节选1：

问：你觉得有没有不满意的地方？

答：不满意，许多地方都不满意。这里没有便利店，因为我们是动迁房，所以没有沿街商业，没有底商，也没有沿街设施，我们住在48号楼，小卖部却在6号楼，我们只能去那里买东西。

问：还有其他购物地点可以选吗？

答：可以选，就是骑自行车去大超市了。

问：你觉得有没有满意的地方？

答：几乎没有。因为达不到我的需求，所以我不满意。

问：能举个例子吗？

答：基本没有餐饮小店。周六周日就做饭点外卖，自己做饭的话，买菜需要骑自行车，走路要20分钟。你让我走路20分钟买个菜，我还不如点个外卖，对吧？选择订外卖，或者说直接找个小餐厅去吃一吃，也是不方便，也不太喜欢吃，品质不好又不干净，由于离得比较远，外卖原该是热的，送来它也是温的，米饭基本上都是凉的。

访谈节选2：

问：你们家附近医疗设施怎么样？

答：也有点远，可能要开车15分钟，有一个曙光医院算大的，社区医院更远。

---

1 张瀚月，张博茹. 城市社区居家养老设施空间布局研究——以上海市中心城区为例[J]. 云南地理环境研究，2016，28（1）：55-59.

社区医院比曙光医院还远，我们这个社区太大，里面没有医院，也没有卫生站。

问：你幼儿园感觉方便吗？

答：幼儿园也是开车大概五六分钟才能到，是公立的，还是有点距离的。

访谈节选3：

问：对于居住小区附近商业类的设施，你觉得能满足你们平时的需求吗？

答：可以的。大一点的超市，走十几分钟就是沃尔玛，哪怕你平时的购物买衣服什么都能够满足需求的。小一点的，就像我们小区有什么罗森，然后很多卖菜的，卖水果的，基本上都能够满足需求。就是取钱还得坐公交车，虽然现在也不怎么用现金，但有时候还是需要的，比如学校交钱都需要现金。

问：你觉得现在居住的社区附近存在什么问题吗？你建议有什么解决的办法。

答：可能觉得公交车不太方便，因为每天都要出行。一旦错过的话，可能等的时间就很长。车有时候38分钟一趟，路上基本上要两个小时。走路去地铁站也得半个小时左右。我觉得交通还是不方便。

访谈节选4：

问：您觉得15分钟社区生活圈最难实现的是哪些方面？

答：没钱，我要有钱，就住到核心地段。浦东还是医院太少了，整个区域档次上还是差了一些，除了医院，教育也不行，我逃离浦东了，为了孩子读书，我搬到徐汇了。一方面是品质问题，浦东教育水平跟其他区是没办法比的；另一方面是数量问题，浦东虽然表面上看起来学校很多，但是人更多，需求还是比供给多得多。我发现不仅是我们孩子，包括其他朋友的孩子，也是从浦东迁到徐汇区的。本来在浦东觉得学习还行，到徐汇就很吃力了。

2. 人群特征与差别

从设施配置的不同人群来看，不同群体之间享受的公共服务设施资源不均衡，获得公共服务的机会与水平未得到充分保障。其中，城市中低收入群体与高收入群体间获取公共服务设施资源的能力差距逐渐扩大。有学者以武汉临空港经济技术开发区为例，说明了不同收入水平的社会阶层享有的医疗服务设施水平具有明显的分异。[1] 外来务工人员尚未全面享受与本地居民相同的公共服务

---

1 叶勇，李军，吕庆海. 城市开发新区公共服务设施配置的社会生态学策略——以武汉临空港经济技术开发区医疗服务设施配置为例 [J]. 现代城市研究，2018，5：8-17.

设施资源，残疾人等社会弱势群体的基本公共服务水平有待提升，边境少数民族地区群众基本公共服务的覆盖水平还远低于全国平均水平。尤其是外来人口，其在价值观念、生活方式、收入水平等方面与城市居民存在较为明显的差异，在城市中处于边缘状态，往往缺乏认同感和归属感。[1]国外学者还专门针对乡村地区女性[2]、年轻人[3]、同性恋者[4]、艾滋病[5]等特殊人群以及村地区残疾人的身份认同、老年人与贫困的关系[6]等视角开展乡村社区生活空间资源研究。因此，如何在城与乡、户籍与非户籍人口之间做到公平供给，在规划配置过程中不同弱势群体的需求要认真思考。[7]以上海养老设施为例，中心城人口和郊区人口在生活方式、经济水平等方面存在一定差异，对养老公共服务设施的需求内容也不同。调研发现菜场在某种程度上已成为老年人社会交往的主要场所，而部分社区尽管配置了老年活动中心，却往往由于空间局促、功能模糊、管理不当等原因未能发挥应有的作用。[8]课题组在浦东新区调研中发现，一方面，外来人士子女入学存在一定的择校难度，尤其是优质教育资源的获取上，与本地居民之间存在户籍鸿沟（见访谈节选5）；另一方面，同一街道内部贫富差距、城乡差距并存，尤其是涉外人员居住地区与周边本地居民所能获取生活资源存在较大的质量差异（见访谈节选6）。

访谈节选5：

问：小孩子上学现在是什么情况？

答：我们当时居住证积分刚好，我老公不知道，他晚了几天，刚好就分到

---

[1] 赵静，马晓亚，朱莹.外来人口聚居社区公共服务设施供需特征及影响因素——以南京殷巷社区为例[J].现代城市研究，2017，3：14-21.

[2] Hartman Y, Darab S. The housing pathways of single older non-home owning women in a rural region of Australia[J]. Journal of Rural Studies, 2017, 54: 234-243.

[3] Leyshon M. On being 'in the field': Practice, progress and problems in research with young people in rural areas[J]. Journal of Rural Studies, 2002, 18（2）: 179-191.

[4] McGlynn N. Slippery geographies of the urban and the rural: Pub-lic sector LGBT equalities work in the shadow of the 'Gay Capital'[J] .Journal of Rural Studies, 2018, 57: 65-77.

[5] Ansell N, Hajdu F, Blerk L V, et al. AIDS-affected young people's access to livelihood assets: Exploring 'new variant famine' in rural southern Africa[J]. Journal of Rural Studies, 2016, 46: 23-34.

[6] Milbourne P, Doheny S. Older people and poverty in rural Britain: Material hardships, cultural denials and social inclusions[J]. Journal of Rural Studies, 2012, 28（4）: 389-397.

[7] 张敏.全球城市公共服务设施的公平供给和规划配置方法研究——以纽约、伦敦、东京为例[J].国际城市规划，2017，32（6）：69-76.

[8] 于一凡，田菲，贾淑颖.上海市社区居家养老服务设施体系研究[J].建筑学报，2016，10：93-97.

东河小学去了。实际上,上海居住证制度的影响还是挺大的,稍不注意的话可能就会分到一个很远的学校。现在我们老大班上是 30 多个人,就是因为分得太远了,家长就带着孩子一起去教育局申诉,申诉了之后就又重新分了。现在班上有 40 个人了。肯定是优先本地人,然后往下排。

访谈节选 6:

问:你觉得你家周围商业设施档次怎么样?

答:我们这边不行,这边都是低收入区,和旁边没法比。气氛就完全两样。那边更趋向于国际化,这边就像是农村。

4.3.2 供给需求匹配视角:发展不充分

1. 供给质量与数量

第一,部分公共服务设施配置还存在疏漏盲区,尚未有效覆盖全部流动人口、困难群体和特殊区域。有国外学者指出,城市便利性正在成为决定人们在哪里居住的更重要的因素,城市便利性导致了至少 1/5 的大都市人口密度之间的差异。[1] 以保障房社区为例,有学者指出,不少保障性住房建设计划仅仅针对提供"低成本的住房",对于其他生活环境要素较少考虑,这在很大程度上制约了低生活成本住区的有效供给。[2] 具体来讲,保障型社区的公共服务设施供应总量滞后、层次单一、类型缺失,供求结构矛盾突出、设施配置效率低,供应不足与资源闲置浪费的情况同时存在,供求的不匹配进一步加剧了社区人口导入和设施运营的压力,催生了土地和设施的低效利用。[3] 第二,公共服务设施资源总量仍显不足,供给总体不足与需求不断增长之间的矛盾依然突出,群众反映强烈的"看病贵"、"大班额"、"养老难"等问题没有从根本上缓解。以机构养老服务设施为例,在全国将近 4 万家老年人的收养机构中,收养的失能老年人约在 240000—350000 人之间,只占全部收养老年人数的 17%。大量的失

---

[1] RAPPAPORT J. Consumption amenities and city population density [J]. Regional Science and Urban Economics, 2008, 38 (6): 533-552.

[2] 陈燕萍, 张艳, 金鑫, 胡乃彦. 低生活成本住区商业服务设施配置实证分析与探讨——基于对深圳市上下沙村的调研 [J]. 城市规划学刊, 2012, 6: 66-72.

[3] 何芳, 李晓丽. 保障性社区公共服务设施供需特征及满意度因子的实证研究——以上海市宝山区顾村镇"四高小区"为例 [J]. 城市规划学刊, 2010, 4: 83-90.

能老人缺少必要的照料。[1]第三,设施供给质量与数量水平较低。以体育健身设施为例,上海目前的人均体育场地面积与国内外对标城市相比还存在差距。社区体育设施类型少、数量少、环境差、场地质量不好,不能满足居民需求。首先,老社区因历史原因不可能开发更多用地作为体育场地,而新社区考虑到占地量和噪声污染,相关场地也未根据标准进行建设[2];其次,适合于老人和儿童的体育设施较少;最后,社区公共活动与健身中心设施极为缺乏。特别是活动项目多样、设施齐全的社区体育中心、社区公共运动设施的需求较大。[3]

2. 需求类型与层次

第一,公共服务供给与需求错位现象突出,部分设施超负荷运转与基层公共服务设施闲置浪费、低效利用的现象并存。有学者指出在当前乡村中小学"撤点并校"进程中,旧的行政村教学点大量闲置浪费,新的学校布点规划却没有与规划部门制定的城镇及社区规划相匹配,导致中心学校学生人数陡然增加,超过中心学校承载能力,乡村地区出现新的"上学难"和"质量差"问题。[4]以上海社区医疗设施为例,从就诊情况来看,由于人力资源、硬件设施、技术服务等方面差距,居民对社区卫生服务认可度不高,社区医院与二级医院相比竞争力严重不足。加之双向转诊机制不健全,存在"转上不转下"问题,尚未实现"小病在社区,大病上医院,康复回社区"的功能定位。[5]第二,公共服务产品结构单一,服务水平偏低,群众多元化、多层次需求得不到有效满足。以体育健身设施为例,当前公共体育设施配置水平远远低于居民的需求,造成公共体育服务供给的人口失配度和规模失配度均较高。[6]从已建的社区公共运动场来看,中心城区数量偏少,多数在内外环间。数据显示,社区公共运动场50%以

---

[1] 蒋朝晖,魏维,魏钢,顾宗培,何凌华.老龄化社会背景下养老设施配置初探[J].城市规划,2014,38,12:48-52.
[2] 曾琳,吴承照.上海城市社区体育设施现状调查与思考[J].规划师,2007,1:69-73.
[3] 索红杰,陈锡尧,倪伟,张玉玲,张龙斐.上海社区体育设施合理化研究[J].四川体育科学,2011,4:113-116,123.
[4] 蔡辉,王少博,余侃华.公平与效益视角下乡村地区基础教育设施配置初探——以陕西省泾阳县为例[J].现代城市研究,2016,3:83-91.
[5] 薛焕美,胡守忠,田丙强.上海市松江区社区卫生服务机构的SWOT分析及对策建议[J].卫生软科学,2009,23(6):683-685.
[6] 王茜,何川秀玥,翁敏.社区健身苑点均等化供给测度及空间布局优化——以上海市为例[J].天津体育学院学报,2018,33(2):170-176.

上建在郊区（绝大部分建在远郊）。[1] 课题组在浦东新区调研中还发现，首先，中老年居民对于社区公益性、高质量的文化教育设施需求旺盛，但现状设施数量较为缺乏，且存在街道间的显著差异（见访谈节选7）；其次，面向老年人与儿童的家政服务需求旺盛，但设施服务水平参差不齐，市场监管机制存在问题（见访谈节选8）；再次，居民对于健康卫生的保障成为选择就餐场所的主要原因，并对当前餐饮设施的卫生水平十分担忧，认为极有可能造成疾病和身体损伤（见访谈节选9）；最后，医疗设施尤其是三甲医院使用体验差，总耗时长，步行可及性极差。

访谈节选7：

问：你对学校教育类设施有什么建议吗？

答：我们是浦兴街道的，沪东街道那边有社区学校，而且今年开始全部免费，只要你的户口在街道，报名后都免费上课，针对的是中老年人。社区学校属于老年大学，我参加过一次沪东街道的学校培训课程，质量特别好。

问：社区学校培训主要是哪些项目？

答：蛮多的，英语、日语，还有编织课、插花课，好像还有跳舞课，而且统一不收费，大家都可以去。打桥牌，学拼音，学上海话，都有的。还有粤剧和越剧。也有打乒乓球的。

问：浦兴路街道能达到这种程度吗？

答：不知道，大概现在还没有这种免费的。

访谈节选8：

问：您平常家政服务用得多吗？

答：以后会用。现在没什么事，但是我了解过一些。家政如果服务得好，也是供不应求的。尤其是老年和小孩护理这一块。

问：您觉得现在价格贵不贵？

答：需求多了自然也就贵了。很多机构会进行分类，一旦把资质提上去，价格就被拉得很高，他们会给你看15000元价位和5000元价位的区别，让你被迫选择贵的，看似合理，但是背后有多少个隐性的问题我们不知道。这也需要监管层去监管，我个人觉得这一领域的需求会越来越多。

---

[1] 钟天朗. 上海社区体育健身设施的建设与发展规划研究 [J]. 体育科研, 2006, 3: 20-22.

访谈节选9：

问：您会去餐饮店吃饭吗？

答：我们看到网上说这些快餐全都是半年以前做好的，我们有点不敢消费。我们不敢吃，一是因为价格贵；二是因为害怕不干净，这是最担心的。看起来色香味都好，还是不敢吃，因为看不到制作过程。

问：像外面的这种小摊贩，比如流动早餐点。您觉得有必要设置吗？

答：我觉得更加没必要了，宁愿在家里自己做着吃经济、实惠，还干净，吃了不会拉肚子，卫生还是最主要的。

4.3.3 体制机制建设视角：发展不协调

1. 规划建设机制运作效率

就供给机制而言，首先，资源供给市场化程度不高。设施服务主体和提供方式单一，社会资本进入少，社会组织发展不足，引导社会力量参与的市场化机制体制尚未建立。调研中发现，由于营利性与公益性的供给边界过于清晰，在商业环境中很难获取公共性的活动空间设施与资源（见访谈节选11）。其次，供给机制创新动力不足。跨领域的政策统筹协调和资源共享利用不到位，公共服务整体的信息化和智慧化程度都有待提高。尤其是缺乏对社区内政府资源、社会资源以及居民志愿服务资源等相关资源的充分利用与整合。[1]以上海养老设施为例，现行养老服务资源隶属于不同部门，条块分割使得设施衔接互补面临较大难度，加之资金投入有限，综合性、一体化的社区养老服务设施尚未得到广泛运用。再次，现行养老服务设施建设标准存在内容重叠、局部缺失等问题，亟待系统性完善，形成权威、完整、有效的标准体系，规范指引设施建设；另外，标准还存在明显的针对性不足问题，现实中出现的多元化养老需求难以发挥较好的规范性作用。最后，体系运作效率仍需提高。对新技术新模式运用不充分，体系整体供给效率和质量不能适应经济社会发展新形势和新情况。有学者指出，仅用"服务半径"、"服务人口"作为配置分级依据，以行政边界作为空间布局依据，缺乏对多种影响因子的综合分析，居民享受设施服务的机会不均等。[2]另外，

---

[1] 高艺楠. 社区综合型养老服务设施的发展、优势与挑战——以上海社区综合养老服务中心为例[J]. 戏剧之家, 2020, 4: 194-195.

[2] 赵万民, 冯矛, 李雅兰. 村镇公共服务设施协同共享配置方法[J]. 规划师, 2017, 33（3）: 78-83.

社区公共服务设施专项规划缺位,设施规划建设无法与城市空间规划有效对接,加之跟踪管理的缺失,造成社区公共服务设施在建设过程中的落实出现问题。[1]

2. 管理运营机制运作水平

就管理机制而言,一方面,管理评估标准存在一定缺失。统筹协调、财力保障、服务供给、评估监督等长效机制有待进一步增强,部分基本公共服务项目的对象准入、服务管理等标准仍不健全。有学者指出,我国没有一个适应现代城市发展的、可以被大多数城市参照的社区公共服务设施规划标准和操作蓝本。[2]当前社区公共服务设施规划标准体系滞后现实需求,缺乏整合且内容约定不够,例如,缺乏配套标准引导建筑改变使用性质以满足新的功能需求、绿地率的计算方式制约体育活动场地的建设等。[3]另一方面,市场化治理水平亟待提升。当前,公共服务体制机制重事业、轻产业,社会资本参与度不高,灵活度亟待提升,在体现公平性、适应流动性、保持可持续性等方面均有待加强。在调研中发现,由于商业设施与人口需求的耦合度不高,人气不足与供过于求问题并存,加之受电商冲击,实体商业面临衰败与困局(见访谈节选 12),需要进一步加强市场资源调配作用,同时更好地发挥政府的调控职能。设施组织管理水平有待进一步提高。以体育健身设施为例,上海社区体育设施面临的主要问题是软件上的缺失而并非硬件建设问题。社区居民提出,缺乏组织指导使得群众体育运动受到制约;社区体育健身设施服务质量低,尤其是基层管理队伍责任心不强,设施维护状态不佳;新建社区大都采用封闭式管理,服务半径较小,不利于共享。另外,体育设施的资源共享政策有待进一步落实,尤其是在开放时间、开放场所类型方面的力度有待增强。

3. 财政投入机制运作能力

就投入机制而言,首先,财政投入水平偏低,投入压力明显增大,标准化建设缺少支持。以上海社区医疗设施为例,社区卫生服务站现状建设参差不齐,且总体滞后,设施设备配置与卫生部标准存在较大差距,规范化、标准化建设

---

1 任晋锋,吕斌.我国城市社区公共服务设施建设问题及对策——以北京西城区为例[J].规划师,2011,27(S1):229-233.
2 陈伟东,张大维.中国城市社区公共服务设施配置现状与规划实施研究[J].人文地理,2007,5:29-33.
3 邓凌云,张楠,郑华.城市社区公共服务设施实施现状问题与优化对策研究——以长沙市为例[J].城市发展研究,2016,23(11):77-84,108.

水平尚需进一步提高。其中,服务站"缺乏医保支付系统"的问题非常突出。[1] 从收支情况分析,①社区卫生服务机构尚未摆脱"以药补医"的现状难题,基本依靠开药来维持财务收支平衡;②政府的兜底投入责任尚未完全落实,一定程度上加剧了社区卫生服务机构的政策性亏损。社区卫生服务机构出现亏损意味着机构管理者不得不考虑在政策允许的区域增收,从而增加病人的就医负担。[2] 其次,基层政府财权与事权不匹配,公共服务主体责任意识有待加强。部分地区政府长期坚持"重经济发展,轻社会服务"的发展理念,更多注重营利型公共服务设施的配置,因而公益型设施不均等问题突出。[3] 在调研中发现,政府提供的公共产品如教育、医疗设施在实际运作中都存在一定的营利性倾向,反映出政府提供公共产品的质量与效率还有待提高,同时反映出政府监管的缺位(见访谈节选10)。另外,公共财政保障能力不足,财力保障机制改革滞后,转移支付制度需进一步优化。部分乡村社区公共服务设施资源配置存在规范性不足、行政化严重等问题,即在社区公共服务设施的实际配置往往不是遵循规范化的制度,而是人情关系;不是以居民需求为导向,而是以行政需求为导向。[4] 最后,面向基层的人才培养和激励机制创新不足。专业型人才特别是高层次、实用型以及紧缺型人才较为缺乏,制约了公共服务资源服务水平进一步提升。以上海社区医疗设施为例,由于医务人员素质不高,本科及以上学历、副高级及以上职称的人员较少;另外,人员编制存在制约。上级部门所规定的人员编制有限,面临较大工作压力,往往存在一定数量无编制工作人员,而公立医疗机构经费按编制划拨,因此会对在编人员收入有影响,从而降低工作积极性。

访谈节选10:

问:您觉得公办教育设施的问题出在什么地方?

答:我觉得是因为投入的力度不够,如果不投入公办的话,变相让我们底层的那些老百姓花钱,你说课外学还是不学?我们上小学了,为什么还要在外

---

[1] 解军.上海市社区卫生服务站基本设施设备现状、需求调查及配置标准研究[J].中国全科医学,2007,11:944-946.

[2] 丁汉升,林海,金春林,荆丽梅,张崖冰,付晨.上海市社区卫生服务机构收入与支出分析[J].中国卫生政策研究,2010,3(1):28-33.

[3] 刘欢芳,刘玉亭."大城镇"公共服务设施配置问题及其对策——以广州新塘镇为例[J].城市发展研究,2014,21(8):76-83.

[4] 吴博,卢爱国.散居型农村社区公共服务设施建设的问题与对策——基于湘中25个行政村的实证研究[J].湖南社会科学,2011,3:105-108.

面学习，能不能介入公办来解决这个问题？而且这种课外培训，你不能说我报了一年级，二年级就不报了，那就脱节了，对不对？

问：您觉得主要是政府的问题？

答：我还是觉得政府监管很重要。怎么说呢？我只能这么理解。我们现在条件越来越好了，条件好了以后就会把精力投入到小孩身上。现在学校的教育改革也说了好几年了，但是看怎么改，你需要通过公立的学校去改，还是在你社区的定点里面再投入新的模式。

问：您认为医疗领域目前有什么问题？

答：现在发现有一些公立医院偏向于营利，这是不该出现的。比方说我亲戚在那边住院，医院会根据床位来定，如果人少的话，就不建议出院；一旦人多了，它会督促你，如果你说，再让我住一天，医院会说不行，后面都排队了。

访谈节选11：

问：您觉得文峰广场商业业态还有没有一些可以丰富的地方？

答：有。比如说现在文峰就是搞了太多的餐饮，以吃饭为主。最好在商业设施里面留一块空地，用于人们的日常学习和交流。让我们除了消费以外，能更多地提升内涵。我个人更倾向于如何在资本的商业市场里面植入公共内容，使资源共享化。

访谈节选12：

问：您觉得餐饮业服务怎么样？

答：感觉我们小区就不怎么样，不知为什么开一家倒一家。在这里住了好多年，我就感觉附近的那些饭店就一直开不起来。

问：您觉得他们没开起来的原因是什么？

答：我觉得跟消费群体有关。我住的小区是拆迁的，本身这个群体就受限了，很多都是在家做饭的阿姨，很少出去。但是我感觉还是住的人群的问题，做不起来，真正需要的人白天都去上班了。

问：您家附近超市多吗？

答：小区附近的超市现在数量减少了，不管大型还是小型超市都在减少，比如说便利店都陆续关闭了。但是卖蔬菜和日用品的还比较兴旺。

问：您家附近饭馆多吗？

答：现在时兴吃饭馆，实在是太多太多了。原来文峰广场四楼家具店，还有一些培训机构，现在都关了，好多都变成饭馆了，大大小小的饭馆。

问：您觉得文峰广场商业气氛怎么样？

答：以前生意很好。我就说老板眼光还是不错的，免费班车挤都挤不上。现在没有办法，取消班车了。班车的成本，一个月要3万到5万。已经赚不到钱了，客流量也没有了。

问：您觉得商业档次低的主要原因是什么？

答：肯定还是与周边人群的消费观念有关。如果你附近住的都是有钱人，完全可以去消费这些东西的。像我们这种人，哪怕有档次高的开在那里，也不会去买，时间久的话肯定是开不下去的。

问：您对社区商业还有一些什么建议吗？

答：餐饮店主要是人少，没有人气都赚不到钱，自然就关了。之前有一家店开在我们家旁边的一个小公园附近，环境挺好的，就是去的人太少了，它没有办法存活就倒闭了。另外像在办公大厦旁边，晚上没有人，所以那边的饭馆都很容易关门。

问：您平常会去哪些商圈多一些？

答：不太会去，没有意义，还是就近，而且这边价格也特别贵。现在网络这么发达，如果相信京东或者一些知名的平台，你可以在上面购物，如果不放心可以去专卖店。

问：您平常一般会去哪个商圈消费？

答：哪个商圈我都不去，网上消费，像淮海路、南京东路这种地方我更不去，除非家里来客人时去南京路兜一圈。

4.4 生活空间资源配置的理论分析

4.4.1 供给侧相关理论

1. 社区视角

我国当前的城市社区类型主要有以下几种：居住型社区、生产型社区、中央商贸区、行政型社区、文化型社区、休闲娱乐型社区等。[1] 就上海地区而言，王颖（2002）将上海城市社区分为传统街坊社区、单位公房社区、高收入商品房社区、中低收入商品房社区和社会边缘化社区五类。[2] 王娟（2015）按照空间区位、人口密度、户籍结构、年龄结构、收入水平分别进行社区划分，并在此基础上遴选出重点社区类型。[3]

从社区功能构成来看，"居住"是社区的基本职能与主要内容，"产业"是社区稳定发展与持续更新的关键要素，"商业"是社区生活品质与服务水平重要保障。社区类型差异本质上是三类要素结构变化的结果，这也意味着居住、产业、商业主导型社区为其成员所提供的物质环境设施存在差异。社区物质环境设施是社区规划建设与转型发展的重点领域与特色部分，重点关注的就是各类社区的物质环境设施与社区成员间的互动发展。[4] 例如，产业社区较居住社区而言，硬件环境建设更为适应主导产业的发展，不仅有面向普通居民的生活服务设施，还要设置有适应上班族及工人需求的各类服务设施；商业型社区较非商业型社区而言，其所提供的物质环境设施层次更为丰富，既有面向大众消费的便利设施，也有针对部分人群的品质设施。伴随着上海经济社会的进一步转型发展，居住、产业、商业社区分类的内涵将不断扩充。其中，居住社区可进一步划分为商品房社区、保障房社区、老公房社区、乡村社区、大型居住社区、国际社区、城中村社区等，产业社区可细分为国家级开发区、市级开发区、工业园区、创意文化产业园区等，商业社区则可细分为旅游社区、历史文化社区、高端商业社区等。

2. 资源视角

社区资源由物质资源与非物质资源构成，其中，物质资源可以细分为空间资源（用地、场地、建筑等）、设备资源、器材资源、工具资源。社区物质资源通过不同程度的整合，构成社区物质资源体系。社区物质资源体系是社区资源发挥整体性作用的物质基础和核心承载，发挥着重要的社区生活空间构成作用，其不仅支撑社区生活空间质量，而且突出反映着社区满足居民生活需求的水平

---

[1] 徐一大.略论城市社区及其规划 [J].规划师，2002，8：23-25，86.
[2] 王颖.上海城市社区实证研究——社区类型、区位结构及变化趋势 [J].城市规划汇刊，2002，6：33-40，79.
[3] 王娟，杨贵庆.上海城市社区类型谱系划分及重点社区类型遴选的研究 [J].上海城市规划，2015，4：6-12，25.
[4] 赵蔚，赵民.从居住区规划到社区规划 [J].城市规划汇刊，2002，6：68-71，80.

高低。从现行标准、学术研究与行业分类三种视角比较，各自对社区物质资源的内涵解读虽有相通之处，也各有特点。"生活圈规划导则"与"生活空间理论"视角下的社区物质资源均关注了生活居住、购物商业、医疗健康、体育健身、文化教育、休闲娱乐、交通出行、福利养老，后者还考虑了安全庇护需求。"生活性服务行业分类"所反映的需求范畴更广，除同样关注前述生活居住等若干需求外，还全面考虑了居家服务、旅游游览、住宿餐饮、教育培训以及其他服务需求。三种视角下的居民需求呈现出交叠与包含关系（图 4.4-1）。综上所述，社区物质资源体系按照居民活动需求的不同可划分成通勤流通、购物消费、健康医疗、家务家政、文化教育、休闲娱乐六大类。

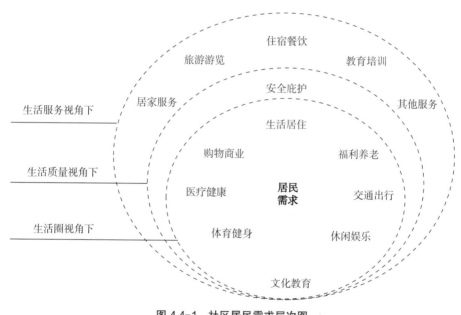

图 4.4-1 社区居民需求层次图

3. 配置视角

对于居住社区而言，社区生活圈具有地理空间、资源配置与社会生活三重属性，其本质就是居住社区生活空间，不仅可以用于界定与测度居住型生活空间的地理范畴，根据社区居民结构与社区类型差异在该范畴内分层配置公共服务资源，还可以分析居民社会生活领域与居住生活空间范畴的差异，从而进一步指引居住社区物质资源的优化配置。对于产业社区而言，工作空间与非工作空间之间、工作空间内部产业空间与非产业空间之间的良性匹配与资源融合问题成为重点。一方面，由于前述匹配并非理想状态而是不断发展优化的过程，工作空间生活资源配置标准及内容需要适应产城融合的阶段特征；另一方面，产城融合的匹配适宜程度直接反映着工作空间生活资源配置水平的高低，可以从产业结构与城市结构相匹配、产业功能与城市功能相融合的视角建立针对不同工作空间的资源配置体系。

对于商业社区而言，消费体验类设施是生活空间资源配置的主题。"场景理论"认为在邻里层面，由城市舒适物（Amenities）为导向的公共物品、多样性人群与实践等集合形成的场景（Scenes），以及场景中蕴藏的价值观念、生活方式与质量，影响着诸如创意阶层[1]等人力资本的流动与聚集，推动着经济增长和社会发展。[2]城市舒适物包括餐馆、酒吧、咖啡馆、书店、博物馆、足球场、学校、珠宝店、服装店、画廊、剧院、影院以及教堂等，这些设施主要是为了娱乐消费。[3]城市舒适物设施、活动与人群等组合场景特征对创意人才的吸引力非常大，在推动本地经济增长和城市发展方面扮演着重要角色。[4]当前，城市商业服务面临消费时代的品质化、体验化、个性化转型，针对商业社区生活空间资源的对象研究应区别于从属居住空间或工作空间中的消费服务类设施，重点聚焦于具有较高品质、有较强体验性特征的舒适型消费设施与场所，其服务对象以创意阶层为代表的社会中上层人群为主，服务内容不仅是人们购买的商品或服务，更为注重的是消费空间本身的品质，例如人们到酒吧并非仅仅为了售卖的饮品，更多是体验夜生活以及享受优质的空间服务。

4.4.2 需求侧相关理论

1. 主体视角

所谓社区阶层化，是指不同社会等级或层次的社会成员居住在同类型空间单元，从而组织成为不同社区的现象，即"由于居民的职业类型、收入水平及

---

1 美国学者以统计局标准职业分类为基础，把参与劳动生产的成年人分为四类：农业阶层、服务阶层、劳动阶层以及创意阶层。创意阶层包括超级创意核心人群和专业创意人群。
2 吴军. 场景理论：利用文化因素推动城市发展研究的新视角 [J]. 湖南社会科学，2017，2：175-182.
3 吴军，夏建中，特里·克拉克. 场景理论与城市发展——芝加哥学派城市研究新理论范式 [J]. 中国名城，2013，12：8-14.
4 吴军. 吸引创意阶层流动与聚集：人文环境与场景——西方创意阶层理论综述 [J]. 中国名城，2019，5：30-35.

文化背景的差异所产生的不同社会阶层的居住区",其实质是社会阶层的变迁与演化在居住空间上的直观反映。[1] 社会阶层分化的实质是资源在社会成员中的不平等分配。[2] 不同社会阶层的社区居民有着迥异的生活水平、价值观念、道德标准,对于社区活动、社区服务的需求层次相差甚远,这种差异对社区生活空间资源的配置产生着显著的影响。因此,有必要依据社会阶层与社区阶层化理论,在研究中区分不同职业类型、收入水平与文化背景的各阶层人群,分类研究其对生活空间资源的需求内容及层次差异。就上海而言,应重点分析中间阶层(如白领阶层)、边缘阶层(如退休阶层)、高收入与高学历阶层(如创意阶层)等,探讨社区资源在社会阶层分化趋势中的合理配置。另外,对于社区成员的关注,还需区分不同户籍、不同性别、不同婚姻、不同家庭结构、不同年龄、不同行为习惯等各类人群的需求差异。

2. 活动视角

行为空间分为主观行为空间与客观行为空间,其中主观行为空间也称为活动空间。行为空间研究的首要任务是理解习惯行为或反复行为。[3] 社区居民每天都有发生各种行为活动的习惯性需求,这些活动包括居住小区附近的活动、日常往复的通勤,通学,购物,交际,余暇[4]等活动以及日常往复活动点周边的活动。鉴于居民职业、收入、背景、年龄等各方面因素,居民行为必然存在差异,会形成满足差异化需求的各具特点的活动空间。社区居民活动空间既有结构上的不同,也有内容上的不同。例如,对于社区居民而言,居住小区附近的短时活动成为主要,尤其是日常性的大众化需求是行为活动的主题。对于上班族而言,通勤活动需求显得尤为重要,甚至购物、交际都会在通勤过程中完成,余暇活动占比并不多。对于消费者而言,购物活动因消费水平的不同会出现差异,并且购物往往作为活动载体,与交际、余暇等活动相互关联。正是种种差异化的习惯性日常活动行为,塑造了多样化的社区居民行为活动空间体系,对生活空间的形成与演变产生重要影响。

---

1 吴庆华,董祥薇,王国枫.浅议城市社区阶层化趋势对社区建设的影响[J].中央社会主义学院学报,2009,3:93-96.
2 吕庆春.阶层分化的理论视角——近年来中国社会阶层分化研究综述[J].青海师范大学学报(哲学社会科学版),2005,3:30-34.
3 柴彦威,颜亚宁,冈本耕平.西方行为地理学的研究历程及最新进展[J].人文地理,2008,23(6):1-6,59.
4 张文奎.行为地理学研究的基本理论问题[J].地理科学,1990,2:159-167,192.

3. 空间视角

从日常生活理论视阈着眼"幸福建设"是我国社会分化发展趋势提出的要求。[1] 日常生活主要包括居民日常重复性的吃穿住行、交往休闲等活动，而非日常生活则是指生产经营、社会事务等活动。日常生活理论告诉我们，高质量和高水平的日常生活是非日常生活开展的重要基础和前提。当前，社区居民对于日常生活的自由度与控制权不断增强，社区居民愈发知悉日常生活中"有什么"和"要什么"。在这种对高质量日常生活的追求中，居住、工作与消费成为日常生活的主要内容。日常生活空间按居民活动类型来分，可以划分为居住、工作、休闲、消费、公共服务和社会交往空间6类。其中，居住空间、工作空间、消费空间是生活空间的主体，休闲、交往、公服、通勤等其他类型空间往往作为三类主体空间的分支而存在。从内涵范畴来看，三者分别由不同类型生活空间资源构成，居住空间资源侧重于基础性，工作空间资源侧重于配套性，消费空间资源侧重于品质型。但是，居住、工作与消费空间并非绝对分割，而是作为社区生活的不同切面，交错构成居住、产业、商业社区，呈现相互交叠、互相关联的密切关系（图4.4-2）。

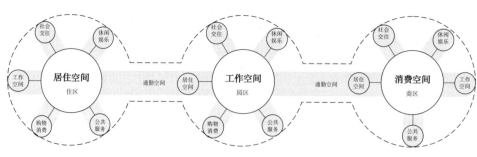

图 4.4-2　生活空间范畴图

4.4.3　理论框架推导

综上所述，不同的社区阶层具有不同的日常活动行为特征，映射着不同的社区居民行为活动空间，塑造出不同的日常生活空间需求体系；不同的社区类型整合出不同的社区物质资源结构，支撑起不同的设施需求类型与构成关系，

---

[1] 谢加书. 日常生活理论视阈下幸福建设研究[J]. 胜利油田党校学报，2012，25（2）：76-79.

形成了不同的生活空间资源供给体系。因此，社区生活空间资源配置应当以丰富的使用者需求层次为导向，以创新的经营者供给模式为支撑，围绕居住、产业、商业三类社区采取针对性、有侧重的配置手段与方法，从而有效提升社区生活空间资源供需体系的服务质量与服务效率，实现"生活空间"与"资源配置"之间的良性互动与系统耦合（图4.4-3）。

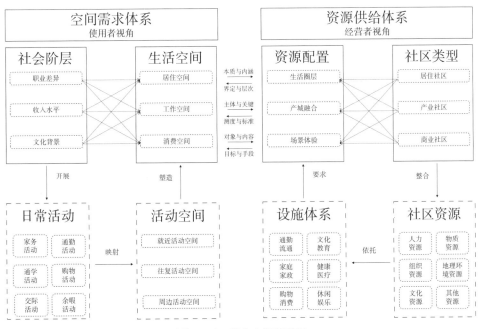

图 4.4-3　概念内涵范畴图

4.5　生活空间资源配置的技术方法

4.5.1　技术方法总结

1. 主观调查方法

调查方法主要涉及实地踏勘、问卷调查、深度访谈、参与观察等方法，能够相互配合（图 4.5-1），从而有效获得公共服务设施使用者与经营者的主观感受，为社区生活空间资源合理配置提供必要依据。其中，实地踏勘是调查者独立对调查对象进行现场观察并建立个人直观印象的方法。问卷调查则更适合于

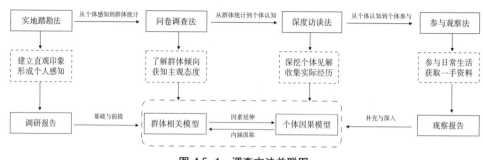

图 4.5-1 调查方法关联图

调查人们空间利用的倾向性和态度，这是观察类的调查方法所无法替代的。[1] 问卷调查采取代填式问卷（包括访谈调查、电话调查）和自填式问卷（包括邮政式、报刊式、送发式、网络式）两种方式，获取某一群体对设施需求和满意程度等方面的态度信息。与问卷调查有所不同，深度访谈则是调查者与被调查对象直接交谈收集语言资料的方法，适用于调查研究较为复杂的问题，或对问题进行较深入的探索。[2] 深度访谈可按照不同的特点分为结构型访谈法与非结构型访谈法、集体访谈与个体访谈、直接访谈与间接访谈。在田野调查中，深度访谈与参与观察经常被同时提及，相较前者，参与观察不拘泥于口头交流，强调调查者作为参与者，在较长的时间阶段里参与到调查地人群日常生活中去，从而获得资料。参与观察法可以分为全参与和半参与观察法、标准化、半标准化和非标准化观察法，连续性和非连续性观察法等。

2. 客观分析方法

分析方法分为空间分析、设施评价、统计分析、文本分析四类（表 4.5-1）。其中，空间分析类方法主要借助 GIS（地理信息系统）技术平台，对具有空间分布特征的设施数据构建空间统计模型，总结空间格局、结构、演变等方面的基本特征，具体包括空间差异性（如密度、冷热点、聚类分析）、空间可达性（如距离、范围分析）、空间方向性三类分析。设施评价类方法则借助 GIS（地理信息系统）技术平台和 SPSS 等统计分析软件，对设施数据构建计量分析模型，针对设施服务的需求度、满意度、便利度、协调度、均衡度展开五类评价。另外也有针对社区生活资源质量展开综合评价，以及指导公共服务设施配置的决

---

[1] 规划设计学中的调查方法（1）——问卷调查法（理论篇）.
[2] 何星亮. 文化人类学田野调查法——参与观察法与深度访谈法 [J]. 宗教信仰与民族文化，2016，00：274-289.

策性评价工具。需要指出的是，客观评价法侧重于数理统计，难以充分表征生活设施的空间实际与层次差异；主观评价法直接测度较为困难，往往涉及指标转译与代用，且量化难度大。因此，全面、有效且面向实际的社区生活空间质量评价需要构建新型指标体系并创新数据来源。综上所述，空间分析与评价分析两类方法为生活空间资源配置的空间分布格局与时间演变格局特征及成因分析、生活需求与资源供给评价提供技术与方法支持。统计分析类与文本分析类方法则主要用于主观调查方法获得的调查问卷与访谈文本的分析，用于揭示问题成因、要素影响与特征差异背后的形成机理。

社区生活空间资源配置分析方法一览表　　　　表 4.5-1

类型	目的	名称
空间分析类	密度分析	点密度（服务压力指数）、核密度估计（KDE）、网络核密度估计法
	冷热点分析	局域 Getis-Ord Gi* 指数法、Mo-ran's I 指数、局部 Moran's I 分析
	聚类分析	Min-Max 归一化方法、DBSCAN 聚类法、K-means 聚类法、SPSS 分层聚类法、系统聚类法、Ripley's K 函数分析
	距离分析	缓冲区分析、最邻近指数、近邻分析、OD 分析、步行阈值法、服务半径测度法、心理空间距离分析
	范围分析	维诺（Voronoi）图、泰森多边形、哈夫（Huff）引力模型[1]
	网络分析	基于 GIS 的空间句法分析模型[2]、空间句法中的轴线分析方法[3]
	方向分析	标准差椭圆（SED）
	成因探讨	空间滞后模型（SLM）、空间误差模型（SEM）、地理探测器
评价分析类	便利度评价	覆盖率统计、达标率统计、覆盖度（MFSAC）模型、潜能模型、引力模型、15 分钟步行圈生活便利指数、可获性（CRAI）图谱法、场景五要素[4]、"步行指数"（walk score）[5]、两步移动搜寻分析方法[6]
	协调度评价	耦合度模型、发展协调指数（DCI）、职住平衡指数统计、熵值法、土地利用分布主导指数、PSFHI（公共服务设施高度指数）、PSFHII（公共服务设施密度指数）

1　刘李霞，毕华兴，孔宪娟，李宇飞，王昆，许华森，鲍彪. 基于改进层次分析法的 GIS 公共服务设施选址 [J]. 地理与地理信息科学，2011，27（5）：46-49，113.
2　Chin-Hsien L, Hsueh-Sheng C. Exploration assessment of the service distance based on Geographical Information Systems and Space Syntax analysis on the urban public facility[C]. 2009：289-292.
3　官卫华. 基于句法分析的农村公共服务设施配置方法——以南京为例 [J]. 城市规划，2015，39（12）：80-90.
4　Clark, Terry, The Theory of Scenes, Chicago：University of Chicago Press，2013.
5　Walk Score Methodology[EB/OL]. 2010-12-17. http://blog.walk score.com/research/.
6　耿健，张兵，王宏远. 村镇公共服务设施的"协同配置"——探索规划方法的改进 [J]. 城市规划学刊，2013，4：88-93.

续表

类型	目的	名称
评价分析类	均衡度评价	变异系数、泰尔指数、基尼系数、发展不均衡指数（UI）、社区资源剥夺评价[1]
	满意度评价	城市生活质量指数
	需求度评价	便利性资源供需指数
	综合性评价	城市因子生态学的社会区域分析法[2]、PQLI指数法、HDI指数法、大卫·史密斯六要素评价方法、理奇·鲍尔九要素评价方法及其演变方法、我国小康生活质量量化指标体系、坎贝尔感觉指标模型、基于欲望搬迁的地点效应感指标体系、基于土地利用多功能性理论的生活空间宜居性评价指标体系[3]、PQLI（the physical quality of life index）指数和HDI（American Social Health Association）指数
	决策性评价	位置分配模型[4]、多目标的空间优化配置模型[5]、空间决策支持系统[6]、传统遗传算法选址模型、Pareto多目标遗传算法选址模型、混合整数线性规划（MILP）模型[7]、基于"决策树"理论的分类模型[8]、时空二维角度的决策模拟模型[9]、多目标微粒群算法（PSO）优化模型、最小化阻抗模型和最大化覆盖范围模型[10]、公平最大化模型[11]、动态和随机区位模型、多等级设施区位模型、GIS技术和多准则决策分析（Multi-Criteria Deci-sion Analysis，MCDA）
统计分析类	问卷分析	频数分析、多选项分析、比率分析、非参数检验、方差分析、因子分析、相关分析、层次分析与模糊评价、聚类分析、结构方程模型（SEM）、普通最小二乘法模型、多元对数线性回归模型、Hedonic回归分析模型
文本分析类	访谈分析	自然语言处理方法（Word2vec模型训练法、TFIDF算法、SVM-pref模型训练法）、基于Python语言的文本情感分析、质性分析、"定性定量逻辑"法（Q方法）[12]

---

1 Philibert M D，Pampalon R，Hamel D，et al. Material and social deprivation and health and social services utilisation in QuéBec：A Local-scale evaluation system[J]. Social Science & Medicine，2007，64（8）：1651-1664.

2 Shevky E，Williams M1. The Social Areas of Los Ange-les. Los Angeles：University of California Press，1949：15-28.

3 黄安，许月卿，刘超，郝晋珉，孙丕苓，郑伟然，卢龙辉.基于土地利用多功能性的县域乡村生活空间宜居性评价[J].农业工程学报，2018，34（8）：252-261，304.

4 Ayeni B，Rushton G，Mcnulty M L. Improving the geographical accessibility of health care in rural areas：A Nigerian case study[J]. Social Science & Medicine，1987，25（10）：1083-1094.

5 Farhan B，Murray A T. Siting park-and-ride facilities using a multi-objective spatial optimization model[J]. Computers & Operations Research，2008，2：445-456.

6 Birkin M，Clarke G，Clarke M，et al.Intelligent GIS：Location Decisions and Strategic Planning（Geo Information International，Cambridge）[M].1996：3-20.

7 李乐，张凤荣，张新花，关小克，袁雅琴.农村公共服务设施空间布局优化研究——以北京市顺义区为例[J].地域研究与开发，2011，30（5）：12-16，59.

8 湛东升，张文忠，谌丽，虞晓芬，党云晓.城市公共服务设施配置研究进展及趋向[J].地理科学进展，2019，38（4）：506-519.

9 武田艳，严韦，占建军.基于MAS的社区公共服务设施配置时空决策模型[J].系统工程，2015，33（6）：146-151.

10 韩增林，杜鹏，王利，于洋，赵东霞，丛迎雪，任启龙.区域公共服务设施优化配置方法研究——以大连市甘井子区兴华街道小学配置为例[J].地理科学，2014，34（7）：803-809.

11 陶卓霖，程杨，戴特奇，郑清菁.公共服务设施布局优化模型研究进展与展望[J].城市规划，2019，43（8）：60-68，88.

12 Dueneckmann F. The village in the mind：applying Q-methodolo-gy to re-constructing constructions of rurality[J]. Journal of Ru-ral Studies，2010，26：284-295.

4.5.2 技术方法应用

1. 主观调查应用

运用 SPSS 和 Excel 软件进行问卷分析的方法应用十分广泛。①借助频数分析中的频数、百分比、有效百分比、累计百分比以及统计图的绘制,对不同居住情况、职业类型、消费行为的被调查者背景情况进行分析和总结。②借助刻画集中趋势、离散程度以及分布形态的描述统计量,开展不同群体满意度、需求度、便利性、可达性、档次性、品质度评分差异比较。③利用交叉分组下的频数分析,可以用来比较不同背景的被调查者在填写评分时候所考虑到的因素是否存在差异,例如,不同生活水平的居民对于满意度评价首要考虑到的因素往往不同。④利用多选项分析法来分析问卷中的多项选择题,了解使用者满意或者不满意的设施类型情况。⑤利用比率分析,统计加权比率均值、平均绝对离差、离散系数、变异系数,来分析各类设施可容忍最长耗时占单程实际耗时的比例情况。⑥利用单样本 t 检验,可以用来推测总体满意度、需求度、便利性、可达性、档次性、品质度评分均值与指定检验值之间是否存在差异。利用两独立样本 t 检验,可以用来分析不同样本评分均值之间是否存在差异。⑦利用单因素和多因素方差分析,研究设施需求度对设施满意度、设施可达性对设施便利性、设施档次高度对设施品质度的影响。⑧利用因子分析法与相关分析法,将可能影响设施各项评价得分的调查者指标如居住、工作、消费情况,与所在地区的经济、生态、文化、社会、制度指标等进行因子提取,分析各项因子与评价得分之间的相关性,说明问题与现象成因。⑨利用层次分析法与模糊评价法,可以结合各项评分结果对涵盖居住、产业、商业三类社区在内的所有样本的设施资源配置水平高低进行评价。⑩利用层次聚类、K-MEANS 聚类等聚类分析方法,结合设施评价的基本得分情况,对商业社区、产业社区、居住社区分别进行聚类,与客观分析所得的分类结果进行比较。

2. 客观分析应用

从当前文献来看,针对购物消费类设施资源配置领域,可开展商业空间布局与人口分布的关系分析、商业热点分析、商业空间分布影响因素分析、商业网点分布特征分析、商业空间结构及其影响因素、商业业态演变分析;针对医疗教育类设施资源配置领域,可开展社区老年设施需求模拟分析、医疗设施综合服务水平评价、养老设施可达性分析、义务教育设施供给能力分析；针对通勤流通类设施资源配置领域，可开展金融设施分布密度估计与热点分析、快递点空间格局分析、城市出行时空特征分析及影响因素分析、通勤方式影响因素分析、通勤效率影响要素分析。针对休闲娱乐类设施资源配置领域，可开展公园绿地服务水平评价与服务半径分析、公园绿地供需匹配分析、公园绿地活跃度影响要素分析、公共空间综合分析评价、休闲娱乐热点识别、休闲娱乐设施空间特征与满意度分析。针对多种类型生活空间资源配置领域，可围绕城市社区开展生活空间质量可获性分析、便利性资源供需分析、公共服务设施聚类分析、生活圈服务水平评价，围绕乡村社区开展公共服务设施布局优化分析、满意度评价及影响因素分析，围绕基本公共服务开展空间布局分析、均等化水平与服务水平评价。另外还可以开展公共服务设施使用绩效评估，以及职住关系识别和活动分区、生活便利和生活质量指数分析评价等（表4.5-2）。

客观分析方法应用情况一览表　　　　　　　表 4.5-2

分析对象	分析目的	分析方法
购物消费	零售商业空间布局与人口耦合关系分析	最邻近指数、核密度估计法、Ripley's K 函数分析、耦合度模型
	城市零售业空间热点分析	核密度估计法、局域 Getis-Ord Gi* 指数法
	商业热点及空心化分析	核密度分析与商业热点提取、自然断点法、K-means 聚类与空心化识别方法
	商业网点分布及购物出行空间分布影响因素分析	覆盖率统计、回归分析模型
	体验型商业空间格局影响因素分析	核密度分析、空间滞后与空间误差模型
	便利店空间分布特征、关联性及影响因素分析	核密度估计法、标准差椭圆法、缓冲区分析法（Buffer 分析）、近邻分析法（Near 分析）、全局空间自相关分析（Global Moran's I）、局部 Moran's I 分析、普通最小二乘法模型（OLS 模型）、空间滞后模型（SLM 模型）和空间误差模型（SEM 模型）回归分析
	购物和休闲设施分布分析	简单密度分析
	体验式团购商业网点特征分析	核密度分析法和最近邻层次聚类分析法
	特色餐饮空间结构及其影响因素	Ripley's K 函数法、核密度估计法和多元线性回归法
	城市商业空间结构与业态演变分析	核密度估计法、SPSS 组间连接、分层聚类方法
	餐饮业空间特征分析	核密度估计、局域 Getis-Ord G* 指数、地理探测器

续表

分析对象	分析目的	分析方法
健康医疗	社区老年活动中心需求与模拟	多智能体模拟仿真（ABM）方法
	医疗设施综合服务水平评价	自然语言处理方法（Word2vec 模型训练法、TFIDF 算法、SVM-pref 模型训练法）、熵值指标测度方法、相关分析法
	小区养老设施可达性分析	潜能模型
通勤流通	金融设施分布密度估计与热点界定	网络核密度估计法（优于平面核密度估计法）
	快递自提点空间格局及空间关系	核密度估计（KDE）、Mo-ran's I 指数、标准差椭圆（SED）、近邻分析、OD 分析
	城市出行时空特征分析、聚类分析与空间结构分析	热力图和 ArcGIS 中克里金插值、SPSS 的 k-means 方法、用地规划图、建筑容积率和 PSFHI 指数分布图对比分析
	影响通勤方式的主要因素分析	多类别逻辑回归模型（multinomial logit model）
	建成环境对居民通勤效率的影响分析	结构方程模型（Structural Equa-tion Modeling，SEM），包含 LISREL 方法与 PLS 方法两类
	公共自行车出行时空特征及差异分析	Python 软件可视化分析、对比分析、利用 Arc GIS 软件 OD 分析和站点间的百度最短路径数据进行可视化分析
	公共自行车出行空间影响因素分析	Haynes 和 Kingsley 改良的引力模型、借鉴 Becky Loo 等人的研究方法建立多元对数线性回归模型分析
文化教育	中心城区公立小学供给能力分析	覆盖度（MFSAC）模型、人口耦合度模型
休闲娱乐	公园绿地服务水平及需求性评价	服务压力（POI 密度）、泰森多边形、AHP 层次分析、栅格叠加
	公园绿地服务半径分析	核密度分析、缓冲区分析
	休闲娱乐热点识别	点密度、核密度估计法、热点分析（Gi* 值）
	综合公园服务需求与供给分析	基于 GIS 的叠加分析与比较分析、缓冲区分析
	绿道公园活跃度影响因子分析	GIS 网络分析法、邻域分析法、SPSS 相关性分析法、因子分析法和多元线性回归分析法
	城市公共开放空间可达程度、混合程度、公平性与服务水平分析	POS 覆盖率与 POS 服务覆盖率统计、土地利用分布主导指数、相关分析
	公共空间建设品质、使用活力、使用潜力评价	层次分析法
	厦门市民宿点的空间特征与消费者满意度分析	最近邻指数、核密度分析法、基于 Python 语言的文本情感分析、缓冲区分析、熵值方法计算功能混合度
综合研究	小区公共服务设施聚类研究	Min-Max 归一化方法、权重指数加和、DBSCAN（基于数据分布密度聚类的方法）
	公共服务设施空间测度	覆盖率统计、达标率统计、发展协调指数（DCI）、发展不均衡指数（UI）、系统聚类

续表

分析对象	分析目的	分析方法
综合研究	城市生活质量指数的影响因素分析	城市生活质量指数、Hedonic 回归分析模型
	社区生活圈服务水平评价及特征参照因子分析	网络爬虫、数据清洗和空间校准等数据处理方法、缓冲区分析、空间统计方法、决策树 C5.0 算法和 SPSS Modeler 软件分析法、比较分析法
	街区公共服务设施绩效评价	服务半径测度法（居住地与"某类设施最小、各类设施最大"）、K 值分析法（$K=$ 开放街区内某类设施服务距离最大值/非开放街区内某类设施服务距离最大值）、标准差椭圆
	公共服务设施有效使用评估	步行累计使用率统计、标准离差法
	职住活动识别、用地效率评价及职住关系分区	空间聚类分析、空间叠合分析、自然断点法、职住平衡指数统计
	15 分钟步行圈生活便利指数评价	15 分钟步行圈生活便利指数
	城市社区生活空间质量的可获性分析	城市社区生活空间质量可获性（CRAI）图谱法、聚类和异常值分析（Anselin Local Moran's I）方法
	中心城区便利性资源供需分析	便利性资源供给指数及需求指数统计、自然间断点分等方法
	基本公共服务设施空间布局分析	GIS 空间分析（可达性分析、空间分布模式、空间离散度以及方向性分析、缓冲区分析、叠置分析、心理空间距离分析）
	乡村基本公共服务设施布局优化调整与分析	泰森多边形、维诺（Voronoi）图
	农村基础设施满意度评价及影响因素分析	结构方程模型（SEM）
	基本公共服务设施均等化评价	熵值法、因子分析法、层次分析法
	基础公共服务设施服务水平评价	SPSS 的回归分析、聚类分析、曲线估计
	公共基础设施均等化分析	基尼系数、泰尔指数、变异系数

4.5.3 技术方法关联

生活空间资源配置的技术方法众多，且具有各自的适用情境。在实际运用中应注重发掘方法之间的关联，力求以连续、系统思路开展方法应用。在数据处理环节，应借助网络爬虫、数据清洗和空间校准等方法收集处理原始数据，进而运用自然语言处理方法（如 Word2vec 模型训练法、TFIDF 算法、SVM-pref 模型训练法等）、基于 Python 语言的文本情感分析法等对数据进行分析。在评价分析环节，一方面借助 GIS 地理信息技术平台，对具有空间分布特征数据构建空间统计模型，总结空间演变、格局、结构等方面的基本特征；另一方面借助 SPSS 等统计分析软件，对统计数据构建计量经济学模型，揭示问题成因、要素影响与特征差异背后的形成机理。具体可以尝试开展空间差异性、空间可达性、空间方向性三类分析，服务需求度、服务满意度、服务便利度、服务协调度、服务均衡度的五大评价，为生活空间资源配置的空间分布格局与时间演变格局分析、生活需求与资源供给评价提供技术与方法支持。在成因探讨环节，可以运用空间滞后模型（SLM）、空间误差模型（SEM）、地理探测器、结构方程模型（SEM）、普通最小二乘法模型、多元对数线性回归模型、Hedonic 回归分析模型等，对主客观评价所反映出的差异进行因子解释与影响要素分析。在规划指引环节，可以借助多智能体模拟仿真（ABM）方法、决策树 C5.0 算法等方法，对生活空间资源配置方案进行科学比对与情境分析，为科学决策提供支撑。

4.6 生活空间资源配置的相关研究评述

4.6.1 对象研究：侧重"由上至下"，应加强"由下至上"研究

当前国家及地方层面相关政策的计划性和全局性较强，多侧重从国家或地区宏观治理层面为社区及相关服务体系化建设提供政策保障。其中，与社区公共服务设施配置直接相关的规划、建设、管理要求多因主管部门不同而相对分散，且由各部门在政策层层落实后下压至社区。然而，目前以社区为政策主体的指导与操作文件尚显空缺，这使得政策条块间协调难度十分大。在具体实施中，基层政府开展社区公共服务设施配置工作时，容易出现多头领导、相互推诿、消极应对等诸多问题，难以有效落实政策要求。在此背景下，加强以"社区"为主体的公共服务设施供给制度体系建设成为政策优化的主导方向，这要求以社区为基本单元，构建与公共服务设施全生命周期发展相适应的资源配置体系，明确该体系中各部门的设施供给职责，并为市场力量参与社区建设指明方向。

4.6.2 问题研究：侧重"局部思考"，应加强"层次系统"研究

首先，当前研究多针对城市与乡村矛盾密集的重点地区或社区公共服务设施建设中的热点与难点入手展开问题讨论，针对全局区域的结构性和政策性思考有所欠缺。其次，公共服务设施配置问题多基于空间分析、围绕空间优化展开研究，对土地、资金等方面的核心制度供给与相关联的市场经济手段探索不足，因此研究层次缺失，空间研究的系统性不强。最后，当前研究对实际中涌现出的公共服

务配置典型案例的问题分析与理论思考不够，多围绕同层次空间的规划与布局环节进行讨论，对于宏观区域与下位空间单元的关联研究尚浅。总之，社区公共服务设施的发展不平衡、不充分、不协调问题各自具有不同的研究层次并相互关联，是一个涵盖服务对象、供需模式、体制机制的系统性问题（图4.6-1）。

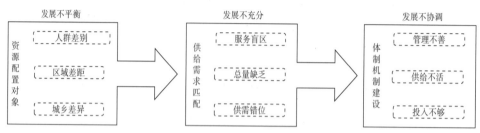

图4.6-1 社区生活空间资源配置问题关系图

4.6.3 标准研究：侧重"基本保障"，应加强"品质提升"研究

当前社区生活空间资源配置标准均着重于明确设施配置的兜底要求。在现实操作中，以此要求为衡量基准，可以得到达标、不达标和超标等情况。"保基本、重配套"的设置原则虽有助于设施标准化建设，有利于政府进行分级分类管理，但对于"基本保障型"公共服务设施基础条件较好的地区显得滞后，尤其在发达地区的特大城市，当前的设施配置标准与不断增长的居民生活各项需求匹配度不高，对实际建设和市场行为的引导性较弱，难以指引"品质提升型"社区公共服务设施的优化。而且乡村地区的配置标准编制和更新，要比城市地区更为滞后。因此，标准研究与实践改进应当顺应社区居民对设施精细化、品质化、多元化的需求变化，不断增强标准的现实适用性与政策关联性。

4.6.4 方法研究：侧重"单一手段"，应加强"技术融合"研究

在研究方法上，半结构化访谈、民族志学、参与者观察等定性分析获得广泛应用，定性与定量相结合的多元方法集成运用成为生活空间研究方法的趋势性选择。[1] 当前，国内社区生活空间资源配置的方法存在两种倾向，首先是借助

---

[1] Madsen L M, Adriansen H K. Understanding the use of rural space: the need for multi-methods[J]. Journal of Rural Studies，2004，20：485-497.

调查问卷、深度访谈等方法获取居民对于设施使用的需求度与满意度，结合统计学方法展开分析与评价，侧重从设施使用者的主观视角探讨资源配置的问题与成因；其次是借助空间分析、空间统计等方法，对社区公共服务设施的空间分布格局、特征、差异展开研究，侧重从设施本身的客观视角评价资源配置的便利、均衡与协调程度。两类方法体系各有所长，主观分析方法用于解释客观分析方法所得出的差异化结论，客观分析方法则从主观分析结论中获知问题的关键与重点。因此，在实际应用上，应避免仅从主观或客观某一个方面分析社区问题，强调两类方法体系的综合运用，达到互补互济的效果。

4.7 小结

无论是在城市还是乡村，生活空间资源配置已成为影响各类社区塑造良好生活空间的关键。当我们将目光投向社会最基本构成单元——社区时，目的在于借助社区的微观视角，探讨"人—空间—社会"之间关系的协调与优化，以求实现人本、公平、可持续的社区生活质量。社会生活空间资源配置并非一个孤立的设施空间布局过程，其既反映着基本公共服务供给不断走向均等化的趋势，也是城市公共服务设施规划的核心手段与主要内容，推动着公共服务体系的建立与完善。不同类型的社区反映出截然不同的需求，也表现出维持良性供需关系的诸多困难，广泛地存在于空间、环境、社会、制度、经济等多个维度中。困难来源于资源配置对象、过程与方法等各个环节，并表现出了显著的资源配置不平衡、不充分与不协调等外部特征。因此，社区生活空间资源配置的理论框架应当对整个供需过程环节进行解构，洞察良性协调与有序衔接关系，总结适应于不同社区、不同人群、不同空间的理论与方法体系。总之，生活空间资源配置研究应当以社区为主要对象，持续关注民生、关怀弱者，坚持人本需求为导向开展理论探索。第5章将秉持这一观点，重点围绕上海市社区生活空间资源配置政策、标准与问题展开讨论，提出适应于超大城市社区资源配置进程的新理念。

第 5 章
上海社区空间资源配置的政策研究

5.1 上海社区空间资源配置的政策变迁

5.1.1 土地视角：从"管控"走向"治理"

1. 注重公共设施用地管控

公共服务设施用地是社区生活资源的空间承载体，各项与公共服务设施用地有关的土地政策实施都对资源配置起着重要作用。从 2004 年至今，上海公共服务设施用地政策变迁经历了用地管理控制、强化设施配套、土地提质增效三个主要阶段（表 5.1-1）。在用地管理控制阶段，政策对已建公共服务设施以及工业用地拟建项目的土地性质转换，尤其是向住宅项目转性作出严格规定，以确保其用于公共服务设施建设。同时，针对公共服务设施用地相关指标的差异化调整需求，区分控制性详细规划层面的技术性与一般性两类局部调整。上海还进一步出台政策加强社会事业设施项目用地规模的控制管理，发挥"批项目，核土地"在严格土地管理和促进集约用地方面的作用。此阶段主要侧重于对公共服务设施用地使用性质、控制指标和立项审批三方面的管控。

2. 重视土地开发配套保障

在强化设施配套阶段，政策围绕上海城市建设开发实际，指出完善公共服务配套设施，提升社区服务水平是城市更新的重点任务之一。具体包括三个方面的强化措施：针对工业用地存量盘活，中心城要在盘存过程中着力增加公共绿地、公共空间和公共服务设施，郊区县则要着力完善公共服务功能和提高土地节约集约利用水平。针对经营性用地出让管理，主要借助土地出让前规划实施评估，有效完善公共服务设施、公共空间等公共服务功能要求。针对租赁住房土地规划管理，一方面要结合租赁住房规划规模，合理确定单元内公共配套服务设施；另一方面应当根据租赁住房新增人口相应增加公共服务和市政基础设施，满足服务配套和城市安全要求。此阶段主要结合工业用地盘活、经营性用地出让、租赁住房建设三类土地开发进程,强化公共服务设施配套。

3. 提升设施用地供给效率

在提质增效阶段,以土地资源高质量利用为核心的政策体系逐渐形成。上海进一步完善了城市更新的规划土地实施机制,以"公益优先,注重品质"为基本原则,关注各类公共要素认定和设置要求,以落实公共要素、补齐公共设施短板为重点,同时确保公共要素使用的便利性和品质,分类引导各类功能区域实施更新。具体而言,一方面加强公共服务设施用地供给,进一步推进旧区和城中村改造,强化基础设施和公共服务配套建设;另一方面以村内平移、跨村归并、城镇安置等方式推进农民集中居住,完善乡村基础设施和公共服务设施。同时鼓励产业用地混合利用,尤其指出要强化公共服务设施的功能混合,要探索不同行业公共服务设施的建设投资机制,建立有利于复合兼容的行业标准,实行公益性和经营性设施混合的土地供应制度。

上海公共服务设施用地相关政策表 表 5.1-1

政策名称	发布时间	颁布部门
《加强中心城内改变土地使用性质规划管理的暂行规定》	2004 年	上海市城市规划管理局
《上海市控制性详细规划局部调整规定(试行)》	2007 年	上海市城市规划管理局
《上海市社会事业用地指南(试行)》	2008 年	上海市房屋土地资源管理局
《上海市城市更新实施办法》	2015 年	上海市人民政府
《关于本市盘活存量工业用地的实施办法》	2016 年	上海市规划和国土资源管理局
《关于加强本市经营性用地出让管理的若干规定》	2017 年	上海市规划和国土资源管理局
《关于加快培育和发展本市住房租赁市场的规划土地管理细则(试行)》	2017 年	上海市规划和国土资源管理局
《关于推进本市乡村振兴做好规划土地管理工作实施意见(试行)》	2018 年	上海市规划和国土资源管理局
《关于印发本市全面推进土地资源高质量利用若干意见的通知》	2018 年	上海市人民政府
《关于本市推进产业用地高质量利用的实施细则》	2018 年	上海市规划和国土资源管理局
《上海市城市更新规划土地实施细则》	2018 年	上海市规划和国土资源管理局

5.1.2 建设视角:从"单向"走向"互动"

1. 养老——社会参与与政府保障并进

《上海市养老设施布局专项规划(2013—2020 年)》提出,以构建居家养老为基础、社区养老为依托、机构养老为支撑的养老格局为目标，形成规模适度、布局合理、覆盖城乡、满足多元需求的养老设施空间格局。社区养老服务设施资源配置是构建养老服务体系的基础环节，是建设老年友好城市和老年宜居社区的重要支撑与基本保障。政策主要从两个方面推动社区养老建设，第一，鼓励社会力量参与城乡社区养老服务设施体系建设。首先，创新养老基本公共服务供给，建立健全养老基本公共服务合格供应商监管机制；其次，鼓励通过合同的方式，将政府投资兴建或者租赁改造的养老服务设施交由社会组织或企业运营；最后，对社会力量投资养老服务设施所需建设用地提供支持，加大存量的商业、办公用房或工业、仓储用房、转型中的培训中心等适用于养老服务设施的存量资源利用。第二，加大政府对社区养老服务设施建设的专项补贴力度。专项补贴主要涉及设施建设财力一次性补贴、日常运营补贴以及其他专项补贴三类，主要用于养老机构和社区老年服务设施[1]建设（表5.1-2）。

上海养老服务设施政策文件列表 表5.1-2

文件名称	发布时间	颁布部门
《关于加强社区老年活动室管理的意见（试行）》	2005年	上海市民政局
《上海市养老设施布局专项规划（2013—2020年）》	2014年	上海市人民政府
《上海市民政局关于调整本市社区居家养老服务相关政策的实施意见》	2014年	上海市民政局
《社区居家养老服务规范实施细则（试行）》	2015年	上海市民政局
《关于加强社区综合为老服务中心建设的指导意见》	2016年	上海市老龄办
《关于完善本市养老基本公共服务的若干意见》	2016年	上海市人民政府办公厅
《关于鼓励社会力量参与本市养老服务体系建设的若干意见》	2016年	上海市人民政府办公厅
《关于推进本市"十三五"期间养老服务设施建设的实施意见》	2016年	上海市人民政府办公厅
《上海市社区养老服务管理办法》	2017年	上海市政府
《关于培育发展本市社区老年人示范睦邻点的指导意见》	2017年	上海市民政局
《上海市社区老年人日间照护机构管理办法》	2017年	上海市民政局
《金山区"十三五"期间养老服务设施建设与运营实施方案》	2017年	上海市金山区民政局
《关于推进静安区"十三五"期间养老服务设施建设的实施意见》	2017年	上海市静安区人民政府

---

1 社区养老服务设施主要涉及街镇综合服务、社区托养服务、农村养老服务三类，具体包括社区综合为老服务中心、长者照护之家、老年人日间照护机构、社区老年人助餐点、社区睦邻点五种。

续表

文件名称	发布时间	颁布部门
《关于本市公建养老服务设施委托社会力量运营的指导意见（试行）》	2017年	上海市民政局
《关于鼓励和引导本市养老机构提供社区居家照护服务的实施方案》	2018年	上海市民政局
《松江区养老服务设施建设和服务运营扶持办法》	2018年	上海市松江区人民政府
《上海市社区嵌入式养老服务工作指引》	2019年	上海市民政局
《关于本市开展老年认知障碍友好社区建设试点的通知》	2019年	上海市民政局
《促进和规范利用存量资源加大养老服务设施供给的工作指引》	2019年	上海市发展和改革委员会

2. 医疗——需求导向与供给创新并重

一方面，制度设计强调以服务需求为导向，满足社区居民多层次、多样化的公共卫生服务需要。坚持"重预防、重基层、重需求、重弱势、重问题"的指导方针，密切关注影响公众健康的主要公共卫生问题和公众对公共卫生服务需求的热点。同时根据"权责对等、梯度服务"原则，推进公共卫生服务的分级分类管理和重点人群服务，促进公共卫生服务的有序提供和有限公共卫生资源的合理配置。另一方面，政策也在不断引导设施供给体系的改革创新。首先，社区卫生服务作为卫生发展的重要环节和改善民生的优先领域，强调坚持公益性质，强化政府主导，整合社会资源，凸显社区卫生服务中心平台功能；其次，通过制度设计与机制改革，激发社区卫生服务活力，充分调动社区医务人员积极性，提高服务能力、管理能力与规范化、均等化水平；最后，建立家庭医生制度，进一步夯实城乡基本医疗卫生制度的基础，推动提升医疗卫生服务体系整体运行效率，满足居民基本健康需求（表5.1-3）。

上海医疗服务设施政策文件列表 表5.1-3

文件名称	发布时间	颁布部门
《上海市加强公共卫生体系建设三年行动计划(2011—2013年)》	2011年	上海市人民政府办公厅
《上海市流动人口卫生和计划生育基本公共服务均等化试点工作方案》	2014年	上海市卫生和计划生育委员会
《关于进一步完善公共卫生服务与管理实施意见》	2014年	上海市卫生计生委等
《关于进一步推进本市社区卫生服务综合改革与发展的指导意见》	2015年	上海市人民政府办公厅

续表

文件名称	发布时间	颁布部门
《上海市加强公共卫生体系建设三年行动计划（2015—2017）》	2015 年	上海市人民政府办公厅
《上海市市民社区医疗互助帮困计划实施细则》	2016 年	上海市人社局
《关于加强本市社区健康服务促进健康城市发展的意见》	2019 年	上海市卫健委等

3. 文体——圈层建设与资源开放并举

从新增设施建设来看，社区公共体育健身设施建设应遵循"亲民、便民、利民"和因地制宜的原则，充分考虑各类人群参与体育健身活动的需求和特点。《上海市公共体育设施布局规划（2012—2020 年）》指出，要以满足城乡居民多层次的体育需求为基本目标，建设全市"30 分钟体育生活圈"。社区公共体育设施建设是公共体育设施分级分类体系中的基础层，也是居民日常使用最为频繁、接触最为直接的体育设施类型。全面推进社区体育生活圈建设，有助于社区重心下移、活动下移、资源下移，促进社区体育发展，充分发挥体育在社会治理中的作用。从现有资源利用来看，政策鼓励最大限度地发挥政府投入的社会公共资源的效用，通过规范、有序地向社区开放包括体育、文化、教育三类设施在内的公共设施，满足社区居民基本需求。具体而言，体育资源开放与共享主要以社区内企事业单位的设施资源为载体，通过加大资源整合统筹力度，委托各类群众性活动团队进行市场化、社会化管理，提高资源共享利用水平，实现向社区居民开放（表 5.1-4）。

上海体育服务设施政策文件列表　　　　表 5.1-4

文件名称	发布时间	颁布部门
《关于本市体育、文化、教育设施资源向社区开放的指导意见》	2007 年	上海市人民政府办公厅
《上海市社区公共文化服务规定》	2012 年	上海市人大
《金山区社区公共体育设施开放管理办法》	2013 年	上海市金山区人民政府
《上海市公共体育设施布局规划（2012—2020 年）》	2014 年	上海市人民政府
《上海市社区公共体育健身设施建设与管理办法》	2016 年	上海市体育局
《上海市全民健身实施计划（2016—2020 年）》	2016 年	上海市人民政府
《上海市社区公共体育健身设施建设与管理办法》	2016 年	上海市体育局
《上海市崇明区社区公共体育健身设施建设与管理办法》	2017 年	上海市崇明区体育局
《上海市体育设施管理办法》	2018 年	上海市人民政府

4. 商业——全面推进与重点示范并行

2002年,上海商业委出台《关于促进本市社区商业建设发展的意见》,政策从组织领导、规划要求、业态配置、服务内容、建设和经营管理、政策措施等方面,全面的对社区商业建设进行指引,突出强调了社区商业的日常性、便利性、服务性特征。一方面,政策对社区商业空间形态规划与设计进行引导,将社区商业划分为沿街式、团组式、多点式和会所式商业四类,并指出成片开发新建住宅区的社区商业形态应以集中建设团组式社区商业服务中心和合理配置多点式便利型商业网点为主;另一方面对社区商业业态配置提出要求,指出既要设置满足居民日常基本生活需求的必备性业态,也要提供满足居民多样化、个性化生活需求的指导性业态。2009年,《关于进一步搞好社区商业建设的意见》出台,在原有政策基础上,首先提出要完善社区商业规划,要求各区县编制并落实适应于本区域实际的社区商业建设规划;其次以创建社区商业示范社区、国家重点支持社区项目[1]建设、便利消费进社区、便民服务进家庭的"双进工程"为重点,提升社区商业经营水平,实现社区商业建设新突破;最后,集中精力加快大型居住社区建设基地商业配套,切实方便人民群众日常生活。

5.1.3 服务视角:从"被动"走向"主动"

1. 服务理念:智慧化与信息化

社区公共服务的新理念应用主要体现在:一方面,强调社区公共服务设施建设与信息技术的融合。上海将在"市民云"的基础上逐步建立并完善"面向市民的一站式'互联网+'公共服务平台"。该平台将着力打造统一身份认证体系和政府部门移动互联公众服务规范体系,建设一个汇聚全市智慧城市建设成果的"总入口"。具体服务包括:①利用多种信息渠道为本市市民提供个人信息、医疗卫生、交通出行、社会保障、社区生活、旅游休闲等公共服务;②构建市民实名身份认证体系,为市民提供实名认证服务;③建立政府部门移动互联公众服务规范体系,促进政府公共服务类应用汇集。另一方面,增强社区公共服务信息化的财力与物力保障。围绕"互联网+生活性服务业"、"无线城市"建设,政策通过对"互联网+生活性服务业"企业在社区配套设施建设中按投入成本给予

---

1 标准化菜市场工程、早餐示范工程、家政服务工程、再生资源回收点和分拣中心等。

一次性补贴，同时开展公共场所无线局域网（WLAN）覆盖设施的建设。另外，上海市政府充分利用信息技术整合社区资源，为社区居民提供高效、便捷和智慧的服务，从信息基础设施网络化、生活服务便利化、社区管理与公共服务信息化、小区管理智能化、家居生活智能化五个方面建设"智慧社区"（表5.1-5）。

上海社区公共服务智慧化与信息化政策文件列表　　　　表5.1-5

文件名称	发布时间	颁布部门
《关于加快推进本市公共场所无线局域网（WLAN）覆盖工作的实施意见》	2012年	上海市人民政府办公厅
《上海市智慧社区建设指南（试行）》	2013年	上海市经信委
《关于做好"面向市民的一站式'互联网+'公共服务平台"实事项目有关工作的通知》	2017年	上海市经济和信息化委员会
《长宁区支持"互联网+生活性服务业"发展配套设施建设政策实施细则》	2018年	上海市长宁区科学技术委员会

2. 服务保障：一体化与灵活化

社区公共服务设施规划是实施城市规划网格化管理、推进社区建设、构建和谐社会的前提和依据之一。一方面，社区公共服务设施应集约化配置，社区事务受理服务中心、社区文化活动中心和社区卫生服务中心建设要融入社区管理、文化学习、图书阅览、文艺活动、休闲娱乐、体育锻炼、医疗服务、卫生保健、社区教育等其他社区服务设施，便于居民使用。另一方面，社区公共服务设施建设应作为规划重点，按照"同步规划、同步配套"的建设要求，统筹指导，有序推进，加快促进居住社区的完善。保障性住房项目要按照"社区配套保基本"的原则，突出保障与居民生活密切相关的社区公共服务和市政公用设施，完善社区卫生、文化、健身等基本生活配套功能，推进配套设施与住宅同步交付。对于大型居住社区项目而言，根据不同社区入住居民人口总量、人口结构及实际需求，努力满足居民的出行、就医、就学、购物等基本生活需求，积极创造居民就业条件。同时，社区公共服务资源供给还应具有共享性和灵活性。首先，要充分挖掘并综合利用社区资源，鼓励采取购买、置换、改建、租用等方式，实行综合利用和余缺调剂，推动资源共享，同时增强内部服务设施的社区开放度，增加社区公众活动空间；其次，各类社区公共设施实行全生命周期管理，以民生优先为前提要求，充分提升其使用、调配、租赁、处置的效率，促进办公、教育、卫生、文化、体育、为老服务、社区服务、城市服务等公共房屋、建筑与场所设施的灵活使用（表 5.1-6）。

上海社区公共服务设施规划管理政策文件列表　　　　表 5.1-6

文件名称	发布时间	颁布部门
《关于加强街道、居委会建设和社区管理的政策意见》	1996 年	上海市委市政府
《关于加强社区公共服务设施规划和管理意见》	2006 年	上海市城市规划管理局等
《关于完善社区服务促进社区建设的实施意见》	2007 年	上海市人民政府
《关于加强本市保障性住房项目规划管理的若干意见》	2008 年	上海市城市规划管理局
《推进本市大型居住社区市政公建配套设施建设和管理若干意见》	2009 年	上海市人民政府
《关于加强本市大型居住社区市政公建配套设施接管和运营管理若干意见》	2016 年	上海市人民政府
《关于进一步加强新区保障性住房商业配套设施建设和管理的操作办法》	2016 年	—
《杨浦区公共设施管理办法》	2017 年	上海市杨浦区人民政府

3. 服务体系：标准化与均等化

基本公共服务均等化体系建设是实现公共资源平等配置的重要前提条件与兜底保障。一方面，上海市出台均等化规划及相应基本公共服务项目清单，具体包括教育、就业和社会保险、社会服务、卫生、养老、住房保障、文化、体育和残疾人服务共 9 个领域，合计 96 个服务项目，同时制定了对象准入、服务管理、设施建设、财政保障等各项制度和标准。另一方面，上海市向各级政府提出要求，即要按照基本公共服务项目清单及相关资源配置标准，将基本公共服务设施建设纳入城市空间规划和土地利用规划，优先保障规划选址和土地供应。在具体的设施配置过程中，强调以服务人口、服务半径为主要依据，实现市域范围的全覆盖，着力提升服务的可及性和便利性，明显缩小城乡间、区域间基本公共服务水平的差距，从而稳步提高均等化水平，使市民能够就近享受高质量的基本公共服务。同时，政策还提出要按照"共建共享"的原则，加强基层公共服务设施的综合利用（表 5.1-7）。

上海社区公共服务均等化政策文件列表　　　　　表 5.1-7

文件名称	发布时间	颁布部门
《上海市基本公共服务体系"十三五"规划》	2017 年	上海市人民政府
《上海市基本公共服务项目清单》	2018 年	上海市发展和改革委员会、上海市财政局
《基本公共服务领域市与区财政事权和支出责任划分改革方案》	2019 年	上海市人民政府办公厅

4. 服务主体：组织化与社会化

社区社会组织是创新社区治理的重要主体之一，是加强基层建设的重要社会力量。2015 年，上海出台一系列政策，加快社区社会组织建设与发展进程。社区社会组织是指立足广大城乡社区，依托所在社区的资源提供专业化、社会化、差异化服务的社会组织。政策一方面围绕社区生活服务类、社区公益慈善类、社区文体活动类、社区专业调处类等社会组织，在放宽登记准入条件、完善服务支持体系、优化综合监管体系方面进行指引；另一方面重点针对社区组织服务中心的功能定位与建设要求进行明确。社会组织服务中心是社会组织参与社区治理的重要载体，定位于服务社会组织发展、承接政府转移事项、参与社区多元治理和引导社会组织自治。政策进一步对中心的人员队伍、服务场所、开办资金、运作模式、规范建设提出要求，并推动市、区（县）、街道（乡镇）社会组织服务中心组织网络建设。另外，政策还专门针对社区基金会即利用捐赠财产专门从事街镇公益事业、参与社区治理、推动社区健康发展的社会组织设立、运作、信息公开与保障进行制度设计（表 5.1-8）。

上海社区社会组织政策文件列表　　　　　表 5.1-8

文件名称	发布时间	颁布部门
《关于加快培育发展本市社区社会组织的若干意见（试行）》	2015 年	上海市民政局
《关于加强本市社会组织服务中心建设的指导意见（试行）》	2015 年	上海市民政局
《上海社区基金会建设指引（试行）》	2015 年	上海市民政局

5.2　上海社区生活空间资源配置的标准分析

5.2.1　基础标准分析

1. 明确用地建设管理要求

上海目前已初步建立由基础标准、专项标准与通用标准构成的公共服务设施配置标准体系(表 5.2-1)。基础标准主要涉及《上海市城市规划管理技术规定(2011 年版)》与《上海市控制性详细规划技术准则(2016 年修订版)》。《上海市城市规划管理技术规定(2011 年版)》(以下简称《规定》)适用于全市范围内各项建设工程,主要从区划分类、适建范围与建筑容量控制指标三个方面对公共服务设施建设用地进行规定。第一,公共服务设施用地具体是指居住区及居住区级以上的行政、经济、文化、教育、卫生、体育以及科研设计等机构和设施用地,不包括居住用地中的公共服务设施用地;第二,公共服务设施用地划分应当遵循土地使用的相容性原则,按照批准的控制性详细规划进行划分。另外,以建设用地适建范围表的形式对公共服务设施用地上的允许设置、不允许设置、由城市规划管理部门根据具体条件和规划要求确定设置项目进行规定;第三,《规定》明确了商业设施用地的建筑容量控制指标,并未明确公共服务设施用地的建筑密度和建筑容积率指标,指出科研机构、大中专院校、中小学校、体育场馆、医疗卫生、文化艺术、幼托等设施的建筑容量控制指标参照详细规划及各类设施专业规定执行。

2. 提供分级分类配置指引

为解决上海公共服务设施指标控制中部分指标拟定存在的不集约性、以独立用地指标作为衡量设施规划是否达标的最主要手段的不合理性等问题[1],《上海市控制性详细规划技术准则(2016 年修订版)》(简称《控规准则》)以构建社区步行生活圈、满足不同年龄社会群体差异化需求、预留公共服务设施发展空间、鼓励不同功能公共服务设施综合设置为基本导向,对集中城市化地区控制性详细规划的编制和应用提出技术要求。《控规准则》将公共服务设施分为市级、区级与社区级三个等级。其中,市级与区级包括商业服务、文化、体育、医疗卫生、教育科研、养老福利类设施;社区级公共服务设施包括街道(镇)行政部门管理的行政、文化、体育、医疗卫生设施,以及社区养老福利、商业等设施。《控规准则》还将公共服务设施分为基础保障与品质提升两大类,其中,基础保障类设施是满足社区居民基本生活需求、应当设置的设施,《控规准则》从项目设置、服务内容、一般或最小规模、千人指标等方面提出了详细的标准化配置要

---

[1] 程蓉.分区分类控制,合理确定公建规模要求——集约用地背景下上海公共服务设施指标控制思路的转变[J]. 上海城市规划, 2011, 6: 102-107.

求。品质提升类设施是为了提升社区居民的生活品质,根据人口结构、行为特征、居民需求等可选择设置的设施,控制准则以索引表的形式提供了相关设施的推荐内容、面积及人口规模,配置思路与基础保障类设施基本趋同。

5.2.2 通用标准分析

1. 规范居住地区设施配套

通用标准主要涉及《上海城市居住地区和居住区公共服务设施设置标准》与《上海市村庄规划编制导则》。《上海城市居住地区和居住区公共服务设施设置标准》(简称《居住标准》)适用于本市行政区域内城市化地区新建的居住地区和居住区公共服务设施的规划、设计、建设和管理,改造地区也可以参照。《居住标准》按照人口规模将配置对象划分为"两类四级",居住地区人口规模一般为20万左右。居住区一般分为居住区、居住小区、街坊三级,其中居住区人口规模一般为5万左右,居住小区人口规模一般为2.5万左右,街坊人口规模一般为0.4万左右。《居住标准》主要通过最小规模、控制性指标、千人指标等对设施配置进行指引,各级配套服务设施与居住区人口规模相适应,设置标准与类型逐级降低或减少。其中居住区级公共服务设施涉及行政管理、文化、体育、教育、医疗、商业、金融、社区服务、绿地、市政公用和其他11类。居住区级公共服务设施涉及文化、体育、教育、卫生、商业、社区服务、市政公用。街坊级公共服务设施涉及行政管理、体育、商业、社区、绿地、市政公用。值得指出的是,依照人口数量规模确定配置标准存在一定的缺陷,难以反映特殊人口结构社区如大型居住社区、老龄化社区的居民设施需求差异以及不同人群对设施需求的共性与个性之分,因此有必要在具体的标准应用过程中,结合地区居民的人口结构以及实际需求,根据年龄、收入、人群来源等综合因素进行指标修正与标准优化。[1]

2. 保障村庄公共服务能力

《上海市村庄规划编制导则》(简称《村庄导则》)主要适用于上海市郊区村庄规划编制。《村庄导则》将郊区村庄分为邻近城镇集中建设区、远离城镇集中建设区两类村庄,借助千人建筑面积、一般建筑面积等指标指引村级公共服务

---

1 王晗昱. 上海社区公共服务设施供需研究与规划思考 [J]. 科学发展, 2014, 10: 79-83.

设施建设，重点完善"三室两点"即村委会办公室、医疗室、老年活动室和便民商店、室外健身点五类设施。对于人口超过2000人的村庄，可根据需求情况考虑设置小型的幼托和托老设施，以解决青壮年人口外出，村留独居老人和儿童的托管问题。《村庄导则》还针对小型市场、综合服务用房、多功能活动室与为农综合服务站等其他灵活设置的设施项目进行了标准规定。另外，《村庄导则》还提出了村庄公共服务设施的集中布置与复合使用要求。总体来看，《村庄导则》提出的村庄设施配置标准相对偏低，兜底设置的公共服务设施仅有5项，对于不同类型的村庄并未提出清晰有效的差异化配置要求，尤其是小型偏远村落设施配置遭到忽视。基于此，即将出台的《乡村振兴示范村建设指南（报批稿）》则从健康乡村、公共教育、文体设施、劳动就业、社会保障、便民服务六个方面对示范村公共服务作了详细规定，提出了村卫生室、村庄幼儿园、综合文化活动室、综合文化中心、室外村民益智健身苑点、社区综合型托养服务机构、农村社区综合服务中心、便民商店、综合服务用房、为农综合服务站一系列配套设施的配置标准。

5.2.3 专项标准分析

1. 着力塑造步行生活单元

专项标准主要涉及《上海市15分钟社区生活圈规划导则》与《上海市街道设计导则》。当前，上海市正在经历深刻的发展转型，人口、经济、社会、城市建设等方面都呈现发展新趋势，对社区建设和社会治理提出更高要求。基于建设全球城市的发展目标，上海市以社区生活圈为基本单元，组织城镇与乡村社区生活，统筹居住、就业、休闲诸要素。社区生活圈成为体现发展理念、引导规划实施的重要载体[1]，践行5大城市发展理念的重要手段[2]和提升城市竞争力的重要举措。[3] 2016年以来上海市规划局发布了《上海市15分钟社区生活圈规划导则》，开展了"15分钟社区生活圈"社区更新试点工作（表5.2-1）。

---

1 奚东帆，吴秋晴，张敏清，郑铁楠.面向2040年的上海社区生活圈规划与建设路径探索[J].上海城市规划，2017，4: 65-69.
2 何瑛.上海城市更新背景下的15分钟社区生活圈行动路径探索[J].上海城市规划，2018，4: 97-103.
3 程蓉.以提品质促实施为导向的上海15分钟社区生活圈的规划和实践[J].上海城市规划，2018，2: 84-88.

上海市 15 分钟生活圈规划试点情况表　　　　　　表 5.2-1

所在区	所在街道	目标愿景
长宁区	新华路街道	花园社区，人文新华，打造宜居宜业的繁荣社区，多样便捷的幸福社区，活力开放的和谐社区
黄浦区	半淞园路街道	吴淞半江水，宜居盈彩园。落实民生诉求、盘活小微空间、健全网络体系，营造宜业宜居、便捷高效、活力开放的典范社区
静安区	芷江西街道	推动多元社区融合发展，构建完善的生活圈，提升生活品质，将芷江西路街道建设成为：活力多元芷江、和谐宜居社区
徐汇区	田林街道	绿色田林、智慧社区。通过贯通蒲汇塘滨河慢行系统，同时增加水岸空间的复合功能，促进社区与城市绿谷之间的融合，打造共享幸福社区
虹口区	曲阳街道	品质社区、创智曲阳。以"创新、协调、绿色、开放、共享"为导向，通过打造更高品质的社区环境、更具活力的创智空间、更高质量的配套服务，促进曲阳路街道提档升级，成为上海更新发展的品质社区典范
杨浦区	大桥街道	依托大桥街道优越的滨江资源、世界级的双创园区和充裕的更新改造空间，打造活力滨江、创新大桥
普陀区	长风新村街道	打造社区面貌更宜居、社区服务更完善、社区管理更高效、社区生活更平安的多彩长风，落实"三个转型"发展目标
浦东新区	曹路镇	科教创智曹路，宜居宜业宜学。以蓝绿生态网络为基底，依托大学资源，通过家门口服务体系、缤纷社区等城市精细化管理，打造品质活力宜人创新社区
宝山区	友谊路街道宝山八村及周边区域	以宝山核心区的再提升为目标，强化生活空间网络，激发社区空间活力，打造"创新、协调、绿色、开放、共享"的宜居社区、花园社区、健康社区范本
闵行区	梅陇镇中部区域	将转型升级中的梅陇，打造"更舒适、更生态、更便捷、更活力、更就近"的15分钟社区生活圈，成为品质卓越、生活和谐的人文梅陇、灿烂社区
嘉定区	菊园街道	以"更新完善、提高品质"为目标，以绿地、广场、绿道、街巷和附属空间为基础，打造绿色、活力、共享的新空间新家园
青浦区	盈浦街道老城厢及周边区域	以追寻老城综合复兴为目标，将青浦老城厢打造为"城区有魅力、街区有活力、生活更便利、居民更满意"的魅力之城、活力之城、宜居之城
奉贤区	南桥镇南桥源区域	以发掘历史、活化空间、复兴南桥为目标，打造南桥源"宜居、宜游、宜创、宜商"的15分钟社区生活圈，成为一片有历史、有自然、有活力的魅力城区
金山区	朱泾镇亭枫公路周边区域	以旧城改造为契机，打造国际历史文化特色水街，以步行15分钟作为社区生活空间尺度，完善教育、文化、医疗、养老、体育、休闲及就业创业等服务功能，打造"宜居、宜业、宜学、宜养、宜游"的社区生产生活圈
松江区	九里亭街道西南区域	以高品质居住和特色社区服务功能为主，以轨道交通为依托，形成设施配套完善、环境品质优美、文化魅力体验的生态宜居城区

《上海市 15 分钟社区生活圈规划导则》(简称《生活圈导则》)适用于居住社区的总体规划、单元规划、控详规划及建设项目，重点确定 15 分钟社区生

活圈的定义、适用范围、工作目标、新旧地区适用性。15分钟社区生活圈一般范围在3平方公里左右，常住人口约50000—100000人，建议人口密度在10000—30000人/平方公里之间。根据各项设施的服务人口和服务半径情况，可以将设施细分为15分钟、10分钟、5分钟三种可达类型。社区服务内容包含康乐多样的社区文化、学有所教的终身教育、全面关怀的健康服务、老有所养的乐龄生活、无处不在的健身空间、便民多样的商业服务五类，具体设施分类延续了《上海市控制性详细规划技术准则》控制要求，把品质提升型设施的配置标准与手段作了进一步的规定。同时提出，重点满足居民对家与设施、设施与设施之间的步行需求，鼓励各类设施整合设置，构建高效复合、共享共赢、面向人群需求的设施圈（图5.2-1）。值得指出的是，《生活圈导则》主要适用于上海市以居住功能为主的地区和街坊的社区规划工作，对于居住、商务、科创和产业等类型的社区适用性不强，另外社区生活圈建设重点聚焦居民日常"衣、食、住、行"，对于生活圈内就业单元与居住单元的协调，引导解决职住平衡问题的探讨尚显不足。

图 5.2-1　社区设施圈层布局图

（资料来源：《上海市15分钟社区生活圈规划导则》）

2. 创新街道设施优化路径

2016年10月，上海市规土局、上海市交通委联合发布《上海市街道设计导则》（简称《街道导则》），有效推动上海街道的"人性化"转型。《街道导则》适用于街道规划、设计、建设和管理，设施配套方面主要涉及与街道相关的步行设施、公共交通设施、非机动车设施、交通衔接设施、临时设施、出入口设施、活动设施、智能设施等（图 5.2-2）。《街道导则》从街道设计角度出发，提出人行道设施的布局要求，引导非机动车设施规划及公共交通设施周边的交通衔接，强调街道两侧公共服务的功能混合以及积极界面的构建，明确街道活动空间休憩设施以及停车配套设施布局原则，并针对街道设施的智能化、集约化提出具体要求。另外，《街道导则》强调街道在社区生活圈构建中的路径组织与活动网络作用，为商业街道、生活服务街道、景观休闲街道设计进行的沿线活动、空间与设施等方面给予指引。但在如何提出良好的街道及步行网络设计模式或实践措施，助力社区生活圈建设，提升日常生活设施、公共服务设施、公共交通设施和公共开放空间的联系度与便利度等方面，街道导则尚有补充完善空间。

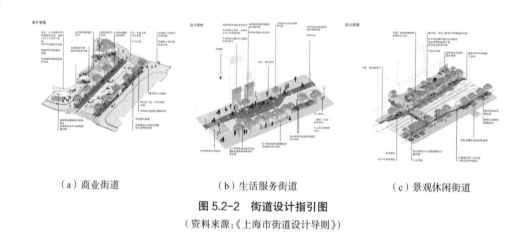

（a）商业街道　　　　　　（b）生活服务街道　　　　　　（c）景观休闲街道

图 5.2-2　街道设计指引图

（资料来源：《上海市街道设计导则》）

5.3　上海社区生活空间资源配置的主要问题

5.3.1　居住社区：匹配度问题

1. 城区社区：设施缺口与需求分异矛盾加深

从设施供给角度来看，上海中心城建成区社区设施普遍存在缺口。其主要原因在于社区公共服务设施得到重视的时间较晚，出现了部分虽早已配置但无法适应当前需求，部分有所配置但未达标，部分直到现在仍是空白等问题，给社区居民使用带来了诸多不便。以徐汇区为例，社区邻里活动中心原址设施建成时间较久，加之规划理念变迁，不合适的区位造成部分设施可达性不足。[1]以长宁区为例,在开始编制"三个中心"设施规划之时,各类设施均未完全达标,其中社区文化活动中心在10个街道(镇)仅有3个达标,部分设施还存在一个选址两个设施重叠布点的问题。[2]以静安区大宁街道社区为例,社区文化设施在功能配置上缺少青年活动中心、学校等多年龄层的文化活动设施。[3]从人群分类需求角度来看,流动人口与本地居民差异十分显著,流动人口群体内部对公共设施的使用也存在一定程度的分异。[4]从社区整体需求角度来看,交通功能提升与停车设施需求、公共活动功能提升与多设施需求、养老服务功能提升与适老设施需求、智慧服务功能提升与设施需求,这四类需求已经成为中心城区既有社区的设施需求重点。[5]但在实际中,社区生活服务设施标准设置与规划配置尚未充分考虑不同人群间的需求差异,也对社区发展中产生的居民需求新动向反应不够,加之现状设施建设水平的制约,供需矛盾十分突出。

2. 郊区社区:设施体系与人口结构问题交织

郊区社区资源配置问题主要出现在保障型社区、城乡接合部社区、大型居住社区。就保障型社区而言,主要存在设施总量和类型滞后、结构失衡、层次单一、配置效率低、建设标准偏低、布局不合理等问题。尤其是现有公共服务设施以基层配套为主,缺乏居住小区级和居住区级配套,后者的缺口甚至达到70%左右。[6]这种配套思路局限于小区内部,无法形成完整的设施服务体系,难以有效导入人口和消费,给商业服务设施的有效运转带来巨大压力。就城乡接合部社区而言,问题主要反映在配置水平低下、配套规模悬殊、设施网络化建设水平弱,缺乏考虑外来人口设施需求等方面。以嘉定区马陆镇为例,如果不计算外来人口,各类设施的设置完全符合标准,但是计入外来人口,则远远不能满足实际需求。[7]事实上,对于吸收大量外来人口的城乡接合部社区而言,将外来人口与本地居住共同作为设施供给对象是必然趋势。例如,大型居住社区

---

1 闫璐.上海徐汇区社区综合文化设施规划策略[J].规划师,2019,35(S1):65-70.
2 苏立琼.浅议上海中心城区社区公共服务设施规划——以长宁区为例[J].上海城市规划,2007,5:35-38.
3 王慧莹.上海静安区大宁街道社区公共服务设施规划实施策略[J].规划师,2019,35(S1):76-80.
4 王德,顾晶.上海市流动人口的公共设施使用特征——以虹锦社区为例[J].城市规划学刊,2010,4:76-82.
5 黄怡,李光雨,鲍家旺,吴长福.既有城市住区更新的功能提升与设施改造需求探析——以上海浦东新区金杨新村街道社区为例[J].时代建筑,2020,1:46-49.
6 何芳,李晓丽.保障性社区公共服务设施供需特征及满意度因子的实证研究——以上海市宝山区顾村镇"四高小区"为例[J].城市规划学刊,2010,4:83-90.
7 李京生,张彤艳,马鹏.上海嘉定区马陆镇社区公共服务设施配套研究[J].规划师,2007,5:16-18.

建设，应该通过社会公共服务设施布局来引导开发建设，吸引人口从中心城到郊区大居的迁移和集聚。[1] 然而，大型居住社区选址多位于郊区，加之社区人口结构多为低收入者和外来人士，交通不便，各类公共设施难以满足大居社区居民需求，从而引发了一系列社会治理问题，制约了社区发展动力的形成。[2]

5.3.2 产业社区：便利度问题

1. 开发园区：产业发展与城市功能配套失衡

不同开发区因其开发阶段、地理区位、主导产业不同，面临着的发展问题也各有侧重。金桥出口加工区主要存在产城配套的不均衡问题，区内工业用地转型成本高，配套难度较大，加之工业园区本身封闭性较强，产业区设施配置存在类型单一、等级较低、布局无序等典型问题[3]，因此产业园区内外设施服务水平差距显著。陆家嘴金融区主要存在社区体系与设施体系不配套，规划管理水平落后等问题。随着陆家嘴金融区的发展，社区阶层化对人口结构变迁造成影响，社区需求的差异化特征愈发明显。一方面，高等级的公共服务设施配置受到重视，在一定程度上增大了基层公益性设施的用地难度；另一方面，设施布局结构和等级体系与金融区需求人群的分布关联性不够紧密。[4] 另外，仅就文化设施而言，受制于设施管理条块分割与规划管理手段单一，金融区文化设施借助市场化力量深入社区服务的能力还有待提高。[5] 张江高科技园区则存在公共配套不受重视、观念认知与标准体系有待更新等问题。张江高科园在设施配套思路上并未完全突破对传统产业园区的认知，在人才居住配套与高等级商业设施配套方面存在短板。另外，张江教育配套不足，目前已成为制约园区能级提升的突出瓶颈。[6] 同时，传统规划体系在应对新兴产业发展所需的网络设施与金

---

1 张萍，李素艳，黄国洋，闫倩倩.上海郊区大型社区居民使用公共设施的出行行为及规划对策[J].规划师，2013，29（5）：91-95.

2 金桥，徐佳丽.上海大型居住社区的特征、问题与未来发展——基于2014年问卷调查数据的分析[J].城市与环境研究，2016，1：15-28.

3 邵蓓.产城融合下产业区公共服务设施规划路径探索——以上海金桥城市副中心建设为例[C].中国城市规划学会、重庆市人民政府.活力城乡 美好人居——2019中国城市规划年会论文集（02城市更新）.

4 吴庆东，张龄，冉凌风.城市老社区公共服务设施发展困境与优化对策研究——以陆家嘴地区为例[J].上海城市规划，2012，1：49-54.

5 李贞.基于GIS的陆家嘴公共文化设施空间布局及优化研究[J].上海城市规划，2016，6：51-56.

6 蔡靓.高科技园区公共服务设施规划研究[D].同济大学，2007.

融设施配套方面明显不足[1],设施布局规划发展理念有待创新。自由贸易试验区出现重产轻城、重贸轻商、重外轻内等突出问题。一方面,自贸区地处边缘,交通不便,虽带来大量就业机会,却难以集聚社区人气,区内商业消费活力难以提升;另一方面,自贸区前身为保税园区,在发展过程中存在"重企业、轻个人"和"重外贸、轻内产"的服务思路[2],园区难以就地满足区内人群配套服务需求。

2. 产业新城:建设发展与居民需求差距明显

21世纪以来,我国掀起兴建新城热潮,新城建设是应对大城市规模增长、疏解城市中心区域人口住房压力的重要手段。上海市新城建设反映出以下问题:①新城建设时间较短,配套设施成熟度不够。在南汇新城城区,设施覆盖率不足,服务能力有限,各项公共服务设施项目落实缓慢滞后。[3]而南汇新城腹地的城市功能完善与产业发展速度不匹配。例如,与全市平均水平相比,上海临港地区中小学及幼儿园的配置水平仅为全市平均水平的1/5、1/3[4]。②本地居民认同感不高,外来人口吸引力差。以松江新城为例,由于松江新城与中心城交通联系较为薄弱,加之高质量社会公共基础设施的缺失,松江新城缺乏吸引人口和多元化产业的拉力。[5]③人口构成特征差异大,居民需求有特殊性。一方面,设施供给均质化问题明显。以申港社区为例,作为南汇新城典型社区之一,社区人口结构年轻化、高学历化、外来化特征明显,仅按照人口规模统一配置服务设施,难以满足人群需求;另一方面,伴随着上海临港产业区的快速发展,社区人才结构不断向创意型、高学历型发展,公共服务设施的品质化需求相应地愈发强烈,原有公共服务设施配置明显类型不足。其四,设施建设主体不明确,公众参与程度不高。一方面,部分公益性的社会公共产品受政府财政支出不足所制约,会以市场化的形式进行供给,可能带来价格偏高、公益性不足的问题;另一方面,公众和政府并未形成良性的互动关系。实际情况是公众参与并不积极主动,即

---

1 陈炜. 张江科学城公共配套需求研究[J]. 上海城市规划, 2016, 6: 17-21.
2 郑德福. 中国(上海)自由贸易试验区配套服务设施优化探讨——基于对自由贸易试验区现状与需求特征的分析[J]. 上海城市规划, 2014, 4: 61-65.
3 张珍, 徐磊青, 郭蓉, 赵蔚. 新城社区公共服务设施的供需矛盾与优化策略研究——以南汇新城为例[J]. 城市建筑, 2018, 36: 7-12.
4 毛世维. 机械制造产业区公共服务设施需求性配置研究[D]. 上海应用技术大学, 2019.
5 李南菲, 罗问. 以社会公共设施为导向促进新城发展——基于上海市松江新城建设的调查[J]. 城市观察, 2010, 5: 55-61.

使召开公开听证会，也只是形式的程序，公众并未真正对决策产生影响。[1]

5.3.3 商业社区：品质度问题

1. 商业体系：网络化服务水平有待提高

2000年之初，上海市商业中心空间分布呈现明显的单中心线型结构，不均衡特征明显，但是各等级的商业中心在一定条件下会出现"提升"或"衰退"趋势，多中心的雏形有所展露。[2] 随着上海市交通网络建设不断推进，地铁可达性对商业中心发展带来重大影响。各级商业中心之间产生激烈竞争，部分低等级商业中心面临生存挑战。[3] 在竞争中，市级商业中心优势明显，但发展规模大，有过度商业化倾向；低等级商业中心逐渐走向社区，以大卖场等形式提供商业服务，但恶性竞争现象层出不穷。[4] 2010年前后，近郊居民商业中心使用特征出现多层次的时空分异。一方面，与城市副中心商业设施相比，近郊地区商业中心则呈现出"高频低强度"特征；另一方面，近郊居民不同居住时长、工作地段和收入阶层等特征明显地产生商业设施使用特征差异。[5] 伴随着大型居住社区建设，市区人口向郊区大量外迁，高低等级商业中心差异显著，以零售业态为主的大型社区商业购物中心向郊区发展。[6] 当前，上海商业中心体系的多中心特征仍旧不显著。虽然商业中心服务范围基本按照轨交线路分布，但地铁线网尚未起到促进商业中心向多中心体系发展的作用。[7] 部分商业中心服务范围过大，在一定程度上降低了商业服务的实际品质。另外，外环周边商业中心服务尚存较多洼地，尤其是浦东中环与外环间地区商业服务设施有待增加。

2. 商业中心：体验性消费特色有待发掘

上海大型商业中心设施建设主要存在三方面的问题：第一，在业态发展方面，

---

1 雍翎.市场经济体制下城市社区公共设施的运作机制与规划对策研究[D].同济大学，2007.
2 王德，张晋庆.上海市消费者出行特征与商业空间结构分析[J].城市规划，2001，10：6-14.
3 宁越敏，黄胜利.上海市区商业中心的等级体系及其变迁特征[J].地域研究与开发，2005，2：15-19.
4 杜霞.城市商业中心空间结构特征探讨——以上海市为例[J].山东师范大学学报（自然科学版），2008，2：69-72.
5 王德，许尊，朱玮.上海市郊区居民商业设施使用特征及规划应对——以莘庄地区为例[J].城市规划学刊，2011，5：80-86.
6 王楠，王晓云.上海大型购物中心基本特征及发展趋势分析[J].旅游纵览（下半月），2015，卷缺失（6）：223-225.
7 丁亮，钮心毅，宋小冬.上海中心城区商业中心空间特征研究[J].城市规划学刊，2017，1：63-70.

消费种类单一，服务结构有待调整。①休闲娱乐设施配备较为单一。受制于发展阶段与规模，上海购物中心较为缺乏完备的休闲娱乐配套设施，尤其是大型主题乐园以及休闲运动场所；②业态设置与实际需求不相适应。许多商业中心受品牌支持不足影响，加之一味模仿复制，未能体现出错位经营理念，消费者容易产生购物疲劳。[1] 第二，在消费体验方面，在一定程度上缺失商业特色，消费服务品质也有待进一步提升。首先，商业服务个性化不强。一方面，商业购物中心各项目之间的时尚辨识度和独特性不足，对消费者而言缺少吸引力；另一方面，商业购物中心对于新兴业态的关注度不够。其次，消费者对于舒适性、便捷性的商业服务需求未得到有效保障。最后，消费满意度存在等级差异。据调查，消费者在内环至外环区域内的购物中心体验感受明显优于其他区域，而内环以内购物中心平均水平则低于全市总体水平，同时，位于市级商业中心内的购物中心整体评价优于区级商业中心内的购物中心。[2] 第三，在设施布局方面，商业设施布局与交通体系发展存在错位，服务衔接有待进一步优化。①商业网点分布与轨道站点衔接性差。从数据来看，上海商业网点仅有34.6%落在轨道交通站点500m服务区内[3]；②商业服务设施与轨道站点之间的整合程度有限。一旦商业服务与公共服务设施的配置未能及时跟进，仅通过轨道交通站点设置引导周边地区开发将无法奏效。

5.4 上海社区生活空间资源配置的改进策略

5.4.1 绿色健康：紧凑——都市社区

绿色健康理念所反映的是环境友好型的居民生活方式与资源集约型的社区发展模式之间的良性共生关系。"紧凑"是都市型社区与一般社区之间的本质性区别。都市型社区生活空间营造应当有利于居民作出对环境友好的行为选择，其中最为重要的就是实现居民与生活设施之间良好的步行可达性。为实现这种

---

[1] 王一凡，许学军，滕晨宇. 我国Shopping Mal业态发展中的问题——以上海港汇广场为例[J]. 上海商学院学报，2007，3：41-43.
[2] 上海100家购物中心消费体验调查报告（摘要）[J]. 上海质量，2018，5：52-54.
[3] 潘海啸，张超. 大型超市购物出行与TOD规划策略——以上海近郊轨道交通站点地区为例[J]. 城市发展研究，2018，25（4）：54-61.

步行优先的环境创造,需要引导社区集约性发展模式。一方面,社区居住空间应当保障必要的开发强度,以确保充足有效的人口承载力和适度的居住密度,推动符合大都市繁荣、多元、丰富气质的社区活力形成;另一方面,社区配套服务设施的配置应当精准匹配、复合高效,在平面空间布局上讲究步行流线的串联畅通,在垂直空间分布上注重步行节点的功能衔接,为居民提供与大都市发展水平相称的便利性日常生活服务。总之,绿色出行方式增多有助于设施利用效率提升,设施良性运转又有效支撑着人口的适度集聚,两者共同作用,创造出紧凑集约、绿色健康的都市型社区生活空间。

5.4.2 创新再生:兼容——创意社区

创新再生是指社区在既有空间资源基础上,通过创新思维与手段重新注入空间功能或文化要素,使老旧残破的、不便利用的、被人遗忘的消极社区空间重新焕发生机与活力。"兼容"突出反映了创新再生理念的具体内涵和核心手段,是实现社区生活空间更新优化的必要前提。具体包括以下三个方面:①社区公共服务设施用地以及建筑空间的利用不受管理部门的条块分割所影响,可以通过灵活的租用、借用、共用等方式实现协同再生,为嵌入式空间的微更新进程、挖掘社区旧空间和微空间的多样性使用破除障碍,提供空间保障;②鼓励运用新技术与新理念,提高不同类型的社区公共服务设施功能之间的相容性,为设施间的融合提供良好基础;③通过开展丰富多元的社区文化活动尤其是文化创意活动,促进新兴文化与传统文化、本土文化与外来文化在社区层面的融合。这对于历史文化社区与旅游社区而言,尤其能够增强本地居民对社区生活的参与度,又能够激发社区文化的繁荣再生与综合价值。

5.4.3 包容协调:连续——人本社区

包容协调是指社区生活空间资源配置要兼顾不同居民群体的差异化需求,要充分考虑多种类的住房类型,面向全体居民提供全面关怀的社区服务。从时间维度来看,市民生命中的大部分时光都要在社区内度过,社区是市民的主要生活空间,社区中不同家庭是由不同年龄、不同身份的人群所组成。在整个生命周期中,居民既会经历不同的年龄阶段转变,也会发生相应的身份转换,一旦社区不能提供与个人及家庭生命周期相适应的连续性服务,将极大地降低使用者的生活质量。从空间维度来看，不同收入水平和家庭情况的居民会有不同的择居意向，在居住空间上会反映出住房户型、建筑形式、环境品质等方面的显著差异甚至反差，但各类设施之间的空间关联应当是连续的、无障碍的，不应因居住水平高低而产生不平等。尤其是，医疗健康、社交活动、商业和其他便利设施之间的距离要适度拉近，并与公共交通有效衔接，为弱势群体提供人本关怀。另外社区服务的联系性还应当体现在服务的全天候上，即居民在工作日与休息日、白天与夜晚都能够获得相应的服务。

5.4.4 活力开放：舒适——品质社区

活力开放是指基于活力街道与开放街区建设，增强街道生活服务功能，塑造活力型公共空间，提升社区发展内涵与品质。一方面，引导沿街功能设施的开放与混合布局，激发街道的社区交往功能。其中，重点关注舒适物体系建设，着力塑造优质、丰富、高品质的街角空间。舒适物是影响创意阶层人才定居和城市知识经济增长的最重要因素之一，包括建筑遗产、公园、自行车道、支路网、博物馆、美术馆、图书馆、体育场馆、音乐厅、风味餐馆、咖啡屋、茶楼等。另一方面，不断推动开放式街区建设，织密便利设施体系网络，提升居民生活的品质度与便利度。在社区空间功能上，开放式街区强调从单一的、内生的基础配套服务走向综合的、开放的品质社区服务，鼓励结合不同地区与人群特征类型，形成多层次、利消费、促交流、便出行、更安全的公共服务体系。在空间尺度上，开放式街区鼓励采取密路网、小尺度的街区划分模式，打造人性化尺度的出行空间，形成步行友好的街区格局，为居民接触街道设施提供良好的慢行环境。

5.4.5 共享合作：共居——互惠社区

共享合作体现的是社区作为生活共同体的本质属性，社区居民通过分享社区公共物质资源和非物质资源而具有共同利益，这一过程与互动、互助、互补的社会交往活动密切相关，形成了社区中物与物、人与人、人与物的情感关联，最终促进了群体共同意识的产生。"共居"模式则是一种创造社区居民及邻里间"共同意识"的创新策略。在物质资源的共享层面，就资源管理者而言，应加强社区资源与社会资源的融合，加大开放力度，促进社区资源开放服务体系的建立，增强社区之间的设施共赢；就资源使用者而言，应鼓励居民自觉参与社区规划和管理，按照居民生活习惯构建群居社区的模式，既要保障私人住宅空间的私密性，又要增强公共设施（如户外空间、院落、广场及公共用房等）的公共性，从而在适宜的尺度范围内实现个体之间的生活互惠。在非物质资源的共享层面，鼓励居民参与社区营造，建立社区认同和居民合作精神。"共居模式"的根本目标是创造紧密的社会交往与邻里关系。居民能够充分感受到安定、温暖、真诚的社区氛围，同时居民个体间为彼此所需要，共同构成居民所期望的生活共同体，这是"共居模式"社区与一般社区相互区别，也不同于传统的工人宿舍、"筒子楼"的关键。居民们共同生活、相互交流与分享社区资源，通过互惠机制加强人与人之间的交往关系，形成互助合作的和谐社区（图 5.4-1）。

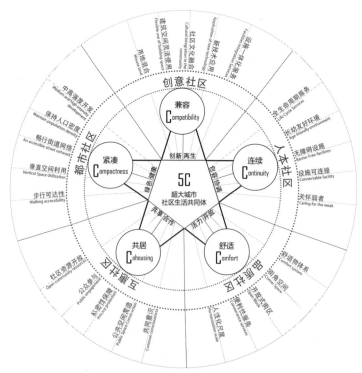

图 5.4-1 "5C"社区生活空间资源配置理念图

5.5　小结

上海市社区生活空间资源配置经历了土地、建设、服务等多维度的政策机制变迁。政府对公共服务设施建设的制度指引逐渐褪去硬性、单向、被动式的管理痕迹，明显走向了弹性、互动、主动式的治理之路。作为设施配置政策的重要规范性手段，标准不仅重点关注了公共服务设施用地及其空间的分级分类建设要求，而且从城市社区与乡村社区的差异化视角进行设施配置指引，还创新引入社区生活圈与街道概念，从人本关怀角度补充了前序标准。然而，在实际社区建设中，政策与标准并未达到最理想的实现状态，不同类型的社区反映出迥异的设施配置问题。居住社区的矛盾在于城乡社区设施服务体系与居民需求和人口结构的分异趋势不相匹配，这种不适应的现状仍在不断加深中。产业社区不得不面对长期以来产业偏向发展思维影响下的城市功能缺失问题，以弥合经济发展与居民实际获得感之间的鸿沟。商业社区的定位受商业中心体系影响显著，过多的优质商业资源集中于中心城区，郊区商业服务难以凝聚起地区吸引力，在很大程度上降低了居民的生活体验。未来上海社区生活空间资源配置应坚持紧凑集约的都市化发展模式，以兼容、复合、一体化的方式推动供给路径优化，构建时空连续、舒适便利的日常生活服务体系，为居民塑造可识别、有温度、归属感强的生活共同体。第 6 章将深入上海浦东新区，这里城乡差异明显、人群构成多样、社区矛盾交织、地方问题突出，正是检验本节理念的有益尝试。

第 6 章
浦东新区生活空间资源配置的实证研究

6.1 浦东社区生活空间资源配置的现状分析

6.1.1 问卷调查

1. 调查概况

（1）调查对象

问卷调查对象涉及浦东新区 36 个街道乡镇对应的 1304 个居（村）委会（含闵行区浦江镇所辖地区[1]）。居委会划分有两个依据，第一，把社区的主要职能特点作为分类依据。具体社区的界定方式如下：①居住社区指除产业及商业社区以外的其他居委会或村委会，问卷调查地点是该居委会或村委会所在居民小区（或乡村居民点），问卷调查对象是该小区或居民点居民；②产业社区指工业区块（公告园区、产业基地及工业地块）所在或所涉及的居委会或村委会。问卷调查地点是该居委会或村委会附近工业区块内企业或工厂，问卷调查对象以该企业或工厂的工作者为主，兼顾附近生活的居民；③商业社区指市级商业中心、地区商业中心、乡镇政府所在或所涉及的居委会或村委会，问卷调查地点是该居委会或村委会附近商业中心，问卷调查对象是该商业中心消费者。第二，把所处的城镇圈作为分类依据。规划形成 4 个城镇圈，包括 2 个整合提升型城镇圈和 2 个综合发展型城镇圈。上海市浦东新区总体规划（2017—2035 年）明确指出，建设浦江—周浦—康桥—航头整合提升型城镇圈、唐镇—曹路—合庆整合提升型城镇圈，加速推进城乡融合建设。建设祝桥—惠南综合发展型城镇圈、南汇新城综合发展型城镇圈，推进跨区域综合交通设施对接和公共服务设施共享。

---

1 浦东新区总体规划将浦江镇划入了浦江—周浦—康桥—航头整合提升型城镇圈，故本次调研样本抽取考虑增加浦江镇作为总体的一部分。

（2）调查抽样

主要借助分层抽样法进行调查样本的抽取，具体步骤分11步。第一步：明确浦东新区工业区块边界线参考依据，其中公告园区8处，产业基地4处，工业地块5处，均使用CAD工具进行边界描绘。第二步：将"浦东新区工业区块边界线"与"居（村）委会边界线"所在空间坐标与位置统一，明确浦东新区工业区块边界线所包含或相关联的居（村）委会。第三步：明确浦东新区商业中心边界线及位置参考依据，其中包括2处市级商业中心、12处地区级商业中心，均使用CAD工具进行边界及点位描绘。第四步：将"浦东新区商业中心边界线及位置"与"居（村）委会边界线"所在空间坐标与位置统一，明确浦东新区商业中心边界线及位置所包含或相关联的居（村）委会。第五步：利用百度地图检索工具，明确浦东新区乡镇政府位置，将"浦东新区乡镇政府位置"与"居（村）委会边界线"所在空间坐标与位置统一，明确浦东新区乡镇政府位置所包含或相关联的居（村）委会。第六步：利用CAD补充绘制浦江镇行政区划地图。第七步：根据前述原则区分浦江镇四类居委会。第八步：基于以上步骤，对三类社区进行区分。居住社区涉及浦东新区982个，浦江镇32个，合计1044个；产业社区涉及浦东新区152个，浦江镇19个，合计171个；商业社区涉及浦东新区86个，浦江镇3个，合计89个[图6.1-1（a）]。第九步：结合城镇圈边界对三类社区进行二次区分。主城区社区有752个，唐—曹—合城镇圈社区有126个，浦—周—康—航城镇圈社区有175个，祝—惠城镇圈社区有183个，南汇新城

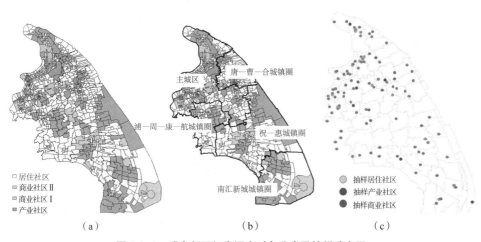

图6.1-1 浦东新区问卷调查对象分类及抽样选点图

城镇圈社区有68个[图6.1-1（b）]。第十步：建立分层随机抽样数据库，明确抽样思路（图6.1-2）。第十一步：获得抽样结果，抽样样本个数合计134个，其中居住社区110个，产业社区18个，商业社区6个[图6.1-1（c）]。

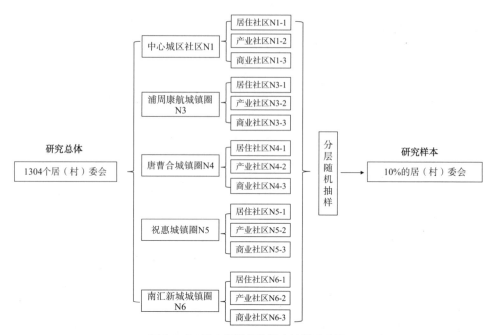

图6.1-2　浦东新区问卷调查抽样思路图

（3）调查内容

在居住、产业、商业社区中，调研目的各不相同，调查问卷设计（附录2）具有明确的针对性。第一居住社区，调查目的以需求匹配度为主，调查对象是社区居民。社区居民有各种各样的日常生活需求，主要涉及购物、住宿、餐饮、家政服务，但是并非所有社区都能够很好地满足这些需求，无法提供足够丰富和齐全的日常生活服务，因此有必要针对居住社区居民，展开日常生活服务设施需求与实际供给的匹配程度调查。第二产业社区，调查目的以生活便利度为主，调查对象是上班族及社区居民。无论是仅仅在产业社区中的企业从事生产工作的劳动者，还是每日生活在产业社区中的普通居民，往往都面临着产业社区生活服务设施配套不完善所带来的生活不便利问题，因此有必要针对产业社区工作与居住两类人群，针对通勤、购物、住宿、餐饮、医疗、教育、休闲等方面展开生活便利程度情况调查。第三商业社区,调查目的以品质度为主,调查对象是消费者。就商业设施而言,按照档次高低可以分为两类,一类是为日常消费服务的较为低档的、大众化的商业设施;另一类是具有较高品质,能够代表浦东新区乃至全上海市商业设施对外服务水平,满足多种消费和休闲娱乐类型需求的中高档商业设施。对于中高档商业设施,还有必要调查消费档次和品质的高低情况。

2. 居住社区问卷分析

(1) 调研人群

本次居住社区问卷调查共收集问卷 312 份,其中无效问卷 11 份,有效问卷 301 份,问卷有效率为 96.5%。按照性别、户籍、年龄、受教育程度、职业、收入、居住地、居住时间,分析调查对象的构成情况。男性与女性接受调查比例约为 0.95 : 1,基本持平(图 6.1-3)。本地户籍人士较外地户籍人士受访者更多,前者约为后者的 1.7 倍(图 6.1-3)。从年龄比较来看,中青年人群接受调查的比例较高,合计达到全部回收问卷的 75.25%(图 6.1-4)。从学历情况来看,不同受教育程度的受访者数量较为平衡,本科及以上、高中(中专、技校)两类学历人群相对较多(图 6.1-4)。从职业构成来看,办事人员、专业技术人员两大阶层受访者较多,工人及服务人员数量次之。另外,在职人员占到了受访者数量的 67.7% 左右(图 6.1-4)。 中低收入人群占受访者六成以上(图 6.1-4)。调查对象主要为浦东新区城镇居民,合计数量占受访者总量的 77.11%,其中镇区受访者较城区受访者多出 1 倍。新区乡村地区及非浦东地区居民受访者数量较少,约占到总量的 1/4 左右(图 6.1-7)。从居住时长来看,受访者主要是居住半年

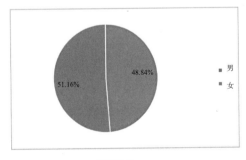
性别构成

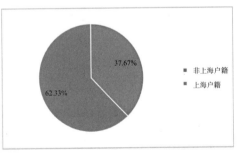
户籍构成

图 6.1-3 调查对象性别构成图

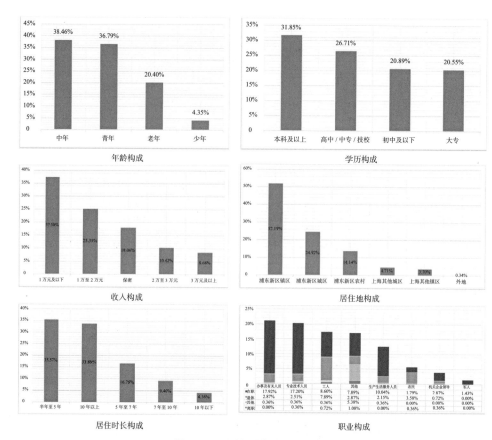

图 6.1-4 调查对象收入构成图

至五年的常住人群以及居住十年以上的定居人群（图 6.1-4）。

（2）调研地点

调研地点分为居委会与村委会两类，在居委会所辖地区主要选择代表性的居住小区展开调研，在村委会所辖地区则主要结合村委会所在地居民点展开调研（图 6.1-5），其中，居住小区调研点 21 个（表 6.1-1），村庄调研点 6 个（表 6.1-2）。就小区而言，按照竣工年限来看，2005 年以后建成的小区占到 42.9%，1995 年以前建成的小区占到 28.6%，1995—2000 年以及 2000—2005 年两个时间段内建成的小区均占到 14.3%。按照平均房价来看，均价 3 万—4 万元的小区占比最高，达到总量 28.6%，均价 6 万元以上小区占比较低，约占到 14.29%，均价 3 万元以下、4 万—5 万元、5 万—6 万元的小区占比持平，均为 19.1%。按照小区规模来看，2000 户以上居住小区占比为 14.3%，500 户以下占比为 19.05%，500—1000 户、1000—1500 户、1500—2000 户的居住小区数量占比分别为 23.8%、28.6%、14.3%。

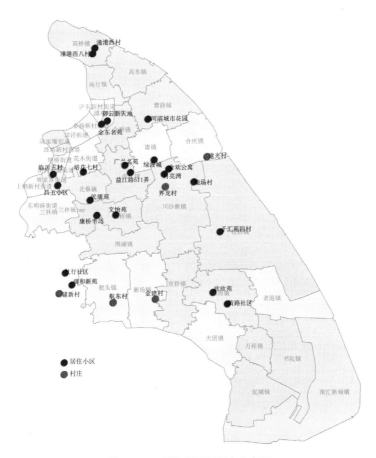

图 6.1-5 居住社区调研点分布图

调研小区一览表　　　　　　　　　　　　表 6.1-1

地点名称	竣工时间（年）	平均房价（元/平方米）	总户数（户）
南码头路街道临沂五村	1990	52803	1332
高桥镇潼港八村	1993	36311	1958
花木街道培花七村	1994	52757	1308
高桥镇潼港西八村	1994	35338	571
惠南镇欣欣苑	1994	24476	230
周家渡街道昌五小区	1994	50554	2232

续表

地点名称	竣工时间（年）	平均房价（元/平方米）	总户数（户）
浦江镇杜行居委会（馨园小区）	1999	28382	72
川沙新镇合欢公寓	1999	36154	564
川沙新镇月亮湾园	2000	35262	536
张江镇广兰名苑	2004	53292	352
张江镇益江路511弄（玉兰香苑）	2004	43945	2620
康桥镇康桥半岛城中花园	2005	40100	2960
唐镇绿波城	2006	44138	1888
曹路镇河滨城市花园	2006	47445	1061
金东名苑西区	2007	61924	1342
祝桥镇千汇苑四村	2007	27135	1221
康桥镇文怡苑	2008	38276	1988
北蔡镇民康苑	2008	61459	954
惠南镇黄路社区（丹桂佳苑）	2008	21605	1428
浦江镇瑞和新苑	2008	33799	426
浦兴路街道碧云新天地（三期）	2010	76929	528

调研村庄一览表　　　　表 6.1-2

地点名称	村域面积（平方公里）	与市中心直线距离（公里）	总人口（人）
新场镇金建村	1.65	28.5	1135
川沙新镇柴杨村	0.48	25	1323
航头镇航东村	—	25.2	7562
川沙新镇界龙村	—	21.7	6735
合庆镇建光村	—	26.2	3300
浦江镇建新村	—	20.7	—

（3）设施满意度分析

①居住社区总体满意度欠佳，设施短缺成为首要原因

从总体来看，满意及非常满意的受访者比例为54.08%，有近一半的受访居民表达出不满或一般化的折中态度（图6.1-6）。从不满意的原因来看，53.1%的受访者认为首要原因是"设施数量供不应求，总体短缺"，53.2%的受访者认为次要原因是"数量供求相当，设施质量不高"，71.8%的受访者认为"数量供

大于求，造成浪费"相比前述两种原因而言，影响较小。因此，设施供给不能充分满足需求是造成居住小区设施满意度偏低的重要原因之一。从三类居住设施满意度水平对比来看，并没有出现较大的差异。相对而言，社区餐饮设施满意度较社区商业、便民设施满意度偏低，社区便民设施与社区餐饮设施较总体满意度水平差距略大。

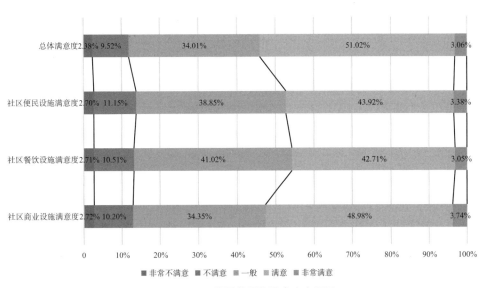

图 6.1-6　三类居住设施满意度水平图

②不同类型小区满意度差异大，价高质低、集聚效应现象突出。

从设施满意度与居住小区竣工年份关系来看，1995 年之前与 2005 年后竣工的小区满意度较高，1995—2000 年之间竣工的小区设施满意度较低，2000 年之后的小区设施满意度均较为理想（图 6.1-7）。从设施满意度与平均房价关系来看，4 万—5 万元 / 平方米的中等价位小区满意度最高，以此为分水岭，房价越高或房价越低，设施满意度都会出现不同程度的下滑（图 6.1-8）。从设施满意度与社区规模关系来看，两者呈一定的正相关关系，总户数越多即小区规模越大，设施满意度越高（图 6.1-9）。

③本土人士设施期望度高，低学历、低收入、低阶层人群满意度低

一是不同户籍人口满意度水平，本地人士的满意度要低于外来人士，上海户籍受访者的不满意及非常不满意比例较非上海户籍受访者要高出 10 个百分

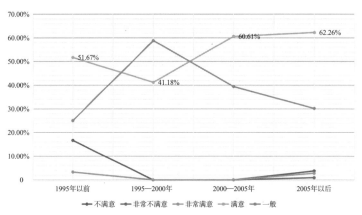

图 6.1-7　设施满意度与居住小区竣工年份关系图

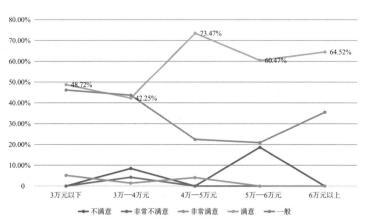

图 6.1-8　设施满意度与平均房价关系图

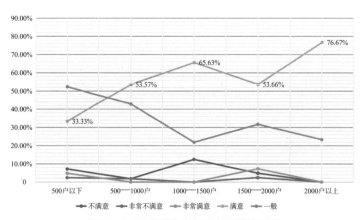

图 6.1-9　设施满意度与社区规模关系图

点。这一点可能与本地人士与外地人士心态差异和既有经验有关（图6.1-10）。二是不同受教育程度人群满意度水平，学历越高，满意程度越高，初中及以下学历人群满意度较低，该类人群可能受收入所限，居住条件欠佳，因此对设施配套现状满意度不高（图6.1-11）。三是不同职业阶层人群满意度水平，农民

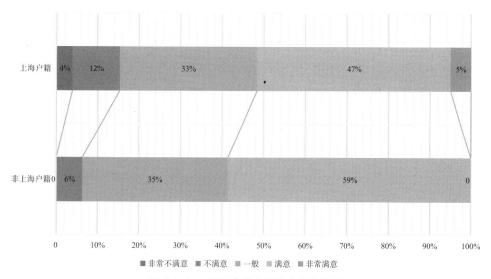

图 6.1-10　不同户籍人群满意度比较图

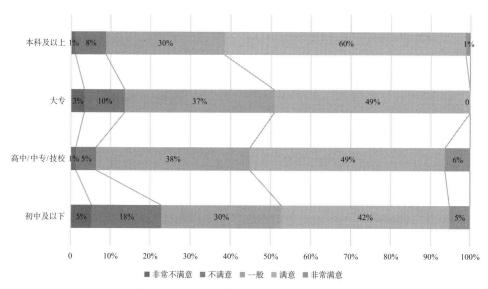

图 6.1-11　不同受教育程度人群满意度比较图

群体对于设施配套的不满意程度最高,受访者选择"非常不满意"的程度达到17%,远高于其他职业阶层群体(图6.1-12)。四是不同收入人群满意度水平,月收入低于1万元的受访者不满意程度较其他收入人群更为显著(图6.1-13)。

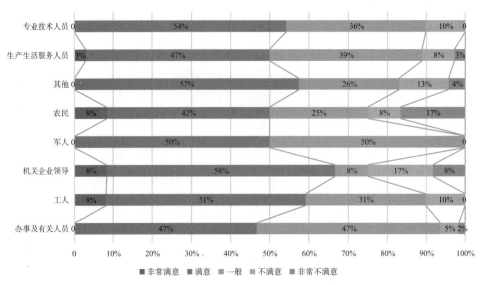

图6.1-12 不同职业阶层人群满意度比较图

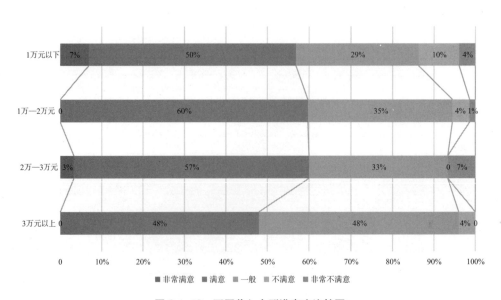

图6.1-13 不同收入人群满意度比较图

（4）设施需求度分析

①综合性、便利性设施需求度高，专业性、消费性设施需求度低

居住设施需求呈现出明显的层次性（图6.1-14），按照"非常需要"选项填写比例区分，超市、便利店、综合商场等综合性社区商业设施需求度最高，果蔬店、餐厅、日杂店、快餐店、外卖点、居民服务、美容美发、日用维修、甜点店等需求度次之，小吃店、冷饮店、水产店、粮油店、饮品店、配餐点、烟草店、家政服务、洗衣店、其他食品等细分性商业设施需求度不高，影楼、经济酒店、保健品店、洗浴店、足浴店、旅馆、民宿等住宿休闲类设施需求度最低。居民普遍对超市、便利店、餐厅、快餐店、居民服务点较为满意，对综合商场、冷饮店、配餐点、洗浴店（场）等不满意。进一步分析以上重点设施的需求度，综合商场需求度突出，同时在满意度上表现不佳，供给数量与质量均有待提升（图6.1-15和图6.1-16）。

图6.1-14　各类设施需求度比较图

②城、镇、村总体需求层次梯度递减，各类设施间存在反差

把居委会与村委会对比，居委会受访者填写"需要"的占比达到44.07%，村委会受访者填写"需要"的占比仅为26.15%。居委会对各类居住设施的需求度要高于村委会。在浦东新区镇区、城区、农村居住地，受访者对居住设施需

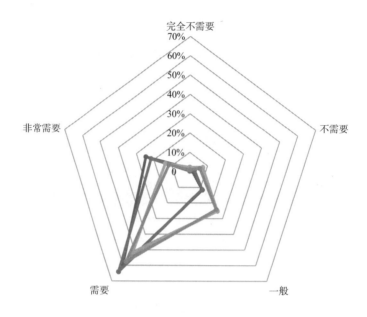

图 6.1-15　五类满意设施需求度比较图

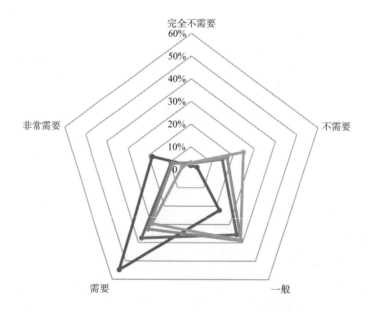

图 6.1-16　四类不满意设施需求度比较图

求度明显不同（图6.1-17），城区居民的需求度要高于镇区居民，镇区则高于农村。进一步分析超市、便利店、综合商场三类高需求度的设施，一是超市与便利店，在农村较城区与镇区的需求度都要高；二是综合商场，在农村与城镇地区需求度基本持平（图6.1-18）。因此，各类设施在城镇村间的需求度不一定递减，存在多种可能性。

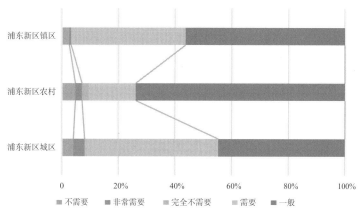

图6.1-17　浦东新区镇区、城区、农村设施需求度比较图

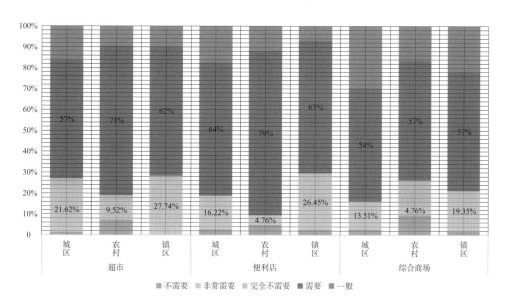

图6.1-18　浦东新区镇区、城区、农村设施需求度比较图

③近远郊村庄需求程度存在差异，并受村庄规模影响

与市中心直线距离的远近而不同，距离市区越近的村庄对于设施的需求度越低，距离市区越远的村庄设施需求度越高，但达到需求度高值后，距离更远的一些村庄对于设施的需求度出现回落（表6.1-3）。还随不同人口规模的村庄而不同，村庄规模与设施需求度基本呈正相关关系，村庄人口越多，对设施的需求程度越强（表6.1-4）。

不同市区距离的村庄设施需求度对比表　　　　　　　表6.1-3

距离（公里）	不需要	非常需要	完全不需要	需要	一般	总计
20.7	10.00%	0.00	0.00	0.00	90.00%	100.00%
21.7	10.00%	0.00	0.00	20.00%	70.00%	100.00%
25.0	0.00	0.00	0.00	50.00%	50.00%	100.00%
25.2	0.00	0.00	0.00	50.00%	50.00%	100.00%
26.2	7.14%	7.14%	7.14%	21.43%	57.14%	100.00%
28.5	0.00	0.00	0.00	18.18%	81.82%	100.00%

不同人口规模的村庄设施需求度对比表　　　　　　　表6.1-4

总人口（人）	不需要	非常需要	完全不需要	需要	一般	总计
1135	0.00	0.00	0.00	18.18%	81.82%	100.00%
1323	0.00	0.00	0.00	50.00%	50.00%	100.00%
3300	7.14%	7.14%	7.14%	21.43%	57.14%	100.00%
6735	10.00%	0.00	0.00	20.00%	70.00%	100.00%
7562	0.00	0.00	0.00	50.00%	50.00%	100.00%

④常住人口设施需求度高，青少年与中老年需求差异明显

从不同居住时长人群来看，半年以下居住时长的受访者对设施需求度较低，半年以上居住时长的常住居民对设施需求度都比较高，但居住10年以上的受访人群对设施的需求度有所减弱（表6.1-5）。从不同年龄人群来看，中年人的设施需求度最高（表6.1-6）。青年人群对便捷性、消费性强的商业与餐饮服务设施需求度更高；而中老年人群，对大众化、生活化的居住设施需求更为明显（图6.1-19）。

不同居住时长人群需求度对比表　　　　　表 6.1-5

入住时间	不需要	非常需要	完全不需要	需要	一般
半年以下	7.69%	0.00	0.00	23.08%	69.23%
半年至 5 年	0.94%	3.77%	0.00	44.34%	50.94%
5 年至 7 年	4.00%	0.00	0.00	42.00%	54.00%
7 年至 10 年	0.00	0.00	0.00	46.43%	53.57%
10 年以上	4.95%	2.97%	0.99%	35.64%	55.45%

不同年龄人群需求度对比表　　　　　表 6.1-6

年龄	不需要	非常需要	完全不需要	需要	一般
少年	7.69%	0.00	0.00	38.46%	53.85%
青年	3.64%	4.55%	0.00	35.45%	56.36%
中年	2.61%	1.74%	0.00	46.96%	48.70%
老年	1.64%	0.00	1.64%	34.43%	62.30%

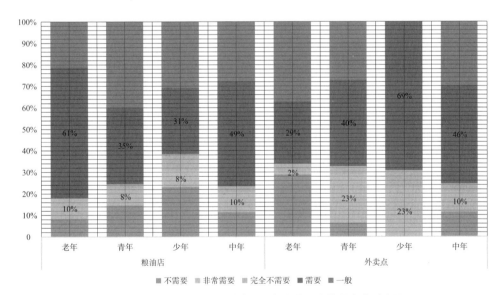

图 6.1-19　粮油店、外卖点在不同年龄人群中的需求度对比图

3. 产业社区问卷分析

（1）调研人群

产业社区有效问卷 118 份。受访人群中男性较女性多，上海户籍人士大约

占到全部受访者一半，另有少量外籍人士也参与了问卷调查。从年龄结构来看，以 18—34 岁之间和 35—59 岁之间的中青年人群为主要受访者群体。从教育程度看，本科及以上学历为主，大专学历人群次之，初高中学历人群也有分布。从收入情况来看，月收入在 1 万元及以下的中低收入人群为主要受访者，也有一定数量的中高收入人群和少量高收入人群填写问卷。从职业状态来看，七成半以上的受访者处于在职状态，另有约 12% 左右的离退休人士接受问卷调查（图 6.1-20）。在产业园区外工作的有 37 人，园区内工作的有 72 人。园区内工

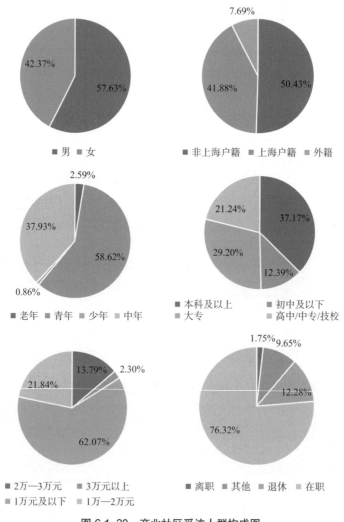

图 6.1-20　产业社区受访人群构成图

作人群中办事及有关人员为主要受访者，专业技术人员及生产生活服务人员、工人为次要受访者，还有少量其他职业阶层人士接受问卷调查；园区外工作人群中办事及有关人员为主，以生产生活服务人员为次要人群（图6.1-21）。距离开发区或园区较远居住的人群较少，共计32人。开发区或园区附近居住人群最多，合计57人，另有26人居住在开发区或园区内部。在内部居住的受访人群住房类型主要为职工宿舍或公寓，附近居住的受访人群住房类型则主要为农居与商品房，在较远地区居住的受访人群住房类型主要为商品房（图6.1-22）。

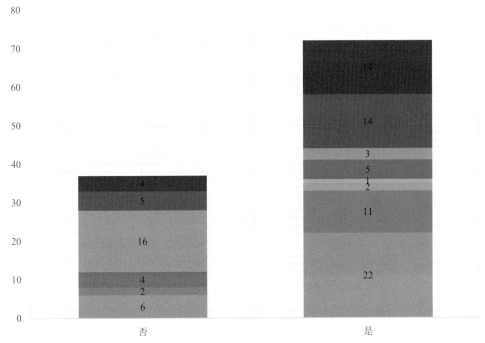

图 6.1-21　产业社区受访人群职业构成图

（2）调研地点

本次调研产业社区共 10 处（图 6.1-23），其中既有整体开发、统一建设的产业园区，包括曹路创新产业园、周浦镇医谷现代商务园、康桥镇创研智造产业园、康桥镇星月总部湾、浦江镇国家 863 软件孵化器，也涉及逐步发展、集聚布局的工业区块，包括创业路周边产业园区、张江镇碧波路产业社区、唐镇

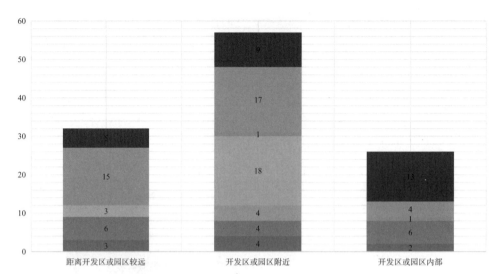

图 6.1-22 产业社区受访人群居住地点及住房类型构成图

图 6.1-23 产业社区调研点分布图

小湾村（添腾钢结构等）、书院镇路南村（上海金盾等）、高桥镇江东路产业社区。从竣工时间来看，2000 年以前竣工的有 2 处，2000—2005 年间竣工的有 1 处，2005—2010 年间竣工的有 5 处，2010 年后竣工的有 2 处。从平均租金来看，1 元 / 平方米 / 天以下的有 1 家，1—1.5 元 / 平方米 / 天以下的有 2 家，1.5—2.0 元 / 平方米 / 天的有 5 家，2.0 元 / 平方米 / 天以上的有 2 家。从主导产业来看，以现代服务业为主导的有 5 家，以服务业与制造业联合发展为主导的有 2 家，以制造业为主导的有 3 家（表 6.1-7）。

调研产业社区一览表　　　　　　　　　　表 6.1-7

地点名称	竣工时间	平均租金（元 / 平方米 / 天）	主导产业
曹路镇曹路创新产业园	2017 年	4.3	服务业
创业路周边产业园区	2012 年	1.8	服务业
周浦镇医谷现代商务园	2010 年	2	服务业 + 制造业
康桥镇创研智造产业园	2009 年	1.8	服务业
康桥镇星月总部湾	2009 年	2	服务业 + 制造业
张江镇碧波路产业社区	2006 年	4	服务业
浦江镇国家 863 软件孵化器	2006 年	1.7	服务业
唐镇小湾村（添腾钢结构等）	2005 年	1.5	制造业
书院镇路南村（上海金盾等）	1996 年	0.6	制造业
高桥镇江东路产业社区	1993 年	1.4	制造业

（3）设施可达性分析

① 15 分钟内可到达的设施少，教育、娱乐、医疗设施步行可达性差

从到达设施所需花费时间看，5 到 7 成受访者认为无法在 15 分钟内获取到除通勤与餐饮设施外的各类设施服务，耗时在 1 小时以上的设施主要涉及医疗、体育与酒店设施，其中教育与医疗设施可达性最低（图 6.1-24）。从出行交通方式看，餐饮、通勤、体育设施步行可及性较好，教育、娱乐、医疗设施步行可达性较差，尤其是医疗设施，仅有约 1 成的居民选择步行出行就医（图 6.1-25）。

②居民对通勤餐饮可达性容忍度低，对医疗教育容忍度高

居民最低容忍限度的设施是通勤与餐饮设施，占比分别为 50.86%、49.14% 的受访者认为，应在 15 分钟以内就可以到达通勤或餐饮设施。居民可以容忍

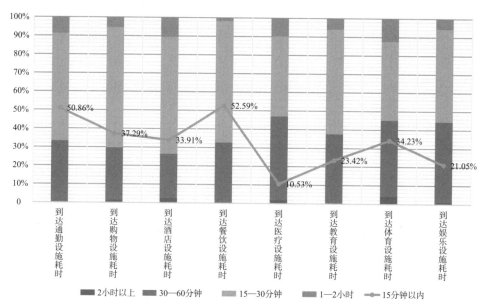

图 6.1-24　到达不同设施的耗费时间对比图

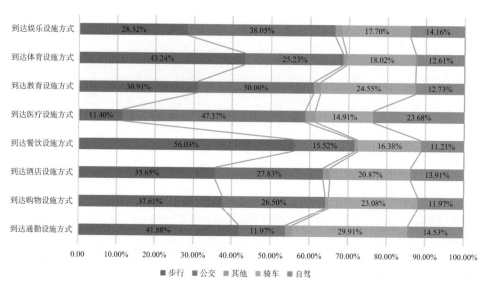

图 6.1-25　到达不同设施的交通方式选择图

1 小时以上较长到达时间的设施主要有教育、体育、娱乐与酒店设施。就教育设施而言，45.87% 的受访者认为可容忍到达最长时间为半小时；医疗设施有 47.79% 受访者认为可容忍到达最长时间为 1 小时；娱乐设施有 39.82% 的受访者认为可容忍到达最长时间为半小时（表6.1-8）。

到达不同设施的可容忍时间表　　　　　　表 6.1-8

可容忍时间占比（%）	通勤设施	购物设施	酒店设施	餐饮设施	医疗设施	教育设施	体育设施	娱乐设施
2 小时以上	0.86	0.85	1.75	0.00	0.00	0.92	0.91	0.88
0.5—1 小时	16.38	18.64	21.93	14.66	47.79	27.52	25.45	28.32
15 分钟内	50.86	35.59	31.58	49.14	15.93	21.10	30.91	26.55
15—30 分钟	29.31	42.37	41.23	36.21	33.63	45.87	38.18	39.82
1—2 小时	2.59	2.54	3.51	0.00	2.65	4.59	4.55	4.42

③园区内健身娱乐设施可及性弱，购物与医疗设施内部配套不足

受访者按照工作地是否在园区内分为两类。一是教育、通勤、购物三类设施，区内工作人群 15 分钟内可达水平要高于区外工作人群，但总体可达性仍不理想；二是医疗设施的区内区外差异不大，相对而言，区内 15—60 分钟间可达性略低于区外；三是体育、酒店、娱乐三类设施，区内可达性均低于区外，其中，40% 的体育设施、31% 的酒店设施、51% 的娱乐设施需要在 30—60 分钟间才能到达。四是餐饮设施区内外可达性都较好（图 6.1-26）。从不同居住地人群设施可达性比较来看，通勤设施可达性在开发区内部较好，开发区附近次之，距离园区较远地区最差，教育、体育、娱乐、酒店、餐饮设施与之相似，开发区内部、开发区附近、开发区较远地区依次可达性水平递减。与之有差异的是，购物设施可达性在开发区附近较佳，开发区内部及较远地区相对较弱；医疗设施，整体可达性较差，开发区内部最为严重，开发区附近及较远地区相对好一些，但水平仍然很低（图 6.1-27）。

④农村社区与保障房社区居民上学难，老公房与职工宿舍就医条件差

从不同住房类型教育设施与医疗设施可达性比较来看，农居 15 分钟内的可达性最低，保障房、职工宿舍教育设施可达性也明显偏低，商品房与公寓 15 分钟内可达性相对较高（图 6.1-28）。从不同住房类型人群医疗设施可达性水平比

较来看,存在 1—2 小时方可到达医疗设施现象的住房类型有职工宿舍、老公房、公寓与保障房,职工宿舍、老公房、公寓、保障房中实现 15—30 分钟可达条件仍有较大困难,其中六到七成以上的老公房、职工宿舍居民需要花费 30—60 分钟才能到达医院(图 6.1-29)。

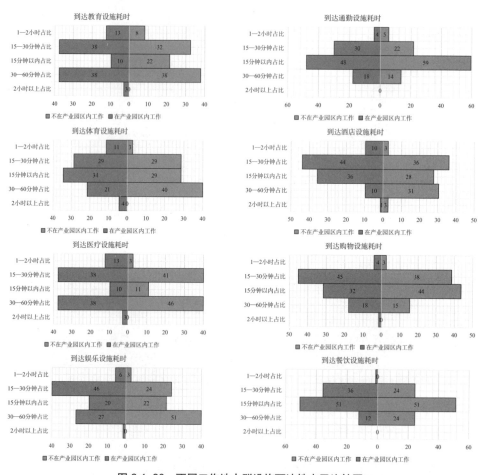

图 6.1-26 不同工作地人群设施可达性水平比较图

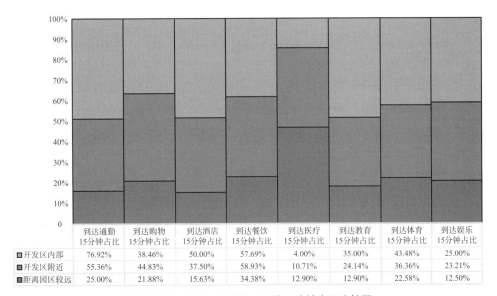

图 6.1-27　不同居住地人群设施可达性水平比较图

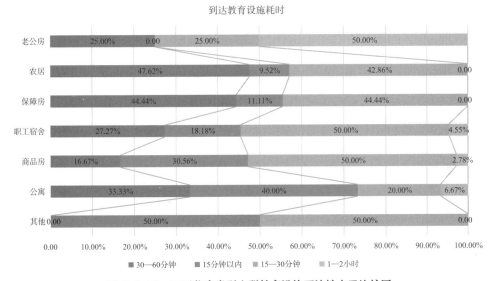

图 6.1-28　不同住房类型人群教育设施可达性水平比较图

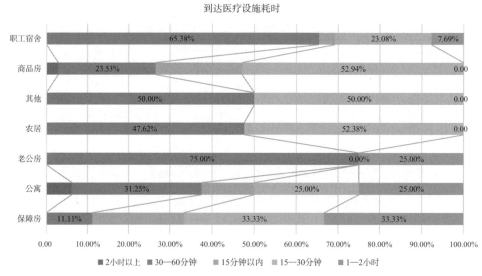

图 6.1-29 不同住房类型人群医疗设施可达性水平比较图

（4）设施便利性分析

①文教娱乐便利性差，专业性、大众性、综合性设施使用问题突出

从整体来看，各类教育设施、娱乐设施的不便利程度较高。从各个设施分类来看，交通设施方面，轮渡码头便利程度最低、自行车租赁点次之，地铁站再次之；医疗设施方面，妇幼保健院便利程度最低，疗养院次之，综合医院再次之；餐饮设施方面，冷饮店便利程度最低，快餐店次之，配餐点再次之。教育设施方面，培训机构便利程度最低，高中次之，中学（初中）再次之；商业设施方面，综合商场便利性最低；体育、酒店、娱乐设施方面，体育场馆、旅馆、游乐场便利性略低（图 6.1-30）。

②老旧产业区商业配套落后，低租金水平与低配套水平问题伴生

从不同竣工时间产业社区商业设施便利性水平比较，整体上伴随着竣工时间年限的推移，以综合商场为代表的商业设施便利度在逐渐提升。但是，老旧产业地块中存在的商业配套设施落后问题仍然突出。从不同租金产业社区餐饮设施便利性水平比较，租金较高的张江产业社区与曹路创新产业园区快餐店便利条件较好外，其他产业园区同时存在租金不高与餐饮设施不足问题（图 6.1-31 和图 6.1-32）。

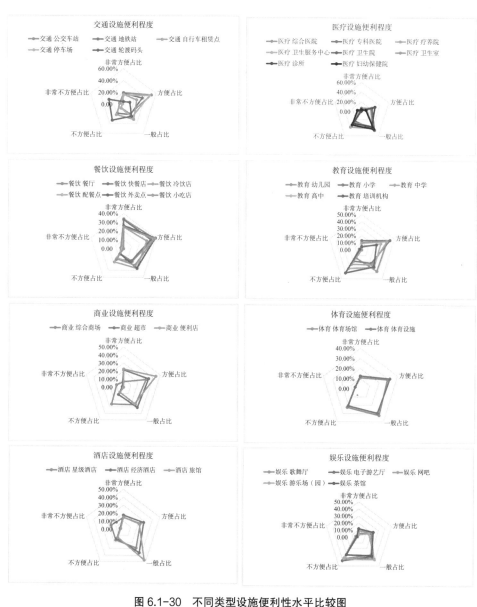

图 6.1-30 不同类型设施便利性水平比较图

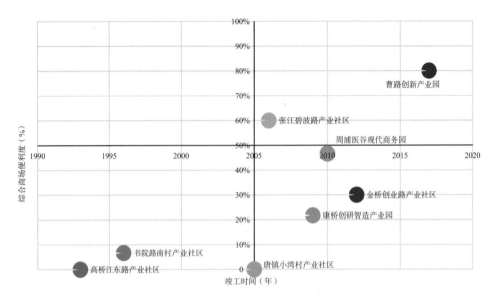

图 6.1-31　不同竣工时间产业社区商业设施便利性水平比较图

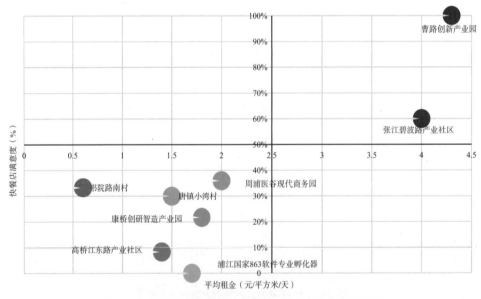

图 6.1-32　不同租金产业社区餐饮设施便利性水平比较图

③制造业园区配套设施使用不便，产业地块设施便利度有待提升

从不同主导产业社区教育设施便利性水平比较，服务业在产业园区主导产

业体系中所占的比重越大，整体便利性水平也相应会提高（图 6.1-33）。从不同类型产业社区医疗设施便利性水平比较，统一开发、整体建设产业园区方便程度要明显高于产业地块（图 6.1-34）。

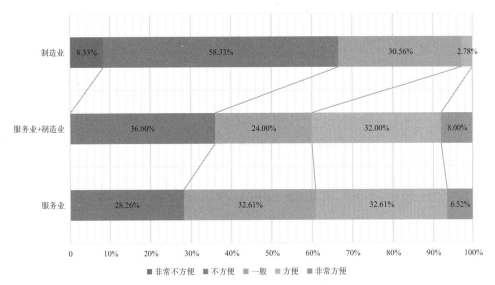

图 6.1-33　不同主导产业社区教育设施便利性水平比较图

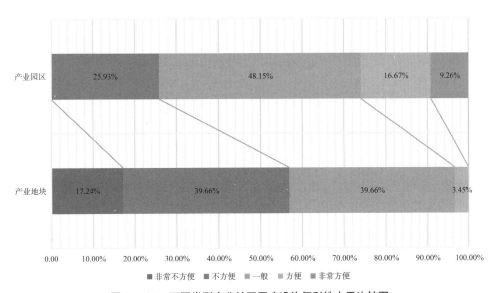

图 6.1-34　不同类型产业社区医疗设施便利性水平比较图

4. 商业社区问卷分析

（1）调研人群

调研人群从户籍、性别、年龄与教育构成来看，上海户籍受访者占到总量52.11%，非上海户籍受访者占到42.25%，另有少量的外籍、港澳台户籍人士接受访谈。男性受访者多于女性受访者数量约15个百分点。受访者主要由中青年人群构成。从教育构成来看，本科及以上学历受访者占到总量一半以上，大专学历人群次之，大专以下学历受访者约不足两成（图6.1-35）。

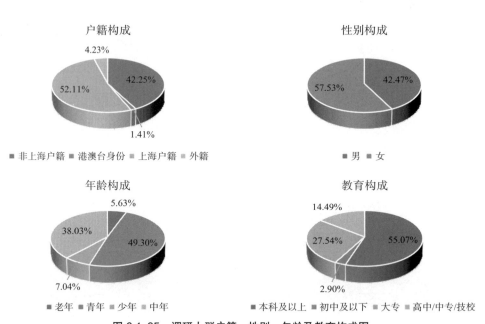

图6.1-35 调研人群户籍、性别、年龄及教育构成图

从调研人群收入及职业来看，在没来过本商业区的受访者中，月收入1万元以下的居多；在来过本商业区的受访者中，月收入1万元以上的和以下的人群基本持平。另外在职受访者中，办事人员、技术人员与服务人员居多；在离退休受访者中则涉及行业分类较多（图6.1-36）。

（2）调研地点

商业社区调研点主要涉及六处（图6.1-37）。从位置来看，距离中心城区较近的有北蔡休闲广场，距离中心城区适中的有高桥新城商业中心，距离中心城区较远的有金辉商业广场、上海绿地缤纷广场、唐镇阳光天地和禹州商业广场。

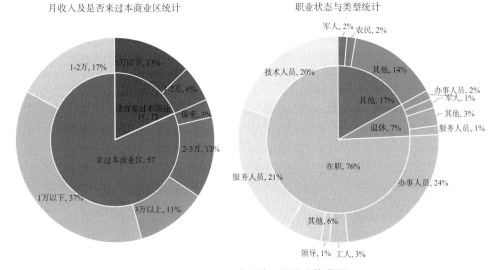

图 6.1-36 调研人群收入及职业构成图

图 6.1-37 商业社区调研点分布图

从商铺平均售价来看，价格在 2.5 万元 / 平方米以下的有禹州商业广场、金辉商业广场，价格在 2.5 万—4 万 / 平方米之间的有高桥新城商业中心、上海绿地缤纷广场、唐镇阳光天地，价格在 4 万 / 平方米以上的有北蔡休闲广场。从商业面积规模来看，5 万平方米以下的有北蔡休闲广场、高桥新城商业中心，5 万—8 万平方米之间的唐镇阳光天地、禹州商业广场，8 万平方米以上的有上海绿地缤纷广场、金辉商业广场（表 6.1-9）。

商业社区调研点概况表　　　　　表 6.1-9

地点名称	位置	售价（万元/平方米）	商业面积（平方米）
北蔡休闲广场	内中环之间	83706	16533
金辉商业广场	外环以外	21600	95689
高桥新城商业中心	中外环之间	32909	43000
上海绿地缤纷广场	外环以外	35294	80896
唐镇阳光天地（阳光城）	外环以外	36363	66000
禹州商业广场	外环以外	23000	65304

（3）消费需求分析

①私家车出行占比高，消费停留时间长，夜间消费较少

主要从出行方式、停留时长、出发地、到达时间四个方面分析消费者的出行特征。在出行交通方式上，以地铁与公共汽车为主的公共交通出行是消费者的主要出行方式，其中地铁较公交汽车多出 6 个百分点，同时，有近 3 成的受访者选择了私家车出行方式。从出发地方面，近 8 成居民是从住处出发前往商业区消费。从停留时长来看，消费者 1—4 小时间的长时停留为主。在消费者到达时间上，30.56% 以上的居民在上午消费，25% 的居民选择在中午消费，26.39% 的居民选择在下午消费，其余时间段消费的居民相对较少（图 6.1-38）。

②退休人群前往消费场所频率高，不同年龄层次消费目的差异大

主要从不同类型人群的消费频率、消费目的、消费时长、消费支出四方面进行消费行为分析。在前往消费场所的频率上，退休人群频率要明显高于在职人群（图 6.1-39）。在消费目的方面，老年人主要目的是餐饮，其次是旅游，再次是娱乐；青年人则主要是购物，其次是餐饮，再次是办事；中年人主要是购物，但次要目的却是较为分散（图 6.1-40）。

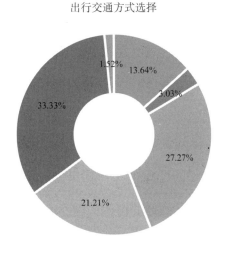

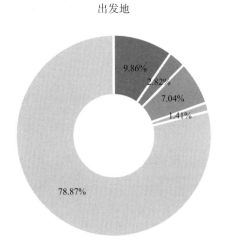
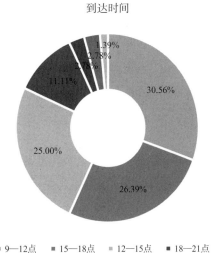

图 6.1-38　消费出行特征图

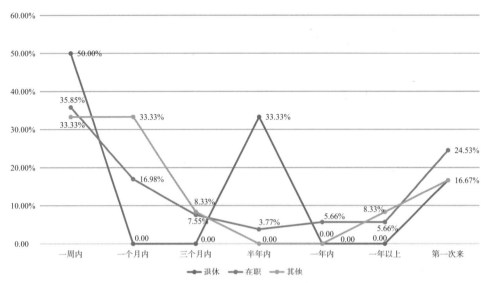

图 6.1-39 不同职业状态的消费频率比较图

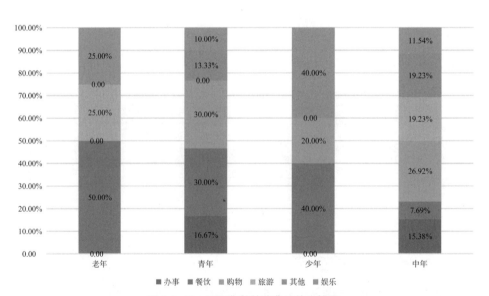

图 6.1-40 不同年龄的消费目的比较图

③技术与领导阶层消费高，高学历人群非日用品消费多

从消费支出来看，单次消费 200 元以下的低消费人群主要是办事及有关人员、生产生活服务人员；单笔消费在 200—500 元之间的中等消费人群主要是农民和工人；单笔消费在 500—1000 元之间的较高消费人群则主要涉及机关企业

领导；单笔消费在1000元以下的高消费人群则主要涉及专业技术人员（图6.1-41）。从消费品类型来看，便利品及选购品的消费为主，特殊品和非渴求品的消费较少。在各前往商场购置便利品的主要由初中及以下、高中、中专、技校等低学历人群构成，购置选购品的主要由大专等中等学历人群构成，购置特殊品与非渴求品的则主要由本科及以上的高学历人群构成（图6.1-42）。

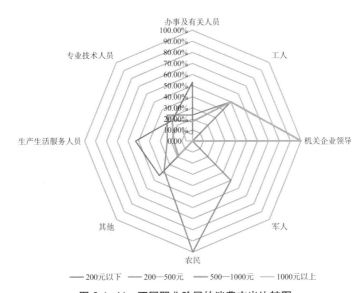

图6.1-41 不同职业阶层的消费支出比较图

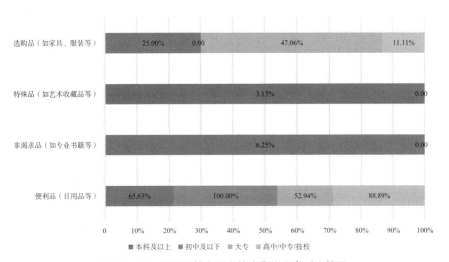

图6.1-42 不同受教育程度的消费物品类型比较图

④低收入人群消费满足程度低,中等收入人群消费满足度较理想

在消费满足程度上,1万元以下收入人群消费未达到目的的比例为16.67%,1万—2万元之间收入人群消费全部已达到目的,2万—3万元之间收入人群消费未达到目的的比例为11.11%,达到目的的比例在四类人群中最高,3万元以上收入人群消费未达目的的比例为12.5%。相比之下,低收入人群消费满足程度最低(图6.1-43)。

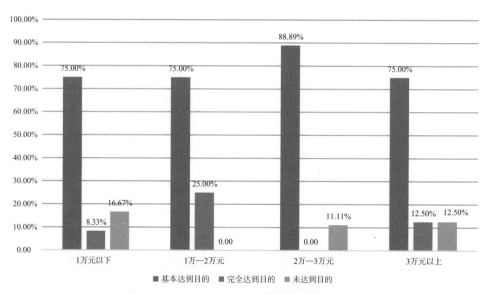

图6.1-43　不同收入水平的消费满足程度比较图

(4)设施品质分析

①商业设施总体品质度不高,商业广场间品质差距大

根据商业场所总体品质调查结果统计,选项为"品质差"的占比9.59%,选项为"品质非常差"的占比19.18%,选项为"一般"的占比"56.16%",选项为"品质高"的占比15.07%,即近三成的受访者对商业社区总体品质度表达出不满,仅有不到两成的受访者认为品质比较高。从各大商业场所的品质度对比,都有不同程度上的品质差距,例如,有九成以上的受访者认为金辉商业广场品质非常差,相比之下,有近四成的居民认为上海绿地缤纷广场品质较高(图6.1-44)。

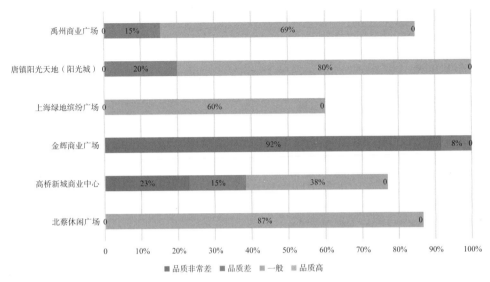

图 6.1-44 不同消费场所设施品质度比较图

②低端化、局限性、单一化服务是设施品质建设短板

从品质度 15 项构成要素的分项统计比较（表 6.1-10），北蔡休闲广场消费场所在高端服务与体验服务方面非常差，在创意度与创意活动、国际化与区域化服务层面也较差；金辉商业广场、高桥新城商业中心、上海绿地缤纷广场消费场所在各项指标上都表现较差，尤其是在商场与居住社区之间的关联度、可持续发展上尤其落后，使用频率也较低，但相比之下高桥新城商业中心在特色度和创意活动方面有一定的优越性，上海绿地缤纷广场则在吸引度和高端服务方面表现较好。唐镇阳光天地在创意活动与区域服务上表现最差，在公益场所、体验服务与创意度方面都有待提高，使用频率非常低，在特色度上做得相对较好。禹州商业广场则在人群服务、高端服务方面表现最差，在可持续性方面有待提高，另外在国际发展、独立服务能力上尚存在缺陷，但所提供的公益场所颇为受访者欢迎。

各消费场所品质度差别表　　　　　　表 6.1-10

调研对象	品质度构成要素分项统计比较
北蔡休闲广场	北蔡休闲广场消费场所品质调查
金辉商业广场	高桥新城商业中心消费场所品质调查
高桥新城商业中心	金辉商业广场消费场所品质调查
上海绿地缤纷广场	上海绿地缤纷广场消费场所品质调查
唐镇阳光天地	唐镇阳光天地消费场所品质调查

续表

调研对象	品质度构成要素分项统计比较
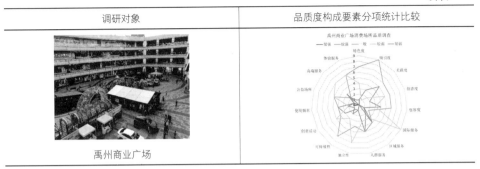 禹州商业广场	

③郊区低价商业设施品质差,大体量商业设施品质度有待提升

从不同区位商业社区设施品质度比较,内中环之间的商业设施品质度较高,中外环之间商业设施品质度相对较差,外环以外商业设施相较更差(图6.1-45)。从不同售价商业社区设施品质度比较,2.5万元以下低价位与4万元以上高价位商业社区品质度较低,尤其是低价位商业社区,有44%的受访者认为品质非常差。2.5万—4万元之间的中等价位商业社区品质度较高(图6.1-46)。从不同规模商业社区设施品质度比较,5万平方米以下的小规模商业社区品质度较高,8万平方米以上的大规模商业社区中有一半受访者认为品质非常差(图6.1-47)。

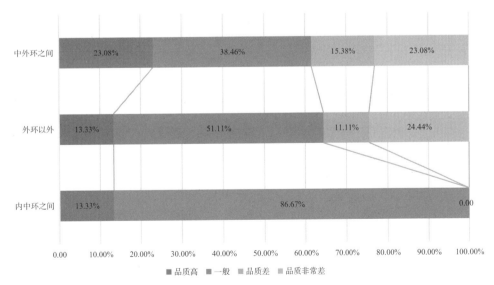

图6.1-45 不同区位商业社区设施品质度比较图

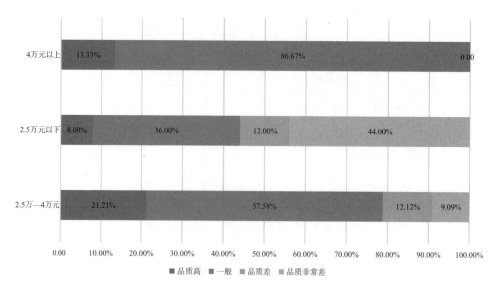

图 6.1-46　不同售价商业社区设施品质度比较图

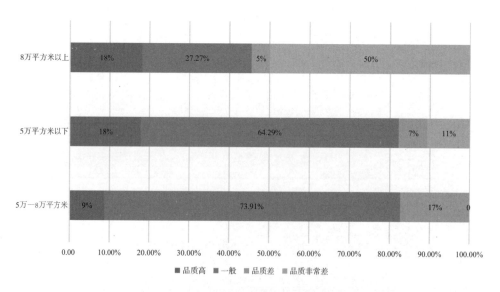

图 6.1-47　不同规模商业社区设施品质度比较图

（5）设施档次分析

①商业设施总体档次偏低，文化娱乐设施档次低问题突出

根据本商业区内部及周边设施的档次调查统计显示，"档次非常低"的为 6.85%，"档次低"的为 21.92%，"一般"的为"58.90%"，"档次高"的为

12.33%,"档次非常高"的为0.00,其中档次较低占比达到近3成,认为"档次高"的近有不到2成。因此不同类型设施存在档次差异,受访者认为室内外游乐场、剧场、音乐厅、综合商场、电子游艺厅设施、酒吧、歌舞厅档次极低,街头表演场地、体育场馆、茶馆、电影院、星级酒店、民宿、露营地、网吧档次比较低。相比之下,仅有咖啡厅、观光景区、公园绿地设施档次相对较好(表6.1-11)。

不同类型设施档次高低对比表　　　　表6.1-11

设施类型	档次非常低	档次低	一般	档次高	档次非常高
室内游乐场	24.66%	27.40%	38.36%	9.59%	0.00
剧场	23.61%	20.83%	47.22%	8.33%	0.00
音乐厅	23.61%	19.44%	50.00%	6.94%	0.00
综合商场	23.29%	8.22%	60.27%	8.22%	0.00
电子游艺厅	23.29%	21.92%	50.68%	4.11%	0.00
酒吧	19.72%	9.86%	61.97%	8.45%	0.00
室外游乐园	19.18%	27.40%	46.58%	6.85%	0.00
歌舞厅	12.33%	28.77%	53.42%	5.48%	0.00
街头表演场地	9.72%	41.67%	41.67%	6.94%	0.00
体育场馆	8.33%	20.83%	65.28%	4.17%	1.39%
茶馆	7.04%	15.49%	56.34%	21.13%	0.00
电影院	6.94%	18.06%	50.00%	25.00%	0.00
星级酒店	6.85%	16.44%	72.60%	4.11%	0.00
民宿	6.85%	31.51%	58.90%	1.37%	1.37%
露营地	6.85%	42.47%	47.95%	2.74%	0.00
网吧	6.85%	20.55%	68.49%	4.11%	0.00
名胜风景区	5.71%	28.57%	57.14%	8.57%	0.00
森林公园	5.48%	34.25%	50.68%	8.22%	1.37%
咖啡厅	4.23%	21.13%	52.11%	22.54%	0.00
观光景区	4.17%	27.78%	52.78%	15.28%	0.00
公园绿地	4.11%	30.14%	47.95%	17.81%	0.00

②低支出与日常化的消费模式与设施档次偏低密切关联

从各商业社区设施档次比较,禹州商业广场、金辉商业广场、高桥新城商业中心有不少受访者认为档次较高。上海绿地缤纷广场与唐镇阳光天地档次较低,前者受访人士有近7成认为档次低,后者受访人士有近8成认为档次低或档次非常低。北蔡休闲广场认为档次一般的受访者居多（图6.1-48）。在消费支出来方面，上海绿地缤纷广场与唐镇阳光天地低消费支出人群占比极高。在购物类型方面，上海绿地缤纷广场与唐镇阳光天地消费人群90%以上的购物物品为便利品，禹州商业广场、高桥新城商业中心则有五成以上受访者购物物品为选购品。在消费目的方面，设施档次较低的上海绿地缤纷广场与唐镇阳光天地消费目的达成度也较低。在消费频率方面，上海绿地缤纷广场与唐镇阳光天地受访者有相当一部分人群都是第一次来，较其他商业场所受访者前往频率要低（表6.1-12—表6.1-16）。

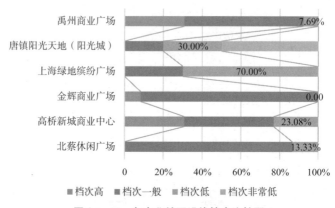

图6.1-48　各商业社区设施档次比较图

各消费场所消费支出情况表　　　　　　　　　　表6.1-12

消费地点	200元以下	200—500元	500—1000元	1000元以上
北蔡休闲广场	20.00%	46.67%	26.67%	6.67%
高桥新城商业中心	25.00%	41.67%	16.67%	16.67%
金辉商业广场	33.33%	58.33%	8.33%	0.00
上海绿地缤纷广场	80.00%	20.00%	0.00	0.00
唐镇阳光天地（阳光城）	90.00%	0.00	0.00	10.00%
禹州商业广场	23.08%	15.38%	61.54%	0.00

各消费场所购物类型情况表　　　　　　　　　　表6.1-13

消费地点	便利品	非渴求品	特殊品	选购品
北蔡休闲广场	50.00%	7.14%	0.00	42.86%

续表

消费地点	便利品	非渴求品	特殊品	选购品
高桥新城商业中心	42.86%	0.00	0.00	57.14%
金辉商业广场	77.78%	11.11%	11.11%	0.00
上海绿地缤纷广场	90.00%	0.00	0.00	10.00%
唐镇阳光天地（阳光城）	90.00%	0.00	0.00	10.00%
禹州商业广场	46.15%	0.00	0.00	53.85%

各消费场所消费目的情况表　　　　表 6.1-14

消费地点	办事	餐饮	购物	旅游	其他	娱乐
北蔡休闲广场	6.67%	40.00%	33.33%	0.00	0.00	20.00%
高桥新城商业中心	18.18%	27.27%	45.45%	0.00	9.09%	0.00
金辉商业广场	9.09%	18.18%	18.18%	0.00	18.18%	36.36%
上海绿地缤纷广场	0.00	10.00%	30.00%	60.00	0.00	0.00
唐镇阳光天地（阳光城）	22.22%	22.22%	0.00	0.00	55.56%	0.00
禹州商业广场	27.27%	18.18%	18.18%	0.00	9.09%	27.27%

各消费场所消费目的达成情况表　　　　表 6.1-15

消费地点	基本达到目的	完全达到目的	未达到目的
北蔡休闲广场	73.33%	13.33%	13.33%
高桥新城商业中心	84.62%	7.69%	7.69%
金辉商业广场	66.67%	33.33%	0.00
上海绿地缤纷广场	70.00%	10.00%	20.00%
唐镇阳光天地（阳光城）	70.00%	0.00	30.00%
禹州商业广场	92.31%	7.69%	0.00

各消费场所前往频次情况表　　　　表 6.1-16

消费地点	半年内	第一次来	三个月内	一个月内	一年内	一年以上	一周内
北蔡休闲广场	20%	13%	20%	13%	7%	13%	13%
高桥新城商业中心	0	23%	8%	23%	8%	0	38%
金辉商业广场	0	17%	8%	33%	0	0	42%
上海绿地缤纷广场	0	60%	0	0	10%	10%	20%
唐镇阳光天地	0	40%	0	10%	0	0	50%
禹州商业广场	8%	0	0	23%	0	8%	62%

③地段偏、环境差、活动少是制约商业品质与档次提升的关键

从制约因素排序来看，受访者认为商业设施地段不好是影响设施档次与品质提升的首要原因，环境不好是次要原因，其余依次为活动太少、商品太少、没有特色、交通不方便（表6.1-17）。从居民消费备选商业区意向分析，受访者对于南京东路、五角场与正大广场情有独钟，南京东路是老牌的中心商圈，地段区位优越；五角场则是新建城市副中心中的佼佼者，整体环境品质突出；正大广场则位居陆家嘴，毗邻核心旅游景区，各项城市文化活动丰富（图6.1-49）。

制约因素排序统计表　　　　　　　　　　表6.1-17

	地段不好	环境不好	活动太少	交通不方便	没有特色	商品太少
第一	19	4	5	13	9	11
第二	15	14	14	3	6	7
第三	17	7	10	5	7	8
第四	12	9	11	6	7	8
第五	19	10	6	5	7	4
第六	16	6	3	8	6	11
第七	8	2	6	15	13	6

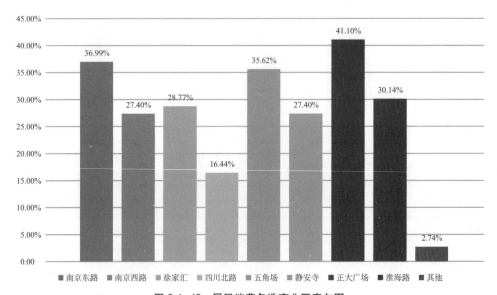

图6.1-49　居民消费备选商业区意向图

6.1.2 深度访谈

1. 访谈概况

（1）访谈对象

基于客观评价与问卷调查结果反映出的差异与问题，本研究对23位浦东新区常住人士展开深度访谈，力求进一步挖掘差异与问题背后成因、要素及其作用机理。访谈对象具有不同户籍、年龄、学历、收入及职业差异，以求获得多种类型使用者对于浦东新区社区生活空间资源配置的观点与态度（表6.1-18）。从性别来看，男性受访者7人，女性受访者16人；从户籍来看，本地户籍15人，外地户籍5人；从年龄来看，35岁以下受访者5人，35-50岁受访者4人，50-60岁受访者6人，60岁以上受访者4人；从学历来看，硕士4人，本科10人，大专2人，中专1人，高中5人；从月收入来看，5000元以下的5人，5000—10000元的5人，10000元以上的2人；从职业来看，退休5人，在职17人。

深度访谈对象情况表　　　　　　　　　表6.1-18

姓名	性别	户籍	年龄	学历	职业	月收入	居住地	工作地
刘女士	女	外地	保密	硕士	规划师	保密	三林	黄浦
胡先生	男	保密	保密	本科	规划师	保密	高桥	杨浦
孟女士	女	外地	43	本科	保险经理人	20000	浦兴路	虹口
冯女士	女	本地	45	本科	生活老师	保密	浦兴路	金桥
孔先生	男	外地	保密	本科	规划师	10000	浦江	徐汇
张女士	女	上海	57	中专	财务	4000	金桥	八佰伴
向女士	女	上海	57	高中	保密	4000	金桥	康桥
张HJ女士	女	上海	44	本科	公司员工	保密	浦兴路	静安
陈女士	女	外地	35	高中	童装设计师	12000	高行	三林
张Q女士	女	上海	38	硕士	自由职业	保密	金桥	金桥
王女士	女	上海	保密	保密	保密	保密	保密	保密
李女士	女	保密	保密	硕士	规划师	保密	张江	黄浦
王YY女士	女	保密	保密	本科	规划师	保密	浦兴路	杨浦
程小姐	女	上海	23	本科	会展	6000	周浦	龙阳路
郭先生	男	上海	63	高中	退休	5400	周浦	周浦
欧阳女士	女	上海	60	高中	退休	3900	周浦	周浦

续表

姓名	性别	户籍	年龄	学历	职业	月收入	居住地	工作地
周先生	男	上海	56	本科	保密	保密	周浦	南汇工业园
黄先生	男	上海	24	本科	保密	保密	川沙	世博园区
蒋先生	男	上海	22	本科	教师	5000	周浦	三林
周妈妈	女	洛阳	52	高中	退休	2000	周浦	洛阳
OY女士	女	上海	60	大专	退休教师	8000	周浦	周浦
杨先生	男	上海	23	硕士	学生	—	花木	—
诸女士	女	上海	72	大专	退休教师	7000	周浦	周浦

（2）访谈内容

访谈内容涉及三个方面（附录二）：①主要涉及受访者的居住时长、择居原因、同住人数、住房面积、住房支出等居住基本情况，并进一步围绕所居住小区的社区商业满意度、餐饮设施服务条件以及家政服务使用体验等方面展开；②主要针对不同年龄人群的设施使用情况进行访谈。关于青少年，主要涉及其就读学校附近设施的便利性；关于中青年人士，主要涉及其就业单位附近设施的便利性；就老年人而言，主要涉及其居住地周边的交通、休闲、医疗、社区、养老等各类设施的便利性；③主要关于被访谈人的消费行为及体验方面的访谈。不仅涉及前往上海市大型商圈的消费频率、内容、花销等方面内容，也对社区级商业区或商业中心的设施档次、特色、业务等方面的个人看法进行交流。深度访谈时长均控制在45—90分钟之间，共获得合计时长540分钟、约20万字的访谈文稿。

（3）访谈词频

在所有访谈材料中按照最小长度为2进行词频检索，按照关注度由强到弱排列前10项实词，依次是服务、时间、工作、价格、房子、单位、社区、学校、商业、生活。按照最小长度为3进行词频检索，按照关注度由强到弱排列前10项实词，依次是菜市场、地铁站、门面房、小卖部、幼儿园、自行车、养老院、电影院、老百姓、陆家嘴。在所有材料中按照最小长度为4进行词频检索，按照关注度由强到弱排列前10项实词，依次是南京东路、工薪阶层、集贸市场、供不应求、文化教育、义务教育、人满为患、勉勉强强、千篇一律、参差不齐。

2. 访谈分析

（1）青年单身期：参加工作至结婚

①餐饮休闲需求

一方面，受访者指出餐饮服务功能"自从老菜市场拆除改动后就越来越不行"，"拆掉之前，早餐摊很方便"，"拆掉之后，早餐摊搬到后面去了"，与居民上班通勤的方向相反，而且"品种也减少了很多"，"当年在老菜市场那边是要什么有什么，要馒头有馒头，要生煎有生煎，要油条有油条，花样多了去了，现在都没有了"，加之菜市场"拆了以后就没有再建，荒在那边"，即使政府在附近优先建设的商业广场，"到现在也没有商家进去"。对于临街商铺而言，受租金上涨和商业开发模式影响，单个商家的店铺面积相较以往也大幅缩小。尤其是小型餐饮设施，由于空间更为局促，"起油锅很不方便了"，导致"花样品种大大减少"，实际服务能力大打折扣。受访者认为，"最好把单个的门面房扩大一点，这样它们才有施展的空间，而且最好能再增加一点竞争力"。因此，在"拆迁新建"商业设施的过程中，不仅要从政府的规范管理和地区宏观角度出发，同时也要充分照顾到居民的生活习惯和实际情况，否则设施硬件条件上去了，服务水平却下来了，得不偿失。

另一方面，受访者认为，以小型超市、菜店、饭馆、小吃店为主的社区商业应着重于服务质量提升，而不是数量增加，"的确是够了，超市太多了，感觉同质化"，"主要还是服务，比如，老盛昌的服务员不是你叫一声他就会马上过来的，但必胜客的服务员是你叫一声他肯定会过来"。与此同时，品质化、体验性的设施则明显"供不应求"，而且这种设施需求明显存在于年轻人群中，尤其是饮品咖啡、品牌糕点、特色餐饮、文创书店等消费设施，受访者纷纷表示，"这边没有一家像样的奶茶店，至少你知道的奶茶店，比如说像COCO这种就没有"，"附近要是开一家比萨店的，我肯定会选择消费和介绍朋友来"，"有些网红店周浦没有，所以才会跑出去"，"除了新华书店没有别的了，自从去过市区，我才知道原来书店能够玩出那么多花样"。

②社交活动需求

对于在上海打拼、根基尚不稳固的外来年轻人士而言，拆迁安置房小区的"房租会便宜，住的环境相对来说比市区的一些老房子要舒服一些，花同样的租金，房子空间比市区的空间也要大一些"，具有相当的吸引力。该人群的日常行为活动反映出较强的社交需求,"周末没事就想去商场吃个饭,跟同学聚个餐,或者陪别人买东西,还是以社交活动为主",而主要社交活动如聚餐、购物往往在商业场所中发生。但是,拆迁安置房的商业配套服务设施却暴露出很多问题。就社区商店而言,居住小区在设计之初就有欠缺,未充分考虑底层商业的设置,实施后沿街商业设施的短缺带来生活上的诸多不便,会出现"住在48号楼,却要去6号楼里面的一层小卖部买东西"的窘迫局面。社区餐饮也存在同样的欠缺情况,即使使用外卖服务,也由于"都离得比较远,点份外卖要等一个小时,比如该是热的,最后也变成温的,米饭基本上都是凉的"。就菜市场而言,则存在服务半径过大问题,买菜往返时间需要花费近40—50分钟。

因此,过于低端的社区商业服务设施迫使年轻租客将社交活动需求的满足放在工作地而非居住地,"宁愿在公司旁边吃个饭回去,也不想回去再吃饭"或者"下班回来绕个路去吃饭",加之受到"合租"现象的影响,人口密度远比一般社区要高,这种供给与需求的矛盾更加明显。社区配套在这些年轻租客日常生活中扮演的角色越来越次要,如果非必要甚至不会去使用。另外,拆迁安置小区中"本地居民大部分都是老年人,消费能力也比较差"。最终,居住地配套设施使用率越来越低,商业存活难度不断增大,与工作地设施服务差距也越来越大,两地配套差距的不可弥合又进一步加剧了就业岗位与居住地的分离,更加迫使人们工作时间远离居住区,休息时间也不将消费留在居住区附近,从而形成"居住地设施品质不高—满足不了需求—使用工作地设施—增强工作地吸引力—岗位集聚—租金上升—外围租房需求增加—居住地人口增加—设施品质不高……"的恶性循环。

③租房居住需求

上海是一座移民城市,来自各省的外来人士各有不同的文化背景与家庭实力。来自发展实力比较好的珠三角地区人士刘女士认为,"情况跟江浙沪很像,江浙沪的人不愿意出去,广东人也觉得自己地方好不愿意出去,而且本土文化太强了,适应不了其他地方的文化,这种东西很执着",而且"家里有120—130平方米的(住所)",往往对本地人士习以为常的"老公房"住区环境难以忍受,"像我们从别的城市来的,从小就没有住过这种房子"。但是,由于个人发展机会受限,"像我们这种行业,其实除了北京、上海和深圳,广州现在都不行",受访者恋人是昆山人士,同样面临"只能去事业单位,去不了企业,因为没有企业"

的就业困境，迫使他们来沪打拼，不得不放弃原有宽敞、优越的居住条件，"租了一个（中心城）老公房，厕所还在外面"，但是"住了一个月就受不了，不管怎么样都要搬"。另外，"始终还是很没有安全感，像老公房底下连防盗门都没有，什么人都可以上来的，就很害怕，浦东这边怎么说各种设施都更新一些"。

正因如此，即使每个月需要交纳不菲的房租，同时还要忍受跨江通勤，受访者还是选择租住了浦东新区一处卖价大概在每平方米7万元的优质小区。相较于通勤距离的远近，他们"更在意房子好不好，小区设施好不好"，虽然通过租住租金较高的住房，在较大程度上解决了住房环境和安全问题，认为"现在住的环境还比较舒服"，但是浦东住房设施配套的普遍性问题逐渐在使用中暴露出来，周边设施倾向于满足大众化、生活化的消费，具有一定档次的商业设施是短缺的，"基本上业态都偏低端"，"买衣服都要坐地铁到世博园去买，但是定位也是不高不低"。浦东新区房价高、环境好的小区也不一定能够满足居民的生活配套需求，在一定程度上反映出浦东社区居住条件与配套条件建设所面临的脱节现象。

（2）家庭形成期：结婚至新生儿诞生

①迁居置业需求

从采访的居民来看，家庭迁居多反映在从"郊区"迁往"市区"的迁移意愿中，且这种愿望往往因某一类设施的短缺而触发，也会因某一类设施的出现而停止。有的家庭"因为最重要的交通问题得到解决了，所以就没有打算换房子"，有的家庭认为"把（工作地）附近那家医院撤掉的话，觉得还不如周浦这边，就没什么好搬家的了"，也有的家庭"因为（儿子）要过来（周浦）上五年级，如果再去考其他地方的初中是不可能了，只有（通过关系）直接进本地初中。所以房子必须在郊区买"，因此，对于郊区居民而言，如果短板设施需求能够得到有效满足，"市区"与"郊区"之间的差距就不会显得那么大，向市区迁居的必要性就不强，家庭在住房的投入上也会下降很多，有利于家庭稳定和生存成本降低。另外，家庭条件较为优渥的居民在迁居中重点考虑生活环境质量的提升，"换了一个在农村的小别墅，面积更大，有300多平方米。等我老公退休了再一起过去住，空气更新鲜"。对于这类居民而言，设施对其限制性不大（私家车出行）。

另外，也存在市区内部的迁居行为活动。2001年1月5日，上海市政府印发一号文件《关于上海市促进城镇发展的试点意见》，明确上海"十五"期间重点发展"一城九镇"。浦东新区高桥镇作为九镇之一,较早开展了以国际化风貌建设为导向的郊区城镇化试点实践。因其靠近外高桥保税港区,在规划中被政府定位为荷兰港口城镇风貌。受访者张Q女士曾在2003年时居住在高桥地区,指出"荷兰风格挺好,但荷兰新城配套是不行的","超市没有,便利店也不算多",甚至"买个东西,还得开车出去买"。从目前的发展状况来看,"它配套过了很多年都发展不起来,然后(荷兰新城里的)商业街一直也是没什么起色"。受访者认为,一方面是因为业态不够丰富,满足不了自身需求;另一方面本身社区集聚的人气不够,"商店一直在换",商业生存难度大。相比之下,2013年受访者所迁居的金桥地区,虽然"搬过来的时候,金桥这边的业态没(现在)这么丰富",但是"近几年,慢慢地(各方面)都在逐渐提升",受访者在与原居住地高桥对比时表示,"只要有提升,我们就觉得很满意,可以看到希望"。

事实上,高桥地区发展起步要比金桥地区早,但实际发展的效果却是,高桥地区逐渐边缘化,金桥地区的发展地位则不断提升,各项配套设施建设也明显较高桥地区要好。造成这种局面,可能有以下原因:政府以计划的方式高效推进高桥新市镇建设,房地产开发建设快,但人口入住却是阶段性的、波动性的,难以保证设施的有效使用,产业与社区建设发生脱节。相比之下,金桥地区的发展具有更多的自发性,一方面受益于靠近金桥开发区,大量外籍人士聚居,国际社区设施配套需求有效吸引市场建设的投资,政府也会相对重视;另一方面,房地产开发与设施配套市场调节的成分更多,设施配套多以社区为中心,设施集中与分散的平衡比政府处理得更好。

②购房投资需求

上海限购政策出台后,外地人士在上海购房难度加大,"在外地有过购房贷款记录,现在也影响到上海(购房),你也必须首付七成才能买",有刚性需求的家庭必须要考虑应对之策。由于"现在(租住)的社区人缘关系更熟,整体环境更干净一些",加之考虑到"现在买房子是七成首付,实在没有那么大的经济能力,不过现在不买房,未来等你想买房,这点钱还是不够",所以受访者王YY女士不得不在继续租赁原住所的情况下,同时在较为偏远、均价较低的地区购置新房。此举一方面能够借助房子达到"投资或保值目的,然后未来再去换大一点、条件更好一点的房子";另一方面也可以减轻家庭支出压力,"自己租的房子租金是一个月7500元,新买的房子租出去中介说有可能是6000元",

从而起到一定的经济平衡作用。因此，这种"双居所"的情况并不在少数，受访者称"几位朋友都是这么考虑的"。那些偏远地段的新房，本就地段偏远，设施配套不足，实际购房的业主又多抱有投资保值目的，实际入住率可能并不高，从而降低了设施使用率，不利于设施资源的逐步优化；对于良好地段的旧房而言，人口密度居高不下，租赁需求持续旺盛，租金不断走高，各项配套设施的经营运作压力也在不断增大。在实际的问题与对策分析中，应当将新小区与老旧小区、租赁住户与自有房住户分开比较。

③购物消费需求

就线下消费而言，"工薪阶层"的受访者对于社区商业的消费环境和品质档次不太关心，更加注重的是"物美价廉"和"大众化消费"。但收入水平较高的受访者对于消费设施的关注会更加多元和深入，不仅关注消费品牌和购物环境，对人性化设施、开放空间和商业形象也有要求，例如"专门为小孩设计的洗手间"、"小镇式的购物空间"等。因此，消费目的地也会存在更多选择。对于这类受访者而言，出行距离并不是消费行为的主要阻碍，前往大卖场（如家乐福、欧尚）需要驾车15分钟，而距离较近的（1—2公里以内）地段内则"品种比较少，可以选择的也比较少，只有两三家超市，其他就没有了"，所以也会经常光顾"开车要半个小时"的商业区。另外，消费集中在服饰类购物上，一次消费能够达到"两三千元"。

对于超市卖场而言，大型卖场面临着线上网购等冲击，人流量剧降，"原来火到什么地步，不管你什么时候去，商场里边人挤人"，而现在"冷冷清清"。事实上，实体商业积弊已久，早在2011年，各大卖场事业部的广告业务量就开始大幅下滑，"我们（受访者所在卖场事业部员工）自己都不去卖场了，消费者怎么去卖场，厂商怎么会投广告"。当前实体商业颓势愈发明显，从外部消费环境来看，伴随着互联网及手机通信技术的蓬勃发展，网络购物平台扩张迅猛，居民消费方式逐渐从线下购物转为线上交易，甚至"平常几乎99.9%都是网购"，超市、大卖场等实体商业"几乎不会去，除非有特殊情况"。从内部发展情况来看，实体商业产品质量与网购的相差无几，但服务质量却深受诟病，"卖场的服务是很差的，所以我几乎就不去超市卖场了"，相比之下，网上购物不仅免去与经营人员和经营环境直接接触，而且能享受"门到门"的便捷快递服务，即使是一些贵重物品的选购，网上商城也能够提供质量与价格保障等贴心服务，因此让消费者"觉得（网购）能够满足所有的购物需求"。内外部的综合作用加剧了实体商业的萎缩不振，在此背景下，商业设施配套要更好地服务于居民，必然面临着"去芜存菁"的转型提升发展过程，重点关注商业设施的精品化、连锁化、智慧化建设，例如，"专业性比较强的，或者24小时服务的（设施）还是很有必要存在的"，"以进口类为主的，或者一些精品超市也是会有人去的"。同时，设施建设要关照到所服务的不同对象，如老年人、上班族等。

（3）家庭成长期：新生儿诞生到上大学前

①文体培训需求

当前家庭的核心是少年儿童。在家庭时间分配上，父母除工作外的大部分时间都是用于围绕孩子的日常事务，"有了孩子后我就根本没有时间，真的！孩子上学以后，那些空闲时间都是孩子的"，闲暇时间的各项活动如购物、餐饮、休闲等都是附加在孩子参加教育培训的过程中，"消费就在金桥，但是主要目的就是陪小孩在金桥上课"；在家庭支出分配上，儿童教育培训占据了消费支出的较大份额，"培训是大头，基本上小孩一路走过来都要培训"，甚至需要在一定程度上节衣缩食来保障儿童的教育支出，"现在有一点收入都用在孩子身上了，很多其他花销不敢用的"。这种花销是必需的，也是无奈的，"我们送孩子进培训机构，其实不愿意，但又没办法，如果学校的教育制度体系能跟上（我们也不会去培训），对吧？想抓啥成绩，还怎么减负？"对于以少年儿童为核心的家庭来说，儿童配套服务设施是居民日常生活空间中的"主角"，因此，儿童配套服务设施配置水平的优劣成为影响居民设施使用满意度高低的一个关键因素，其配置要充分考虑到地区新生儿的出生率和少年儿童比例，反映这种现实需求。

就公益性的文体培训设施而言，以图书馆为例，"要带孩子去的话，就得去比较远一点的浦东图书馆，开车需要40多分钟，但是设施大一点，比较好用"，"好像浦西这边图书馆布局的网络密一点，有那种比较小的图书馆"。受访者指出，由于体育场馆离家远，加之校园体育设施与开放程度有限，"学校和社区共用体育设施还是不理想，不一定能够长期供居民用"，另外，由于"学校操场是开放的，很多人都在那里跑步健身，人满为患"，所以，虽然上海市政府出台过鼓励建设开放性校园的指导意见，但"学校领导其实是不愿意开放的，如果当天学校有什么事情，马上就会把学校封掉"，最终居民不得不去较远的公园锻炼或索性减少体育锻炼。

②优质教育需求

对于浦东外来人士而言,受访者孟女士初来浦东时,由于经济条件限制,住房条件相对较差,"想想蛮可怜,(夫妻)两个人租的房子大概就十几平方米,还是那种老式的、几家共用一个卫生间的房型",这一阶段的居住地选择是与自己、婚恋对象、亲戚的居住地或工作地密切相关的,"老公和他哥哥当时工作在浦东,后来我就在浦东借房子了",目的是就近上班,同时方便熟识的亲戚朋友间的相互帮助。伴随着工作职位的上升与收入的增长,家庭结构也趋向稳定,购房需求逐渐出现,但购房选择范围仍然不会跳脱原有的生活圈层,"在浦东买房子时他(丈夫)也是想离他哥哥近一点,跟哥哥家的房子就隔一条马路"。即使家庭成员不断增加,也只是想方设法扩大住房面积,"从两个人开始慢慢变成四个人,平稳状态就是78个平方米住3口人,等到老二出生时就觉得小了,于是又置换了一个120平方米的",但是并未发生跨区域的居住地点变迁。这种稳定状态在面临子女入学择校时发生了变化,"浦东教育肯定不行,为了孩子读书,我逃离浦东了"。事实上,浦东学校建设标准并不低,"操场什么设施都很好",并非是教育设施建设的数量和硬件质量对居民造成困扰,而是教育理念与教学水平难以满足居民需求,指出浦东教育质量"肯定是跟其他区没办法比的",并且"发现不是自己(受访者)孩子一个,包括一同从浦东搬到徐汇区的朋友的孩子,本来在浦东觉得(读书)还行,到徐汇以后各方面就很吃力"。

由于教育资源的不均衡配置,学校间在教育质量和教育水平上存在着很大的差异,远远达不到家长对子女接受教育的预期。随着社会竞争的加剧,家长和孩子本身对接受高质量教育的需求日益强烈,不得不选择克服各种困难到市区读书,"不方便,真的苦,5点不到起床,我得先把饭做好,然后把孩子送到公交站。当时还没通地铁,你晚一班就不行,路程太远,必须抢位置"。另外,郊区学校师资力量有限,教育方式方法存在问题,比如"考试最后一道题是20分,老师居然不讲,你必须去他家上课"。与重视子女教育相比,居民们对社区其他服务设施的关注度颇为"冷静",不会因社区商业配套设施落后就搬离社区,"习惯就好了",但会因为得不到优质教育设施而离开。换言之,"其实跟我们需求有关,像平常一些吃饭餐饮,我们把要求降低一点都可以接受,但是医疗和教育没法降低"。因此,在没有强烈的教育医疗需求时,亲戚互助圈比社区生活圈重要,只要聚在一起,就总能有解决问题的办法;但一旦面临教育医疗的比较性缺失问题，则会主动争取更好的社区生活圈，即使这个圈层非常大，但为了获得更好的机会，设施上的缺失最后只能用距离来交换，"用脚投票"。并且这种搬离的成效显著。

③家政服务需求

义务教育实施存在一定的户籍制度障碍。目前我国城市儿童义务教育阶段的入学与户籍密切联系以"划片招生，就近入学"为基本原则，适龄儿童要进入户口所在地的学校接受教育。但是这也意味着，一旦户籍条件没有达到入学要求，"就近入学"也只是一句空话。一位受访者的孙子户口所在房产的户主不是其父亲的名字，因而无法就近入学，在被迫将户主更换并托关系后才顺利入学，否则将进入统筹，分配到较远的学区。也有受访者指出："（政府）给孩子分配小学时，当时（居住证）积分我老公不知道，只因为晚了几天，本来我们应该在这边（近的学校），结果却放到那边（远的学校）去了"。由于种种政策与制度，可能家门口的设施都不能使用，只能舍近求远。

对于陈女士所在的"双职工+双子女"家庭而言，夫妻需要上班，子女需要上学，祖辈需要接送并操持家务，6口人每天分别在两个工作地、两个上学地和居住地之间穿梭，其中陈女士丈夫送两个小孩去上幼儿园和小学，"开车都要20多分钟"，到自己的工作单位还需要再驾车20多分钟才能到达；陈女士每日从居住地高行镇到工作地三林镇上班，居住地与地铁站之间还需要乘坐公交短驳车，"在上班高峰期时，一旦错过（短驳车）这个时间点的话，可能就要再等很长时间，有时候等车38分钟才有一趟，基本上（到单位）路上要两个小时的路程"。奶奶则要负责接两个小孩放学，"坐公交车要很久的"。陈女士一家本在长兴岛置业，不得已选择在工作地附近租房，以减轻通勤压力，甚至"有同事在花桥买房子，基本上11号线从头坐到尾，一天可能要上班五个小时，路上四个小时"。通勤时间长，必然挤压各家庭成员本就有限的居家时间，尤其是工作日，上班族基本没有时间去关注家庭，在工作地或通勤过程中顺带消费或者求助于网上消费成为常态，祖辈又"都是在家里做饭的，比较少出去"，日常活动囿于买菜烧饭。闲暇时间的匮乏使得支撑社区商业的有效使用人群数量与频次不足，最终"饭店开了又倒，倒了又开，开了又关"。虽然家政服务可以有效地解决部分问题，但在采访中发现，家政服务本身也存在问题，尤其是收费与服务质量不对等，服务人员水平素质良莠不齐等，居民的接受度并不高。

（4）子女教育期：上大学时期

①子女通学需求

第一，大学位置偏远，学生通学压力大。受访者就读大学包括华东理工大学、上海师范大学、上海理工大学，位置均较为偏远，其通学过程反映出以下问题：首先，公共交通方式单一，地铁承载交通量超负荷，"以前有一个叫龙港快线的公交车，它是直通的，从临港到龙阳路走来回，挺方便，但地铁通车以后被取消了"，所以现在学生通学只能依靠 16 号地铁线，该线路因为乘坐人数非常多，以至于"从头站到底"。其次，公交线路少且串联功能区多，转车次数频繁，"一点也不方便。半小时一个班次"，"人还特别多，很多人都是到大学城的"，"一般在周浦车站坐 175 路，坐到航天博物馆，转海航专线或者海沈线，（总耗时）两个小时一刻钟是必需的。"最后，大学园区地处交通洼地，步行时间长，"从学校走到地铁站，无论是爱国路，还是复兴岛，都要走半小时"，"去五角场有 59 路车，但比较挤，还有 142 路，但要半小时一班"。

第二，作为相对独立的大学园区，各类基础保障性设施配置较为完善，"看电影、KTV、吃饭，什么玩乐需求，只要不是像欢乐谷那种大型的，在（学校）那边都能满足"。但是设施品质较低，以满足学生基本需求为主。首先，室外健身基础条件好，"体育锻炼在大学里面是最适合的了，因为有操场"，"每天晚上会去学校慢跑"，"学校里面就能满足这个需求，不需要去周边花钱锻炼"，但室内健身设施数量少，"据说校外面开了一个活力健身房，但我从来没去过，也没听说有人去过"。其次，校级医疗服务满足最低需求，稍重病情仍需转诊。再次，商业餐饮数量充足但环境品质差，"不怎么卫生，但是价格很亲民"。最后，小型文娱设施齐备，大中型文娱设施不足，"如果你真的要搞些大型的符合大学生休闲方式的文娱设施，得去南桥的百联，要从海湾镇去南桥镇，距离不近的"，部分校园还利用自身设施满足学生文娱需求，"上海师范大学有自己的电影院，就是大礼堂，平时对外开放，也卖票的"，不过"因为只有一个厅，要等它排片"。

②家长通勤需求

第一，职住配套水平低，职工通勤难度大。就受访者所在的南汇工业园区而言，园区重产业发展、轻配套设施建设，周边住区人口规模小、密度低，"只是一个小型的居民区，只是个小镇，人不多。礼拜六、礼拜天去，也没啥人"，大部分职工并没有住在厂区附近，从而带来一定的通勤难度。首先，从家到工厂的路程中，存在通勤距离远，转车时间长等问题。受访者在有单位班车的情况下，"大概要走25分钟到半个小时"到达班车接送点，而后再乘坐1个小时的班车到达工作地。如果没有班车，需要"再坐三辆公交车"才能到园区。其次，从工厂回家存在线路单一、班次少、间隔长等问题。"在园区里基本就一辆公交车，即南园1路"，总之，"班次多的站点太远，离得近的站点班次太少了"。最后，从新厂到老厂存在公交盲点，厂区规模较大、站点难以全部覆盖等问题，"园区两个厂，如果你从这个老厂到那个新厂，要么你就叫滴滴，要么你看谁有车去，人家带着你过去了"，否则仅仅是从厂区走出来到公交站点，"最少半个多小时"。

第二，产城关系失衡，园区生活服务能力低下。首先，娱乐方面存在配套档次过低，夜间经济萧条等问题。对于职工尤其是年轻职工而言，"他们觉得这边档次太低了"，会选择到南汇新城"大包厢唱歌，逛逛街，看看电影，吃一吃"。对于外来客商而言，由于"工业园区里就一家酒店"，所以"基本上都是安排到外面的酒店"，而且"工业园区里晚上黑咕隆咚的，没有车，连人都看不见"。其次，医疗设施数量匮乏，对外部依赖性强，"只有一家社区卫生院，有点啥问题，人家直接用车拉到南汇去了，不会来这边……南汇不行的话，再去市区"。最后，商业设施方面独立配套性较差，往往依托附近村镇中心提供服务，但服务能力十分有限，"有个厂区叫什么徐庙村，那里很不方便，要买个东西都没有……而且徐庙中心与宣桥镇中心或者沪南公路薛家宅比起来不是很好，只是一个村里的一个小集市"。

③节俭生活需求

由于该阶段里子女的教育费用和生活费用猛增，财务上的负担通常比较繁重。在"节俭自足型"人群中，既有收入较为拮据和生活条件确实有限的居民，也有不少收入条件较高却生活比较节俭的居民，其受到根深蒂固的勤俭观念的影响，以至于猪肉稍贵一点，就不买了。为了买到新鲜便宜的蔬菜，"虽住在虹口，但经常带着拉杆车到（周浦）这边来买菜"。生活节俭至此，何谈更高层次的消费设施需求。另外，居民对于家政服务的接受度不高，一方面，受到传统观念的影响，居民难以接受入户服务，毕竟有陌生人进到家中，难免心理存在防备；另一方面，习惯于自给自足的生活方式，对于外人做家务事，总是感觉达不到要求，"掏钱请了家政，一个礼拜过来打扫一次，觉得水平实在不是很好。他（家政人员）累死了，还不如我做得好。"

居民对于自我"身份"的认知清晰明确。一些外来人士反映,"我跟他们(上海人)的观念不一样,我就融不进去",在实际交往中,受访者对于社区文化活动设施也没有太大的兴趣,"基本上(来上海)这么多年,几乎没有跟别人多聊,我和朋友在网上聊"。工薪阶层在访谈中表现出对现实的无奈接受,"我不是暴发户,也不是什么当官的。命运不是掌握在自己手里的",并且对自身阶层十分敏感,"我跟你讲,人要根据层次!老百姓的层次和有钱人的层次是不同的"。在这种认知下,他们的设施需求显得十分简单直接,"老百姓心目中的改善一下(设施),最主要是便宜,价格不要涨,其他没有什么改善的了",另外,他们对提升设施硬件条件持否定态度,"看上去里面很干净,富丽堂皇,但物价肯定涨上去,它不是白装潢的",并认为"老百姓就是吃实惠的。"而那些白领阶层的收入相对可观,对于设施的档次要求虽表现得不明确,但内心仍存在优劣标准,"和人民广场相比,这些商场很low"。

(5)家庭成熟期:子女参加工作到家长退休

①日常买菜需求

伴随着时代的进步与发展,居民消费观念日趋理性,"现在衣服穿不破,饭不贪吃,家具用多少年也不用换,买了一台电视机等于这辈子就不用买了,都在玩手机,无人看电视!我们几千元买的电视机,现在都想扔掉,放着占地方。总之没有那么大的消费购物需求",居民对于耐用消费品的需求逐渐降低,但居民日常的生活消费却长期存在。例如,小型超市紧邻社区,居民日常的线下消费需求仍旧会首选在小型超市就近完成,"累了不愿意跑,家后面有个小超市,买东西很方便"。因此众多小型超市"开始增加生鲜卖场",目的就是吸引社区居民光顾,"比如老人精力不够,出家门口走几步路,就把需要的东西买回去了"。在便利性、大众化的消费中,买菜成为一种十分重要的日常需求。

目前,常见的菜市场分为室外与室内两种。"室外集市"的优点在于蔬菜瓜果类产品质量好,新鲜度高,深受居民欢迎,"本地人自己种的大头青真的很好,卖的价格可能比菜场贵一些,但我们宁愿买他们的"。缺点在于占道经营,影响市容交通管理,"摊贩会有,这边总归会有人来买菜,买菜就会停留,然后又有各种车辆的停留,经常造成大面积拥堵"。另外价格缺乏调控,"他们的蔬菜既新鲜又便宜,比菜场好",也有跟风涨价的情况,"那些老农就在菜场门口摆摊,自然价格也跟着一起上去了,他们也不傻,菜场里价格高,他们的菜价也跟着涨,但是总比里面的便宜"。政府虽出面管理,提供"专门给老人放这种摊子的集装箱",或者"城管有时候直接赶走不能买卖",但是成效都不大。主要原因在于居民对室外集市的需求是客观存在的,"每次城管来的时候,有些居民觉得管得对,但有些居民却说这些小摊贩也挺好的,可以比价,各执己见。政府也没有太好的办法"。"室内菜场"的优点在于有政府监管,熟食类、肉类食品的质量有保证,"都是人家固定的摊位,而且都是老卖家了,比较放心一点",缺点在于环境差,价格贵且便利度不够,"菜场里面又贵又脏,进去滑滑的","冬天下班的时候,稍微晚回来一会儿菜场就关门了"。

②休闲娱乐需求

伴随着城市的发展与建成区的扩张,购物目的地的等级与品质也发生了结构性的变化,对于临近退休的受访者而言,"淮海路、南京路在2000年时没有现在那么高档,买东西都喜欢到那边,现在变高档了,基本上就不去了",居民们的主要消费集中在地区或社区级别的商业设施,"平常就去金桥,有的时候到文峰广场"。因此,社区商业广场的定位往往不会很高档,多以解决居民的大众化、生活化消费为主,城市整体商业结构的层级化进一步拉大了市中心商业与地区、社区级商业的差距,相伴而生的是部分社区商业档次过低的现实问题,"我们这边连茶馆都没有","中档以上的餐厅也没有,你要招待远方来的亲朋好友,还真没有个固定的去处"。就家庭聚集地而言,也会选择家庭成员的工作地定期聚会,"女儿在陆家嘴工作,我们会经常到那边聚餐"。

与上述情况相反的是,在高桥镇,其商业"虽然有高桥红坊、高桥老街等几个点",但只是规模相对大一点,布置相对集中一点,"还是没形成一个比较完整的商业中心"。这种分散为设施使用带来了一定程度的便利性,并且"基本上能够满足需要",受访者认为"搞一个更大的(商业中心)似乎也没必要了",由于商业设施布局相对零散,服务的等级和规模体系尚未建立,"基本商业模式差不多,(业态)比较雷同",该地区消费场所缺少娱乐休闲的独特性与吸引力。受访者认为,"如果它们能集中在一起,可能特色就鲜明一点"。

③人气氛围需求

第一,居民对"旧区"与"新区"的认知差异。城市建设与发展是一个动态的过程,土地开发项目尤其是"大事件"背景下的市政建设对城市发展的推动力更为显著。由此带来的影响是:居民生活地点会发生变化,工作地点也会变动。2000年，黄浦江两岸地区规划建设工作启动，现在的豪宅区世茂滨江在当时还只是浦东沿江的棚户区。作为此地的拆迁户，受访者张阿姨和向阿姨表示"当时虽然是平房，但是方便，你要到什么淮海路、南京路、人民广场之类的地方坐轮渡很方便"。在搬到安置地点后，相比之下，"（金桥）这边当时什么都没有，就像下放到乡镇一样"，直到"过去了五六年，条件才慢慢变好"。在这段时间里由于安置地的设施十分不便，受访者为了照顾孩子上学，不得不住在八佰伴附近的婆婆家，将这套拆迁安置房空着，"那个时候（金桥）像乡下，也没有办法，又过了好多年才搬过来，（金桥）这边出门都不方便的"。浦东世博园区建设启动后，受访者工作的"厂子也动迁了"，"本来在世博园里，后来动迁了，到了康桥"，与搬迁相伴而生的就是不方便，"本来那个地方还可以，蛮方便的"，"后来搬到康桥，从单位出来到公交站点，要走半个小时"。居民在此过程中服从于政府发展大计，但新地区设施配套的完善是一个漫长的过程。当前浦东新区正着力推进前滩地区、国际度假区的开发建设，需要拆迁和安置居民，在过渡期怎样配置生活设施是一个重要问题。

第二，居民对"浦东"和"浦西"的认知差异。在老一辈人士的心目中，"总觉得周浦不是上海，一定要到南京路才叫去上海玩一玩"，但是对于前往市区消费购物的欲望并非完全一样，有人指出"要买衣服，基本上不在（周浦）这边买的，这边牌子实在是土。单论生活，这方面（周浦）确实足够了。但是，如果要把消费档次调高一点，这方面（周浦）确实不行"，有人虽强调"浦东"与"浦西"间的差距，但认为"市区有的，现在我们（周浦）这里也有了，都一样的。你去市区路还远，而且来回（需要）挤公交"。在年轻一辈的心目中，浦东与浦西之间的差距就没有那么突出，"现在浦东和浦西没什么差别的"，"像大拇指广场、八佰伴那边……不都是浦东，不都有可玩的，芳华路嘉里城都有可以吃吃喝喝的。一些网红店在那边也有分店，为什么我一定要跑到南京路上去吃"。因此，中老年人群对浦东与浦西差距的认知是根深蒂固的，一旦超出日常的出行范围，会优先选择到浦西消费，存在"走出自己原本的生活圈子，去浦西那边看一下"的心理。然而，年轻人认为无论是浦东还是浦西，更多的是一个地理位置的差异，没有太多心理含义，"去南京路唯一的目的是因为我的朋友住在浦西。如果大家汇集到一个终点，最好是到徐家汇和人民广场，因为这样的商圈才是最方便的，相当于一个折中点。"

第三，居民对"单位"和"社区"的认知差异。受访者作为从洛阳市涧西区随迁过来的国企职工，对于涧西区国企厂区的生活十分了解：首先，国企配套生活区人才集中，全国各地的大学生汇集在这里。"很多人才都过来了，我们一个科室有8个大学生，其中5个是清华的。当时能进我们单位的几乎全是重点大学的学生，因此别看洛阳城市不大，师资力量反而是最高"。其次，国企配套生活区设施完备，"我们一个拖拉机厂，相当于一座小城市，从幼儿园到哺乳室，还有体育场、游泳池和那种滑冰跳舞的地方，所有的设施我们这边全有了。看病我们有自己的医院，要啥有啥，还盖了个大型的体育馆"。最后，国企配套区的生活是几代人的家族记忆，虽然当时"家在北京，到洛阳真的是不愿意来"，但是"姥姥是党员，要响应党的号召，整个班都要过来支援建设"，改变了整个家庭的生命轨迹。受访者认为，与计划经济下的"单位制"社区相比，"现在（周浦）这个地方估计还达不到（那种水平）"，言谈中对国营配套生活区十分认可。

（6）退休养老期：家长退休后

①医疗服务需求

首先，硬件设施与医疗水平不相匹配。"周浦医院除了医生水平，别的方面人家说都是最好的"，以至于"上海拍电视连续剧，医院全部选在周浦医院拍，硬件方面真的好"。但是，"二级（医院）工资低，好的（医生）不愿意留"，硬件设施与医疗水平反差很大。受访者基本都表示，"水平不是很行，经常小题大做，就是不能一针见血地解决问题"，"（周浦医院）医生现在真的蛮难做的，投诉多啊"，"医术不行，看不出（身体）什么问题"，"（由于之前的医疗事故）周浦医院让我有心理阴影，所以从来不去"，甚至指责医院"那不是治病，那是害人"。"你要检查看病，其实看不起。检查下来一个感冒就要上千块，看个病就要1000多元，看不起的，价格很贵"。

其次，综合医疗设施分布过于集中。周浦医院从老镇迁往新址后，便利度有所下降，尤其是周康航大居的居民受到河流阻隔，需要绕路就医，由于"附近没有（其他医院），平常看病还是会去周浦医院"，因此"周浦医院看病的人多得很"，"一般能不去就不去了，人太多了"，"看个病大概需要半天时间"。对于居民而言，地段医院的主要职能是"配药"，难以发挥基层诊疗与分诊作用。受访者胡先生认为"还是缺少简单的小型门诊"，尤其是身体检查、开药买药、简单问诊等需求难以就近满足，"平常能去的大医院就只有上海第七人民医院一家",实际上"中间就断了地段医院这种类型"。加之民营医院居民接受度不高,主要也限于开药配药,受访者指出"这边康沈医院虽然是民营的,但医保卡也可以用,配药方便。它里面的药比较齐全",但是"有大问题,还是会去周浦医院或市区医院"。

最后,市区三甲医院服务压力大。由于周浦医院医技水平低,加之价格贵、就医人数多,而基层社区医疗机构和民营机构难以发挥有效的分流分诊作用,不少郊区居民选择"宁可去市区,也不去周浦医院",愿意"坐南新专线或者周南线,从三林城再转986路到瑞金医院",这客观上进一步加剧了市区三甲医院的诊疗压力。例如,部分社区规模非常大,附近"有一个曙光医院(三级综合性中医院)算大的,开车需要15分钟,但是,社区医院却比曙光医院还远!社区里头既没有社区医院,也没有卫生站"。

②康体健身需求

健康是维持居民体面社区生活的基础。关于"健康"的话题受到中老年人士的格外重视。其一,受访者对食品安全表现出了极大忧虑。"快餐虽多,但网上说那些东西全都是半年以前做好的,有点不敢消费","价格贵而且看不到制作过程",另外居民们对于食品的品质要求也更加精细化,"已经不是疯狂吃的阶段了,吃的要健康,要减肥了"。受访者指出"熟食店"与"肝炎传播"、"奶茶店"与"肥胖症"有关联,担心健康受到影响,所以现在很少去光顾,因此希望多多振兴"老字号",如上海本地人士熟知的"新亚大包"、"老盛昌"、"大富贵"、"光明村",但也担忧"老字号价格较贵,(浦东)这边的人无法接受"这个困境。其二,主要体现在健身的需求上。受访者冯女士认为,体育锻炼已经成为日常生活中不可或缺的一部分,"经常会去锻炼的,每天大概一个小时到一个半小时",而且健身的需求也逐渐多元化。但是健身设施(如游泳馆)建设与服务水平有待提升,"有很多人进去了(游泳池),耳朵进水后出现炎症,说明水的清洁度不够,水质不过关"。

另外,"品质追求型"人群在物质消费上有更多的追求,不再满足于温饱状态,受访者表示"上次买羽绒服,先去万达,没有合适的,就到市区了,发现市区的东西比这边花色多,更吸引人"。该类人群也更愿意通过花钱来提升生活品质,"(健身卡)办四年的才5300元,很划算,真划算。四年以后,续了个五年卡,才7500元,还是划算"。其三,主要从择居视角表达了对医疗资源配置的无奈。"现在好多老年人把市区的房子卖掉，然后到乡下去买大房子，但是这会带来一个潜在问题，比如突发急病来不及送到医院"，所以受访者认为房子虽小，但是便利性和安全性是第一位的，并在言谈中时常发出"宁要浦西一张床，不要浦东一间房"的感叹。

③养老助老需求

第一，养老机构一床难求。浦东调查队近期开展新区居民养老需求专题调查，区域内22家养老机构的问卷调查显示：59.1%的养老机构入住率在90%以上，其中，27.2%的养老机构入住率达到了100%。养老机构尤其是公办养老机构床位还是一直处于饱和状态，真是"一床难求"。另外，养老机构对于老人设有明确的入住标准，"给你的身体测评一下，看有没有达到进养老院的资格"，"你身体好，就不收你。根据你的身体情况，分为一级护理、二级护理……根据疾病来收费"。

第二，居家养老存在代际障碍。对于受访者而言，往往考虑到下一代人的生活压力，即使希望居家养老，也会迫于现实选择机构养老，"子女都要上班，他们忙得不得了，自己养家糊口都很困难，我还去连累他们，只能去养老院了"。而且社区医疗保障能力也很有限。社区缺乏定期的居家养老配套服务，"没有定时检查，只是上面写了名字，有什么事情打个电话，问问社区医生"，"有什么事情，你电话联系保健医生，问问情况，可能他会上门服务"。另外，社区医生级别不高，配药开药的数量和种类有区别，也会对社区居家养老有所影响，"他们医生不一样，级别不一样，药不能多开"。

第三，精神文化追求层面，存在"安于现状型"与"乐于上进型"两类老年人群。"安于现状型"人群对精神文化层面的追求逐渐淡漠，一方面出于对自身年老体衰的认知，"小的时候没有好好读，现在都老了，还读什么书？"；另一方面则表示无法对自己提出严格的自律要求，"固定的时间让我觉得不自由，我早上起不来，八九点上课，我八点半才起床，来不及我就不去了"。但"乐于上进型"人群在精神文化方面的追求十分强烈，对相应的文化设施需求旺盛，"傅雷图书馆我去过好多次了，真的好，地方漂亮，书也齐全，还定期搞活动……真的挺好。"另外，该类人群求知欲强，"报了旅游英语，还报了摄影和书法，总共三个班"，非常认可这种"很轻松学知识，没压力"的半公益型社区教育模式。

6.2 浦东新区生活空间资源配置的时空评价

6.2.1 评价指标

1. 现有分类所面临的困难

从社区公共服务设施分类现有标准来看（表6.2-1），首先，分类分级层次深度不够，难以反映客观现实的复杂性和模糊性。当前分类方法的差异性多表现在大类划分上，在深入至小类细分层面后往往呈现出一定的趋同，缺乏区分度，分类标准宽泛，不能清晰地进行范围界定。另外，当前社区服务设施规划建设形式多样，尤其是集中配置和综合使用模式逐渐受到重视，实际中各类设施的复杂性与模糊性更为显著，客观描述社区服务设施难度不断加大。其次，分类分级依据有所欠缺，难以实现设施全貌的覆盖性和全面性。当前生活服务设施分类方法多是针对性的，往往无法反映设施分类全貌。有学者明确指出，国内的社区公共服务设施偏重实体空间，分类角度多且发散，与社区相关的市政、商业、交通等设施在大多数分类中未纳入。[1] 当前，社区服务建设中的各类设施设置项目也越来越齐备，需要更有效、更齐全的分类标准出现。最后，分类分级标准过于僵化，难以描述使用主体的选择性和需求性。服务设施广泛存在于居民日常生活空间中，但使用者需求的程度是完全不同的。例如，三级甲等医院与社区医院、便利店与大型超市都是有需求的，但是从花费、效果、远近以及规模等方面综合考虑，居民的选择并非设施配套之初设想的那样完全理性，从而反映出居民的需求差异。因此，当前部分分类标准虽能给予主观需求层面的分类指引，但并未有效区分出需求层次和主体选择差异程度，因此分类标准在刻画需求特征中难以发挥实际作用。

生活服务设施分类标准优劣对比表　　　　表6.2-1

划分标准	分类体系	反映复杂性	实现覆盖性	描述需求性
以日常生活类型为划分标准	6大类、36小类[2]	○○	○	○○
以基本公共服务项目为划分标准	8大领域、81个项目[3]	○	○	○○

1　孙艺，宋聚生，戴冬晖. 国内外城市社区公共服务设施配置研究概述 [J]. 现代城市研究，2017，3：7-13.
2　刘晓霞. 基于城市社会—生活空间质量观的社区资源配置研究 [D]. 西北大学，2009.
3　国务院关于印发《"十三五"推进基本公共服务均等化规划》的通知，2017年1月23日.

续表

划分标准	分类体系	反映复杂性	实现覆盖性	描述需求性
以城市居住社区等级为划分标准	3大类、6中类、65小类[1]	○	○	○

注：○表示较难达到，○○表示基本能够达到。

2. 标准引入说明

基于以上分析，引入《生活性服务业统计分类（2019）》（以下简称《分类》）开展居民社区生活需求研究。分类由12大类、46中类、151小类构成，具有以下优点：①《分类》以国务院有关政策文件为指导确定生活性服务业的基本范围，研究范围分类更有针对性和权威性；②《分类》是国家统计局对《生活性服务业统计分类（试行）》的最新修订，用以指导全国统计工作，具有国家层面的标准性；③《分类》以面向居民的服务活动为分类的主要依据，所得类型均为向居民个人提供消费和保障的服务，以及与居民消费息息相关的服务，能够全面包含和反映社区资源体系以及构成社区生活空间质量的各类服务设施主体，并兼顾社区生活圈的规划建设实践要求，与社区生活空间质量的生活行为空间需求本质相契合，从而有效反映社区生活空间质量构成与水平。因此，本次考虑引入《分类》作为基础标准依据，以求权威、准确、全面地反映社区居民的各类需求。

3. 行业分类提取

一方面，《分类》以《国民经济行业分类》GB/T 4754—2017（以下简称《标准》）为基础，是对国民经济行业分类中符合生活性服务业特征有关活动的再分类。《分类》作为《标准》的外延子体系，虽已建立与《国民经济行业分类》对应关系，但在国民经济行业分类中，行业类别仅部分活动属于生活性服务业，即部分国民经济行业分类所指范畴要大于对应生活性服务业分类，并非完全的同等对应关系；另一方面，《标准》是对全社会经济活动分类所作出的标准化规定，其主要适用于全国经济普查等国家宏观管理中经济活动的分类，与经济普查数据具有清晰的对应关系。因此，为更加全面反映与居民生活服务相关的各类需求，便于后续研究使用经济普查数据，有必要结合《标准》对《分类》进行体系再组织。综上所述，结合生活性服务业分类体系建立基于国民经济行业分类的评价指标库（图6.2-1）。

---

[1] 住房和城乡建设部.城市居住区规划设计标准：GB 50180—2018 [S].

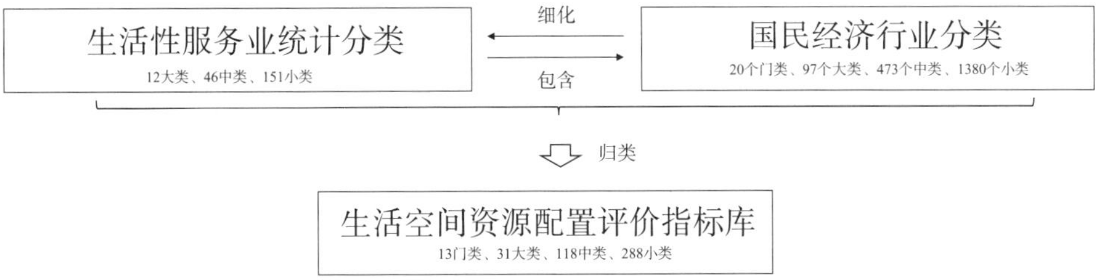

```
┌─────────────────────────┐      细化      ┌─────────────────────────┐
│   生活性服务业统计分类    │ ←─────────→  │    国民经济行业分类      │
│  12大类、46中类、151小类  │      包含      │ 20个门类、97个大类、473个中类、1380个小类 │
└─────────────────────────┘               └─────────────────────────┘
                    │                            │
                    └──────────┬─────────────────┘
                               ↓ 归类
                  ┌─────────────────────────┐
                  │  生活空间资源配置评价指标库  │
                  │ 13门类、31大类、118中类、288小类 │
                  └─────────────────────────┘
```

图 6.2-1　评价指标库建立路线图

4.评价指标库构建

所谓评价指标库，是指满足居民生活性服务需求的一系列国民经济行业所形成的指标集合。该集合中不同行业的分类组合可以形成众多种类的指标体系，用于表征社区生活行为的空间需求构成与水平，起到社区生活空间质量评价指标来源的作用。指标库构建涉及两个前提问题：第一，为什么行业分类可以用于社区生活空间质量评价？就当前评价手段而言，其所运用的社会、经济、环境、文化等统计数据过于宏观，实际上与居民日常生活需求不一定有直接关联，相比之下，行业分类不仅同样蕴含着大量的经济普查所呈现的数据信息，而且更能反映出与居民关联最为密切，最为直接的活动需求。另外，行业分类将"单位"作为划分国民经济行业的载体。"单位"是开展各种经济活动的实体，是用经济数据描述的空间，相较于当前采用设施空间属性进行评价的方法，其不仅规避了依靠建筑或用地规模大小进行设施评价的偏差失准问题（部分设施面积大，但居民需求并不一定强），还反映出各类社区资源以及构成资源体系的社区服务设施的真实运营情况。

第二，为什么称之为"指标库"？《标准》为适应经济普查的调查对象与行业范围要求，其分类必须具有全面覆盖性和法定权威性，即能够充分反映境内全部法人单位、产业活动单位和个体经营户的实际情况。依托《标准》构建的评价指标库，共涉及国民经济行业13门类、31大类、118中类、288小类。首先，构成指标库的国民经济行业按照同一种经济活动的性质划分，而不是依据编制、会计制度或部门管理等划分，能够全面反映各行各业的实际经济情况；其次，指标库中的行业分类以法人单位和构成法人单位的产业活动单位作为划分单元，既清晰界定独立经济单位，也明确区分独立经济单位各组成部分，能够深刻洞悉各行业内部的经济结构与层次；最后，指标库中单位行业归属是以单位主要经济活动为判断原则，不仅保证单一种类经济活动单位不重复，而且不遗漏各类混合经济活动单位，能够完整刻画现实经济活动情况。因此，相较于指标体系而言，其普遍性、全面性、完整性特点更为显著，故被称为"指标库"。

6.2.2 评价数据

1. 数据来源比较

（1）经济普查数据

根据《全国经济普查条例》的规定，国务院于2018年开展第四次全国经济普查，目前普查结果已正式发布。经济普查是我国一项重大国情国力调查，目的是全面调查第二产业和第三产业的发展规模、布局和效益。经济普查涵盖我国境内从事二、三产业的全部法人单位、产业活动单位和个体经营户，采用国家规定的统计分类标准和目录，获得基本情况、组织结构、人员工资、生产能力、财务状况、生产经营和服务活动、能源消费、研发活动、信息化建设和电子商务交易情况等真实数据，能够全面表征经济发展状况。上述按照国民经济行业分类构建评价指标库的重要目的就是便于使用经济普查数据。然而，经济普查对外公布的数据文件如国家及各地的经济普查统计年鉴、统计公报等，所提供数据为加工处理后的结论数据，并非反映每一个调查单位的原始数据，加之对经济普查资料数据库所进行的商业开发和应用也尚不成熟。因此，获得一手经济普查调研数据难度较大。为便于研究的推进，必须寻找代用数据源。

（2）POI数据

随着大数据时代的到来，我们分析和解释空间以及人们使用空间的行为有了新的方法。大数据中约有80%的数据是与空间位置相关的。[1] POI数据作为空间大数据的重要类型，因其易得性、海量性以及包含定位信息等特点而得到广泛应用。POI（Point of Interest），即兴趣点，泛指一切可以被抽象为实体的点，尤其是与人们生活密切相关的设施。[2] 首先，POI的海量信息为日常活动与行为研究提供了基础。POI数据涉及领域众多，涵盖居住、工作、休闲、消费、公服与社会交往等各类活动空间，能够比较完整地反映出社区居民日常生活需求

---

1 王树良，丁刚毅，钟鸣. 大数据下的空间数据挖掘思考 [J]. 中国电子科学研究院学报，2013，8（1）：8-17.
2 梁燕. 基于POI大数据的郑州市现代服务业空间分布特征研究 [D]. 河南大学，2018.

的方方面面；其次，POI便于结合研究者所关注的兴趣对象展开相应领域空间研究。POI既然是兴趣点，就涉及谁感兴趣和对什么感兴趣的问题，即兴趣点的使用对象、使用者、使用需求问题。[1]一旦明确了这几点，就可以便捷地开展研究。由于上述两个数据优势，POI在社会生活空间资源配置评价中得到广泛应用。但是，使用POI数据作为经济普查数据的代用数据源，尚需要进一步对应分类逐一验证。

2. 数据对应关系

目前，学术界对POI的分类在归类重复性、语义识别、体系转换与匹配、冗余信息融合等方面尚待改进，并未出现十分明确、具有普适性的分类方法。高德地图、百度地图、太乐地图等网络地图服务商，各自构建独立的分类体系来管理POI数据。具体对应步骤：以上述三大服务商POI分类为标度，以国民经济行业分类为标的，找到POI数据分类与国民经济行业分类的对应关系。为确保准确性，采取小类对照方法。对照分类产生三种可能结果：（1）国民经济行业小类与太乐地图POI小类名称及内涵范畴均基本一致，则确定为"完全匹配"；（2）国民经济行业小类与太乐地图POI小类名称不一致，但内涵基本相同，或名称基本一致，内涵范畴略有差异，但关联度高，则确定为"基本匹配"；（3）国民经济行业小类与太乐地图POI小类名称及内涵不一致，但存在一些局部的交错关系，则确定为"局部匹配"。结果显示，太乐地图完全匹配与基本匹配的类型数量占全部行业小类数量的74%，较高德、百度匹配度略高，将其作为经济普查数据的代用数据源还是可行的。

3. 评价数据库构建

综上所述，第一步，引入太乐地图POI数据源开展数据匹配对应工作；第二步，结合匹配后的基本结果，运用GIS的空间查询与属性表编辑功能对不匹配数据进行逐类、逐条清洗；第三步，建立由行业小类名称、编号、POI小类名称、POI附属信息构成的评价数据库，共涉及太乐地图POI类型共16大类、187小类（图6.2-2）。考虑到POI数据与经济普查数据均具有动态更新的特点，本数据库也应不断完善。未来完善主要涉及两个方向：一方面，需要借助腾讯、高德等POI数据作为补充数据源，尽可能为尚不能匹配的行业小类提供可分析

---

1 张玲.POI的分类标准研究[J].测绘通报，2012，10：82-84.

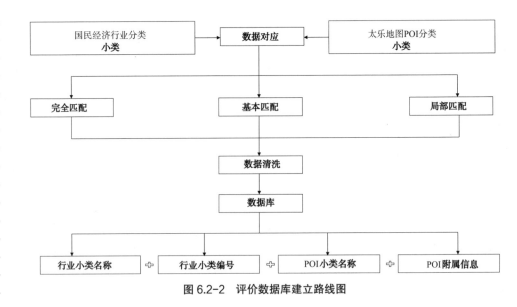

图 6.2-2 评价数据库建立路线图

的 POI 数据来源；另一方面，需要扩展研究视野，未来在部分特定视角研究中应酌情考虑将上述 POI 数据引入分析，包括市政基础设施、部分机构团体以及地名地址，或是不在生活服务业范畴内、室内兴趣点等类型的兴趣点。

6.2.3 评价思路

1. 评价指标体系

（1）指标层次

生活空间资源配置评价指标体系是评价指标库与数据库的有机组成部分。该体系由"设施供给能力评价"与"设施服务水平评价"两大评价指标体系组成。前者侧重于为研究对象提供各类生活空间资源的能力进行总体评价，是在设施供给端开展评价，设施供给能力指标体系涵盖居民日常生活中通勤流通、购物消费、健康医疗、家庭家政、文化教育、休闲娱乐六大设施门类；其次，后者侧重于从现行国家及地方规范标准要求出发，综合评价为研究对象配套的各类公共服务设施服务水平高低与达标情况，是在设施需求端开展评价。根据《城市居住区规划设计标准》GB 50180—2018、《上海市 15 分钟社区生活圈规划导则》与《上海市村庄规划导则（2010）》中"15—10—5 分钟"生活圈层设施配置要求，设施服务水平指标体系包括文化、医疗、行政、养老福利、交通、商业、教育等八大设施门类。

设施供给能力评价可围绕空间需求与资源供给两方面，在一级指标中归类、提取、划定，形成二级指标体系。其中，使用者在空间资源的需求反映在居住、工作、消费三类活动空间上，经营者对设施资源的供给则因供给主体与方式的不同区分为营利性、公益型、准公益型三类，基于此可进一步分析不同类型资源服务能力情况。因此，设施服务水平评价可结合标准规范中各类设施的使用人群类型与步行可达类型两方面，对一级指标进行归类、重组后形成二级指标体系。其中，既包括儿童、老年人、上班族设施圈指标之分，也涵盖5分钟、10分钟、15分钟设施圈指标区别，基于此进一步分析不同类型设施服务水平情况（图6.2-3）。

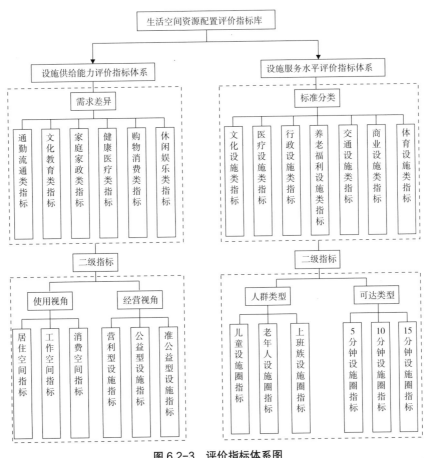

图6.2-3 评价指标体系图

（2）指标推导

①设施供给能力评价指标体系

设施供给能力评价一级指标：由6大类、122小类指标构成。其中通勤流通类指标涉及道路运输业（54）、水上运输业（55）、多式联运和运输代理业（58）、邮政业（60）、货币金融服务（66）；购物消费类指标涉及零售业（52）、住宿业（61）、餐饮业（62）；健康医疗类指标涉及卫生（84）、社会工作（85）；家庭家政类指标涉及居民服务业（80）、机动车、电子产品和日用产品修理业（81）、其他服务业（82）；文化教育类指标涉及教育（83）、广播、电视、电影和录音制作业（87）、文化艺术业（88）；休闲娱乐类指标涉及公共设施管理业（78）、体育（89）、娱乐业（90）、餐饮业（62）（表6.2-2）。本段落括弧中数字为国民经济行业分类的大类编码。

设施供给能力评价二级指标：空间需求侧指标体系由3大类、96小类指标构成（表6.2-3）。其中居住空间指标参考《居民生活服务业发展"十三五"规划》所列餐饮、住宿、家政、洗染、沐浴、美容美发、家电维修、人像摄影等服务业类型，考虑到零售商业是居民日常生活中所必需的，故主要涉及住宿业（61）、餐饮业（62）、居民服务业（80）、机动车、电子产品和日用产品修理业（81）等4类国民经济行业分类。产业空间指标参照《上海市城市居住区和居住区公共服务设施设置标准》等现行上海公共服务设施配置标准，结合产业园设施需求差异，主要涉及货币金融服务（66）、零售业（52）、住宿业（61）、餐饮业（62）、卫生（84）、教育（83）、文化艺术业（88）、体育（89）、娱乐业（90）等9类国民经济行业分类。消费空间指标依据马斯洛需求层次理论，将人类的需求类型、需求内容与商品内容、商业设施分类归纳[1]，重点关注生存与安全需求以上的社交、尊重和自我实现需求，主要涉及零售业（52）、住宿业（61）、卫生（84）、居民服务业（80）、其他服务业（82）、教育（83）、广播、电视、电影和录音制作业（87）、文化艺术业（88）、公共设施管理业（78）、体育（89）、娱乐业（90）、餐饮业（62）。

资源供给侧指标体系由3大类、122小类指标构成（表6.2-3）。公共服务设施按照竞争性、排他性的特征，分为纯公共产品、拥挤的公共产品、不计入

---

[1] 武前波，黄杉，崔万珍. 零售业态演变视角下的城市消费空间发展趋势[J]. 现代城市研究，2013，28（5）：114-120.

价格的公共产品与纯私人产品 4 类。[1] 纯公共产品与拥挤的公共产品主要由政府直接或间接提供，是以保障社会公共利益为目的的公益型设施，主要涉及道路运输业（54）、水上运输业（55）、多式联运和运输代理业（58）、社会工作（85）、文化艺术业（88）、公共设施管理业（78）、体育（89）。纯私人产品是由企业以市场化的方式提供，是以获取经济利益、获得利润为目的的营利型设施，主要涉及道路运输业（54）、邮政业（60）、零售业（52）、住宿业（61）、餐饮业（62）、居民服务业（80）、机动车、电子产品和日用产品修理业（81）、其他服务业（82）、教育（83）、广播、电视、电影和录音制作业（87）、公共设施管理业（78）、体育（89）、娱乐业（90）、货币金融服务（66）。不计入价格的公共产品具有一定的竞争性与排他性，有别于纯公益型设施，它是由政府与市场共同供给的准公益型设施。主要涉及卫生（84）、社会工作（85）、教育（83）、文化艺术业（88）、公共设施管理业（78）。

②设施服务水平评价指标体系

以"居住区标准"各级设施配置要求为基础，兼顾"生活圈导则"和"村庄导则"要求，将三者所涉及的设施类型加以整合，尤其是对于服务内容基本一致，名称有所区别的设施进行归并和简化。

第一步，根据《居住区标准》，"15 分钟生活圈居住区"与"10 分钟生活圈居住区"配套设施 4 大类、39 小类；"5 分钟生活圈居住区"配套设施 1 大类、17 小类；"居住街坊"配套设施 1 大类，9 小类。其中，"15 分钟生活圈居住区"应配建设施种类为 16 小类，宜配建设施种类为 7 小类；"10 分钟生活圈居住区"应配建设施种类为 8 小类，宜配建设施种类为 6 小类；"5 分钟生活圈居住区"应配建设施种类为 7 小类；"居住街坊"应配建设施种类为 6 小类。《居住区标准》对部分设施的服务半径与服务人口作了明确规定，其中，15 分钟生活圈居住区配套设施服务半径为 800 米或 1000 米，10 分钟生活圈居住区配套设施服务半径为 500 米，5 分钟生活圈居住区配套设施服务半径为 150 米或 300 米（图 6.2-4）。

第二步，根据《生活圈导则》，步行可达时间为 15 分钟的基础保障类设施为 8 小类，没有明确规定品质提升类设施。步行可达时间为 10 分钟的基础保障类设施为 4 小类，品质提升类设施为 3 小类。步行可达时间为 5 分钟的基础保

---

[1] 晋璟瑶，林坚，杨春志，高志强，周琴丹. 城市居住区公共服务设施有效供给机制研究——以北京市为例 [J]. 城市发展研究，2007, 6: 95-100.

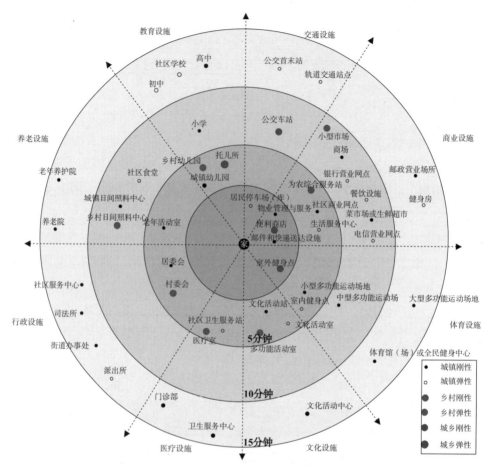

图 6.2-4 基于生活圈的设施配置体系图

障类设施为 2 小类,品质提升类设施为 2 小类。与《居住区标准》相比,《生活圈导则》对各类配套设施的步行可达距离和步行可达时间均作出明确规定(除社区学校、社区养老院、工疗与康体服务中心三类设施未明确规定步行可达时间外),且在服务半径设定方面更具弹性。其中,15 分钟生活圈居住区配套设施服务半径为 800—1000 米,10 分钟生活圈居住区配套设施服务半径为 500 米,5 分钟生活圈居住区配套设施服务半径为 200—300 米。

第三步,无论是"基础保障型"和"品质提升型",还是"应配置"和"宜配置"等规定,均为设施配置提出层次化要求,因此配置分析有必要区分"刚性"和"弹性"两类设施。考虑到体育健身与卫生服务的实际需求,对于健身点、体育健身场馆、卫生服务站三类原"弹性"配置设施，修改为"刚性"配置要求，除此之外，其余类型设施的"刚性"和"弹性"均能与现行标准相兼容。综上所述，"刚性"设施种类合计29类，"弹性"设施种类合计16类，其中，"类型弹性"（即有条件设置，没有条件可不设置）的有文化活动室、派出所、乡村老年人日间照料中心、社区食堂、社区学校、乡村幼儿园、托儿所，公交首末站、轨道交通站点、生活服务中心、为农综合服务站、健身房、小型市场，"服务弹性"（即步行可达距离与时间存在弹性）的有社区卫生服务站、初中、公交车站、居民停车场库、银行营业网点、电信营业网点、餐饮设施。

第四步，为方便评价分析，各类设施对应的步行可达距离要求以《居住区标准》与《生活圈导则》规定的上限值为准。对于标准未明确规定的设施，或存在"服务弹性"的设施而言，距离与时间指标按照其对应生活圈居住区等级进行类推给定（15分钟对应1000米，10分钟对应500米，5分钟对应300米）。其中，有两类设施的数据给定需要单独说明，一类是文化活动室、托儿所、卫生服务站较现行标准适当缩短了步行可达距离和步行可达时间，有助于设施标准体系的层级化完善；另一类是初中、公交首末站、居民停车场库、餐饮设施，虽有一定的"服务弹性"，但步行可达距离不适宜变更。第五步，就适用区域而言，适用于乡村地区的有3类，适用于城镇地区的有35类，适用于城乡地区的有7类。

（3）指标构成

设施供给能力评价一级指标由6大类、122小类指标构成。其中，通勤流通资源11类，文化教育资源13类，家庭家政资源17类，健康医疗资源17类，购物消费资源48类，休闲娱乐资源16类，合计122类（表6.2-2）。设施供给能力评价二级指标：居住空间类资源30类，工作空间类资源34类，消费空间类资源32类；营利型资源84类，公益型资源10类，准公益型资源28类（表6.2-3）。其次，设施服务水平评价一级指标由8大类、45小类指标构成。其中，文化设施3类，医疗设施4类，行政设施6类，养老福利设施6类，教育设施6类，交通设施4类，商业设施13类（配套型7类，消费型6类），体育设施3类，合计45类（表6.2-4）。设施服务水平评价二级指标：15分钟生活圈设施14类，10分钟生活圈设施12类，5分钟生活圈设施19类；老年人设施12类，儿童设施5类，上班族设施7类（表6.2-5）。

综上，依据指标类型对应的国民经济行业分类，结合评价指标库中选取对应指标，结合评价数据库中提取对应数据，形成评价指标体系，空间分布情况如图 6.2-5 所示。需特别说明，根据《居住区规范》与《生活圈导则》明确各类设施服务内容与国民经济行业分类标准的对应关系。对应关系存在两类情况，一类是与目前已有的指标库与数据库能够完全对应，可以直接使用现有数据；另一类是需要根据设施服务内容修正现有指标库与数据，即需要重新进行数据清洗工作。

设施供给能力评价一级指标体系表　　　　　　　　　　表 6.2-2

评价指标大类名称	评价指标小类数量（类）	POI 数量（个）
通勤流通类	11	18345
文化教育类	13	4164
家庭家政类	17	16040
健康医疗类	17	1482
购物消费类	48	78062
休闲娱乐类	16	6665
合计	122	124758

设施供给能力评价二级指标体系表　　　　　　　　　　表 6.2-3

评价指标大类名称		评价指标小类数量（类）	POI 数量（个）
使用视角	居住空间类	30	64477
	工作空间类	34	57155
	消费空间类	32	44724
小计		96	166356
经营视角	营利型设施类	84	114320
	公益型设施类	10	7193
	准公益型设施类	28	3245
小计		122	124758

设施服务水平评价一级指标体系表　　　　　　　　　　表 6.2-4

评价指标大类名称	评价指标小类数量（类）	POI 数量（个）
文化设施类	3	1276
医疗设施类	4	931
行政设施类	6	873
养老福利设施类	6	694

续表

评价指标大类名称	评价指标小类数量（类）	POI 数量（个）
教育设施类	6	2003
交通设施类	4	13261
商业设施类	13	57948
体育设施类	3	1626
合计	45	78612

设施服务水平评价二级指标体系表　　表 6.2-5

评价指标大类名称		评价指标小类数量（类）	POI 数量（个）
人群类型	儿童设施类	5	1808
	老年设施类	12	28389
	上班族设施类	7	3279
小计		19	31668
可达类型	5 分钟设施类	19	48456
	10 分钟设施类	12	26477
	15 分钟设施类	14	3679
小计		45	78612

（a）交通通勤等 6 类 POI 分布　　　　（b）文化设施等 8 类 POI 分布

图 6.2-5　POI 分布图

2.评价对象单元

(1) 行政区单元:街道尺度

①选取原因

设施供给能力评价选取街道(或乡镇)作为评价单元,评价对象为浦东新区行政范围,共涉及12个街道、24个镇(图6.2-6)。主要有以下原因:①符合中国政府管理与资源供给的基本国情。在当前城市社区组织体系中,街道作为

图 6.2-6 浦东新区行政区划图

我国城市中特殊的行政设置方式，地域范围明确，面积规模较市辖区小，同时具有构成社区的齐备要素，因此在当前研究实践中，街道是广泛采用的社区概念。②便于研究数据的获取与分析。通常，社区在规划中是指在一定的地域范围内，具有同等行政区划级别，相互毗邻但无隶属关系的"单元"，多采用行政区划边界作为分界线。按此定义，以街道或乡镇为评价单元，不仅能够获取清晰的行政边界，而且单元面积大小适中，涵盖各种类型生活服务设施，还能更容易获得数据指标开展评价。③符合生活空间资源研究的国际惯例。目前美国芝加哥学派的场景（Scenes）理论前沿研究中，设施数据库的建立基于各国邮政编码区域划分建立。中国目前的邮政编码系统采用四级六位编码制，乡镇是邮政编码系统的最基层一级。把乡镇街道作为研究评价基本单元符合国际研究的基本惯例。

②分类过程

第一步，结合《上海市浦东新区总体规划暨土地利用总体规划（2017—2035年）》对中心城区街道及各镇的功能定位引导，参考上海市开发区协会官网上公布的上海开发区地图、《上海市商业网点布局规划（2014—2020年）》，将各镇所辖居（村）委会划分为产业型、商业型和居住型三类。其中产业型居委会是指工业区块（公告园区、产业基地及工业地块）所在或涉及的居（村）委会，商业型居委会是指市级商业中心、地区商业中心、乡镇政府所在或涉及的居（村）委会，居住型居委会是指除产业及商业社区以外的其他居（村）委会。把各乡镇街道内三类居（村）委会的辖区面积所占比例，从低到高排序，区分居住、产业、商业三类社区（图6.2-7）。初步可以明确：高桥、高东、金桥、川沙、

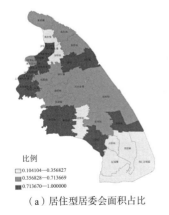
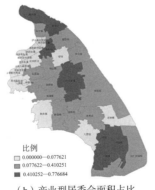

（a）居住型居委会面积占比　　（b）产业型居委会面积占比　　（c）商业型居委会面积占比

图6.2-7　居（村）委会分类图

万祥、书院、泥城可归类为产业社区；高行、陆家嘴、潍坊新村、宣桥、南汇新城可归类为商业社区。

第二步，居住功能类 POI 包括住宅小区小类、住宅区小类、别墅小类，产业功能类 POI 包括公司企业小类，消费功能类 POI 包括购物大类、酒店宾馆大类、美食大类。按照居住功能、就业功能、消费功能 POI 占所有 POI 总量的比例进行排序，用以参考校核。合庆、张江可归类为产业社区，沪东新村、北蔡、三林、东林路、上钢新村等可归类为商业社区（图 6.2-8）。

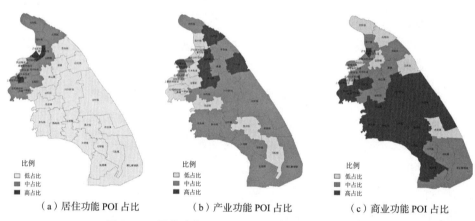

（a）居住功能 POI 占比　　（b）产业功能 POI 占比　　（c）商业功能 POI 占比

图 6.2-8　居住功能、产业功能、消费功能 POI 占比图

第三步，进一步对购物消费类 POI 进行核密度分析，结果表明：以内环内设施为集聚核心，以滨江街道为集聚地带，集聚度由内环内、内外环间、外环外逐步降低。高集聚区主要分布于陆家嘴、潍坊新村、川沙北、周浦南、惠南北等地。周浦、惠南、川沙可划分为商业社区。北蔡、宣桥等地从商业社区中去除。

③分类结果

结合浦东新区总体规划对各地区的发展定位，综合确定分类结果如下：高桥、高东、金桥、万祥、书院、泥城、合庆、张江、祝桥、康桥 10 地可归类为产业社区；高行、陆家嘴、潍坊新村、南汇新城、沪东新村、三林、东明路、上钢新村、周浦、惠南、川沙 11 地可归类为商业社区。其他 15 地可归类为居住社区（表 6.2-6、图 6.2-9）。

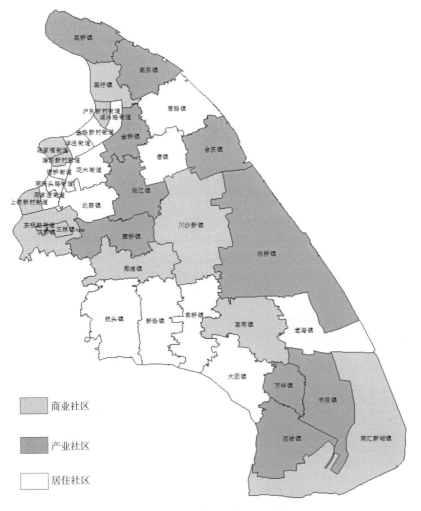

图 6.2-9 街道（乡镇）分类图

设施服务水平评价二级指标体系表　　　　表 6.2-6

名称	面积（平方米）	常住人口（人）	分类
惠南镇	58580578.09	294927	商业社区
东明路街道	5095242.352	130000	商业社区
周浦镇	41824307.37	222762	商业社区
上钢新村街道	7541641.388	126400	商业社区
潍坊新村街道	3767603.66	122000	商业社区
三林镇	39058927.37	294948	商业社区

续表

名称	面积(平方米)	常住人口(人)	分类
陆家嘴街道	6833652.03	135900	商业社区
高行镇	21559608.96	129540	商业社区
沪东新村街道	5430745.561	101600	商业社区
川沙新镇	98368784.5	321000	商业社区
南汇新城镇	143970429.4	72991	商业社区
北蔡镇	25197734.13	277490	居住社区
唐镇	31606981.56	128700	居住社区
浦兴路街道	6152850.421	183000	居住社区
花木街道	21079957.86	249000	居住社区
曹路镇	49167746.14	170500	居住社区
新场镇	52750898.21	109000	居住社区
大团镇	51501986.39	85000	居住社区
航头镇	59621011.4	163001	居住社区
塘桥街道	3740502.092	90000	居住社区
周家渡街道	5480730.384	142200	居住社区
南码头路街道	4288478.197	114000	居住社区
洋泾街道	7438703.902	156600	居住社区
金杨新村街道	8000996.395	203700	居住社区
老港镇	51369256.06	40360	居住社区
宣桥镇	47782676.11	50010	居住社区
万祥镇	23376071.06	25300	产业社区
书院镇	64254250.24	56978	产业社区
金桥镇	24380866.81	75796	产业社区
张江镇	39787906.09	230000	产业社区
合庆镇	42894304.59	122892	产业社区
泥城镇	58559780.9	83822	产业社区
康桥镇	41086023.27	298000	产业社区
高桥镇	39996281.45	178800	产业社区
高东镇	36694011.9	104605	产业社区
祝桥镇	176116343	250000	产业社区

（2）生活圈单元：居委尺度

①选取原因

设施服务水平评价选取15分钟生活圈作为评价单元。评价对象为浦东新区行政范围，共涉及1220个居委会。主要有以下原因：①有效衔接当前设施规划标准要求。目前，在居住区规划设计规范与15分钟社区生活圈规划导则中，都明确将设施配置与步行圈层关联起来，要求设施配置分级分类实现居民步行可达，并据此提出标准条款。因此，以生活圈为基本单元开展设施服务水平评价能够顺应标准规范要求，有助于进一步优化设计工作。②符合居民日常生活的行为习惯特征。社区居民在服务设施需求上有不同种类、不同级别的层次性特征，在时空上也会相应地呈现圈层式分布特征，形成"5—10—15分钟"若干级别的社区生活圈。把生活圈作为评价单元，符合居民日常生活行为特征，能客观反映居民日常生活中设施需求的合理尺度。生活圈并不是既有规定的一种界限，需要在一定的原则和条件下进行合理划分。

②现有划分

在目前研究成果中，主要依据现有空间基础与交通系统、社区周边高精度步行可达范围、街道级行政管理单元等条件进行划分。从《武汉市总体规划（2017—2035年）》实践来看，15分钟社区生活圈的划分则以控规管理单元与行政社区边界线为主要依据，根据城市快速路与主干道为边界来划定。现有研究成果划定依据较为单一，划定范围多针对城市地区，划定方法或过于复杂，或过于简单。但各种划分方法中道路网络具有重要的边界划分作用（图6.2-10）。

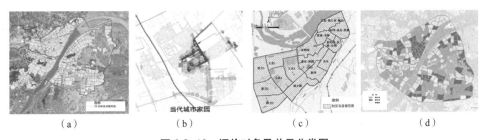

图6.2-10　评价对象及单元分类图

根据现行主要标准规范，如《城市居住区规划设计标准》GB 50180—2018（简称《居住区标准》），是以满足居民需求所需步行时间或距离、居住人口规模、行政管理分区等条件，将城市居住区划分为 15 分钟生活圈居住区、10 钟生活圈居住区、5 分钟生活圈居住区与居住街坊四级（表 6.2-7）。在《居住区标准》中明确规划三类生活圈居住区和居住街坊的居住人口、用地规模和步行距离。需要特别说明，"步行距离"分别对应 300 米、500 米、1000 米空间范围，该空间范围也是主要配套设施的服务半径。其中，中、小学和幼儿园三类设施的服务半径控制要求分别是不宜超过 1000 米、500 米和 300 米，此规划设计控制指标已沿用多年且得到居民普遍认可。所以把 1000 米作为划定 15 分钟生活圈的半径标准较为合理。

城市居住区分级表　　　　　　　　　　　　　　表 6.2-7

城市居住区等级	居住人口（人）	用地规模（公顷）	步行距离（米）
15 分钟生活圈居住区	50000—100000 人	130—200	800—1000
10 分钟生活圈居住区	15000—25000 人	32—50	500
5 分钟生活圈居住区	5000—12000 人	8—18	300
居住街坊	1000—3000 人	—	—

资料来源：《居住区标准》

在地方层面上，《上海市总体规划（2017—2035 年）》指出，"城镇社区生活圈"应按照 15 分钟步行可达的空间范围，结合街道等基层管理需求划定，并以 500 米步行范围为基准，划分包含一个或多个街坊的空间组团，配置日常基本保障性公共服务设施和公共活动场所。《上海市 15 分钟社区生活圈规划导则》（简称《生活圈导则》）进一步细化各级圈层的服务人口与步行可达距离，将社区生活圈分为"15 分钟—10 分钟—5 分钟"三个圈层（表 6.2-8）。但《生活圈导则》仅做出 15 分钟社区生活圈的总用地规模的指引，且各层次生活圈的服务人口规模设定均为《居住区标准》的下限，在实际划分中应结合实际情况与《居住区标准》统筹使用。

社区生活圈层分级表（资料来源：《生活圈导则》）　　表 6.2-8

社区生活圈	服务人口（人）	用地规模[1]（公顷）	步行可达距离（米）
15 分钟	50000 人	300—500	800—1000
10 分钟	15000 人	50—150（推算）	500
5 分钟	3000—5000 人	10—50（推算）	200—300

---

[1] 导则未给出 10 分钟与 5 分钟生活圈用地规模，表格中为按照人口密度的推算数据。

③划分单元

在城市地区,根据《居住区标准》表文说明,居委会的管辖范围可对应2个居住街坊或1个5分钟生活圈居住区,街道办事处(镇政府)的管辖范围可对应1个或2个15分钟生活圈居住区。在乡村地区,《上海市总体规划(2017—2035年)》指出乡村社区生活圈按照慢行可达的空间范围,结合行政村边界划定乡村社区生活圈,同时以自然村为辅助单元。由于城乡空间格局差异,"村委会"在人口规模上符合5分钟生活圈居住区的设定要求,且主要设施设置(如村委、幼儿园、医务室等)都与5分钟生活圈设定相仿。但是,用地规模(由于存在农业用地)则比城镇五分钟生活圈居住区确实要大,但是不能因此就将"村委会"对应行政村域对应10分钟、15分钟生活圈,否则会带来设施浪费(如小学),所以1个"村委会"对应1个5分钟社区生活圈是比较合理的(图6.2-11、图6.2-12)。综上所述,居委会和村委会是居民社区生活组织和管理的基本单元,边界清晰,便于人口统计,可将其作为"生活圈"空间划定基础单元。

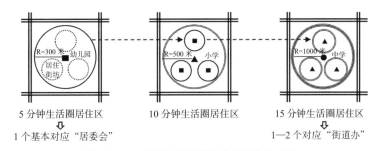

图 6.2-11　城镇社区生活圈空间结构模式图

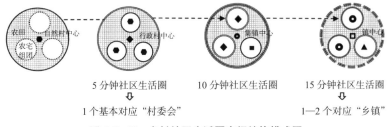

图 6.2-12　乡村社区生活圈空间结构模式图

④划分依据

"生活圈"划定主要依据设施分布、边界道路、服务半径、规模容量、行政分区等因素综合确定（图6.2-13）。其中，"设施分布"是指现状公共服务设施POI空间分布集聚特征。"边界道路"是指城市次干路及以上级别的骨干道路网络。"服务半径"与"规模容量"是指现行国标及上海地方标准中"15分钟社区生活圈"的步行距离、居住人口规模、用地规模以及人口密度要求（或建议值）。"行政分区"是指街道、镇、居委会、村委会的现有区划边界。

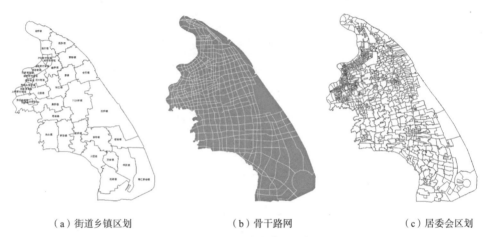

(a) 街道乡镇区划　　　(b) 骨干路网　　　(c) 居委会区划

图6.2-13　街道（乡镇）分类图

⑤划分原则

"生活圈"划定原则主要有层次性、动态性、实操性、可达性、灵活性五个方面（图6.2-14）。"层次性"是指将浦东新区划分为高等级、中等级与低等级生活圈地区，采取针对性的差异化分析标准，另外不仅考虑15分钟生活圈的划定，还兼顾更高等级的生活单元划定。"动态性"是指基于POI的圈层中心获取方法，能够有效地反映设施改善带来的中心地变化，因此生活圈划具有时空延展性。"实操性"是指以居委会作为生活圈最小构成单元，有利于后续生活圈实施改进策略。"可达性"是指基本确保各个生活圈内居民在15分钟（1000米）的步行时间或距离内能够到达中心地获取服务。"灵活性"是指不死板套用现有的社区生活圈导则及规范，在规模容量上按照城乡不同情况设定一定的弹性。

⑥划分基础

由于浦东新区城乡差距大，主城区、近郊区、远郊区的生活资源配置与使用情况存在较大差异，国土空间保护与发展特征区别明显，因此生活圈划分不能一概

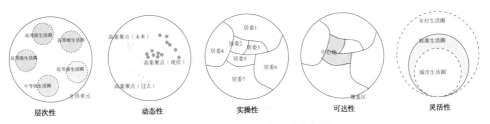

图 6.2-14 生活圈划分原则示意图

而论，需要把居（村）委会基础单元——分类。一方面，根据各街道乡镇的历史发展情况、现状设施点的分布数量规模、未来城乡规划的发展前景等，按照公共服务能力强弱划分为高等级、中等级、低等级三类，分别对应组成高等级地区、中等级地区、低等级地区。首先，借助"点距离"工具，将设施 POI 点按集聚程度分为"高集聚、较高集聚、中集聚、较低集聚、低集聚"五类［图 6.2-15（a）］，统计中高集聚点在各乡镇街道的分布数量与密度［图 6.2-15（b）］；其次，综合考虑浦东新区空间规划［图 6.2-15（c）］，其中三林纳入城市主中心并作为城市中央活动区的一部分，金桥、张江、川沙定位为城市副中心，唐镇、周浦、惠南分别是三大郊区城镇圈核心；最后，还需要把城镇历史基础考虑在内，例如高行、高桥从建国伊始就是浦东城市化地区重要组成部分。相反，南汇新城镇 2012 年才成立，建立时间短，服务能力建设完善尚待时日。三林镇地处浦东新区西南方，镇西濒临黄浦江。历经元、明、清六百余年的时间，三林镇发展成为这一地区的政治、经济、文化和交通中心，2021 年还荣获国家和旅游部 2021—2023 年度"中国民间文化艺术之乡"。

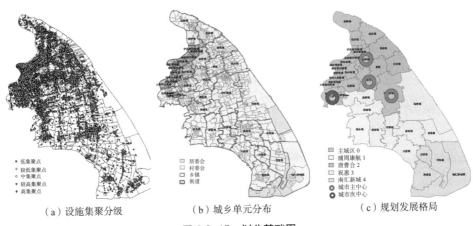

（a）设施集聚分级　　（b）城乡单元分布　　（c）规划发展格局

图 6.2-15 划分基础图

综上，高等级区域包括所有街道、三林镇；中等级区域包括高行、高桥、金桥、张江、川沙、北蔡、唐镇、周浦、惠南九镇；低等级区域包括其他镇。其中高等级生活圈地区包括459个居村委会，中等级生活圈地区包括389个居村委会，低等级生活圈地区包括372个居村委会（图6.2-16）。

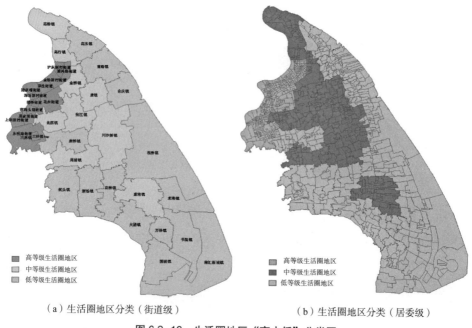

（a）生活圈地区分类（街道级）　　　（b）生活圈地区分类（居委级）

图6.2-16　生活圈地区"高中低"分类图

另一方面，《上海市浦东新区国土空间总体规划（2017—2035年）》划定四类生态空间进行差异化管控。一类生态空间为国家级自然保护区核心范围，二类生态空间为国家级自然保护区非核心范围，三类生态空间为城市开发边界外除一、二类生态空间外的其他重要结构性生态空间，四类生态空间为城市开发边界内结构性生态空间，包括外环绿带、城市公园绿地、楔形绿地等。依据一类、二类、三类生态空间划定边界（图6.2-17），计算各居委会三类生态空间边界内面积占辖区总面积的比例，依据比例高低将居委会分为两类：保护型居（村）委、发展型居（村）委。其中，前者是指生态空间占比大，国土空间以保护为主的居（村）委；后者是指非生态空间占比大，国土空间以发展为主的居（村）委。

基于上述两方面，得到最终划分结果：高等级生活圈地区有459个居委会单元，其中保护型单元数量 3 个，发展型单元数量 456 个。中等级生活圈地区有 389 个居委会单元，其中保护型单元数量 58 个，发展型单元数量 331 个。低等级生活圈地区有 372 个居委会单元，其中保护型单元数量 160 个，发展型单元数量 212 个（表 6.2-9）。

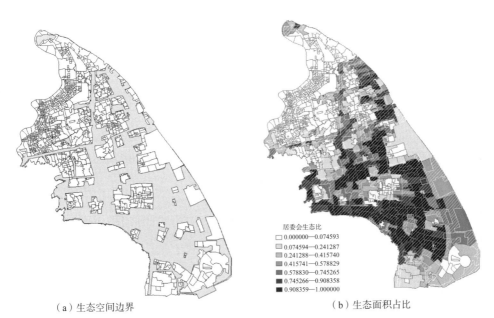

（a）生态空间边界　　　　　　　　　　（b）生态面积占比

图 6.2-17　生活圈地区"高中低"分类图

居委会单元分类统计表　　　　　　　表 6.2-9

分类	保护型居（村）委	发展型居（村）委	合计
高等级居（村）委	3	456	459
中等级居（村）委	58	331	389
低等级居（村）委	160	212	372
合计	221	999	1220

⑦划分方法

生活圈划分具体技术过程分为四个主要环节（图 6.2-18），首先借助经验数值与步行距离衰减规律，以定性与定量相结合的手段，综合选定搜索半径标准，用于后续判断设施点集聚中心；其次分别选用点距离法与核密度法，提取并界定生活中心的空间范围。点距离法筛选出强集聚特征的设施点，把点位所在的居委会归并组合，然后界定中心范围；核密度法则借助核密度分析工具提取高集聚地区，然后确定为生活中心；再次统计生活中心15分钟步行距离服务范围在各居（村）委单元中的覆盖比例，并借助分组极值法，按照最大覆盖面积、最大中心数量等归属原则，明确各居（村）委单元与生活中心的归属关系，从而划定生活中心的服务边界；最后，基于前序划定基础，通过统计各个生活圈边界内不同类型基础单元的面积占比，区分生活圈的级别、类型属性，并进一步组建更高层次的生活单元，形成生活圈体系。

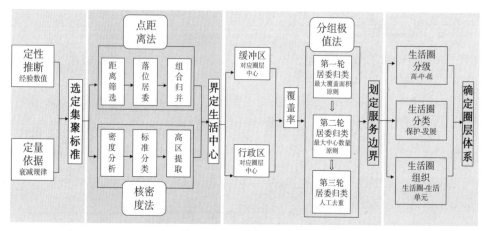

图 6.2-18　生活圈划分技术路线图

⑧划分过程

第一步：选定集聚标准。以社区居民的可步行距离，判断设施点中心式集聚与否，既是可行的，也是必要的。从可行性来看，居民愿意选择步行出行方式，获取的设施往往也是使用频率较高的，大量居民的高频使用在空间上相应地为设施使用热点地区，因此，居民具有高步行出行意愿的空间内往往就是设施点集聚的地区。从必要性来看，步行作为一种绿色无污染的出行方式在机动化时代的地位逐渐回归。2007年，美国研究者提出了基于日常设施布局的"步行指数"（walk score）的概念，引入了步行距离衰减等因素，提高测度的准确性。距离衰减规律是指随着出发点到设施点距离的增加，设施的权重（重要性）会有规律地衰减。一般当设施距离出发点在0.25英里以内，可认为不发生距离衰减；当设施距离大于 0.25 英里时,快速衰减。[1] 然而,国内外发展阶段、社区建设模式、日常设施需求、城市文化差异巨大,直接的应用推广显然是不合理的。结合在上海杨浦江浦路街道[2]、上海宝山区锦秋花园、上海徐汇区云都新苑住宅群开展的调查结果,而且它们与浦东地区的设施配置有实际差距,因此浦东新区居民步行可达条件要比浦西地区相对较差,选择 200 米作为距离查询的半径最大值比较合理。

结合前序的高、中、低三级地区,适宜步行出行距离应该有所区别。结合案例地区实际情况,陆家嘴—东昌居委会 POI 集聚形态以单地块大团块 + 沿路短轴交错为主,适宜的搜索尺度是小型街区的单边长度。根据浦东主城区 2018 年道路网密度约为 6.67 公里 / 平方公里推算,干路划分街区平均单边长度为 195 米左右。高桥镇—高桥新镇 POI 集聚形态以交叉口小团块 + 沿路长短轴交错,适宜的搜索尺度是道路交叉口临街设施的尺度。根据上海市城市规划技术管理规定,多层连续面宽不能超过 80 米,高层连续面宽不能超过 60 米,交叉口两侧建筑尺度应在 120—160 米左右。万祥镇—万祥居委会沿路短轴,交错不明显,适宜的搜索尺度应是马路两侧的尺度,总体规划规定上海快速及高速路的宽度均在 50 米及以上。适宜选取的距离应在 50 米以上(图 6.2-19)。因此,在高等级生活圈地区适宜步行出行距离为 200 米,低等级地区为 150 米,低等级地区为 100 米。

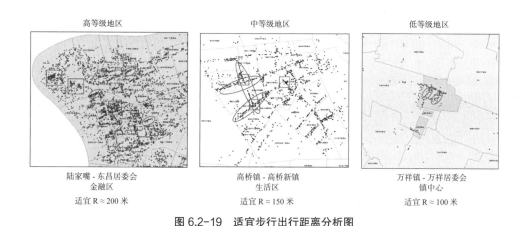

图 6.2-19 适宜步行出行距离分析图

---

1 卢银桃,王德. 美国步行性测度研究进展及其启示 [J]. 国际城市规划,2012,1:10-15.
2 卢银桃. 基于日常服务设施步行者使用特征的社区可步行性评价研究——以上海市江浦路街道为例 [J]. 城市规划学刊,2013,5:113-118.

第二步：界定生活中心。第一种方法为"点距离法"。首先运用点距离工具测算每一个设施点在 200 米、150 米、100 米半径范围内可以搜索到的其他设施点数量，根据数量划分把设施点分类，其中在周边可搜索到设施点数量高的这些设施点划为高集聚点；其次将高集聚点所在居委会提取出来；再次按照尊重区划、顺应路网、立足现状、确保覆盖等原则，把上述选出的居委会适度地归并，最终获得相应的生活圈中心点（图 6.2-20）。

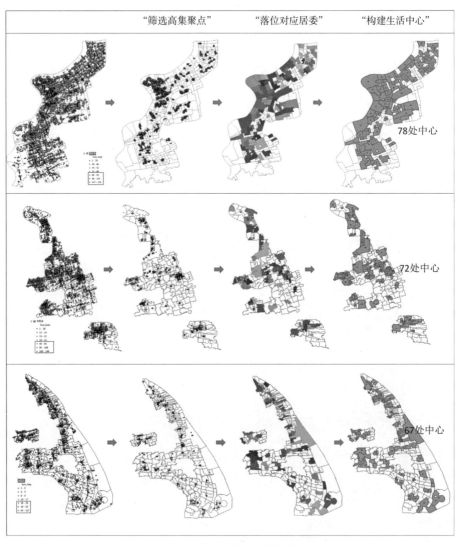

图 6.2-20　点距离法操作图

第二种方法为"核密度法"。首先运用核密度工具，分别以 200 米、150 米、100 米为搜索半径，分析所有设施点的集聚情况。其次运用重分类、栅格转多边形工具，提取核密度值的高值地区边界。再次运用溶解、炸开工具，得到对应的中心地边界。相较于点距离法而言，操作步骤相对简单，受到主观判断引起的偏差小，客观性更强（图 6.2-21）。

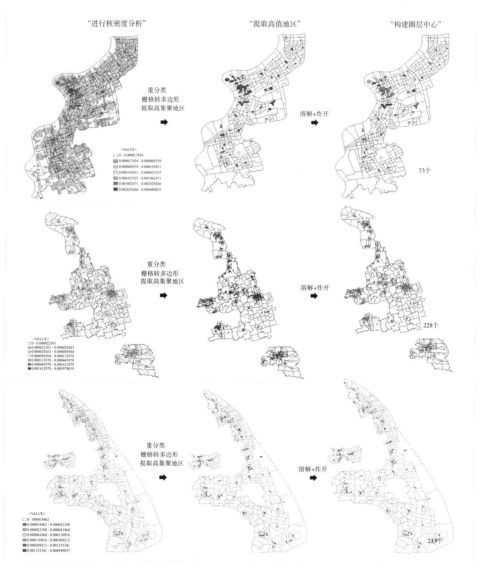

图 6.2-21 核密度法操作图

比较两种方法的划分结果（图6.2-22），其一核密度法所得到的中心地数量多、形态细碎、平均空间尺度偏小，在后续的评价中难以实现准确的空间归类与属地分析（同一个生活圈中可能会出现1个或多个中心），为优化政策实行带来难度；其二点距离法所得的生活圈中心体系尺度大、数量少，但与行政边界相适应，并且具有较为清晰的"中心—圈层"对应关系，有利于后续优化政策的施行。

生活圈中心：217处　　　　　　　　　　　生活圈中心：534处
点距离法　　　　　　　　　　　　　　　核密度法

图6.2-22　生活圈中心地分布对比图

点距离方法的现实意义在于：按照点距离工具得到的生活圈中心地是由若干个居（村）委会空间单元构成的，一般比实际的社区生活中心区域范围大，因此更为适用于发展程度较高、设施配置齐全、分布均好性强的城镇地区。该方法的优点在于，能够反映部分地区连绵存在的设施服务中心地带，避免识别过程中的人为割裂，也能反映居民前往中心地区的多样化目的（不仅是使用公共服务设施，可能还在设施附近租房、打工、观光等，这需要借助居委边界，仅用设施边界无法反映出来）。然而，点距离方法的缺点在于，所有设施点之间距离测算并不考虑各类设施需求和分布的权重，这与实际存在偏差。

核密度方法的现实意义在于：按照核密度工具得到的生活圈中心地是由若

干个设施点相互间高强度集聚所形成的，比较真实地反映了社区生活中心空间形态，也可以避免行政或交通界线带来的割裂问题，能够有效反映各类地区的实际中心分布情况，因此它的适用性更为广泛，还能根据设施实际的规模数据、需求层次与重要程度，赋予某些要素更大的权重，这样中心边界更为贴近现实。可是，核密度方法的缺点源于POI数据本身的缺陷，由于POI数据并不一定能够全面反映生活空间资源的所有设施兴趣点，所包含的信息仅限于空间位置等信息，因此核密度工具的权重优势难以发挥。

第三步：划定服务边界。首先将生活圈中心的步行缓冲区与各居（村）委会行政区交错，计算各居（村）委会的覆盖率；其次运用excel分组选取最大值的函数命令，按照"最大覆盖面积选取"与"最大中心POI数量选取"原则（图6.2-23）进行居（村）委会分组，目的是与对应生活圈中心建立对应关系；再次，在对应结果中存在的零覆盖居委会单元、极小规模服务边界需要识别修正；最后，最终确定生活圈圈层边界（图6.2-24）。

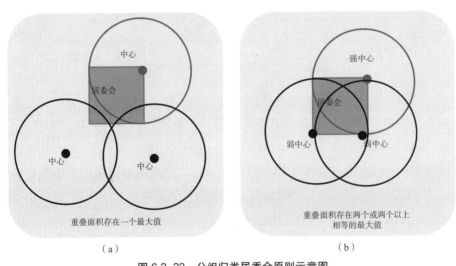

图6.2-23　分组归类居委会原则示意图

第四步：确定圈层体系。首先，依据每个生活圈中保护型居委会单元与发展型居委会单元的面积比例，确定保护型生活圈与发展型生活圈。其次，通过每个生活圈中高等级地区、中等级地区、低等级地区的面积比例，确定高、中、低等级生活圈（图6.2-24）。最后，根据《上海市浦东新区国土空间总体规划

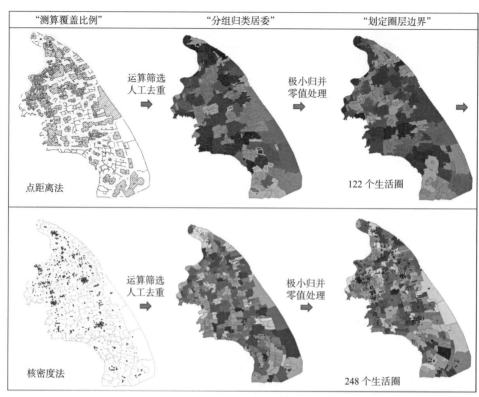

图 6.2-24 生活圈圈层边界划定示意图

（2017—2035年）》中对浦东新区公共中心体系、郊区城镇圈、主城区空间布局的安排，参考中心地理论的"中心地"与"服务区"概念，搭建由四级中心、四级区域构成的圈层体系（表6.2-10和表6.2-11）。其中，在生活单元层面，主城区空间分区以高等级公共中心建设为引领，郊区城镇圈则是郊区高等级资源配置基本单元，两者均强调高等级公共服务设施的配置。在15分钟社区生活圈层面，则强调社区级公共服务设施的配置，有别于高等级公共服务设施。

浦东新区中心地体系表　　　　表6.2-10

中心等级	中心数量	中心构成
一级中心	城市主中心（1）	陆家嘴功能板块、世博—前滩功能板块
二级中心	城市副中心（4）、新城中心（1）、新市镇中心（3）	主城副中心：花木—龙阳路城市副中心、金桥城市副中心、张江城市副中心，以及川沙城市副中心 新城中心：南汇新城中心 新市镇中心：惠南、周浦、唐镇

续表

中心等级	中心数量	中心构成
三级中心	地区中心（14）、新市镇中心（3）、镇中心（7）	主城区地区中心：高桥、森兰、申江、金杨、洋泾、塘桥、白莲泾、北蔡、杨思、三林、御桥、广兰路、科南、川沙 新市镇中心：祝桥、曹路、航头 镇中心：航头、万祥、书院、泥城、大团、老港、新场
四级中心	社区中心（122/248）	—

浦东新区服务区域体系表　　　表 6.2-11

区域等级	区域数量	区域构成
一级区域	1个浦东新区	浦东新区（1）
二级区域	8个生活单元	陆家嘴—世博地区、金桥—外高桥地区、川沙地区、张江地区（4）、南汇新城城镇圈、祝惠城镇圈、唐曹合城镇圈、周康航城镇圈（4）
三级区域	36个街道乡镇	陆家嘴街道、上钢新村街道、洋泾街道、塘桥街道—潍坊新村街道、南码头路街道—周家渡街道、北蔡镇、花木街道、三林镇—东明路街道（8）、高桥镇、高行镇—高东镇、金桥镇、金杨新村街道—沪东新村街道—浦兴路街道（4）、川沙镇（1）、张江镇（1）、万祥镇、书院镇、泥城镇、南汇新城镇（4）、祝桥镇、惠南镇、宣桥镇、大团镇、老港镇、新场镇（6）、唐镇、曹路镇、合庆镇（3）、周浦镇、康桥镇、航头镇（3）
四级区域	15分钟社区生活圈（122/248）	—

按此"单元—圈层关系"，第一，点距离法划分的122个生活圈：陆家嘴—世博地区28个，金桥—外高桥地区21个，川沙地区9个，张江地区5个，南汇新城城镇圈9个，祝惠城镇圈23个，唐曹合城镇圈15个，周康航城镇圈12个；第二，核密度法划分的248个生活圈：陆家嘴—世博地区40个，金桥—外高桥地区34个，川沙地区21个，张江地区9个，南汇新城城镇圈32个，祝惠城镇圈50个，唐曹合城镇圈37个，周康航城镇圈25个（图6.2-25）。

⑨结果比较

从划分数量来看，点距离法确定的发展型生活圈数量，要比核密度法结果更符合实际，从高等级、中等级、低等级地区逐级下降（表6.2-12）。从调试难易程度来看，点距离法结果要比核密度法结果的可调试余地大，但也说明核密度法的客观性比点距离法要强。从平均规模来看，高等级发展型生活圈的规模基本相似且符合导则建议值，主要差距是在中、低等级生活圈数量方面。其中

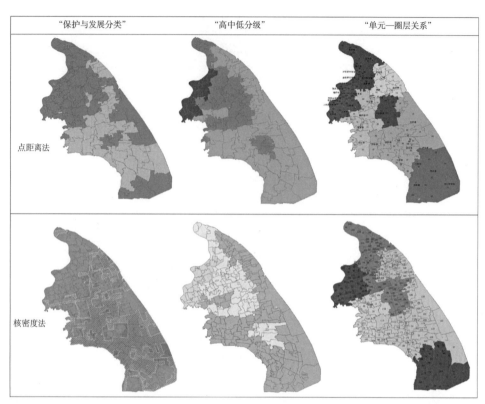

图 6.2-25 生活圈圈层体系划定示意图

核密度法划分生活圈数量多，用地规模相对小，带来人口数量偏少问题；相反，点距离法划分的生活圈数量少，人口数量较为合理，但带来用地规模大、服务设施配置难度大等问题（表 6.2-13）。因此，运用核密度法划分，在后续优化设计中应按照一定原则将相关生活圈组织起来，进行整体优化；运用点距离方法，应注意把大容量生活圈细分研究，分区分类实施。由于划分的方法基本一致，均依照高等级医疗设施的服务区（泰森多边形）进行空间归类，因此所得到单元数量比较相近。在中等级、低等级地区，生活单元的划分能够较好地组织生活圈，有助于解决因单个生活圈人口密度低（或面积过大或人口过少）产生的设施配置问题（表 6.2-14）。

生活圈划分情况比较表　　　　　　　　　　　　　　　表 6.2-12

分类	核密度法			点距离法		
	保护型	发展型	总计	保护型	发展型	总计
高等级生活圈	1	37	38	1	33	34
中等级生活圈	18	66	84	11	32	43
低等级生活圈	50	76	126	25	20	45
总计	69	179	248	37	85	122

发展型生活圈划分情况比较表　　　　　　　　　　　　　表 6.2-13

分类	核密度法			点距离法		
	用地规模（公顷）	人口规模（人）	人口密度（人/平方公里）	用地规模（公顷）	人口规模（人）	人口密度（人/平方公里）
高等级发展型	300	50000	15000	300	55000	19000
中等级发展型	450	25000	10000	900	50000	8000
低等级发展型	700	15000	3500	2000	40000	3500

生活单元划分情况比较表　　　　　　　　　　　　　　　表 6.2-14

核密度法			点距离法		
生活单元（个）	各单元拥有生活圈数量（个）	人口规模（万人）	生活单元（个）	各单元拥有生活圈数量（个）	人口规模（万人）
48	5	11	45	3	12

3. 评价方法思路

（1）总体评价方法

①设施供给能力总体评价方法

基于街道开展设施供给能力评价，衡量指标为 POI 面积密度、POI 服务面积覆盖率。

POI 面积密度：

$$D_m = \frac{Q_m}{S_m} \text{（单位：个/公顷）} \quad \text{（公式 6.1）}$$

式中：D_m 为第 m 个街道或乡镇单元 POI 面积密度，Q_m 为第 m 个街道或乡镇单元中某类 POI 数量，S_m 为第 m 个街道或乡镇单元用地规模。

POI 面积覆盖率：

$$C_m = \frac{B_m}{S_m} \text{（单位：\%）} \quad\quad\text{（公式6.2）}$$

式中：C_m 为POI服务面积覆盖率，B_m 为第 m 类兴趣点（POI）服务缓冲区覆盖其所在街道或乡镇单元的用地规模，S_m 为第 m 类兴趣点（POI）所在街道或乡镇单元的总用地规模。

②设施服务水平总体评价方法

基于生活圈开展设施服务水平评价，衡量指标为POI人均密度、POI人口覆盖率。

POI人均密度：

$$D'_m = \frac{Q_m}{P_m} \text{（单位：个/千人）} \quad\quad\text{（公式6.3）}$$

式中：D'_m 为第 m 个生活圈POI人均密度，Q_m 为第 m 个生活圈中某类POI数量，P_m 为第 m 个生活圈常住人口规模。

POI人口覆盖率：

$$C'_m = \frac{S_1 \cdot D_1 + \cdots + S_n \cdot D_n}{S_m} \text{（单位：\%）} \quad\quad\text{（公式6.4）}$$

式中：C'_m 为第 m 个生活圈中POI覆盖区人口占比，S_m 为第 m 个生活圈面积，S_n 为隶属于第 m 个生活圈中的第 n 个居委POI覆盖区面积，D_n 为第 n 个居委的人口密度。

③权重赋予方法

设施供给能力总体评价与设施服务水平总体评价均涉及各类设施资源的权重问题。第一，设施供给能力总体评价，评价对象单元为街道乡镇，各类设施点在各单元中的数量、密度、规模属性都会对权重造成影响。由于人是设施使用的主体，仅按照绝对数量不考虑人口因素影响进行权重测算，则会因单元面积不均，面积密度的计算值远离真实值，而人均密度则考虑到设施数量与人口数量两个因素，也是当前POI数据较为合理的选择（POI点没有规模属性）。由于每类设施（即熵值法中的"方案"）的权重都受到各个单元人均密度（即熵值法中的"要素"）影响，采用熵值法求出人均密度对各类设施的影响权重。具体计算过程分为三个步骤：第一步，构建分组矩阵，其中，"列"为36个行政单元对应的指标数值，"行"为设施小类；第二步，求第 j 个单元下第 i 类设施 A_i

的贡献度，形成新的矩阵；第三步，求出所有设施对属性 X_j 的贡献总量；第四步，计算常数 k，k 为 1/ln（对象数），进一步获得各类设施对属性 X_j 的贡献度即 E_j；第五步，d_j 为第 j 个单元下各类设施贡献度的一致性程度，根据 E_j 可求出 d_j；第六步，各属性权重 W_j 为对应的 d_j 与所有 d_j 和的商。最终求出各类设施权重值（图 6.2-26）。第二，设施服务水平总体评价，评价对象单元为 15 分钟社区生活圈，各类设施点在各单元中的数量、密度、规模属性对权重造成的影响相对较小，加之设施种类划分较细（45 类），各类设施间的权重差距不大，因此在后续叠置分析中采取等权重叠置分析（图 6.2-27）。

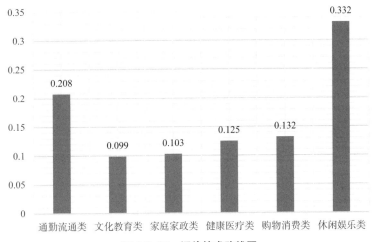

图 6.2-26 评价技术路线图

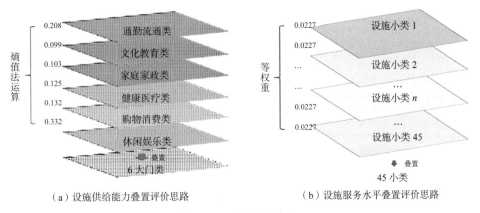

（a）设施供给能力叠置评价思路　　（b）设施服务水平叠置评价思路

图 6.2-27 叠置示意图

（2）分类评价方法

①设施供给能力分类评价方法

就需求系统评价而言，居住空间关注设施配置与人口分布的匹配程度，主要运用局域 Getis-Ord Gi* 指数法，比较冷热地区分布差异，对人口分布与资源分布不匹配、匹配、基本匹配、欠匹配情况展开分析。工作空间关注便利度，主要运用缓冲区分析工具，比较不同圈层内就业单位可获得的资源设施数量及比例，划分高便利度、次高便利度、中便利度、较低便利度、低便利度五级社区。消费空间关注高端体验设施即设施优越度，借助 GIS 空间统计方法划分高优越度、次高优越度、中优越度、较低优越度、低优越度五级社区，进一步运用 Ripley's K 函数法，对消费空间类 POI 的子类空间分布进行比较。就供给系统评价而言，先是公益性设施关注服务压力即拥挤度。主要依据单位公益性POI 服务的面积规模与人口规模，划分高拥挤度、次高拥挤度、中拥挤度、较低拥挤度、低拥挤度五级社区，进一步运用缓冲区工具对设施覆盖率进行研究。然后，营利性设施关注混合度，运用缓冲区分析工具、POI 熵指数法，测度轨道交通过服务范围内各类营利性设施 POI 混合程度,划分高混合度、次高混合度、中混合度、较低混合度、低混合度五级社区。最后，准公益性设施关注均衡度，借助泰尔指数与基尼系数评价设施配置均等情况。

②设施服务水平分类评价方法

基于居民日常活动特征，将高关联度的设施以步行尺度邻近布局，分别形成以儿童、老人以及上班族为核心使用者的设施圈。第一，60—69 岁老人日常设施圈应以菜场为核心，与绿地、小型商业、学校及培训机构等设施临近布局。具体评价以菜市场（小型市场）为中心，计算 5 分钟步行范围内卫生服务中心、老年养护院、养老院、老年人日间照料中心、高中、初中、小学、幼儿园、托儿所、社区商业网点、便利商店 11 类设施的密度、数量，并对人均密度进行冷热点分析。第二，儿童日常设施圈应以各类学校为核心，与儿童游乐场及培训机构等设施有高度关联。具体评价以学校为中心，计算 5 分钟步行范围内儿童游乐场及培训机构的数量、密度，并对人均密度进行冷热点分析。第三，上班族周末设施圈应以文体、超市等设施形成社区文化、娱乐、购物中心，引导上班族周末回归社区生活，具体评价以居委会、村委会为中心，计算 5 分钟步行范围内文化活动中心、文化活动站、文化活动室、商场、体育健身场馆在各生活圈内的数量、密度，并对人均密度进行冷热点分析。上述三类使用情况，根据居民的设施使用频率和步行到达的需求程度，将设施按照5—10—15分钟圈层布局。生活圈设施配置既要保证设施在合理步行服务范围内，又要保证配套设施与居住人口规模相对应。最后，统计各生活圈内5分钟、10分钟、15分钟设施的人均数量水平与面积覆盖能力，人均数量水平反映设施与人口规模间的配套关系，而面积覆盖能力反映设施与人群需求间的可及程度。两者组合分析，可得到"高—高"、"低—高"、"高—低"、"低—低"四种结果。

6.2.4 评价内容

1. 总体评价内容

（1）设施供给能力总体评价

① POI 面积密度评价：浦南浦北差异明显，边缘地区地均资源量低

第一步，运用叠加分析工具，将六类设施 POI 与街道边界进行叠加运算处理；第二步，借助求和工具，分别统计六类设施 POI 在各街道边界内数量；第三步，建立计算公式，计算六类设施 POI 在各街道边界内的面积密度（图 6.2-28）；第四步，借助栅格转换工具得到六类面积密度的栅格数据；第五步，对六类栅格数据进行加权求和和分类运算，最终把 36 个街道乡镇单元划分为 5 类地区（图 6.2-29）。

从评价结果来看：在整体上，浦东南北地区差异十分明显，北侧滨江街道以及中心城内部、外围城镇密度高，浦东南部远郊地区乡镇设施密度低，尤其是南汇新城与老港镇，密度水平极低。另外，沿海地区、与闵行和奉贤区交界地区的乡镇密度水平明显较低。其次三类社区中，居住社区与产业社区密度水平南北差异均十分显著，商业社区密度水平较居住、产业社区高，但"中心—边缘"地区两极分化（图 6.2-30）。

② POI 面积覆盖率评价：可达性层级式下降，市区、郊区两极分化

第一步，运用核密度工具，以 200 米为搜索半径，对六类设施 POI 进行核密度分析，采用几何分类法进行标准分类；第二步，借助再分类工具、栅格转换工具逐类生成多边形，提取核密度高值地区作为设施中心；第三步，运用缓冲区工具生成 1000 米设施覆盖区，统计各单元内面积覆盖率；第四步，运用栅格转换与重分类工具生成六类覆盖率的栅格数据，单元值从高到低划分为五类（图 6.2-31）；第五步，把六类栅格数据进行叠置分析，按照加权叠加运算结果，

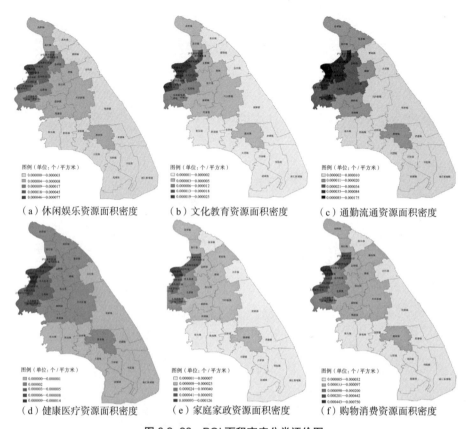

图 6.2-28 POI 面积密度分类评价图

图 6.2-29 POI 面积密度叠置评价图

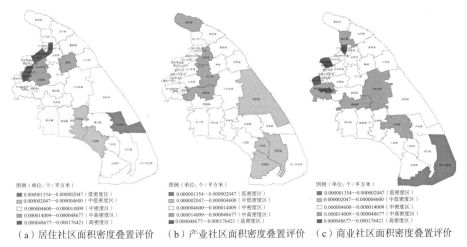

（a）居住社区面积密度叠置评价　　（b）产业社区面积密度叠置评价　　（c）商业社区面积密度叠置评价

图 6.2-30　POI 面积密度分区评价图

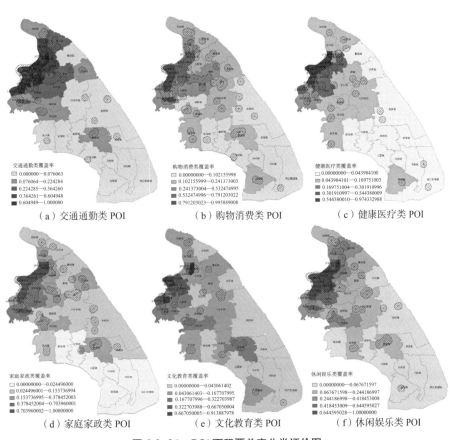

（a）交通通勤类 POI　　　　　　（b）购物消费类 POI　　　　　　（c）健康医疗类 POI

（d）家庭家政类 POI　　　　　　（e）文化教育类 POI　　　　　　（f）休闲娱乐类 POI

图 6.2-31　POI 面积覆盖率分类评价图

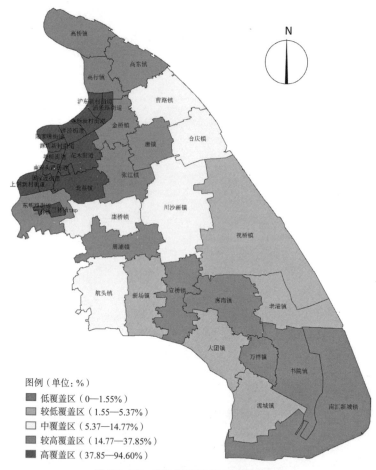

图 6.2-32　POI 面积覆盖率叠置评价图

共划分为 5 类地区（图 6.2-32）。

从评价结果来看：整体上呈现"层级式"分布特征，即各单元覆盖率水平由内环内、内外环间向外环外"圈层式"降低，城区、近郊、远郊地区可达性水平梯度差异明显。其中，高水平单元集中在中心城及中心城外围地区，郊区仅有周浦镇、惠南镇设施步行覆盖面积比相对较高，其余地区均呈现低水平特征。而且，聚焦到三类社区，高水平地区明显集中于内环内居住社区、张江—金桥—外高桥等成熟产业社区以及市级商业社区，低水平地区则集聚分布于远郊居住社区、祝桥—南汇等工业社区以及南汇新城商业社区，两者之间水平差异显著（图 6.2-33）。

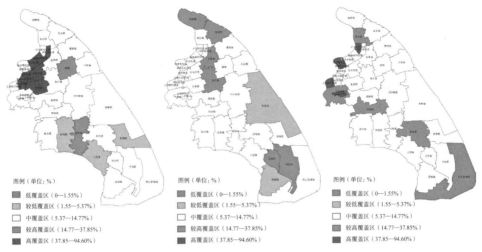

图 6.2-33 POI 面积覆盖率分区评价图

（2）设施服务水平总体评价

① POI 人均密度评价：高值与低值区水平悬殊，中心集聚特征显著

第一步，运用叠加分析工具，将 45 类设施 POI 与各个生活圈边界逐类进行叠加运算；第二步，借助求和工具，分别统计 45 类设施 POI 在各个生活圈边界内数量；第三步，建立计算公式，统计 45 类设施 POI 在各个生活圈边界内的面积密度；第四步，借助栅格转换工具得到 45 类面积密度评价栅格；第五步，把六类栅格数据进行等权重叠加求和运算，最终结果把 248 个生活圈单元划分为 5 类地区（图 6.2-34）。

从评价结果来看：生活圈单元人均设施密度呈"金字塔"式分布，低密度地区数量众多。中等密度地区较少且零散分布，其在城区多为成熟商业区或国际社区如上钢新村、花木、森兰国际等地，郊区则多为乡镇中心地区如唐镇、曹路、川沙、周浦、万祥、惠南、航头、新场等地，也有部分位于产业区块如迪士尼、康桥工业园等地。但是，较高及高密度区的单元数量最少，主要位于发展较早、配套成熟的陆家嘴、金桥镇、外高桥保税区、张江科技园等地，以及起步较晚、人口较少的浦东机场、南汇新城镇、临港产业园等地区。在居住、产业、商业三类地区内部，中心集聚分布明显，如高等级生活圈高值地区集中于传统商业中心，中等级地区生活圈高值地区集中于新兴产业地区，低等级生活圈高值地区集中于新城开发地区（图 6.2-35）。

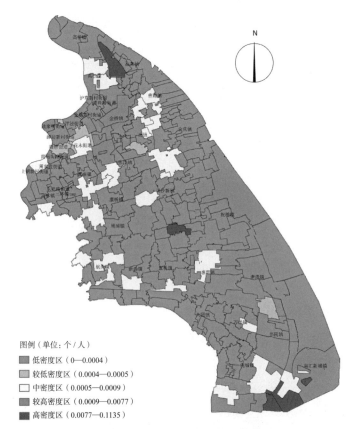

图 6.2-34 POI 人均密度叠置评价图

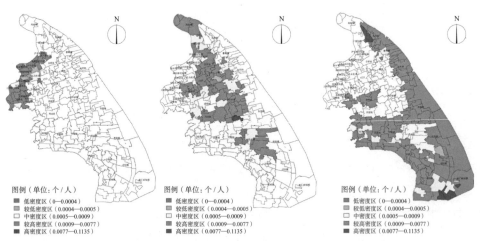

(a) 高等级生活圈人均密度叠置评价 (b) 中等级生活圈人均密度叠置评价 (c) 低等级生活圈人均密度叠置评价

图 6.2-35 POI 人均密度分区评价图

② POI 人口覆盖率评价：空间分布呈梯度规律，部分地区存在反差

第一步：运用缓冲区工具，以 1000 米为半径，逐类生成 45 类设施 POI 的服务覆盖区，将其与居住区多边形叠加运算为服务覆盖区获得人口密度值；第二步：基于各居住区"人口密度"值和多边形面积，计算各多边形的人口数量；第三步：按照"生活圈编号"汇总计算，生成人口数量汇总结果表；第四步：按照生活圈编号，将人口数量汇总结果表连接到生活圈图层；第五步：基于各生活圈的人口数量，计算服务区可覆盖人口数量占生活圈人口总量的比例；第六步：基于人口数量比例，逐类生成设施人口覆盖率分布图；第七步：应用多边形转栅格工具，将人口覆盖率分布图逐个生成 50 米 × 50 米的栅格数据；第八步：采用再分类工具（选择几何分类划分为五类），重分类生成栅格数据；第九步：按照等权重进行求和叠置运算，得到总体评价结果（图 6.2-36）。

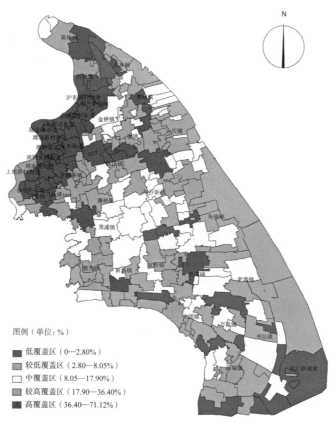

图 6.2-36　POI 人口覆盖率叠置评价图

从评价结果来看：整体上基本呈现梯度分布规律，高值覆盖率集中分布在浦东滨江各街道地区，较高及中等覆盖率则主要分布在中心城外围与近郊地区，较低和低值覆盖率则主要分布于远郊地区。但是，反梯度分布情况也同时存在，如中心城地区的凌桥、外高桥保税港区为低覆盖率地区，近郊地区的曹路镇、张江镇、川沙北、周浦镇和远郊地区的新场、惠南等地区同样是高覆盖率地区。其次，再看各类生活圈内部覆盖率特征，高等级生活圈地区整体覆盖率高，中等级生活圈地区以中高覆盖率单元为主，低等级生活圈则以中低覆盖率地区为主（图6.2-37）。

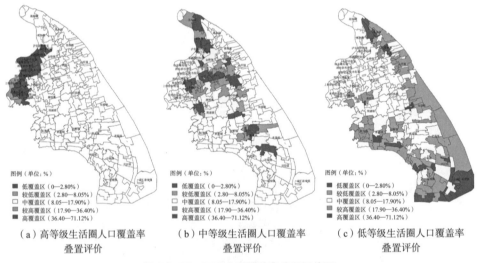

(a) 高等级生活圈人口覆盖率叠置评价　　(b) 中等级生活圈人口覆盖率叠置评价　　(c) 低等级生活圈人口覆盖率叠置评价

图 6.2-37　POI 人口覆盖率分区评价图

2. 分类评价内容

（1）设施供给能力分类评价

①使用端分类评价

a. 居住空间：城市地区人口多、设施不足，乡镇地区人口少、设施少

计算各乡镇局域关联指数，并利用 Jenks 最佳自然断裂法，将统计值由高到低分成热点区、次热点区、次冷点区、冷点区 4 类，生成人口密度、住宅区 POI 密度、居住空间 POI 密度的冷热点分布图（图 6.2-38）。其中，将人口密度与居住空间 POI 密度显示出来的冷热点地区联合分析，热—冷地区为不匹配；冷—热、次热—热、次冷—次热地区则为匹配；冷—冷、冷—次冷、次热—次热、

热—热、次冷—次冷为基本匹配；热—次热地区为欠匹配。结果显示，其中人口多、设施不足的不匹配情况集中在中心城街道，其中，东明路街道、三林镇不匹配，北蔡、花木、上钢新村、塘桥、周家渡、潍坊新村、南码头路、陆家嘴、洋泾等为欠匹配地区。但是人口少、设施少的不匹配情况则主要集中在郊区乡镇，尤其是惠南、万祥、书院、老港等地。进一步从居住区与设施匹配度来看，每个居住区拥有设施 POI 数量则在街道与乡镇间相比差距较大，乡镇每个居住区拥有设施数量还要远高于街道。

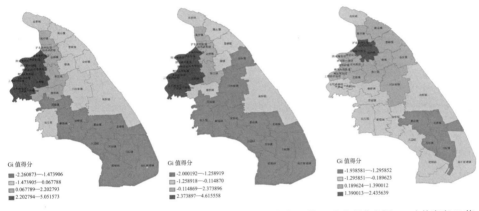

（a）人口密度 Gi 值　　（b）住宅区 POI 单位面积密度 Gi 值　　（c）居住空间 POI 人均密度 Gi 值

图 6.2-38　人口、居住区以及居住空间资源冷热点分布图

b. 工作空间：工厂周边设施分布集中，部分郊区工厂设施可达性极差

《上海市 15 分钟社区生活圈规划导则》指出 15 分钟生活圈步行可达距离为 800—1000 米，10 分钟生活圈步行可达距离为 500 米，5 分钟生活圈步行可达距离为 200—300 米。依据此对工厂类型 POI 进行多环缓冲区分析，在工厂周边 0—200 米覆盖范围内，有 41837 个工作空间 POI 设施点位于其中，占总量 73.2%；在工厂周边 200—500 米覆盖范围内，有 13755 个工作空间 POI 设施点位于其中，占总量 24.1%；在工厂周边 500 米以上覆盖范围内，有 1563 个工作空间 POI 设施点位于其中，占总量 2.7%。从 0—5 分钟可覆盖的设施点占比，在南汇新城等局部地区仍有近五成设施在工厂 5 分钟步行覆盖范围以外。从 5—10 分钟可覆盖的设施点占比，在大团、万祥等地仅有不到两成设施在工厂对应步行覆盖范围内（图 6.2-39）。

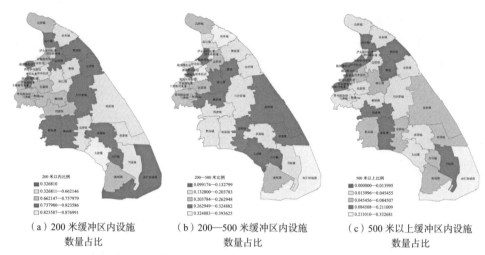

(a)200米缓冲区内设施数量占比　　(b)200—500米缓冲区内设施数量占比　　(c)500米以上缓冲区内设施数量占比

图6.2-39　各街道乡镇步行缓冲区内工作空间资源数量及占比图

c. 消费空间：国际社区高消费比例高，高消费设施集聚度强、尺度小

按照高消费类设施[1] POI点占消费空间类POI的比例，对各街道乡镇设施优越程度进行区分，分为五类地区（图6.2-40）。进一步重点分析城市创意阶层关注的酒店住宿、养生保健、文化艺术、休闲娱乐、社会交往等舒适物，并从不同的空间尺度与高消费类设施的集聚强度特征对比。运用Ripley's K 函数法计算得到 $L(d)$ 分布曲线（图6.2-41）。结果表明，休闲娱乐类、社会交往类、高消费类的空间集聚强度相对较大，酒店住宿、养生保健、文化艺术类的空间集聚强度相对较弱。休闲娱乐类的空间特征尺度较大，并在大尺度空间范围表现出较强的空间集聚性，在小尺度空间范围内集聚性不强。酒店住宿类与高消费类的空间特征尺度较小，表现出较强的小尺度空间内集聚性，更加反映出高消费类设施的优越性。

d. 结语

居住空间类POI数量为64477个，人均密度为11.637个/人，单位面积密度为0.533个/公顷，集聚度为0.167。工作空间类POI数量为57155个，人均密度为10.315个/人，单位面积密度为0.472个/公顷，集聚度为0.191。消费空间类POI数量为44724个，人均密度为8.072个/人，单位面积密度为0.370

---

[1] 主要是指奢侈品零售（涵盖服饰、化妆品、钟表、箱包）、星级酒店、高级餐厅、疗养院、会所、俱乐部、游艇、邮轮、养生保健中心、高尔夫球场、歌舞厅、酒吧。

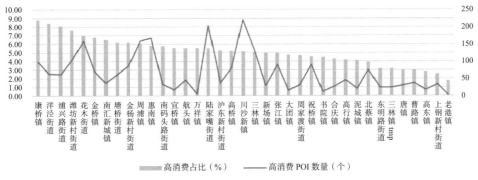

图 6.2-40 高消费 POI 数量及占比

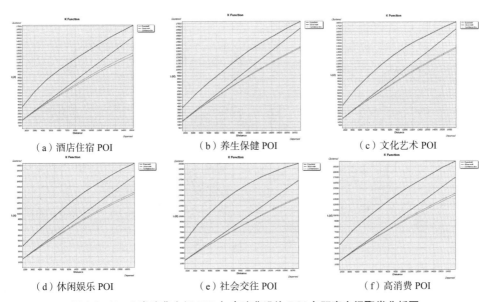

(a) 酒店住宿 POI　　　(b) 养生保健 POI　　　(c) 文化艺术 POI

(d) 休闲娱乐 POI　　　(e) 社会交往 POI　　　(f) 高消费 POI

图 6.2-41 5 类消费空间 POI 与高消费设施 POI 多距离空间聚类分析图

个/公顷,集聚度为 0.172。两者相比较,居住空间类 POI 人均与面积密度最高,工作空间类 POI 次之,消费空间类 POI 密度相比之下偏低。借助最近邻指数分析,居住空间类 POI 集聚度最高(最近邻指数为 0.167),消费空间类 POI 次之(最近邻指数为 0.172),工作空间类 POI 相比之下集聚度较低(最近邻指数为 0.191)。

②经营端分类评价

a. 公益性设施:中心城人口服务压力大,郊区均等化布局难度高

以街道乡镇为对象,逐个计算和比较单位公益性 POI 服务的面积规模与人

口规模（图6.2-42）。一是公益性POI数量，南北少，中部地区多；二是公益性设施POI平均服务面积，南部乡镇地区尤其是南汇新城、老港两地服务压力较大。依照单个公益性设施POI平均服务人口进行拥挤度层级划分（附录一），结果显示公益性设施POI服务压力由南至北呈圈层式增大，尤其是部分中心城街道服务压力较大。此外，运用GIS缓冲区工具，按照步行15分钟距离（800米）生成缓冲区，求得缓冲区面积占各街道乡镇面积比例，测算公益性POI设施的覆盖率与未覆盖率。结果显示未覆盖地区主要集中于乡镇，南汇新城、祝桥、老港未覆盖地区占比较高，其余乡镇地区均有不同程度的未覆盖地区。

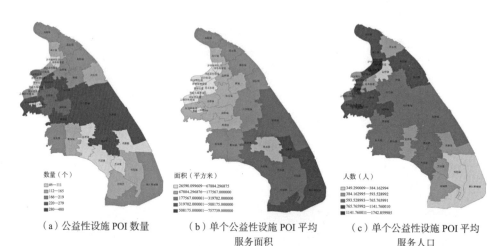

（a）公益性设施POI数量　　（b）单个公益性设施POI平均服务面积　　（c）单个公益性设施POI平均服务人口

图6.2-42　公益性设施服务压力图

b. 营利性设施：浦南北地区水平差距大，远郊地区设施配置单一

运用缓冲区工具，以轨道交通站点为中心建立1500米缓冲区，查询缓冲区内的营利性设施数量信息。在数量上，陆家嘴、花木、三林、川沙地铁站覆盖范围内营利设施较多，高桥、金杨新村、北蔡、张江、惠南次之，浦东南部成片地区极少。在所占比例上，外环线以内尤其是中心城区街道轨道交通服务半径内营利性设施占比高，浦东南部地区比例低。把营利性设施POI按照行业细分，结合细分种类、各类占总量的比例等，代入运算公式可测算出研究单元内各类型POI的熵指数，结合指数数值大小进行社区层次划分（图6.2-43）。结果显示，浦东北部与南部地区轨交周边营利性设施混合度差异明显，浦东外环线以内地区街道设施混合度要低于外环线外部近郊乡镇设施混合度。

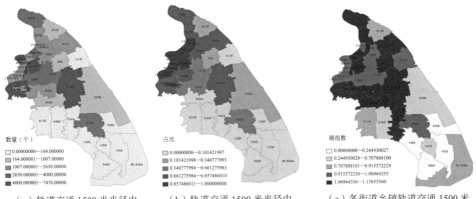

（a）轨道交通1500米半径内营利性设施POI数量　　（b）轨道交通1500米半径内营利性设施POI占比　　（c）各街道乡镇轨道交通1500米半径内POI熵指数

图6.2-43　500米步行缓冲区内营利性设施POI密度、占比及熵值对比图

c. 半公益性设施：三类社区均衡度依次降低，内部差异较外部大

结合各街道乡镇人口比重、准公共产品POI设施资源数比重以及比重累计数测算（图6.2-44），可计算出准公共产品设施POI资源配置的基尼系数为0.085。考虑到基尼系数对低水平数据变化不敏感，增加使用Theil-L指数分析，计算出准公共产品设施POI资源配置的Theil-L指数为0.021。从数据来看，前者小于0.3，后者接近0，准公共产品的配置均衡度较好。进一步结合前述研究，36个街道乡镇分为居住、产业、商业三类社区，每类社区为一组，其中居住社区Theil-L指数为0.019，产业社区Theil-L指数为0.027，商业社区Theil-L指数为0.010；组内差异指数为0.019，组外差异指数为0.002，组内差异贡献率为90.5%，组

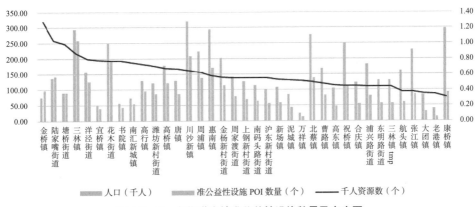

图6.2-44　各街道乡镇准公益性设施数量及密度图

间差异贡献率为9.5%。结果显示，商业社区、居住社区、产业社区准公共产品设施均衡度依次减弱，但差距不大。配置不均衡差异主要源于同类社区之间的差异，而不是产业社区、居住社区、商业社区之间的差异。

d. 小结

营利性设施POI数量为114320个，人均密度为20.632个/人，单位面积密度为0.945个/公顷。公益性设施POI数量为7193个，人均密度为1.298个/人，单位面积密度为0.059个/公顷。准公益性设施POI数量为3245个，人均密度为0.586个/人，单位面积密度为0.027个/公顷。比较来看，营利性设施POI人均密度与面积密度最高，公益性设施与准公益性设施POI密度相比则较低。

进一步借助核密度与标准差椭圆分析工具（图6.2-45），结果显示：从椭圆短半轴对比，三类设施POI的数据分布范围虽基本相似，但准公益性设施POI分布集聚度相对另外两类略高。从椭圆长半轴对比，三类POI数据分布大致都呈现由陆家嘴至惠南镇的"西北—东南"走向，但公益性设施方向性更为突出，准公益性设施方向性次之，营利性设施方向性没有前两类设施明显。从椭圆中心点位置来看，营利性与公益性设施中心基本处于康桥东部地区，相较于准公益性设施所处的张江南地区，略向南部移动。

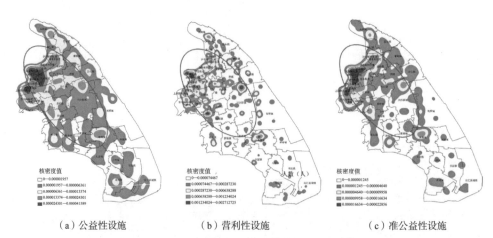

图6.2-45 三类设施POI核密度及标准差椭圆图

（2）设施服务水平分类评价

①适用程度分类评价

a. 儿童设施圈：近郊镇与中心城相差悬殊，远郊镇服务水平落后

第一步，运用选择工具，从数据库中提取儿童游乐场及培训机构设施POI；第二步，借助缓冲区工具，按照300米半径生成学校（中小学及幼托）的缓冲区；第三步，运用叠加工具，将设施POI与学校缓冲区叠加处理；第四步，运用求和等统计工具，计算各生活圈内以学校为中心300米范围内可获取的设施POI数量、人均密度和面积密度；第五步，计算人均密度分区的局域关联指数，得到密度区的冷热点分析结果（图6.2-46）。

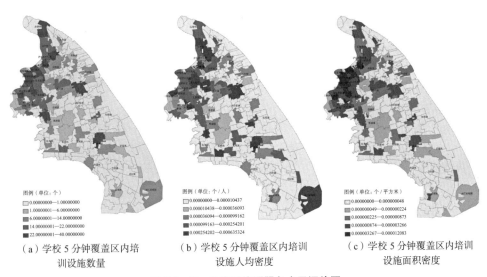

（a）学校5分钟覆盖区内培训设施数量　　（b）学校5分钟覆盖区内培训设施人均密度　　（c）学校5分钟覆盖区内培训设施面积密度

图6.2-46　儿童设施圈服务水平评价图

评价结果显示，儿童设施分布数量及密度，仅在中心城陆家嘴、世博、金桥重点地区与川沙、张江、周浦、惠南等重点镇，部分生活圈内学校和儿童游乐培训机构衔接较为紧密，大部分地区儿童设施圈层建设有待加强；而且冷热地区分明且相互穿插交织。儿童设施圈内部设施衔接度较高的地区为滨江街道、川沙行者北部、惠南镇等地生活圈，衔接度较低的地区主要分布在唐镇、曹路、合庆三镇、大团、万祥、书院远郊镇以及周康地区（图6.2-47）。

b. 老人设施圈：中心城区内部服务差距大，郊区圈层建设盲点多

第一步，运用合并工具，将卫生服务中心、老年养护院、养老院、老年人日间照料中心、高中、初中、小学、幼儿园、托儿所、社区商业网点、便利商店11类设施POI进行组合；第二步，借助缓冲区工具，按照300米半径生成菜

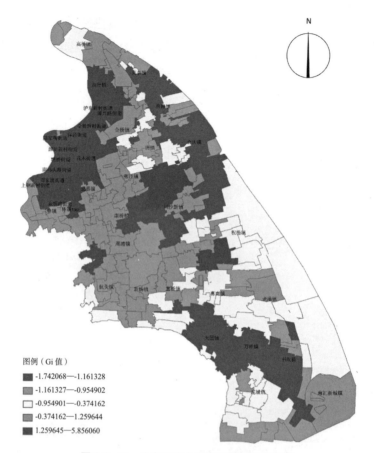

图 6.2-47 儿童设施人均密度冷热点分析图

市场（小型市场）的缓冲区；第三步，运用叠加工具，将设施 POI 与菜市场缓冲区叠加处理；第四步，运用求和等统计工具，计算各生活圈内以菜市场为中心，300 米范围内可获取的设施 POI 数量、人均密度和面积密度；第五步，计算人均密度分区的局域关联指数，得到密度区的冷热点分析结果（图 6.2-48）。

评价结果显示，老年设施分布数量及密度表明，不少地区尚存在设施空白亟待补全；而且冷热地区分布较为破碎。老年设施圈内部设施衔接度较高的地区主要位于陆家嘴、花木、金杨新村、沪东新村、浦兴路街道一带的生活圈，与世纪大道以南地区存在比较明显的冷热分区差异。衔接度较低的地区分布零散，近郊地区有高东镇地区生活圈，在远郊地区普遍分布于镇中心难以覆盖的镇域交界地区生活圈，但远郊泥城镇也有热点地区分布（图 6.2-49）。

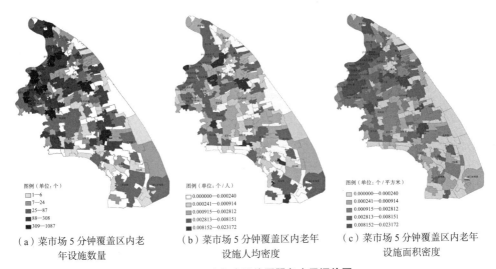

图 6.2-48 老年人设施圈服务水平评价图

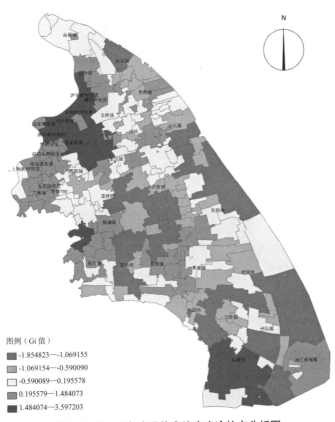

图 6.2-49 老年人设施人均密度冷热点分析图

c. 上班族设施圈：传统商业地区中心度高，乡镇社区服务能力弱

第一步，运用合并工具，将文化活动中心、文化活动站、文化活动室、商场、体育健身场馆 5 类设施 POI 点进行组合；第二步，借助缓冲区工具，按照 300 米半径生成居委会和村委会的缓冲区；第三步，运用叠加工具，将设施 POI 与居委会和村委会缓冲区叠加处理；第四步，运用求和等统计工具，计算各生活圈内以居委会和村委会为中心，300 米范围内可获取的设施 POI 数量、人均密度和面积密度（图 6.2-50）；第五步，计算人均密度分区的局域关联指数，得到密度区的冷热点分析结果（图 6.2-51）。

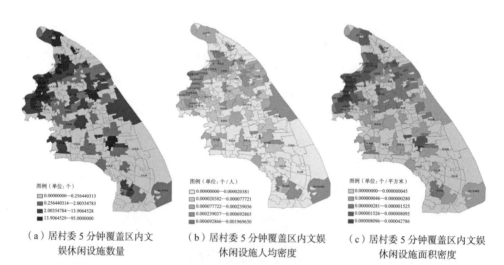

（a）居村委 5 分钟覆盖区内文娱休闲设施数量　　（b）居村委 5 分钟覆盖区内文娱休闲设施人均密度　　（c）居村委 5 分钟覆盖区内文娱休闲设施面积密度

图 6.2-50　上班族设施圈服务水平评价图

评价结果显示，从冷热点分区来看，冷热地区集聚特征明显。上班族设施圈内部设施衔接度较高的地区，主要位于内环内以及金桥商业中心一带的生活圈，次高地区则集中于滨江街道、曹路—合庆、惠南、泥城等地。衔接度较低的地区分布也较为集中，近郊地区主要分布于高东镇、张江镇、北蔡镇、康桥镇、周浦镇、川沙新镇等地，远郊地区则主要分布在大团、万祥、书院等连片地区（图 6.2-51）。

d. 结语

儿童设施类 POI 数量为 2531 个，人均密度为 0.46 个 / 人，单位面积密度为 0.02 个 / 公顷。老人设施类 POI 数量为 28389 个，人均密度为 5.12 个 / 人，单位面积密度为 0.23 个 / 公顷。上班族设施类 POI 数量为 3279 个，人均密度为 0.59

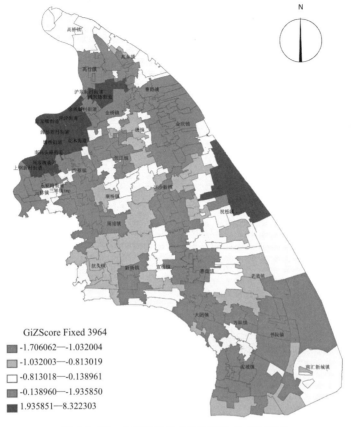

图 6.2-51　上班族设施人均密度冷热点分析图

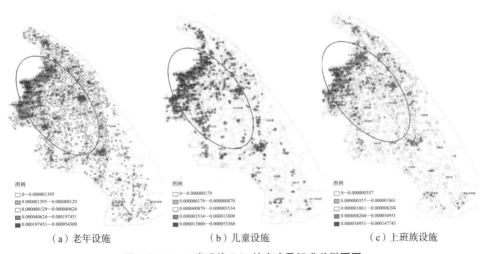

（a）老年设施　　　　　　　　（b）儿童设施　　　　　　　　（c）上班族设施

图 6.2-52　三类设施 POI 核密度及标准差椭圆图

个/人，单位面积密度为 0.03 个/公顷（图 6.2-52）。比较来看，老年设施 POI 人均与面积密度最高，儿童设施 POI 密度与上班族的相比较低，但这种差异也和归类标准有关，如老年设施包含了便利商业设施，必然导致数量及密度增高。

②使用区域分类评价

a. 5 分钟设施圈：设施分布过于集中，老镇区、产业园周边存在配置盲点

第一步，运用合并工具，将文化活动站、文化活动室、社区卫生服务站、医疗室、居委会、村委会、老年活动室、残疾人康复室、幼儿园、托儿所、公交车站、居民停车场库、邮件和快递送达设施、物业管理与服务、生活服务中心、为农综合服务站、社区商业网点、便利商店、健身点，共 19 类设施 POI 进行组合；第二步，运用叠加工具，将设施 POI 与各生活圈边界进行叠加处理，统计各生活圈 5 分钟设施人均密度；第三步，借助缓冲区工具，按照 300 米半径生成 19 类设施的缓冲区，并将缓冲区与各生活圈边界叠加处理，统计各生活圈 5 分钟设施面积覆盖率（图 6.2-53）；第四步，综合前两步分析结果，得到高低关联分析结果（图 6.2-54）。

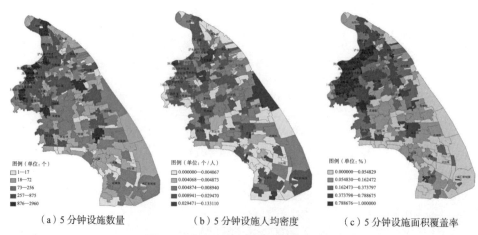

（a）5 分钟设施数量　　　　（b）5 分钟设施人均密度　　　　（c）5 分钟设施面积覆盖率

图 6.2-53　5 分钟设施服务水平评价图

从评价结果来看，"高—高"即设施人均水平与覆盖能力均较高的单元，主要分布于中心城街道生活圈以及中心城外围部分城镇，如曹路镇、张江镇、川沙镇等地生活圈，另外在远郊地区的新场、航头、惠南镇也有分布。"高—低"是指设施人均水平较高但覆盖能力低的单元，主要分布在南汇新城、惠南镇、

祝桥镇、周浦镇和宣桥镇等地,这与该类地区人口少、设施配置集中存在一定关系。"低—高"是指设施人均水平较低但覆盖能力较高的单元,仅分布于外高桥保税区,这说明了产业园区人气不足等问题。"低—低"是指设施数量水平与覆盖能力都比较低的单元,主要分布于高桥老镇、万祥、书院等远郊镇以及外高桥保税区、临港产业园区的周边地区(图6.2-54)。

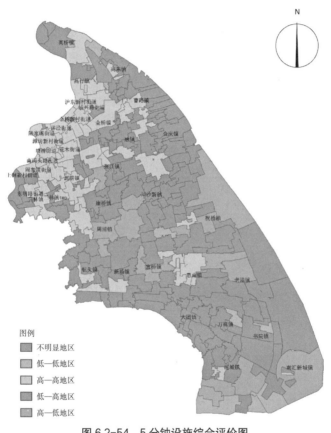

图 6.2-54　5 分钟设施综合评价图

b. 10 分钟设施圈:次级设施配置缺口明显,中心城设施人口服务压力大

第一步,运用合并工具,将老年人日间照料中心、社区食堂、初中、小学、公交首末站、轨道交通站点、银行营业网点、电信营业网点、健身房、餐饮设施、商场、菜市场(小型市场)12 类设施 POI 进行组合;第二步,运用叠加工具,将设施 POI 与各生活圈边界进行叠加处理,统计各生活圈 10 分钟设施人均

密度；第三步，借助缓冲区工具，按照500米半径生成12类设施的缓冲区，并将缓冲区与各生活圈边界叠加处理，统计各生活圈10分钟设施面积覆盖率；第四步，综合前两步分析结果，得到高低关联的结果（图6.2-55）。

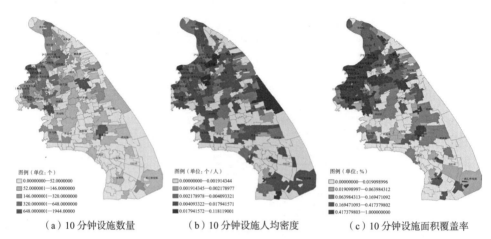

图6.2-55　10分钟设施服务水平评价图

从评价结果来看，"高—高"单元仅分布于陆家嘴地区。"高—低"单元尚无空间分布。"低—高"单元主要分布于中心城街道地区和张江、唐镇交界地区。"低—低"则广泛存在于浦东大部分地区，不仅在近远郊地区多有分布，在中心城内部及中心城外部都有分布（图6.2-55）。

c. 15分钟设施圈：设施人口匹配度普遍偏低，边缘地区配置水平亟待提升

第一步，运用合并工具，将文化活动中心、卫生服务中心、门诊部、社区服务中心、街道办事处、司法所、派出所、老年养护院、养老院、社区学校、高中、邮政营业场所、体育健身场馆、多功能运动场地14类设施POI进行组合；第二步，运用叠加工具，将设施POI与各生活圈边界进行叠加处理，统计各生活圈15分钟设施人均密度；第三步，借助缓冲区工具，按照1000米半径生成15类设施的缓冲区，并将缓冲区与各生活圈边界叠加处理，统计各生活圈15分钟设施面积覆盖率（图6.2-56）；第四步，综合前两步分析结果，得到高低关联结果（图6.2-57）。

从评价结果来看，"高—高"单元仅分布于陆家嘴与张江科技园地区。"高—低"单元尚无空间分布。"低—高"单元广泛存在，主要出现在中心城高桥、金

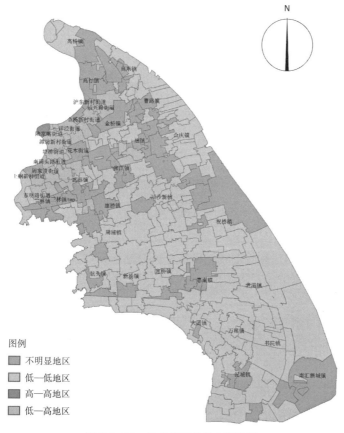

图 6.2-56　10 分钟设施综合评价图

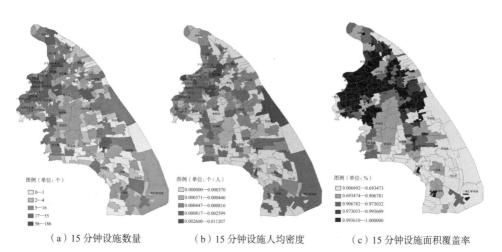

(a) 15 分钟设施数量　　　(b) 15 分钟设施人均密度　　　(c) 15 分钟设施面积覆盖率

图 6.2-57　15 分钟设施服务水平评价图

桥、陆家嘴外围以及中心城外围三林、北蔡、川沙、张江等地，同时在近郊唐镇、康桥、新场、航头、惠南、泥城均有出现。"低—低"单元则主要出现在沿江、沿（区）界等边缘生活圈中（图6.2-58）。

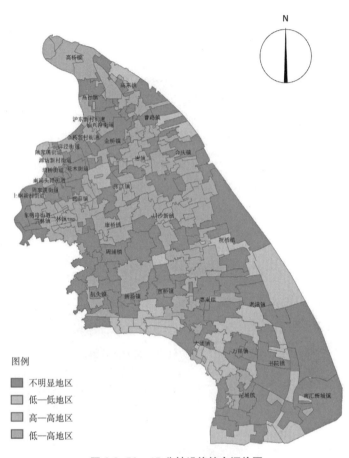

图6.2-58　15分钟设施综合评价图

d. 结语

5分钟设施类POI数量为48456个，人均密度为8.75个/人，单位面积密度为0.40个/公顷。10分钟设施类POI数量为26477个，人均密度为4.78个/人，单位面积密度为0.22个/公顷。15分钟设施类POI数量为3679个，人均密度为0.66个/人，单位面积密度为0.03个/公顷。比较来看，5分钟设施POI人均密度与面积密度最高，10分钟设施与15分钟设施POI密度相比较低（图6.2-59）。

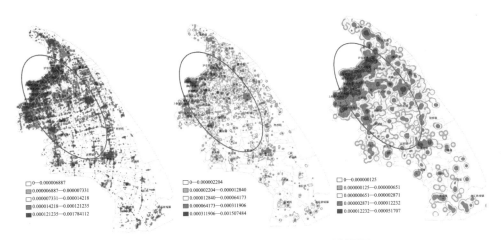

图 6.2-59　三类设施 POI 核密度及标准差椭圆图

6.3　浦东新区生活空间资源配置的健康评价

6.3.1　评价背景

现代城市规划的起源是公共卫生问题。2020 年年初，新冠肺炎疫情暴发，规划学界开展了积极讨论，内容主要是公民健康领域与大型公共卫生事件中城市规划的作用和应用前景。在社区层面的讨论内容，主要涉及社区活动、社区空间、社区资源三个方面。第一，社区活动主体发生变化。其中，受到突发疫情影响，社区灾害场景发生更迭，社区居民在疫情中出现了显著的人群活动变化，居民对社区的需求内容也相应发生转换。与此同时，社区组织借助行政、社会、居民组织的管控、防御、互惠职能，在疫情中发挥了突出的防御作用。第二，社区健康空间的评价、规划与设计得到广泛重视。首先，社区的评价内容愈发综合全面，包括社区传染风险评价、设施危险程度评价、设施应急能力评价、健康社区综合评价、韧性社区综合评价等；其次，社区空间规划出现了众多创新维度，诸如社区健康空间、社区风险空间、社区生活空间、社区应急空间；最后，社区更新设计重视与健康生活相关主题的研究，例如合理建设强度、健康居住形态、韧性开发模式等。第三，社区健康资源应开展层次化与体系化建设。首先，社区资源尤其是高级医疗资源、社区医疗资源、物流交通资源、风险设施资源亟待系统性优化；其次，社区资源应从城市分区、公共健康单元、生活圈、邻里等方面开展全面研究；最后，社区资源体系开始关注原来容易被忽视的内容，例如应急设施体系、征用设施体系、防灾制度体系与弹性预留体系。

总之，健康社区评价在重大公共卫生事件背景下受到格外重视，其既是分析社区人群活动利弊与社区资源利用效率高低的有效手段，又是合理开展健康社区规划与设计的研究基础。当前，"外防输入、内防反弹"的防疫形势较为严峻，上海浦东新区对外交往活动密切，是疫情重点防控地区，夯实健康社区防护基础十分关键。因此，有必要围绕上海市健康社区相关政策要求，针对浦东新区开展健康社区评价工作。

6.3.2 评价现状

1. 健康评价研究

（1）健康社区评价

健康社区评价已取得较好研究成果。有学者参考2002—2008年苏州市健康社区评估指标体系成果，确定了健康社区评估指标体系，具体包括健康管理、健康基础、健康环境、健康服务和健康人群五大基本要素。[1] 也有学者以《渥太华宪章》为理论基础，根据健康社区空间影响因素的划分，从健康住宅、健康环境、健康活动、健康社会、健康交通和健康设施构建杭州健康社区的评估体系。[2] 还有学者从问卷设计角度出发，认为健康社区评价内容包括政策支持、健康环境、全民健身、社区参与、健康教育与健康行为、卫生服务和居民愿望、建议等。[3] 在研究文献中与空间有关的指标包括：健康环境涉及社区绿化覆盖率、公共文化娱乐设施配套率、老年人照护体系、儿童照护体系、配套体育健身设施；健康行动涉及健康促进资源（医、校）、绿地公园；健康活动涉及运动健身设施、公共体育设施；健康交通涉及公共交通便捷性、内部交通设施；健康设施涉及商业设施、教育设施、医疗设施、养老设施、母婴服务设施、文化服务设施。

---

[1] 孙延祯.基于绩效管理理论的健康社区评估指标体系研究[D].苏州大学，2012.
[2] 朱媛媛，曹承建，李金涛.应用德尔菲法构建健康社区评价指标体系[J].中国预防医学杂志，2015，16（8）：638-641.
[3] 谢剑峰，陈小民，吴燕芬，许革.苏州市沧浪区创建"健康社区"试点第一阶段评估[J].江苏卫生保健，2001，2：48-49.

（2）健康资源评价

当前，学者们为有效开展城市健康资源评价，进行了资源分类研究。有学者以长沙中心城区为研究区域，基于城市健康资源概念中健康资源功能和作用，将健康资源具体划分为医疗、体育和自然健康资源3大类。[1] 还有学者基于世界卫生组织（WHO）要求，指出建设健康城市需加强医疗卫生工程与健身工程建设，并结合城市用地分类与规划建设标准，将城市健康资源分为医疗保健资源和康体保健资源两个一级类，公共和商业两个二级分类，以及若干具体设施、场所或空间构成的三级分类。[2] 也有学者选出医疗和体育两大类中与居民健康最相关的设施开展研究，包括大中型医院、卫生院（室）、社区医疗服务中心、私人门诊、药店、公园广场、游泳池、社区活动中心、体育健身活动场地、健身俱乐部10小类。[3] 现有研究文献表明，自然健康资源包括公园、广场、防护绿地、附属绿地、区域绿地；商业康体保健资源包括高尔夫球场、赛马场、溜冰场、跳伞场、洗浴推拿场所、度假疗养场所。医疗健康资源包括综合医院、专科医院、社区卫生服务中心、卫生院（室）、急救中心、康复与预防机构、私人门诊、药店、私人医院、诊所。体育健康资源包括社区活动中心、体育健身活动场地、健身俱乐部、健康中心、综合运动场、体育场馆、游泳场馆、各类球场、骑行道、步行道等。

（3）医疗设施评价

有学者以德清县为例，重点关注了3个县级医院，以及德清县基层医疗卫生机构中的12个乡镇（中心）卫生院和117个行政村卫生室，不考虑专业公共卫生机构等其他机构[4]。还有学者以南京市为评价对象，将南京市养老服务设施按类型划分为敬老院、福利院、养老院、老年公寓、护理院和护养院，按性质划分为公办公营、公办民营和民办民营，按照规模划分为大型（床位数多于300个）、中型（床位数在100-300个之间）和小型（床位数小于100个）三个等级。[5] 研究成果表

---

1 冉钊，周国华，张鸿辉，等.城市健康资源与人口分布空间关联性——以长沙中心城区为例[J].资源科学，2019, 41（8）: 1488-1499.

2 姜玉培，甄峰，孙鸿鹄.基于街区尺度的城市健康资源空间分布特征——以南京中心城区为例[J].经济地理，2018, 38（1）: 85-94.

3 高小芳，张雅娟.基于POI数据的西安市主城区健康设施可达性[J].绿色科技，2018 卷缺失（6）: 212-213.

4 柳泽，杨宏宇，熊维康，等.基于改进两步移动搜索法的县域医疗卫生服务空间可达性研究[J].地理科学，2017, 37（5）: 728-737.

5 许昕，赵媛.南京市养老服务设施空间分布格局及可达性评价——基于时间成本的两步移动搜索法[J].现代城市研究，2017，2: 2-11.

明，医疗涉及内容有：医院包括综合医院、专科医院、中医医院、中西医结合医院、妇幼保健院所、疾病防控机构、急救医疗机构；社区卫生服务机构包括社区卫生服务中心、社区卫生服务站、卫生院、街道卫生院、乡镇卫生院；基层医疗卫生机构包括门诊部（所）、卫生所（室）、医务室、体检中心、美容医疗机构。此外，也有研究重点关注县级医院、乡镇卫生院、村卫生室，或是专门关注敬老院、福利院、养老院、老年公寓、护理院和护养院（公办／私立＋大型／中型／小型）。

2. 健康政策研究

（1）上海市政策

上海市政府在2019年1月发布的《关于加强本市社区健康服务促进健康城市发展的意见》（简称《意见》）中明确指出，社区是城市基本单元，是居民日常生活的主要场所（表6.3-1）。获得社区健康服务，是广大居民的共同需求。社区健康服务是指在社区范围内，由政府主导，市场参与，以家庭为单位，根据居民不同层次的各类健康服务需求，利用各种资源，通过直接提供或购买服务等方式，向社区居民提供社区医疗卫生、健康老龄、健康宣教、体育健身等服务。《意见》明确指出，依托社区卫生服务中心、社区文化活动中心、市民健身中心、社区学校等社区健康服务机构，融合政府、市场等各方资源，初步形成社区健康服务多元化供给格局，促进社区健康服务城乡统筹发展，建立基本完善的社区健康服务体系。

从《意见》具体内容来看，社区医疗卫生服务包括疾病预防控制机构、医疗机构、社区卫生服务中心、学校心理辅导中心（室）、社会心理咨询工作室、康复专科门诊部（所）、残联康复机构、专科门诊、专家门诊、社区医疗急救网络。社区健康老龄服务包括社区托养机构（日间照护机构、长者照护之家）、社区综合为老服务中心、睦邻互助点、养老机构。社区体育健身服务包括市民健身中心、市民球场、市民健身步道、学校体育设施、公园绿地、青少年体育俱乐部、青少年校外体育中心。社区健康环境包括绿地、绿道、公园、食品安全科普站、市级食品安全示范科普站、二次供水设施、慢行交通设施、无障碍设施、垃圾分类收集处理和资源回收利用。社区健康宣传教育包括社区学院、社区学校、居村学习点、中小学。

（2）示范区政策

上海市嘉定区是全国健康城市的试点地区（表6.3-1）。根据《南翔镇建设健康社区三年行动计划（2012—2014年）》《2015年安亭镇国家卫生镇复审暨WHO健康社区创建推进工作实施方案》《南翔镇建设健康社区三年行动计划

(2012—2014年)》等政策内容，主要提及4个方面的创建内容，其中，健康环境包括骨干道、轨道交通和交通枢纽、站点、污水收集系统、污水处理厂、绿地、垃圾分类收集。健康服务包括社区卫生服务中心、社区卫生服务站。健康人群关注健康校园、社区健身设施、生态环境保护和建设、水环境治理与保护、生活垃圾无害化、绿化和市政建设。健康支持性环境建设包括健康场所、健康示范点、健康广场、健康步道。

上海及嘉定区健康社区创建政策一览表　　　　表6.3-1

发布部门	年份	政策名称
上海市嘉定区人民政府	2006	《嘉定区建设健康城区2006—2008年行动计划》
上海市嘉定区人民政府	2009	《嘉定区建设健康城区三年行动计划（2009—2011年）》
上海市嘉定区人民政府	2012	《嘉定区建设健康城区2012—2014年行动计划工作指标》
上海市嘉定区人民政府	2012	《嘉定区建设健康城区三年行动计划（2012—2014年）》
上海市嘉定区南翔镇人民政府	2013	《南翔镇建设健康社区三年行动计划》
上海市嘉定区菊园新区管理委员会	2014	《菊园新区健康城区建设实施方案（2014年）》
上海市嘉定区安亭镇人民政府	2015	《安亭镇国家卫生镇复审暨WHO健康社区创建推进工作实施方案》
上海市政府	2018	《"健康上海2030"规划纲要》
上海市卫生健康委等	2019	《关于加强本市社区健康服务促进健康城市发展的意见》
上海市政府	2019	《关于推进健康上海行动的实施意见》
上海市健康促进委员会	2019	《健康上海行动（2019—2030年）》
上海市健康促进委员会	2019	《健康上海行动组织实施和考核方案》
上海市嘉定区人民政府	2019	《"健康嘉定2030"规划》

6.3.3 评价指标

1. 健康资源指标构成

（1）指标筛选

立足于前述文献中对于健康资源的内涵理解与基本分类，按照一定的原则进行筛选。具体原则包括：社区性原则，选择隶属于社区范围或层面（街道、居委）的健康资源类型；正向性原则，关注对居民健康生活起正向作用的各类资源，对于存在正负两种作用的资源暂不考虑（如公交站、停车场）；日常性原则，居民维持日常健康生活所必需、经常使用、大部分民众能消费得起的资源类型；

空间性原则，具有明确建筑或用地空间以提供相应健康服务；可行性原则，为便于分析，不包括难以抽象为点要素的线空间与面空间资源；直接性原则，考虑到对健康的直接作用，本次暂不将社区教育文化资源等对健康起间接作用的资源纳入健康资源中。综上可得：社区医疗卫生资源18类，社区养老托幼资源5类，社区体育健身资源3类，合计26类（表6.3-2）。

健康资源构成设施筛选表　　　　表6.3-2

分类	筛选前	筛选后
社区医疗卫生资源	疾病预防控制机构+++ 医疗机构（综合医院、专科医院、中医医院、中西医结合医院、妇幼保健所）+++ 社区卫生服务中心（卫生院、卫生所）++++ 社区卫生服务站（卫生室）++++ 社区医疗急救网络（急救中心、急救站）+++ 学校心理辅导中心（室）+ 社会心理咨询工作室+ 康复中心（残联康复机构）+++ 门诊部所（专科门诊、专家门诊、康复专科门诊）+++ 私营医疗设施（私人院所、药房、药店、体检中心、美容医疗机构）	疾病预防控制机构 医疗机构（综合医院、专科医院、中医医院、中西医结合医院、妇幼保健所） 社区卫生服务中心（卫生院、卫生所） 社区卫生服务站（卫生室） 社区医疗急救网络（急救中心、急救站） 学校心理辅导中心（室） 社会心理咨询工作室 康复中心（残联康复机构） 门诊部所（专科门诊、专家门诊、康复专科门诊） 药房（店）
社区养老托幼资源	社区托养机构（日间照护机构、长者照护之家）+ 社区综合为老服务中心+ 睦邻互助点+ 养老机构（敬老院、福利院、养老院、老年公寓、护理院、护养院）++ 儿童照护体系	社区托养机构（日间照护机构、长者照护之家） 社区综合为老服务中心 睦邻互助点 养老机构（敬老院、福利院、养老院、老年公寓、护理院、护养院） 儿童照护体系
社区文化教育资源	社区学院++ 社区学校++ 居村学习点++ 中小学++ 社区活动中心 公共文化娱乐设施	社区学院 社区学校 居村学习点 中小学 社区活动中心 公共文化娱乐设施
社区体育健身资源	市民健身中心+++ 市民球场++++ 市民健身步道++ 学校体育设施++ 健身俱乐部（青少年体育俱乐部）+ 青少年校外体育中心 综合运动场（健身活动场地） 体育场馆（游泳场馆） 消费型康体服务（高尔夫球场、赛马场、跳伞场、度假疗养场所、溜冰场、洗浴场所）	市民健身中心 市民球场 市民健身步道 学校体育设施 健身俱乐部（青少年体育俱乐部） 青少年校外体育中心 综合运动场（健身活动场地） 体育场馆（游泳场馆）

续表

分类	筛选前	筛选后
社区健康环境资源	绿地（公园、绿道、广场）++++ 食品安全科普站（市级食品安全示范科普站） 二次供水设施+ 慢行交通设施（骑行道、步行道）++ 无障碍设施+ 垃圾分类收集处理和资源回收利用++ 骨干道路网 公交设施（站点、枢纽） 污水工程系统（收集管网、污水处理厂） 停车场	—

注：+表示前述文献中出现次数。

（2）指标数据

社区健康资源包括社区养老托幼资源、社区医疗卫生资源、社区体育健身资源三大类，其中，社区养老托幼资源主要对应国民经济行业分类中的教育（83）、社会工作（85）；社区医疗卫生资源主要对应国民经济行业分类中的零售业（52）、商务服务业（72）、卫生（84）；社区体育健身资源主要对应国民经济行业分类中的体育（89）。从指标到数据的转换，需要根据上海实际设施配置情况深入分类组织与清洗数据。通过指标库与数据库的对应筛选，并借助服务内容关键词进行数据清洗，最终得到社区医疗卫生资源设施点2864个，社区养老托幼资源设施点1544个，社区体育健身资源设施点2479个，合计6887个（图6.3-1）。

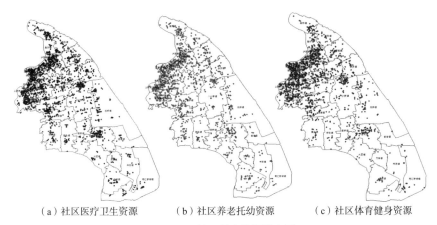

(a) 社区医疗卫生资源　　(b) 社区养老托幼资源　　(c) 社区体育健身资源

图6.3-1　社区健康资源分布图

2. 健康设施指标构成

（1）指标筛选

①社区养老托幼设施

从健康资源指标到设施指标的转换，根据上海实际设施配置情况，上述所得资源深入分类筛选与再组织。2005年上海在全国率先提出构建"9073养老服务格局"的目标。"9073养老服务格局"，是指3%的老年人接受机构养老服务；7%的老年人可得到政府福利政策支持的社区养老服务；90%的老年人在家以自助或家庭成员照顾为主，自主选择各类社会服务资源。根据《上海市养老设施布局专项规划》，以构建居家养老为基础、社区为依托、机构为支撑的养老服务格局为目标，建成规模适度、布局合理、覆盖城乡、满足多元需求的养老设施空间格局。另外，居家养老是指以社区为依托、家庭为核心的一种新型的养老方式。从实际情况看，居家养老就是家庭养老和社区养老的有机结合。因此，原则上不应该把居家养老与社区养老相区别。

a. 机构养老设施

根据上海市《养老设施建筑设计标准》，养老机构是社会养老专有名词，是指为老年人提供饮食起居、清洁卫生、生活护理、健康管理和文体娱乐活动等综合性服务的机构。包括敬老院、福利院、养老院、老年公寓、护老院、护养院、护理院。其中，福利院、敬老院、老年护理院按养老床位数量分为两类，床位数大于等于100床的为甲类；床位数小于100床、大于等于50床的为乙类；按设施设备配置标准由高到低分为一、二、三级3个等级。养老设施的设置应根据人口结构特点和周围设施情况而定，居住区可设福利院、老年公寓，居住小区可设敬老院、老年护理院。福利院、敬老院每床建筑面积指标应符合以下规定：一级：≥40平方米；二级：≥30平方米；三级：≥25平方米。老年公寓每床建筑面积指标不应小于40平方米。

b. 社区养老设施

根据《关于加强社区综合为老服务中心建设的指导意见（沪老龄办发〔2016〕5号）》，社区综合为老服务中心一般在街镇层面建立设施综合体，面积较大的街镇可以参照基本管理单元分片区建设，增加分中心的布点，建筑面积一般可在1000平方米左右。既可以独立设置，也可与社区服务设施、养老机构等已有的服务设施综合设置；应具有社区养老服务设施场地、为老服务综合管理设施场地两类功能性设施和场所，并应作为枢纽型设施，与社区内的其他老年服务设施形成设施网络，逐步打造10—15分钟服务圈。社区综合为老服务中心的主要服务内容：一是社区托养服务，即为失能、高龄独居以及其他有需要的老年人提供托养及上门服务；二是医养结合服务，即与周边医疗机构合作或直接综合设置，引入社区卫生护理及康复服务；三是生活服务，即提供助餐服务、助浴服务、上门服务、文体娱乐服务、教育学习服务、提供法律维权服务、心理疏导服务、情绪管理服务；四是家庭支持服务，即提供短期托管服务、培训服务、邻里关怀与志愿服务等。

c. 居家养老设施

根据《上海市社区居家养老服务规范》，主要有社区居家养老服务社（社区助老服务社）、社区老年人日间服务中心、社区老年人助餐服务点等社区居家养老服务组织或机构。其中，"社区居家养老服务社"也称"社区助老服务社"，是指上门为居家老年人提供社区居家养老服务的机构。"社区老年人日间服务中心"是指日间集中为居家老年人提供社区居家养老服务的机构。"社区老年人助餐服务点"是指社区中为老年人提供膳食加工配制、外送、集中用餐等服务的场所。《上海市社区老年人日间照护机构管理办法》（沪民规〔2017〕4号）明确规定，单独设置的日间照护设施建筑面积一般不低于200平方米，郊区可以适当增加建筑面积。上海市《关于加强社区老年活动室管理的意见（试行）》提出，社区老年活动室的选址应以方便社区老年人为宜，居（村）委会老年活动室的使用面积应在100平方米以上，街道（乡镇）老年活动室的使用面积应在300平方米以上。

d. 托幼服务设施

学前教育、托幼服务设施的规范应用，有《幼儿园建设标准》建标175—2016与《托儿所、幼儿园建筑设计规范》JGJ39—2016两种规范，前者把幼儿园等级划分为四级，后者则把托儿所分类，因此综合前者的幼儿园分级和后者的托儿所分级。幼儿园建筑规模的计算，根据规范中分级明确的座位数、班级数、班额以及定额建筑面积指标。其中，托儿所情况较为特殊，由于目前我国3岁以下幼儿多为家庭照料，托儿所多与幼儿园配套设置，规范并未明确规定托儿所班级数据，故本次测算按照1个班级进行指标运算，并仅测算幼儿用房，不包括与幼儿园共同使用的管理用房等面积（表6.3-3和表6.3-4）。

幼儿园建筑面积表　　　　　　　　　　　表6.3-3

幼儿园类型	建筑面积（单位：平方米）
12班幼儿园	4003.2—5068.8
9班幼儿园	3145.5—3960.9
6班幼儿园	1879.2—2745
3班幼儿园	795.6—1052.1

托儿所建筑面积表　　　　　　　　　　　表6.3-4

幼儿园类型	建筑面积（单位：平方米）
托儿班	≥159
乳儿班	≥91

②社区医疗卫生设施

《上海市医疗机构设置"十三五"规划》（以下简称《规划》）指出，规划期内全市统筹规划、协调发展，完善以市级医学中心为支撑、区域医疗中心和区域专科医院为骨干、社区卫生服务中心等基层医疗卫生机构为基础的三级医疗服务体系架构。其中，市级医学中心主要由市级三级甲等综合医院（含中医医院、中西医结合医院等，下同）和三级专科医院组成。区域医疗中心和区域专科医院主要由三级乙等、二级甲等和医疗资源稀缺地区的二级乙等综合医院组成。基层医疗卫生机构主要由社区卫生服务中心（站）、村卫生室、门诊部、诊所、医务室、护理站、企事业单位内部医疗机构等组成。另外，《规划》强调落实急慢分治，明确和落实各级各类医疗机构急慢病诊疗服务功能，为患者提供科学、适宜、连续性的诊疗服务。

a.综合医院

按照《国家卫生部综合医院分级管理标准》、《医疗机构基本标准（试行）》要求，根据任务和功能的不同，把医院分为三级，即一级医院、二级医院和三级医院。一级医院是直接向具有一定人口（≤10万）的社区提供医疗、预防、保健和康复服务的基层医疗卫生机构，住院床位总数20—99张，每床建筑面积不少于45平方米；二级医院是向多个社区（人口一般在10万以上）提供医疗、预防、保健、康复服务的卫生机构，是三级医疗卫生体系中的中间层次，住院床位总数100—499张，每床建筑面积不少于45平方米；三级医院是跨地区、省、市以及向全国范围提供医疗卫生服务的医院，是具有全面医疗、教学、科研能力的医疗预防技术中心，住院床位总数 500 张以上，每床建筑面积不少于 60 平方米。另外，还根据各级医院的技术水平、质量水平和管理水平的高低，并参照必要的设施条件，分别划分为甲、乙、丙等，三级医院增设特等。甲等：分等标准考核需达 900 分以上（含 900 分）；乙等：分等标准考核需达 750—899 分；丙等：分等标准考核在 749 分以下（含 749 分），丙等医院应有切实可行的改进措施和发展规划。

b. 社区卫生服务中心（站）

根据《社区卫生服务中心、站建设标准》（建标〔2013〕6 号）要求，社区卫生服务中心按服务人口数量确定建设规模。社区卫生服务中心服务人口小于 5 万人（含 5 万人），建筑面积为 1400 平方米；服务人口 5 万—7 万人（含 7 万人），建筑面积为 1700 平方米；服务人口大于 7 万人，建筑面积为 2000 平方米。社区卫生服务中心原则上不设非康复治疗功能的病床，可设一定数量以护理康复为主要功能的床位。每千服务人口（指常住人口）宜设置 0.3—0.6 张床位，原则上一个社区卫生服务中心床位数不超过 50 张。设置护理康复床位的社区卫生服务中心，其规模应根据当地医疗机构设置规划，考虑服务人口数量、当地经济发展水平、服务半径、交通条件等因素，合理确定社区卫生服务站服务人口宜为 0.8 万—1 万人，建筑面积宜为 150—220 平方米。相邻的社区卫生服务中心床位可以合并设置。社区卫生服务站不设床位。

c. 其他医疗设施

根据《医疗机构基本标准（试行）》，综合门诊部建筑面积不少于 400 平方米，诊所建筑面积不少于 40 平方米，疗养院住院床位总数 100 张以上，平均每床建筑面积 45 平方米以上。根据《乡镇卫生院建设标准》《村卫生室建设标准》，按床位规模分为无床、1—20 床和 21—99 床卫生院三种类型。乡镇卫生院床位规模宜控制在 100 床以内。每个卫生室占地面积原则上不小于 200 平方米，建筑面积在 60 平方米以上。根据《中小学校心理咨询室标准方案》，基础型心理咨询室面积要求：50 平方米左右（1 个教室大小）。标准型心理咨询室面积要求：约 100 平方米左右（2 个教室大小）。高级型心理咨询室面积要求：约 300 平方米左右（6 个教室大小）。根据《康复医疗中心基本标准（试行）》，提供住院康复医疗服务的，设置住院康复床位总数 20 张以上。不提供住院康复医疗服务的，可以不设住院康复病床，但应设置不少于10张的日间康复床。设置住院康复床位的，每床建筑面积不少于50平方米。病室每床净使用面积不少于6平方米，床间距不少于1.2米。未设置住院康复床位的，康复医疗业务用房建筑面积不少于500平方米。根据《医疗机构基本标准（试行）》，急救站：建筑面积不少于400平方米，急救中心：建筑面积不少于1600平方米。根据《疾病预防控制中心建设标准（建标127—2009）》，疾病控制中心建筑面积根据中心级别、服务人口分层次确定建筑面积标准（表6.3-5）。

疾病控制中心建筑面积表　　　　　　　　表6.3-5

类别	服务人口（万人）	建筑面积（平方米）
省级	>7000	24000—34000
	>4000	18500—24000
	>1000	13000—18500
	<1000	7500—13000
市级	>500	5800—7000
	>300	4700—5800
	>100	3500—4700
	<100	2500—3500
县级	>80	4100—6150
	>40	2450—4100
	>10	1250—2450
	<10	850—1250

资料来源：《疾病预防控制中心建设标准（建标127—2009）》。

③社区体育健身设施

《上海市公共体育设施布局规划（2012—2020年）》以服务人口为准则，以市区步行30分钟、郊区骑行30分钟"体育圈"为服务半径，以市、区体育中心为骨干，以街道（乡镇）中型市民健身中心为枢纽，以社区（行政村）小型市民健身中心为重点，以社区健身苑点（农民健身工程）为基础，以学校等企事业单位向社会开放的体育设施、社会经营性健身场所（俱乐部）、公园绿地体育设施、晨晚健身广场等为补充，形成体育设施网络，逐步实现城乡公共体育设施均等化。

a. 市区级公共体育设施

市级公共体育设施：全市规划形成"6+2"市级体育设施布局。其中"6"包括5个结合现状完善改造的上海东亚体育文化中心、上海国际赛车场、东方体育中心、上海旗忠网球中心和江湾体育中心，以及远景布局1处浦东体育中心。"2"为上海崇明和东方绿舟两个市级体育训练基地。区级公共体育设施：每个区设置一处及以上区级体育中心，规划服务人口50万—70万，包括体育场、体育馆和游泳馆等公共体育设施。规划期内，全市范围内布局区级体育中心17处以上，同时根据全市的需求和区县体育发展特色，规划布局专项体育设施。其中，体育场、体育馆、游泳馆、健身中心可依照《公共体育场馆建设标准系列-1（体育场建设标准）》、《公共体育场馆建设标准系列-1（体育馆建设标准）》、《公共体育场馆建设标准系列-1（游泳馆建设标准）》、《全民健身活动中心分类配置要求》（GBT 34281—2017）分类配置要求执行建筑面积定额要求。

b. 社区级公共体育设施

第一，根据《农民体育健身工程——场地建设技术标准》和《关于实施农民体育健身工程的意见》，农村公共体育设施建设的基本标准是一块混凝土标准篮球场，配备一副标准篮球架和2张室外乒乓球台（约643平方米）。第二，参考重庆市等经验值，社区健身点中室外健身场地面积不少于300平方米，室内健身场地面积不少于50平方米。室外能充分满足开展篮球、乒乓球、羽毛球、门球及小型运动会等任意两项活动，室内能满足开展健身操、健身气功、瑜伽、棋牌、健身讲座等活动，配备的健身体育器材都不少于10种，供居民免费借用。第三，根据《城市社区多功能公共运动场配置要求》GB/T 34419—2017，多功能公共运动场中，以篮球为首选项目的场地尺寸为31米×19米，以足球为首选项目的场地尺寸为68米×48米，以网球为首选项目的场地尺寸为36.57米×18.29米。第四，根据《上海市社区文化活动中心基本配置要求》，社区文化活动中心一般规模的建筑面积为4500平方米，使用面积应不低于3500平方米。中心城区可适当折减，但不低于2500平方米。第五，乡镇综合文化站按照标准进行设置（表6.3-6）。第六，参考嘉定区在2018年市政府实事项目"提升4500个标准化居村综合文化活动室（中心）服务功能"中提出的建设标准，村委综合文化活动室广场不低于500平方米、图书室不低于60平方米、活动室不低于150平方米、多功能室不低于150平方米。居委综合文化活动室室内活动场所使用面积不低于150平方米,并配有不低于50平方米室外广场。

文化活动站建筑面积表　　　　　　　表6.3-6

类型	服务人口（万人）	建筑面积（平方米）
大型文化活动站	5—10	500—1500
中型文化活动站	3—5	500—800
	1—3	300—500
小型文化活动站	1以下	300

资料来源:《乡镇综合文化站建设标准》建标160—2012。

c. 结语

根据以上各类设施的国家及上海地方建设标准,社区健康设施由社区养老托幼、社区医疗卫生、社区健康健身3大类、9中类、37小类设施构成（图6.3-2）。社区养老托幼设施可分为机构养老设施、社区为老设施和儿童托养设施。机构养老设施按照政府与市场供给主体可进一步划分为福利院、敬老院、老年护理院与老年公寓；社区为老设施按照集中与分散供给形式可进一步划分为社区综合为老服务中心与社区居家养老服务社、居家养老服务中心、社区老年人日间

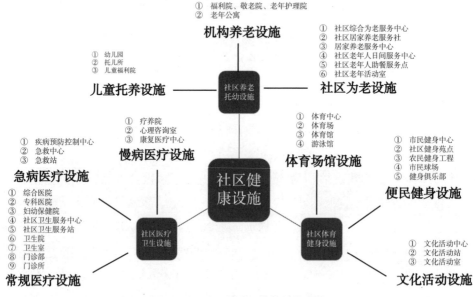

图6.3-2　社区健康设施体系构成图

服务中心、社区老年人助餐服务点、社区老年活动室；儿童托养设施按照一般与特殊服务对象可进一步划分为幼儿园、托儿所与儿童福利院。社区医疗卫生设施可分为常规医疗设施、慢病医疗设施和急病医疗设施，常规医疗设施按照市区级与基层级可进一步划分为综合医院、专科医院、妇幼保健院和社区卫生服务中心、社区卫生服务站、卫生院、卫生室、门诊部、门诊所，慢病医疗设施包括疗养院、心理咨询室、康复医疗中心，急病医疗设施包括疾病预防控制中心、急救中心、急救站。社区体育健身设施包括体育场馆设施、便民健身设施、文化活动设施，体育场馆设施按照综合与独立设置形式可进一步划分为体育中心、体育场、体育馆、游泳馆，便民健身设施按照集中与分散供给形式可进一步划分为市民健身中心、社区健身苑点、农民健身工程、市民球场、健身俱乐部，文化活动设施可进一步划分为文化活动中心、文化活动站、文化活动室。

（2）指标数据

社区健康设施评价指标数据由设施名称、经纬度坐标以及设施规模属性值共同构成，其中，设施名称、设施经纬度坐标可从评价数据库中获取，共计2009个POI点（图6.3-3），其中，幼儿园、文化活动中心、社区老年活动室数量多，急救中心、急救站、疗养院、老年公寓等数量较少。设施规模属性值则结合国际及上海地方建设标准，因设施类别不同内容也有一定差异。其中，设施建筑面积与设施用地面积是反映规模的主要指标。除此之外，养老为老设施会增加床位数、护工数指标，幼儿园会增加班级数指标，医疗设施会增加床位数、

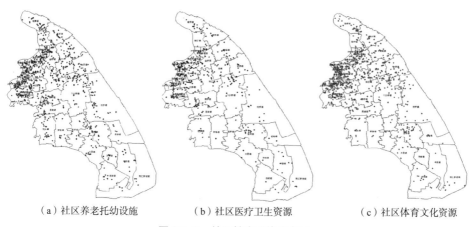

(a) 社区养老托幼设施　　　(b) 社区医疗卫生资源　　　(c) 社区体育文化资源

图6.3-3　社区健康设施分布图

医生数、医院等级指标，体育设施会增加坐席数指标，以便更全面地描述设施规模情况。

在属性数值补充中，考虑了实际的数据获取难度及数据质量差异，采取了一定的措施进行估算或分类。例如，难以获取的班级数可以通过建筑面积或用地面积估算，其中，普通幼儿园生均用地指标为19.32平方米，每班人数按照26人计算；3岁以下幼儿托育机构人均建筑面积不低于8平方米，每班人数按照15人计算。

另外，增加备注列，用以数据补充说明。具体可填写"直接查询数据"、"建筑可靠测量数据"、"建筑不可靠测量数据"、"用地可靠测量数据"、"用地不可靠测量数据"、"无效点数据"六类。"直接查询数据"是指通过网络查询到的真实数据。"建筑可靠测量数据"是指通过百度地图测距，建筑面积按建筑顶面面积乘以估计楼层数计算所得。"建筑不可靠测量数据"是指通过百度地图测距和计算建筑面积过程中，发现楼层数或顶面面积疑虑大，由此计算所得的误差较大的数据。"用地可靠测量数据"是指通过百度地图测距，有明确的用地范围供测量所得到的数据（如蓝色虚线）。"用地不可靠测量数据"是指通过百度地图测距，需要人工识别范围，相应测量所得到的数据（如空白土地、墙线）。"无效点数据"是指查无此、查无此园、无信息、已关闭等设施点。

此外，部分设施还存在总部与分部的情况，数据统计步骤如下：第一步：如果归属于同一所幼儿园，可以查到总部与各个分部的数据信息，则如实分开填写；第二步：查不到的总部、各个分部的数据信息，则分开估算（百度地图）；第三步：估算也无法获取的分部数据，填写零；特殊情况：如果所有分部都无法估算数据信息，但可以查到总园数据信息，则按照分部数量平均分配。

6.3.4 评价方法和步骤

两步移动搜索法由Radke和Mu于2000年提出，是一种基于机会累积思想的可达性研究方法。[1] 两步移动搜索法即2SFCA（Two-Step Floating Catchment Area Method），该方法主要考虑了研究单元内供给端和需求端之间的相互关系，

---

[1] 许昕，赵媛. 南京市养老服务设施空间分布格局及可达性评价——基于时间成本的两步移动搜索法[J]. 现代城市研究，2017，2：2-11.

分别以供给端和需求端为基础进行 2 次搜索。[1]

具体步骤为：第 1 次搜索基于研究单元的几何质心（即人口位置），以任一健康资源的位置 j 为搜索中心，居民出行极限距离 d_0 为半径，然后建立搜寻域 v，并统计出搜寻域 v 内所有的人口位置 k，计算搜寻域内城市健康资源数与人口比值 R_v。

$$R_v = \frac{S_v}{\sum_{k \in \{d_{kv} \leq d_0\}} P_k}$$
（公式 6.5）

式中：P_k 是研究单元 k 的人口数量；S_v 是搜寻域 v 内城市健康资源的数量；d_{kv} 是位置 k 与 v 之间的步行距离。

第 2 次搜索是以任一人口位置 u 为搜索中心，以出行极限距离 d_0 为半径，建立搜寻域 u，查找搜寻域 u 内所有的城市健康资源位置 v，将该位置城市健康资源数与人口比值汇总求和：

$$A_v^F = \sum_{v \in \{d_{uv} \leq d_0\}} R_j = \sum_{j \in \{d_{uv} \leq d_0\}} \frac{S_v}{\sum_{k \in \{d_{kv} \leq d_0\}} P_k}$$
（公式 6.6）

式中：A_v^F 表示居住地 u 的城市健康资源空间可达性，该值越大表明位置 u 的空间可达性越好；R 是搜寻域 u 内搜寻域 v 的城市健康资源数与人口比值；d_{uv} 是位置 u、v 之间的出行距离。

总之，第一步确定了每个健康服务设施的繁忙程度，即每个健康服务设施在服务区范围内的供需比；第二步计算了每个人口重心的可达性，考虑了所有能为人口重心提供服务的多个设施，并将它们与人口重心之间的供需比加总。[2]

使用 2SFCA 评价法的主要步骤：第一步，确定街道或居委会人口单元的质心；第二步，区分不同规模（级别）的健康服务设施；第三步，确定健康服务设施的距离阈值或服务半径（居民出行极限距离）；第四步，进行首次运算，得到

---

[1] 冉钊，周国华，张鸿辉，唐承丽，陈伟杨. 城市健康资源与人口分布空间关联性——以长沙中心城区为例[J]. 资源科学，2019，41（8）：1488-1499.

[2] 周爱华，张景秋，杜姗姗，何丹，付晓. 一种北京城区避难场所可达性评价方法[J]. 测绘科学，2017，42（1）：88-92，106.

每个健康设施在阈值范围内的供需比值；第五步，进行二次运算，得到每个人口中心在阈值范围内所能获得的健康设施供需比总量。

应用2SFCA法分两个层次，进行多次运用，以便得到较为全面的结论。一是总体层次上，针对所有社区健康设施进行运算，比较各人口单元的可获得性水平。在分类层次，分别针对社区医疗卫生、社区养老托幼、社区体育健身三类设施进行运算，比较各人口单元的各类设施可获得性水平。二是分区层次上，就居住社区而言，可针对基层医疗、养老、健身设施进行运算；就产业社区而言，可针对急救、康复、常病设施进行运算，并对结果进行比较；就商业社区而言，可针对老年公寓、私营医院。健身俱乐部等营利性健康设施进行运算（图6.3-4）。

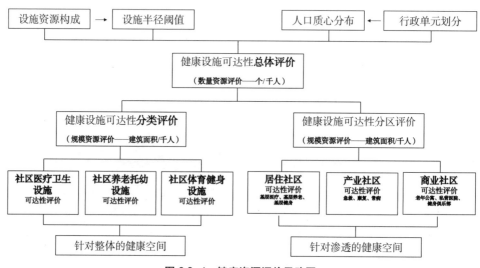

图 6.3-4　健康资源评价思路图

6.3.5　浦东新区医院资源可获得性评价

当前浦东社区健康数据库尚在建设之中，主要是设施属性数据尚未完成，工作量十分大且获得有难度，有待以后逐渐增补完善，上述内容重点在于概念和评价指标体系的构建。因此，本小节内容以浦东新区主要卫生医疗设施为例，结合上海市卫生健康委员会公开数据（http://jg.soyi.sh.cn/），初步开展社区医疗卫生设施的可达性和可获得性分析，可作为健康设施评价的典型案例。

1. 引力法模型简介

本节选用引力模型法，把远近不同的供应者（医院）进行分级处理，近的可达性高，远的可达性低，能够反映可达性随距离连续衰减的过程。如果纯粹从距离考虑，则为就医便捷度或可达性，通常采用距离平方的倒数来表示，当然实际的距离衰减指数不一定等于2，需要根据实际交通流数据计算，本节交通摩擦系数取值为2，此为广泛使用的经验值。

如果把供应者和需求者双方都考虑在内，且加上距离衰减因素，则可以求得资源可获得性（指数）。例如，沈青（shen，1998）和王法辉（Wang，2001）曾用此方法评价就业可获得性指数。即位置 i 处的引力可获得性的计算公式为[1]：

$$A_i^G = \sum_{j=1}^n \frac{S_j d_{ij}^{-\beta}}{V_j}, \text{ 其中 } V_j = \sum_{k=1}^m D_k d_{kj}^{-\beta} \quad (公式6.7)$$

这里，A_i^G 为引力可获得性指数，S_j 是供应点 j 的供给规模，n 和 m 分别是供给地和消费地的总数。d_{ij} 是供需两地之间的距离或通行时间，β 是交通摩擦系数，D_k 为搜索区内消费者的需求，d_{kj} 为 k 和 j 之间的距离。

无疑，A_i^G 是按照服务需求的竞争强度 V_j（以人口势能来衡量）对可获得性进行折算后的结果。A_i^G 越大，可获得性越好。据王法辉教授证明，引力可获得性指数与2SFCA法计算的可获得性指数，本质上都是供给 S 和需求 D 之间的比值，总的可获得性指数得分（单个可达性指数与相应的需求量乘积后再加起来）都等于总供给。

2. 浦东新区二、三级医院的便捷性和资源可获得性评价

（1）浦东新区二、三级医院概况

2019年，浦东新区有二级医院18个（含规划建设）、三级医院22个（含规划建设），分布统计和具体名录如表6.3-7—表6.3-9所示，分布情况如图6.3-5和图6.3-6所示。从图中不难发现，浦东地区的二三级医院空间分布极不均衡。

在总数上，城区有9个三级医院、2个二级医院；城乡结合地区有8个三级医院、4个二级医院；一般农村地区有4个三级医院、9个二级医

---

[1] （美）王法辉. GIS和数量方法在社会经济研究中的应用 [M]. 刘凌波 译. 北京：商务印书馆，2019.

院；偏远农村地区有1个三级医院、4个二级医院。

如表6.3-7所示，从人均拥有医院数量来看，按照浦东城区、城郊结合、一般农村和偏远农村地区的现有人口来计算，每百万人拥有二三级医疗资源，在偏远农村地区最低为4.7个，次之为城区达到7.7个，反倒是一般农村地区和城郊地区最高，分别为8.9个和8.2个。

若从区域面积统计，每百平方公里拥有二三级医院数量从高到低依次为城区为13.1个，城郊结合地区为5.1个，一般农村地区为2.7个，偏远农村地区为0.7个。因此，城区/城郊结合/一般农村/偏远农村为19/8/4/1，不难看出浦东城乡之间地均拥有二三级医院的数量相差之大。这就为我们分析浦东二三级医院空间可获得性提供了现实需求基础（图6.3-5、图6.3-6）。

浦东城乡地区二三级医院分布统计表（2019年） 表6.3-7

类型	三级医院数量和占比	二级医院数量和占比	人均二三级医院（个/百万人）	地均二三级医院（个/百平方公里）
城区	9个（40.9%）	2个（11.1%）	7.7	13.1
城郊结合	8个（36.4%）	4个（22.2%）	8.2	5.1
一般农村	4个（18.2%）	9个（50.0%）	8.9	2.7
偏远农村	1个（4.5%）	3个（16.7%）	4.7	0.7
浦东新区	22个（100.0%）	18个（100.0%）	5.5	2.9

浦东新区二级医院名录（2019年） 表6.3-8

序号	医院名称	序号	医院名称
1	浦东新区人民医院	10	浦东新区南汇精神卫生中心
2	浦东医院	11	浦东新区肺科医院
3	浦东新区公利医院	12	浦东新区传染病医院
4	浦东新区浦南医院	13	浦东新区南华医院
5	浦东新区周浦医院	14	浦东新区老年医院
6	浦东新区中医医院	15	浦东新区眼病牙病防治所
7	浦东新区光明中医医院	16	新场综合医疗卫生中心（规划）
8	浦东新区妇幼保健院	17	老年医学中心（规划）
9	浦东新区精神卫生中心	18	精神卫生中心（迁建）

资料来源：2019浦东新区卫生发展报告，上海科学技术出版社，2020年9月第1版。

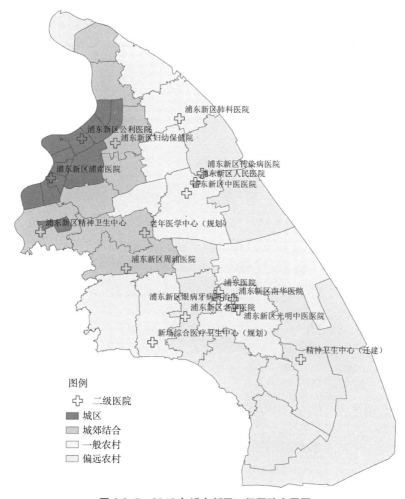

图 6.3-5　2019 年浦东新区二级医院布局图

（资料来源：2019 浦东新区卫生发展报告，上海科学技术出版社，2020 年 9 月第 1 版）

浦东新区三级医院名录（2019 年）　　　　表 6.3-9

序号	医院名称	序号	医院名称
1	上海市东方医院	7	上海儿童医学中心
2	上海市东方医院南院	8	复旦大学附属华山医院东院
3	上海市第七人民医院	9	上海中医药大学附属龙华医院浦东分院
4	上海市交通大学医学院附属仁济医院东院	10	上海市第九人民医院浦东分院
5	上海市交通大学医学院附属仁济医院分部	11	上海市第一妇婴保健院东院
6	上海市中医药大学附属曙光医院东院	12	上海市第一妇婴保健院南院

续表

序号	医院名称	序号	医院名称
13	上海市第六人民医院东院	18	上海中医药大学附属龙华医院浦东分院（迁建）
14	上海国际医学中心（未定级）	19	祝医卫生项目（第九人民医院祝桥项目，待定）
15	上海市质子重离子医院（未定级）	20	国家儿童医学中心
16	复旦大学附属肿瘤医院东院	21	唐镇项目（胸科医院浦东分院，待定）
17	曹路卫生项目（长征医院浦东分院）	22	沪东卫生项目（待定）

资料来源：浦东新区卫生健康委员会编．2019 浦东新区卫生发展报告，上海科学技术出版社，2020 年 9 月第 1 版．

图 6.3-6　2019 年浦东新区三级医院布局图

（资料来源：2019 浦东新区卫生发展报告，上海科学技术出版社，2020 年 9 月第 1 版）

（2）居委会/村庄到二三级医院的空间便捷性

众所周知，二三级医院的医疗资源最为丰富，而且各个医院也各有专长，这是全区居民求医问药之地。为此，我们需要计算每个居委会/村庄到全区所有二三级医院的距离,计算各居委会/村庄到二三级医院的就医便捷性,即把某个居委会/村庄到全部二三级医院的距离平方倒数相加之和,所得总和即为这个居委会/村庄的就医便捷性。

我们把各居委会/村庄就医便捷性数值,采用 ArcGIS 几何间隔分类法,这种算法是在相等间隔、自然断点分级法(Jenks)和分位数法的几种方法的折中处理。它能在突出显示中间值变化和极值变化之间达到一种平衡,所生成图形美观,地图内容详尽。

从图 6.3-7 中可见,单纯从距离来计算各居委会到二三级医院可达性,首先是城区最为便捷,其次是川沙新城及其周边地区,还有周康航地区,以及惠南镇地区,它们的就医十分便捷。但是,浦东的南北两端、临海地区以及原南汇地区的乡村地区,就医便捷性就非常差。

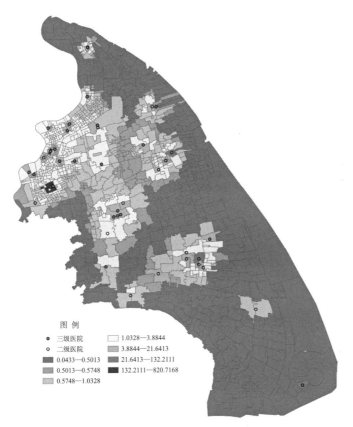

图 6.3-7　居委会/村庄到全区二三级医院的便捷性分布图

（3）无限定距离的居委会／村庄对全区二三级医院的资源可获得性

根据我国的医院等级划分，三级甲等医院在医疗服务与管理、医疗质量与安全、技术水平与效率等方面都是水平最高，是向所在地区以及周边辐射区域提供高水平医疗卫生服务和执行高等教育、科研任务的区域性以上医院。而二级甲等医院主要是向多个社区提供综合医疗卫生服务和承担一定教学、科研任务的地区性医院。因此，根据浦东新区卫生发展报告资料的初步分析，对全区二三级医院的医生数、床位数、就诊人数、医生诊断和治疗水平、医疗设备水平等综合评判，认为可以设定浦东新区单个三级医院综合医疗实力约为单个二级医院的5倍。这样把二三级医院医疗资源和实力区分开，根据公式6.7，未设定就医距离上限，也就是不设定最大求医距离，采用最大距离以覆盖全部二三级医院，以此计算居委会／村庄到全区所有二三级医院的医疗资源可获得性的综合得分。因此，村庄／居委会到二三级医院的医疗资源可获得性得分如图6.3-8所示。

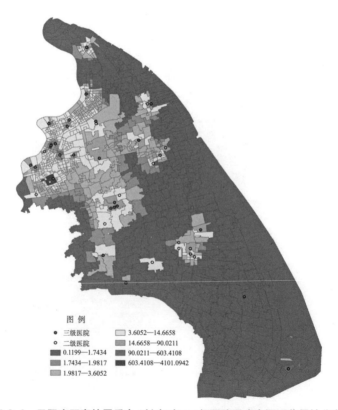

图6.3-8　无限定距离的居委会／村庄对二三级医院医疗资源可获得性分布图

第一，把村庄/居委会到二三级医院的医疗资源可获得性得分，按照城区、城郊结合地区、一般农村地区和偏远农村地区加以统计，则医疗资源可获得性存在极大差异。根据汇总统计，结果见表6.3-10。

从居委会/村庄的平均得分来看，城区为25.1分，约为乡村地区的10倍，是城郊结合地区的2倍左右。因此，从城乡整体来判断，浦东新区不同地区居民在二三级医院的医疗资源可获得性方面差异十分明显。

无限定距离的居委会/村庄到全区二三级医院的医疗资源可获得性汇总表　　表6.3-10

地区类型	医疗资源可获得性总分	居委会/村庄的数量	居民/村民的数量	每个居委会/村庄的平均分
城区	10090.6	402	1645963	25.1
城郊结合	4402.5	297	1476351	14.8
一般农村	851.6	314	1460754	2.7
偏远农村	421.6	207	840724	2.0
全区	15766.5	1220	5423792	12.9

第二，把村庄/居委会到二三级医院的医疗资源可获得性得分，按照街道/乡镇单元来汇总，并用ArcGIS几何间隔分类法，把全区36个街道乡镇划分为5级，计算结果如表6.3-11所示。

第一级仅有塘桥街道，以平均分583.2居于首位，也是此类型的唯一；第二级平均分为39.4—84.8，包括城区的上钢新村街道、陆家嘴街道、洋泾街道、沪东新村街道，花木街道，以及城郊结合区的三林镇、高桥镇；第三级平均分为8.8—35.8分，包括城区的南码头路街道、周家渡街道、潍坊新村街道、东明路街道、金杨新村街道，城郊结合区的北蔡镇、康桥镇，以及一般农村地区的曹路镇；第四级平均分为2.1—8.8分，包括浦兴路街道、唐镇、合庆镇、金桥镇、惠南镇、川沙新镇、祝桥镇、周浦镇、高行镇、张江镇、宣桥镇、航头镇，它们主要分布在浦东新区的中部和北部，以一般农村地区乡镇为主；第五级平均分为0.46—2.1分，包括新场镇、高东镇、老港镇、书院镇、大团镇、南汇新城镇、万祥镇、泥城镇，它们主要分布在浦东新区的南部，仅有高东镇在北部，以偏远农村地区乡镇为主。

从图6.3-9可直观地看出。在街道/乡镇单元，居民对二三级医院医疗资源的可获得性差异，仍然是城区具有绝对优势，远远超出城郊结合和农村地区。

而在农村地区的乡镇中，一般农村地区稍好，偏远农村地区医疗资源可获得性最差。因此，即使在上海浦东这样的发达地区，优势医疗资源在城乡之间的差异和在乡村内部的差距之大，还是让人深感意外。

无限定距离的街道/乡镇内居委会/村庄对二三级医院医疗资源可获得性汇总表　　　　表6.3-11

街道/乡镇	总分	街道/乡镇	总分
塘桥街道	4914.1	合庆镇	104.3
上钢新村街道	1013.1	金桥镇	43.1
三林镇	2623.8	惠南镇	159.8
陆家嘴街道	933.4	川沙新镇	212.8
洋泾街道	819.2	祝桥镇	79.4
高桥镇	853.9	周浦镇	80.2
沪东新村街道	407.7	高行镇	58.8
花木街道	785.7	张江镇	77.9
南码头路街道	337.5	宣桥镇	25.5
周家渡街道	246.8	航头镇	33.9
潍坊新村街道	210.9	新场镇	21.2
北蔡镇	397.9	高东镇	18.6
东明路街道	127.5	老港镇	3.8
曹路镇	186.8	书院镇	6.2
金杨新村街道	180.6	大团镇	6.5
康桥镇	245.2	南汇新城镇	0.28
浦兴路街道	117.2	万祥镇	2.8
唐镇	104.3	泥城镇	2.8

（4）有限定距离的居委会/村庄到全区二三级医院的资源可获得性

现在，我们仍然应用根据公式6.7引力模型，但是把二级医院服务半径限定在15公里，三级医院服务半径限定在30公里，同样三级医院资源总量仍为二级医院的5倍。以此计算居委会、村庄对二三级医院的医疗资源可获得性。计算结果如图6.3-10所示。

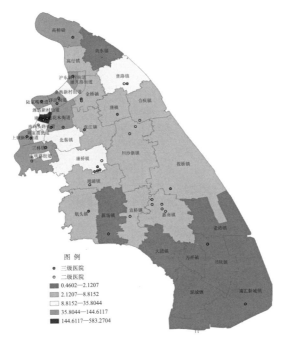

图 6.3-9　无限定距离的街道/乡镇内居委会/村庄对二三级医院医疗资源可获得性分布图

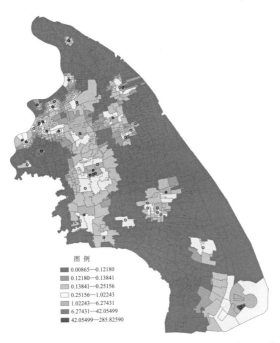

图 6.3-10　有限定距离的居委会/村庄到二三级医院的医疗资源可获得性分布图

其中，医疗资源获得性得分最高的居委会/村庄是处于第一级最高水平，得分为 42.05—285.82，仅为 1 个，是临港新城的东岸涟城居委会；处在第二级的得分在 6.27—42.05，仅有 2 个为三林镇的三民村、唐桥街道的南城居委会。处在第三至第五等级的居委会/村庄，在最低等级得分 0.00865—0.12180 的众多居委会/村庄的背景中，形成 6 个集聚中心，从南到北，它们分别为临港新城中心、惠南镇中心、航头镇中心、康桥-周浦镇联合中心、张江镇中心、川沙—唐镇—曹路镇联合中心。而在金桥镇和城区濒江地带未能形成明显的集聚中心，多为得分处在第 4 级和第 5 级的社区连片分布，缺少第 3 级得分的社区。对比图 6.3-8 的无限定距离的医疗资源可获得性分布图，可知限定距离后居委会/村庄对二三级医院资源获取的可能性发生改变，整体上集聚中心从城区向城郊接合部和偏远农村地区转移。例如，增加了航头镇集聚中心和临港新城集聚中心，同时弱化了城区的居委会资源可获得性得分（图 6.3-11）。

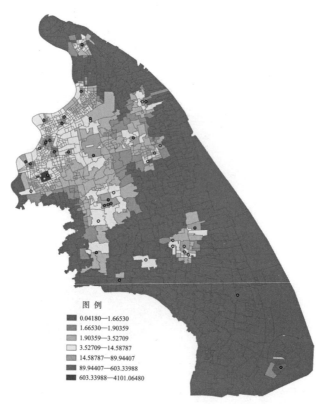

图 6.3-11　有限定距离的二三级医院对居委会/村庄医疗资源潜在供应量分布图

其实，如果不考虑消费者（居民）对医疗资源的竞争，根据引力的势能模型计算居委会/村庄居民到医院的资源可获得性，那就是汉森（Hansen，1959）提出的模型（公式6.8），结果如图6.3-11所示的，可称为居委会/村庄到医院的可获得医疗资源潜在供应量。

$$A_i^H = \sum_{j=1}^{n} S_j d_{ij}^{-\beta}$$
（公式6.8）

比较图6.3-11与图6.3-8，可发现两者空间分布特征极为相似。正是增加考虑消费者的资源竞争性，改变了居委会/村庄对医院医疗资源可获得性的得分，同时改变了多个居委会/村庄资源可获得性的空间结构特征。如果参考图6.3-12将更容易理解。该图是根据（公式6.7）的 $V_j = \sum_{k=1}^{m} D_k d_{kj}^{-\beta}$，计算出各个二三级医院服务需求的竞争强度 V_j，然后取每个医院 V_j 的倒数，采用ArcGIS的几何间隔分类法，得到图6.3-12。是否看出医院 $\frac{1}{V}$ 的空间分布和集聚特征，与图6.3-10

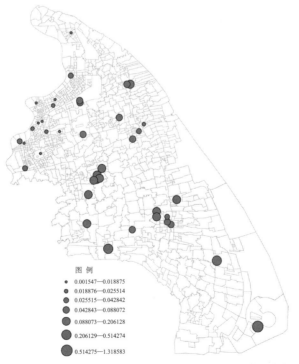

图6.3-12　有限定距离的二三级医院供应居委会/村庄的医疗资源竞争强度分布图

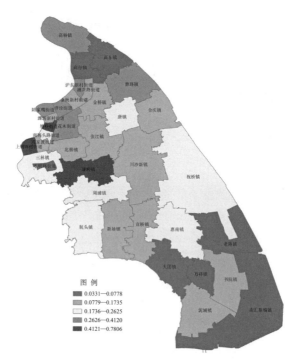

图 6.3-13 有限定距离的街道/乡镇内居委会/村庄对二三级医院医疗资源可获得性分布图

十分相似?因此,引力模型(公式 6.7)计算出的资源可获得性,很大程度上受到竞争强度 V_j 的影响。这也从一个侧面证明,汉森模型(公式 6.8)计算结果的不合理性,是对真实情况的粗略估算。

同样,如果把各个街道/乡镇内的居委会/村庄的资源可获得性得分相加,并除以居委会/村庄的个数得到平均分,采用自然断点法分类,结果如图 6.3-13 所示。从图中可概括性看出街道/乡镇的医疗资源可获得性差异性。

从全区来看,北部的街道/乡镇可获得性明显优于南部地区,沿江的城区明显好于中部和沿海地区。从具体的街道/乡镇分类等级来看,第一等级 3 个,得分最高为 0.4121—0.7806,有上钢新村街道、塘桥街道和康桥镇;第二等级 6 个,得分为 0.2626—0.4120,有花木街道、陆家嘴街道、洋泾街道、沪东新村街道、曹路镇和高桥镇;第三等级有 7 个,得分为 0.1736—0.2625,有南码头街道、航头镇、惠南镇、祝桥镇、周浦镇、三林镇、唐镇;第四等级有 12 个,得分为 0.0779—0.1735,有泥城镇、书院镇、新场镇、宣桥镇、川沙镇、合庆镇、张江镇、北蔡镇、金桥镇、周家渡街道、潍坊新村街道、金杨新村街道;第五等级有 7 个,得分最低为 0.0331—0.0778，它们是东明路街道、高行镇、高东镇、大团镇、万祥镇、老港镇和南江新城镇。

本节对于浦东二三级医院资源可获得性的分析，限于可获得医院资料所限，只能假定三级医院医疗资源和服务能力为二级医院的 5 倍，将来获得更多资料就可以加以完善。而且，使用居委会 / 村庄到医院的直线距离来简化计算，如果基于道路网距离或更准确的时间距离将更接近真实情况，未来在交通大数据支持下将有条件进一步改善。但是，本节内容还是较好地评价了浦东居民 / 村民对于市级三级医院和区级二级医院的资源可获得性方面的空间差异性，而且展示了不限定就医距离和限定就医距离的差别，这些分析结果都将为后续的社区公共服务设施规划提供重要参考价值。

3. 浦东城乡地区村庄卫生室和社区卫生服务站的便捷性分析

2019 年，浦东新区村庄卫生机构包括：社区卫生服务站 114 家；村卫生室 322 家，共 703 人。它们在全区分布情况如图 6.3-14 所示。

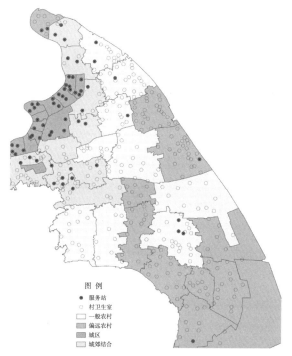

图 6.3-14　浦东新区村庄卫生室和社区卫生服务站的分布图

（资料来源：2019 浦东新区卫生发展报告. 上海科学技术出版社，2020 年 9 月）

计算全区各村庄或居委会到最近村卫生室或社区卫生服务站的距离（简称居民就医距离），其中最小直线距离为35米，最大直线距离为8597米，平均距离为873米。分别计算城区、近郊区、远郊区的居民就医距离，统计结果见表6.3-12所示。

浦东居民到村庄卫生室/社区卫生服务站的就医距离统计表（2019年）　　表6.3-12

地区类型	最小距离（米）	最大距离（米）	平均距离（米）	标准差
城区	66	2019	750	408
城郊结合	65	2502	888	494
一般农村	35	2537	898	467
偏远农村	67	8597	1056	1056
全区	35	8597	874	609

从表6.3-12可知，居民到村庄卫生室/社区卫生服务站的就医距离，从城区、城郊结合、一般农村到偏远农村不等，它们的平均距离从750米、888米、898米到1056米依次增加，而且偏远农村的标准差1056是其他三个地区的2倍以上。因此，从就医距离来看，城区居民就医可达性最优，城郊接合部和一般农村地区次之，但偏远农村地区可达性最差且距离差别最大。

从村庄/居委会到最近村卫生室/社区卫生服务站的就医可人数来看，在城区、城郊结合地区、一般农村地区和偏远农村地区的差别也是一目了然。如表6.3-13所示，粗略统计可知，以村庄/居委会为统计单元，500米就医范围内居民人数占全区总人数比重为27.%，1000米范围内为68.8%，1500米和2000米范围内分别增加到91.3%和97.5%。但是，接受医疗服务的人数在城区、城郊结合地区、一般农村和远郊农村地区的差别悬殊。

浦东城乡地区村庄卫生室/社区卫生服务站的服务半径和人口统计　　表6.3-13

地区类型	500米内人数	1000米内人数	1500米内人数	2000米内人数	人口总数
城区	0.355	0.340	0.316	0.310	0.303
城郊结合	0.286	0.252	0.267	0.268	0.271
一般农村	0.222	0.256	0.264	0.271	0.269
偏远农村	0.137	0.152	0.153	0.151	0.156
全区	1.000	1.000	1.000	1.000	1.000

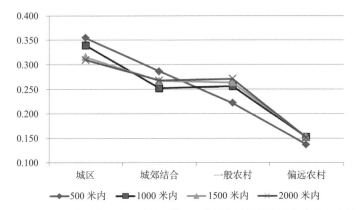

图 6.3-15　浦东城乡村庄卫生室／社区卫生服务站的服务半径和人口占比

其中，在 500 米就医范围内，村庄或居委会人口数占比，城区为 35.5%，城郊接合部为 28.6%，一般农村为 22.2%，偏远农村为 13.7%。由此可知，从城区到偏远农村，能够在 500 米（约 5—6 分钟）内享受医疗服务的居民数越来越少，即居民就医可达性越来越差。

当居民就医范围增大到 1000 米（约 12—15 分钟）内，就医的村庄或居委会人口数占比，城区为 34.0%，城郊结合地区为 25.2%，一般农村为 25.6%，偏远农村为 15.2%。这表明在 1000 米范围内的就医人数，仍然是城区和城郊结合地区，明显优于农村地区。从图 6.3-15 可以看出，就医距离扩大到 1500 米和 2000 米时，情况依然如此。当然，城区和城郊结合地区的人数占比略有下降，而一般农村和偏远农村地区的服务人口比例有所上升。

因此，未来浦东地区 15 分钟生活圈规划中，村民和居民就医可达性仍有待加强，即便是城区的居民，医疗卫生服务也难以全部覆盖在 5—10 分钟生活圈内，而且一般农村和偏远农村地区条件更是差强人意。

4. 乡镇／街道社区卫生服务中心的便捷性和资源可获得性评价

（1）浦东社区卫生服务中心绩效评估体系

2019 年，浦东新区共有社区卫生服务中心 47 所，床位数 3141 张，共 6999 人。乡镇／街道社区卫生中心的空间分布情况，如图 6.3-16 所示。

乡镇／街道社区卫生中心的医疗条件和水平也还存在差异。2015 年，浦东新区开展了社区卫生服务机构的绩效评估工作，以求全面反映浦东新区基本医疗卫生服务体系的建设水平和改革成效。浦东新区社区卫生服务中心绩效评估指标体系，共分为三级指标，如表6.3-14所示。其中，一级指标共有4项，服务维度最重要为600分，组织维度次之为265分，模式维度（家庭医生制度）为90分，满意度和新农合管理为45分，4项加起来为1000分。同样二级指标及其分值也在表中列出。

浦东社区卫生服务中心绩效评估指标体系（2015年）　　表6.3-14

一级指标	二级指标	三级指标	总分
服务维度（600分）	基本医疗（7项）	抗生素处方比例，抗生素合理使用，静脉点滴处方比例，家庭病床总建床数及服务规范，医疗文书合格率，质量控制体系和医疗结果质量	210分
	公共卫生（3项）	疾病防控（28个子项），预防保健（26个子项），健康服务（7个子项）	250分
	中医（2项）	中医药服务数量（17个子项），中医药服务质量控制	100分
	计划生育		40分
组织维度（265分）	费用（3项）	药品收入占业务收入比，标化均次药费，医保违规情况	45分
	效率（5项）	门诊次均净技术服务收，人均年门诊人数，次均纯公用事业经费支出，次均在岗人力成本，设备使用效率	90分
	发展能力（6项）	科技管理（7个子项），注册全科医生中临床医生比例，注册全科医生临床医生综合能力考核合格比例，社区护士与全科医生比例，在职卫技人员职称构成，在职卫技人员学历构成	80分
	综合管理（3项）	人才管理（7个子项），精神文明（6个子项），安全生产（10个子项）	50分
模式（家庭医生制度）维度（90分）	常住居民与户籍居民签约率		
	健康管理可及服务签约率		
	有效服务利用率		
	健康管理签约对象满意度		
满意度和新农合管理（45分）	员工满意率		
	患者满意率		
	联合投诉电话投诉数		

注：根据《2015浦东新区卫生发展报告》的P105—107整理而成。

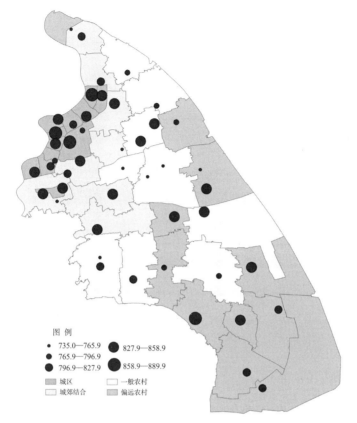

图 6.3-16 浦东新区社区卫生服务中心绩效评分

(2) 浦东社区卫生服务中心绩效评估结果

从 2015 年到 2019 年浦东社区卫生服务中心变化较为缓慢,我们假定各社区卫生服务中心绩效总分暂无变化,其中,三林康德和航头鹤沙为 2015 年后增设的卫生服务中心,它们的绩效分值选取最低值 735 分。结果如表 6.3-15 所示。根据服务区域的人口密度和经济发展水平差异,划分为城区、城郊结合、近郊区和偏远郊区 4 类。其中,总分最高的是大团社区卫生服务中心 899.96 分,城区总分最高的是潍坊社区卫生服务中心 887.78 分,城郊结合总分最高的是三林社区卫生服务中心 847.66 分。

同时在 ArcGIS 中制定地图,把绩效总分进行等间距分类,把全区的社区卫生服务中心分为 5 类。从图 6.3-16 可直观地看出各社区卫生服务中心的分布特征及其绩效得分的差异。其中城区的卫生服务中心绩效分值较大,农村地区

— 283 —

的则较小，另外浦东中南部的乡镇卫生服务中心绩效得分也较高。如果计算各街道/乡镇的人均绩效分，则可以大致反映它们的人均医疗水平。

浦东新区的社区卫生服务中心（2019年） 表6.3-15

序号	社区卫生服务中心名称	绩效分值	序号	社区卫生服务中心名称	绩效分值
1001	凌桥卫生服务中心	749.84	1025	上钢卫生服务中心	837.78
1002	高桥卫生服务中心	796.98	1026	迎博卫生服务中心	801.49
1003	高东卫生服务中心	785.00	1027	黄楼卫生服务中心	含在川沙
1004	高行卫生服务中心	799.03	1028	机场卫生服务中心	818.28
1005	曹路卫生服务中心	765.85	1029	康桥卫生服务中心	836.18
1006	浦兴卫生服务中心	831.30	1030	东明卫生服务中心	821.86
1007	沪东卫生服务中心	866.94	1031	三林卫生服务中心	847.66
1008	金桥卫生服务中心	827.89	1032	六灶卫生服务中心	833.39
1009	金杨卫生服务中心	843.61	1033	祝桥卫生服务中心	830.83
1010	洋泾卫生服务中心	805.37	1034	周浦卫生服务中心	821.13
1011	王港卫生服务中心	823.46	1035	航头卫生服务中心	796.56
1012	合庆卫生服务中心	769.90	1036	老港卫生服务中心	831.40
1013	陆家嘴卫生服务中心	846.86	1037	宣桥卫生服务中心	775.25
1014	潍坊卫生服务中心	887.78	1038	惠南卫生服务中心	774.33
1015	联洋卫生服务中心	768.63	1039	新场卫生服务中心	806.10
1016	塘桥卫生服务中心	831.06	1040	书院卫生服务中心	800.14
1017	花木卫生服务中心	860.45	1041	万祥卫生服务中心	827.87
1018	张江卫生服务中心	754.30	1042	大团卫生服务中心	889.96
1019	唐镇卫生服务中心	824.91	1043	泥城卫生服务中心	815.74
1020	北蔡卫生服务中心	828.96	1044	芦潮港卫生服务中心	802.23
1021	川沙卫生服务中心	735.54	1045	江镇卫生服务中心	748.45
1022	南码头卫生服务中心	781.71	1046	三林康德卫生服务中心	735.00
1023	孙桥卫生服务中心	736.38	1047	航头鹤沙卫生服务中心	735.00
1024	周家渡卫生服务中心	814.35			

资料来源：《2015浦东新区卫生发展报告》，上海科学技术出版社，2016年6月。

可计算人均绩效分，就是把各街道/乡镇内的社区卫生服务中心绩效分先求和，再除以各街/乡镇总人口数，得到各街道/乡镇内的平均绩效分（单位：分/万人），以此表示各街道/乡镇的社区卫生服务中心的人均服务水平。采用

ArcGIS 的自然断点法分类法，分类结果如图 6.3-17 所示，浦东新区各街道/乡镇的总人口数量悬殊，城区因为人口众多，反倒没有城乡结合地区和农村地区的人均得分高。而且，最南部的老港镇、万祥镇和南汇新城镇人均分值最高，就是这三个街道/乡镇人口少的缘故。

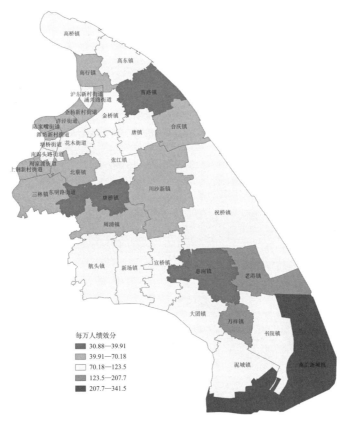

图 6.3-17　浦东街道/乡镇的社区卫生服务中心的人均绩效

（3）浦东城乡社区卫生服务中心的服务半径和人口统计

居委会/村庄到社区卫生服务中心仍采用直线距离，从城区、城乡结合、一般农村和远郊农村 4 类区域，计算不同就医距离的居民人口数。

如下表 6.3-16 所示，在 1000 米就医范围内的村庄或居委会人口数占比，城区为 56.8%，城郊接合部为 23.6%，一般农村为 13.0%，偏远农村为 6.5%。由此可知，从城区到偏远农村地区，农村居民的就医可达性显著落后于城区居民。

而且,全区能在1000米范围内就医的人口数非常少,占全区总人口的30.2%。

当居民就医范围增大到2000米,就医居民人口迅速增加,占全区总人口的64.7%。但其中城区为46.1%,城郊结合地区为26.2%,一般农村为16.8%,偏远农村为11.0%。显然,在2000米就医范围内的农村居民人数仅占城区1/4,一般农村为城区的1/3,因此,同样清晰地显示了农村地区医疗可达性与城区的悬殊差距。

当就医距离增加到3000米时,偏远农村人口数为城区的1/3。5000米时偏远农村地区人数为城区的1/2。随着就医距离的扩大,就医人口数的城乡差别在缩小。而且,3000米时全部就医人数占全区的81.3%,5000米时这个比例增大到98.5%由此可知,5000米距离才能满足绝大部分农村居民到社区卫生院就医需求。这是当前浦东偏远农村地区的现实水平,这个距离远超出15分钟生活圈规定的乡集镇的1000米服务半径,可见城乡居民就医条件的巨大差距。从图6.3-18更能直观地看出,不同服务半径内人口在城区、城郊结合地区、一般农村和偏远农村地区的变化和对比。

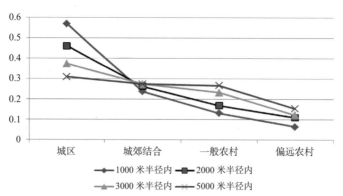

图6.3-18　浦东社区卫生服务中心的服务半径和人口统计

由此可知,未来浦东地区15分钟生活圈规划中,社区卫生服务中心还很难实现15分钟(1000米)全覆盖,特别是广大农村地区村民就医尤为困难(表6.3-16)。

社区卫生服务中心的不同就医距离内村庄/居委会人口统计　表6.3-16

地区类型	1000米半径内	2000米半径内	3000米半径内	5000米半径内
城区	0.568	0.461	0.373	0.308
城郊结合	0.236	0.262	0.273	0.273

续表

地区类型	1000米半径内	2000米半径内	3000米半径内	5000米半径内
一般农村	0.130	0.168	0.232	0.266
偏远农村	0.065	0.110	0.122	0.153
全区	1.00	1.00	1.00	1.00

（4）浦东社区卫生服务中心的医疗资源可获得性评价

基于引力模型计算居委会/村庄到时社区卫生服务中心的资源可获得性。先计算居委会到社区卫生中心的距离，基于ArcGIS的空间分析的Near命令，生成居委会中心点到最邻近社区卫生服务中心的距离，初步统计显示，最小距离为37.8米，最大距离为10834.8米，平均距离为1761.5米。其次，为每个居委会查找2个和3个最邻近社区卫生服务中心，则两者之间距离值如表（6.3-17）所示。

浦东新区的居委会与社区卫生服务中心的邻近距离分析　　表6.3-17

	计数	最小值	最大值	平均值	标准差
1阶邻近点	1220	37.85	10834.87	1761.47	1247.83
2阶邻近点	2440	37.85	11971.95	2476.01	1595.63
3阶邻近点	3660	37.85	14047.77	3084.73	1982.59

从表6.3-17中可知，1阶邻近点的最大距离约为11公里，2阶邻近点最大距离约为12公里，3阶邻近点最大距离约为14公里。根据生活经验可知，居民求医未必总是去最近医院，还有可能去较近的第2家或第3家医院，尤其是三家医院距离相差不太大时。因此，我们取3阶邻近点能够更真实地反映村民就医实际情况，其中社区卫生服务中心的吸引力为表中综合评价绩效分值，距离摩擦系数取2。把每个居委会/村庄到3个最邻近的社区卫生服务中心的引力求和，表示居委会/村庄居民的医疗资源可获得性。计算结果在ArcGIS中地图显示，分类方法为几何间隔法（Geometrical Interval），这种算法的原理是使每个类的元素数的平方和最小。这可确保每个类范围与每个类所拥有的值的数量大致相同，且间隔之间的变化非常一致。此算法专门用于处理连续数据。这是相等间隔、自然断点分级法（Jenks）和分位数法的折中方法。它能在突出显

示中间值变化和极值变化之间达到一种平衡，所生成图形美观，地图内容详尽。最终，浦东各居委会/村庄到社区卫生服务中心的可达性结果如下图所示。

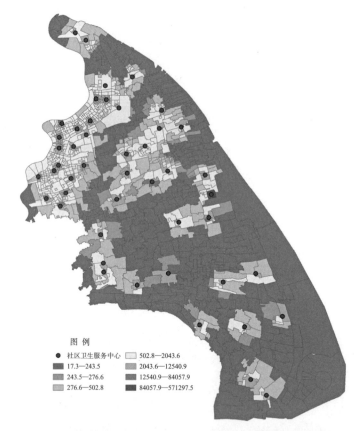

图 6.3-19 浦东居委会/村庄到社区卫生服务中心的资源可获得性分布图

从图 6.3-19 可知，浦东村庄/居委会居民到社区服务中心的医疗资源可获得性，存在较大差异性。首先，位于西北部的城区及其邻近的城郊结合地带，就医可达性最好。其次，位于一般农村地区的唐镇、张江和川沙三镇就医可达性也较好。再次，其余乡镇政府驻地的村庄或居委会，邻近社区卫生服务中心，就医可达性较高。最后，浦东中南部、东北部地区的广大农村地区，远离社区卫生服务中心，居民就医可达性普遍最低。

6.4 浦东新区生活空间资源配置的对策建议

6.4.1 主要问题剖析

1. 居住社区视角

（1）城市社区有弱项，乡村社区短板多

在城市居住区中，第一，有部分社区配套设施缺项严重，居民普遍认为家政维修、休闲娱乐与菜场商超三类设施供不应求，总体短缺，还有很大的进步空间。以惠南镇欣欣苑为例，由于没有洗衣店，居民表示需要专门付车费到城区内部去洗衣洗鞋。以川沙新镇合欢公寓为例，周边餐饮设施与便民服务设施十分欠缺，社区餐饮选择少，难以获取维修或家政相关服务，生活上多有不便。如祝桥镇千汇苑四村，旅社与影院设施极为缺乏。在康桥半岛城中花园，洗衣店和棋牌室各有一间，而且面积都不大，服务能力有限。再以张江镇益江路511弄（玉兰香苑）为例，小区周边配套设施欠缺菜场或中小型商超。又如北蔡镇民康苑为例，存在公园缺乏问题。第二，设施服务水平和规模级别有待提升。以高桥镇潼港八村（图6.4-1）、浦江镇瑞和新苑为例，社区仅设有小型超市，货品类型少且重复，缺少果蔬类产品，服务水平也非常有限，尤其缺少货品齐全、服务较好的大型卖场服务设施。再如花木街道培花七村、川沙新镇月亮湾园等社区，社区人口多，但尚未形成与人口相适应的，具有一定规模的购物中心或综合商场。

图6.4-1 高桥镇潼港西八村现状图

在乡村居民点,社区服务设施极度缺乏,"有无问题"尚未得到解决,这正是浦东社区生活空间资源配置的"短板"所在。以金建村为例,由于村庄内部生活设施极为缺乏,目前村民日常购物都需要到新场古镇。又如川沙新镇柴场村(图6.4-2),生活服务设施的配套基本为空白。村庄周围新建较多高密度住宅区,由于入住率比较低,配套功能不够完善,村民难以共享使用这些设施。在建光村,现有社区服务设施极其匮乏,商业服务设施只有少量便利店,村内没有餐饮类服务设施,便民设施也只有理发店和居民服务点,数量少,品质差,十分简陋。

图6.4-2　川沙新镇柴杨村现状图

(2)设施布局不合理,与社区协调性差

第一,居民需求点与设施服务点的空间位置不对应,存在错位。以花木街道培花七村为例,该社区规模较大,但内部服务设施却极度缺乏,居民只能跨越1个街区左右的距离,使用附近社区的设施。第二,设施配置在空间分布上过于集中,难以有效服务所有居民。以惠南镇欣欣苑为例,在沪南公路进入社区的支路两旁,几乎承担了所有的社区服务设施,分布十分集中,居民使用满意度低。又如张江镇广兰名苑(图6.4-3),小区配套的商业、餐饮和便民设施均设置于3层高商业建筑中,虽服务种类齐全,但集中度过高,设施质量和服务水平欠佳,居民意见较大。还以建光村为例,由于村内设施服务有限,居民只能去镇级的社区服务设施来满足日常的生活需要,居民服务点的办事效率低,居民对此也颇有微词。第三,社区空间发展受地段、规模与上位规划局限,设施配置难以有序展开。以唐镇绿波城为例，由于离地铁站较远，地铁站与社区间隔区域成为设施的空白地带，环境氛围荒凉，设施配置低效。北蔡镇民康苑小区空间格局过小，地面停车率极高，社区可用空间明显不足，设施配置余地有限。再如金建村，村庄附近有高压走廊通过，因此规划限制金建村范围内的高楼建设，大大降低了地块价值和开发商入驻的吸引力，由此造成金建村与周边高端别墅区差异巨大的怪异景象。

图 6.4-3　广兰名苑现状图

（3）配置针对性较弱，匹配需求难度大

第一，设施配置未能充分考虑社区居民的年龄结构特点，设施供给对象不明确，造成资源配置缺失或过剩。在周家渡街道昌五小区、川沙新镇月亮湾园、唐镇绿波城、曹路镇河滨城市花园、浦兴路街道碧云新天地（三期）、昌五小区调研中发现，各个年龄的人群明显呈现出不同的需求特性，例如他们对商业种类和规模的关注度完全不同，因此影响到周边配套设施的满意度评价。例如在惠南镇黄路社区（丹桂佳苑）（图6.4-4），公共运动场所以及儿童游乐场所奇缺，无法有效满足社区少年儿童需求。第二，设施配置未能有效区分生产性服务与生活性服务，给社区居民使用带来不便。以书院镇中南苑为例，配套集贸市场是居民购买生活必需品的场所，也是农业生产资料的销售场所，人口流动性强，各类人员组成较为复杂，给居民社区生活质量造成不良影响。在金建村、航头镇航东村也有类似情况，村庄配套商店多为建材业和种植业提供服务，虽然有少量小型生活便利店夹杂其中，但无法满足居民的需求。第三，村庄居民点调

图 6.4-4　黄路居住社区现状图

研普遍反映了服务设施的"低需求"状态，但这并不意味着居民没有社区需求，而是反映了设施配置与居民消费水平、实际规模、生活方式不相适应，难以收到较好的服务效果。以金建村为例，村民实际消费能力与周边较高等级的商业设施无法匹配。因此村民最大的盼头就是拆迁，这是他们能想到的改善生活条件的最好办法。比如合庆镇建光村（图 6.4-5），前几年村子里工厂搬迁，大量人口流失，村庄活力大不如前，留在村子里的本地人大多是没有劳动能力的老人，但针对留守老人的服务设施和活动场所却较少。村里仅有一家便利店，也因顾客稀少，生意不好做，店主想尽快关闭便利店，离开上海回老家谋生。航头镇航东村则面临另外一种窘境，村庄对外联系少，相对闭塞，当地村民倾向于自给自足的简单生活方式，即使是年轻人也很少到外卖店、小吃店消费，即使确有消费需求，也会驾车或乘地铁到其他商圈去。

图 6.4-5　合庆镇建光村现状图

2. 产业社区视角

(1) 通勤服务能力差，产城联系较薄弱

第一，产业园多在偏僻之处，公共交通站距长，班次少，服务效率较低。以创业路周边产业园区为例，虽有公交汽车站，但公交车发车频率非常低，工人们下班后都一起到公交站等公交车，乘车人多很拥挤。比如高桥江东路产业社区（图6.4-6），由于附近没有地铁站，一般需要乘坐公交车25分钟才能到达地铁站，加之公交车班次也较少，居民出行极为不便。调查中还发现产业社区公交车站点频繁更换，线路更迭降低了居民出行满意度。第二，地铁站服务范围过大，服务能力相对有限，进一步削弱了产业区与城市的联系度。例如创业路周边产业园区、周浦镇医谷现代商务园和康桥镇星月总部湾，地铁站距离园区较远，步行至少需要20分钟才能到达，且沿途设施奇缺，步行环境差，出租车数量少，加之在高峰期货运车辆拥堵，产业区上班族及居民出行难度很大。在唐镇小湾村（添腾钢结构等）产业社区，因为工厂规模不大，尚未形成园区，园区不提供配套职工宿舍，社区居民及工人需要步行20分钟才能到达最近的公交车站，地铁站则要乘坐30多分钟公交才能到达，所以居民和职工出行极为不便。

图6.4-6 江东路产业社区现状图

(2) 配套体系不完善，社区人气活力低

第一，社区公共服务设施配套普遍不足，社区资源体系有待完善。已基本成型的产业园区，例如曹路镇曹路创新产业园、以康桥镇创研智造产业园

(图6.4-7)、康桥镇星月总部湾,大部分人认为医疗设施距离社区远,看病不方便,骑车也需要半小时左右才能到达。受访者普遍认为产业园区附近缺少综合性商场,超市、餐饮设施的种类单一,难以满足需求。尚未成型的产业区块,如张江镇碧波路产业社区、高桥镇江东路产业社区,缺乏高中、教育培训机构,引起居民极大不满意。第二,配套设施不便利,产业社区难以集聚人气,社区整体氛围活力不足,日渐衰败。我们以曹路镇曹路创新产业园、康桥镇创研智造产业园为例,在非工作日及夜间,园区企业全部关门,各类商业设施和公共服务设施也必然不营业,如餐馆、咖啡厅、店铺以及美术馆等,园区整体氛围萧瑟,活力不足。这说明设施配套服务主要面向园区内部上班族,与居住社区相比欠缺常态服务,难以吸引日常消费人口,反之又进一步增大了设施生存的压力,长此恶性循环,产业社区配套资源体系无法完善,人口集聚程度也难以提高。

图6.4-7 创研智造产业园区现状图

(3)娱乐消费设施少,休闲需求难满足

产业园区内娱乐消费设施明显短缺。以创业路周边产业园区为例,园区周边健身休闲设施匮乏,园区内仅有一处小型篮球场,其他体育休憩设施也较为简陋。在康桥镇星月总部湾,受访的年轻上班族明确表示,产业园区缺少娱乐购物设施,基本没有社区活力。再比如唐镇小湾村(添腾钢结构等)(图6.4-8),基本没有娱乐休闲设施,村内仅有几处小型公园广场,受访工人表示很少会使用。在张江镇碧波路产业社区、高桥镇江东路产业社区,仅有少量洗浴中心、KTV、网吧等低端娱乐消费场所,周围也没有其他的娱乐设施。在康桥镇创研智造产业园,仅有一家咖啡店和茶室,且距离远,极为不便利。在周浦镇医谷现代商务园，娱乐设施的消费人数非常多，娱乐休闲设施处往往"供不应求"。因此，产业园区中娱乐消费设施短缺，服务设施供需冲突问题显著。

图 6.4-8　小湾村现状图

3. 商业社区视角

（1）商业整体档次低，消费品质难保障

第一，商业档次偏低，消费选择机会少。以上海绿地缤纷广场为例，商品种类及品牌数量少，尤其是中高端品牌十分欠缺，当前只能满足基本购物需求，难以满足中高档多层次消费者需求。在金辉商业广场也存在同样的问题。由于商铺类型太过单一，店铺档次没有高低区分，消费者可以选择机会非常有限。第二，商业主题不鲜明，业态关系混乱。例如金辉商业广场，商业定位不够明确，各商铺间业态联系少，以大量低端餐饮品牌为主，整体档次水准较低。各个商业铺面小而杂，业态间没有形成优势互补和良性竞争，难以形成一定的规模优势。第三，商业活动品质差，缺乏吸引力。例如上海绿地缤纷广场（图 6.4-9），居民普遍认为广场人气不足，过于冷清，主要是活动创意与文化特色不足，难以吸引顾客，加之商品档次本就一般，仅能基本满足购物目的，娱乐休闲功能缺失，达不到市区大型购物中心的水准。另外，该商业社区开放已有一两年时间，人流量比以前少了很多，可能是刚开放时有商家活动，人们也图个新鲜，当时人气比较旺，现在人流已逐渐减少。第四，商业空间尺度过大，使用体验性差。从实际调研结果来看，商场内部空间规划尺度都比较大，商铺与商铺间的道路过宽，整体上商业空间显得空旷，顾客消费体验不佳。

图 6.4-9 上海绿地缤纷广场现状图

（2）房地开发过度化，有城无市较突出

行政化力量主导的"造城"运动带来的弊端十分显著，房地产开发速度快，但相应的公共服务设施配套进度慢，人口集聚效应不强，该类地区商业设施缺少消费人流量，难以形成较好的商业氛围。以金辉商业广场为例（图 6.4-10），该商业社区所属"临港新城"区域板块尚在发展和建设中，沿临港大道至滴水湖，沿路两侧商品房邻里，道路尺度宽阔，却没有丝毫人气，住房空置率高，人流量匮乏，如同"鬼城"。再如高桥新城商业中心，居民认为该商业中心其实就是个"空壳"，21 世纪头 10 年间，政府要求拆迁重建，但房地产开发完成后的设施配套就没有下文。目前，商业中心店铺的种类多为琴行、养生会所、汽修店、室内装潢店、教育机构等，与一般商业中心以餐饮、娱乐、休闲为主的经营结构相去甚远。加之高桥新城商业中心周边设施配套不完善，购物、住宿、文化、

图 6.4-10 金辉商业广场现状图

娱乐、餐饮设施都极为欠缺，外来入住人群少，生活在这附近的大多为本地人，镇里不少年轻人也都离开这里另谋出路。在上海绿地缤纷广场，周边居民区尚在建设完善中，待开发地块多，开发程度不高，周边服务设施非常缺乏。

（3）设施服务范围小，周边地区关联弱

第一，商业设施服务对象局限于附近社区，对周边地区吸引力十分有限。以北蔡休闲广场为例（图6.4-11），商业广场服务能力较弱，虽然主打餐饮与亲子教育，但是个性化程度和消费档次仍然很低，相比其他商业设施几乎没有优势，对消费者吸引力不够，顾客多为广场周边的居民，商圈服务范围较小。再例如禹州商业广场，到此购物的基本都是附近的居民，受访者表示来这里主要是路途不太远，比较方便。由于广场内各店铺设施档次相对平庸，品牌比较少，并且楼层设置错乱，购物环境较差，在金辉商业广场的逗留时间都不会太久。第二，商业设施与周边功能区域联动不足。比如金辉商业广场商业区，到滴水湖景点仅3.5公里，应当考虑到吸引游客到此消费。目前广场内酒店档次偏低，大多数商铺服务于附近居民，缺乏旅游购物消费设施配置。而且滴水湖本身景点特色不够鲜明，人文景观环境尚不系统，对外的知名度与吸引力也有限，需要进一步完善旅游资源体系，吸纳游客，增强地区人气，促进商业发展。

图6.4-11　北蔡休闲广场现状图

6.4.2　对策建议

1. 空间策略

（1）强调设施空间供给方式优化

加强公共服务设施用地的集约化利用。一方面，注重公共服务设施用地的强度指标管控，尤其是公共服务设施用地的开发强度及科学容量，需要进行规划研究，既要避免用地浪费，也要避免规模过于集中，并将开发要求纳入经营性用地出让、租赁住房建设等地块配套要求中；另一方面，依托城市更新进程，重视结合工业用地的存量挖掘与功能盘活，有效保障公共服务设施用地的精细化供应。

鼓励公共服务设施资源的复合化供给。一方面，突破公共服务设施的条块供给界限，将性质兼容、功能互惠的社区公共服务设施资源进行空间整合，以一体化、综合性的布局思路进行资源配置，降低建设重复率，提高设施使用效率；另一方面，在服务民生的大前提下，强调各部门公共设施空间资源的灵活调度，逐步推动各类型、各层次设施空间资源的无缝衔接、优势互补。

（2）重视设施空间需求特征研究

重视分析社区发展的现实需求与未来前景。首先，结合社区所属类型特征，分析不同社区对于公共服务设施的需求差异，提出具有较强适应性的设施配置体系；其次，在保障各类社区基础性公共服务设施配置的基础上，要集合社区现状条件与未来发展的方向，分析品质提升所需的主要设施类型，并开展空间布局与规模配置论证；最后，不拘泥于社区自身，应从更大层面的空间尺度进行社区周边功能区块需求分析，力求公共服务设施配置既能满足社区日常生活需求，也构成区域公共服务资源体系的有效组成部分。

关注社区居民的需求层次与使用特征。一方面，人口密度较高的成熟社区，要改变旧有的单纯依靠人口规模进行分级配套的配置思路，深入分析标的社区人口结构，充分了解不同人群的设施需求层次与使用特征，针对性地开展公益性服务设施规划和营利性服务设施引导；另一方面，在人气不足的社区，设施资源配置要注意重点突出，实现精准服务，要充分考虑设施配置对人口吸纳集聚作用，逐步改善人口活力不足的现状。

（3）关注供需结合布局理念应用

设施空间布局要注重"差异性"。在城市社区，设施空间布局的重点应是在类型和功能各不相同的社区，从不同程度和不同方式来补充公共设施，在此过程中不断完善社区中服务弱项，逐步全面地提升社区品质。在乡村社区，设施空间布局的重点应是在发展基础和发展前景各不相同的村庄，从不同层面和不同目标及时补充村级公共服务设施，不断改善乡村居民点的生活居住条件。

设施空间布局要注重"协调性"。一方面，设施空间布局与步行网络建设关系密切，在设施空间布局中既要积极关注城市街道网络体系的优化提升，在城市道路系统设计还需要为设施空间布局提供良好的空间可达性；另一方面，设施空间布局与社区乃至城市整体空间结构的契合度也十分关键。

设施空间布局要注重"共享性"。在实体设施建设方面，各项设施布局既要符合当前政策规范要求，又要充分考虑设施向居民开放的共享性布局措施。在虚拟服务优化方面，需要大力践行公共服务的智慧化与信息化理念，构建互联网信息服务平台，更好地为居民提供公共服务。

2. 制度策略

（1）建立标准体系

一方面，以社区生活圈为核心组织社区生活空间资源配置标准要求。生活圈的研究与规划起源于20世纪60年代的日本。浦东新区应重点依据《上海市15分钟社区生活圈规划导则》的要求，借鉴"生活圈"理念，扩展社区生活圈理念的应用范畴，为"生活圈"内居住人口提供类型丰富、便捷可达的社区文化、教育、健康、养老、健身服务；另一方面，建立适应社会新型需求的社区生活空间资源配置标准体系。新形势下社会对于公共服务的需求发生诸多变化："互联网+"使得公共服务设施的服务方式和范围不断泛化、人口老龄化迫切需要创新老年人口健康管理模式、计划生育政策调整使得未来一定时期出生人口将有一定增幅的波动等。因此，立足于对公共设施合理分级分类，通过比较研究，采用适合浦东新区发展的规范标准，对设施配建要求进行严格控制。

（2）完善规划体系

强调生活空间资源配置体系与城市规划其他要素体系的系统协调。一方面注重与绿地系统、道路广场系统、步行系统等的结合，以创造出良好的城市景观，为市民提供有地方特色的、有活力的、环境宜人的公共服务设施体系；另一方面通过公共服务设施建设，完善多中心、组团式、生态化空间结构，促进旧城功能疏解，强化新区产城融合和功能配套；总之，通过合理布局，更好地发挥公共服务设施网络的整体效益。

运用贯穿集约紧凑理念的社区生活空间资源配置新手段。浦东新区的低效配置问题，在新区与旧区中需要区别对待，但原有老旧设施的提档升级、新建城区配套设施的建设加速，都要求政府以集约理念创新社区生活空间资源配置体系：在新建区运用TOD模式等调配优质公共资源，有意识地引导设施集中建设以吸纳集聚人口；在旧城区的公共服务设施布局规划，多采用原地调整、功能注入的城市更新模式。

（3）加强建设体系

一方面，强调长期推动公共服务设施体系建设的可持续发展。从社会可持续维度来讲，规划主张促进市民、企业、社会组织等多方公众参与，强调公共服务设施的数量与质量公平，均好有效地满足设施使用者需求。从经济可持续考虑，规划设施在预测中综合考虑设计规范要求和服务人口需求，科学推测设施规模。从环境可持续考虑，设施在布局中强调地块选址的实操性与合理性，充分考虑现状设施的有效利用，避免重复选址造成设施浪费。在开发中强调土地的复合集约利用、提高土地经济价值，鼓励与市场发展方式紧密结合。

另一方面，强调落实与人民生活最直接相关的基层公共服务设施建设。首先，公共服务设施要做到服务半径适宜，以"社区生活圈"的理念实现服务均好。公共设施的定性、定位选择要从群众需求出发，均以创造良好人居环境，提高市民生活质量为第一准则，方便群众享受服务。其次，注重完善社区配套职能，构建社区公共服务设施体系。既强调提高生活便捷性，还强调相对集中各类社区级公共服务设施，促进邻里交往、提升社区归属感，从而持续增强社区的凝聚力与辐射力。

3. 经济策略

（1）建立适度投入机制

2017年7月21日，国务院法制办公布《基础设施和公共服务领域政府和社会资本合作条例（征求意见稿）》，将进一步规范并推进PPP模式在公共服务设施建设领域的应用，为浦东新区运用多种供应模式，降低公共设施供应成本，提高公共服务供给的质量和效率提供有效途径。政府财政对公共设施的投资力度需要不断加大，同时民营资本的投入需要得到有效的引导与增效。对于准公共产品和公共产品项目，必须坚持"政府补贴＋使用者付费"原则。鼓励市场参与，政府一方面采取免税、返还收入、补贴等政策措施；一方面要优化政企合作的模式，扩展市场参与公共服务设施建设的渠道，增强市场参与信心。

（2）完善灵活供需机制

在规划层面，紧密结合浦东新区未来总体发展目标和教育、文化、医疗、体育等公共事业发展特点,并与城市控制性详细规划相衔接,对设施的标准体系、供需关系、空间布局深入研究,实现各类设施的定性、定量与定位,确保规划可实施性。在实施层面,合理制定开发时序,研究开发策略以及城市经营策略,强调规划执行绩效。通过公众参与、监督管理等手段保障实施效果,同时增加规划弹性,考虑战略滚动。在规划引领下,充分发挥市场的能动机制,多渠道吸引投资,推动规划的实施建设。在管理层面,以控制性详细规划为基本管控平台,实现公共服务设施用地的全生命周期管理。

(3) 加强水平增长机制

建议一:设立浦东新区公共服务设施开发专项基金。开发专项基金专用于地区内公共服务设施的开发、建设与维护。通过建立资金池,为公共服务设施持续有效建设筹集资金。基金来源于三个部分:一是财政投入,浦东新区政府应在财政上给予先期投入保障,确保整个专项基金的正常启动;二是开发商投入,参与公共服务设施建设的企业根据项目投资额度,提取部分资金交给专项基金,用以维持专项基金的基本运作;三是社会投入,主要涉及社会公众投资者和隶属于各类机构投资者的投资。

建议二:建立浦东新区公共服务设施联席会议制度。联席会议应当由定期的会议组织和事项决策机制,尤其是公共服务设施建设基金的管理与使用,需要建立有效透明的资金支取制度。联席会议成员应当由三类成员构成:一是区县、乡镇、街道的主要负责人员;二是参与公共服务设施建设的各类企业及开发商代表;三是公共服务设施开发专项基金的机构主要负责人员以及投资者代表;四是与公共服务设施项目建设利害相关地区的社区负责人以及居民代表。

6.5 小结

社区发展所面临的资源配置问题千头万绪。当我们将社区分类视之,不同职能特点的社区居民调查反映出截然不同的关注点。居住型社区更多暴露出设施供给与需求的不匹配,产业型社区则在实现设施便利性和可达性上力不从心,商业型社区无法为居民提供体面的消费服务。为探索个人对生活空间资源配置的独特感受,我们进一步将视角从整个社区投向居民个体。

深度访谈结果显示,居民因在其所处的个人生命阶段不同,对社区生活空间资源的类型与内容需求呈现出差异性规律。这种差异要求资源配置过程更为精细，要能够适应青年与老年、单身与已婚、无子女与有子女人群的需求特征。仅从居民主观感知角度进行资源配置评价是不够的，我们引入国民经济行业分类标准与POI数据源，借此客观反映纷繁复杂的社区生活空间资源配置，开展行政区与生活圈两类单元、街道与居委会两级尺度下的空间评价。这种评价思路与生活空间资源配置的"由上至下"与"由下至上"两条观察路径密切相关。大部分的生活空间资源有赖于公共部门按照行政区进行逐级配置，但这并不能全面反映生活空间资源实际的聚集特征与影响范围。

因此，从行政区与生活圈两个视角考察各空间单元的设施供给能力与设施服务水平，有助于从"供给—需求"、"使用者—经营者"、"人群—空间"的耦合角度建立对研究区域生活空间资源配置的完整认知。其中，健康资源配置是社区生活空间资源配置中的重要内容，这一观点在新冠疫情暴发至今的整个过程中被政府与公众广泛接受。我们借助健康社区政策分析与广泛的文献支撑，推演健康设施的分类构成体系，并据此评价各社区单元的健康资源可达性，思考社区健康资源配置在全球疫情肆虐背景下的积极意义。

需要指出的是，社区生活空间资源配置最重要的管控与实现手段是城市规划。我们立足于上海市控制性详细规划编制单元划分，依据地方规划准则要求，选取历史文化风貌保护类、大型居住社区类、郊野公园类、保税区类、乡村居民点类、国际社区类、限价房类等代表性社区为研究案例，提出"背景研究—规划解读—现状分析—规划评估—优化设计"五环节的社区生活空间资源配置优化路径。基于问卷调查、深度访谈、空间分析、实地踏勘成果，我们进一步深入剖析居住社区、产业社区、商业社区所面临的资源配置问题，提出"空间—制度—经济"的有效对策。然而，社区生活空间资源配置的背景、案例、理论、政策与实证研究究竟反映出资源配置所具备的哪些特征和要素？这些要素又通过何种机制相互作用？这需要我们进一步进行归纳与总结。

第7章
浦东新区生活空间资源配置的规划案例

7.1 典型地区案例类型

1. 控规编制单元概况

控规编制单元是控制性详细规划编制的重要依据，是市区级与社区级公共服务设施统筹布局的法定范围。以控规编制单元为对象，选取不同区位及功能类型的单元进行公共服务设施优化设计，可操作性强，具有现实意义。浦东新区控规编制单元数量254个，单元面积合计约1058.4平方公里。单元所属城镇体系情况、单元主导功能类型情况以及单元控规编制情况详见表7.1-1和表7.1-2。

浦东新区控规编制单元所属城镇体系统计表　　表7.1-1

	中心城	中心城毗邻区	新城	新市镇	其他功能区	小计
单元数量（个）	86	69	56	27	254	254
单元面积（平方公里）	280.8	276	68.4	167.4	265.8	1068.4

浦东新区控规编制单元主导功能类型统计表　　表7.1-2

	中心城	中心城毗邻区
生产功能单元	50	263.7
生产功能单元	36	198
生产功能单元	153	470.7
生产功能单元	15	126.0
小计	254	1058.4

2. 案例选取单元概况

本次案例研究的选点，主要从不同单元面积、不同城乡区位、不同功能类型的控规单元考虑，包括历史社区——新场历史文化风貌保护区单元、大居社区——

曹路大社区单元、生态社区——合庆镇郊野单元（涉及若干个编制单元）、产业社区——外高桥保税区单元、乡村社区——川沙邓三社区单元、国际社区——碧云社区单元、保障社区——南汇新城限价房单元7个典型社区（表7.1-3 和图7.1-1）。但是，本节内容限于篇幅，从生活型、生产型和生态型三类各取一例。

案例单元情况一览表　　　　　　　　　　　表7.1-3

名称	编码	面积（平方公里）	所属城镇体系	功能	所属乡镇街道
新场历史文化风貌保护区单元	PDS2-0104	1.5	新市镇	生活	新场
曹路大社区单元	PDP0-0305	5.3	中心城毗邻区	生活	曹路
外高桥保税区单元	Y00-0601	9.9	中心城	生产	高行、高东、高桥
川沙邓三社区单元	PDS6-0303	2	新市镇	生活	祝桥镇
碧云社区单元	Y00-1101	3.8	中心城	生活	金桥镇、花木街道
南汇新城限价房单元	PDC1-0102	7.3	新城	生活	申港街道、老港镇
合庆镇郊野单元	涉及多个单元[1]	—	新市镇	生态	合庆

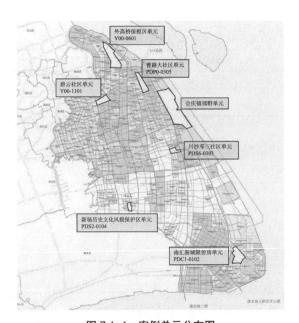

图7.1-1　案例单元分布图

---

[1] 涉及合庆生态绿地一单元、白龙港污水厂单元、林克斯单元、华夏文化旅游区单元、川沙生态绿地二单元、川沙远东大道地区单元六个完整单元。

7.2 典型社区案例分析

7.2.1 生活型社区：曹路单元社区

1. 背景认知

（1）区位条件

本项目位于上海市浦东新区东部地域，紧邻浦东运河，西南方向紧邻曹路新市镇规划中的新市镇地区中心，距离金桥进出口加工区、外高桥港区、外高桥保税区、张江高科技园区、浦东国际机场均不超过 30 分钟车程。本单元以居住用地为主，生活组团与高端产业组团的结合，为解决本居住片区的就业提供了一定的基础。浦东运河以西"万科蓝山"的中高档商品房片区也已建成，金海路以南曹路区级动迁基地也在建设之中，可以共享城市公共设施。本单元内有五洲大道、环东二大道、远东大道、顾高路、上川路、金海路、东靖路、锦绣东路和凌空路，为本区域发展提供了便捷的道路交通条件。规划中的轨道交通 9 号线为本区域居民生活居住提供了良好的现代公交系统基础条件。

（2）单元概况

本单元项目编号为 PDP0-0305，规划编制情况为在编。用地面积为 252.13 公顷，其中北区面积为 112.17 公顷，南区面积为 139.96 公顷。北临外高桥港区，南接曹路新市镇，西有曹路工业小区，东靠港口码头区。当前进入本单元的主要道路为上川路，现状道路宽约 20 米，断面为三块板，为基地主要对外联系通道。上川路以北、沿浦东运河现有顾曹公路，现状道路宽约 10 米，断面为一块板。两条道路目前成为基地主要对外联系通道，村镇建设也主要沿道路展开。本单元功能类型为生活居住用地，基地范围内土地使用现状基本上以居住用地为主，其次是教育用地、商业金融用地和公共绿地，设计有配套的市政公共设施、福利设施用地、医疗设施用地，基础设施建设较完善。

2. 现有规划

（1）规划范围

本单元范围呈南北走向的不规则梯形状。南北最长距离为 4628 米，东西最长距离 3143 米，最短距离 880 米。本单元南部为金海路，东临渡空路，西为浦东运河，北邻东靖路。本单元内部主干道以东西走向的上川路和南北走向的金钻路为主，外部与上海绕城高速和外环高速相邻较近，能够便捷与之沟通。该单元在西北角有宗教用地一处——潮音庵，潮音庵俗称"观音堂"，始建于明景泰七年（公元1456年），现为浦东新区佛教协会活动的主要场所，其为本地区今后塑造特色文化奠定了一定的基础，也有利于增强地区归属感。

（2）建设规模

根据《上海市配套商品房基地曹路基地控制性规划》，规划编制范围内总人口为68171人[1]，人口净密度为595人/公顷。规划范围内总用地面积为252.13公顷，其中，北区面积为112.17公顷，南区面积为139.96公顷。居住区用地200.37公顷，其他公建用地15.68公顷，河流7.84公顷，防护绿带14.9公顷。编制范围内总建筑面积为259.47万平方米。

（3）设施布局

地区级公共设施总用地15.68公顷，总建筑面积为35.42万平方米。具体包括大型商业、宾馆、办公和酒店式公寓、二级医院、商业金融等公共设施。居住区级公共设施总用地34.38公顷，公建建筑总量28.95万平方米。其中，居住区公共服务设施包括行政文化、商业、金融、教育、市政、社区等设施。小区级公共服务设施主要设置在规划经一路沿线，包括社区服务中心、室内菜场、小区商业等。此外，根据人口规模及服务半径，在小区内设置九年一贯制学校、小学，幼稚园，公共厕所。街坊级公共服务设施如居委会、物业管理、便利店等按照人口规模及组团分区配置（图7.2-1）。

3. 现状分析

（1）现状设施建设情况

本单元公共服务设施硬件建设情况总体上一般。①现状设施建设情况在上川路南北片区出现分异。上川路以北片区的社区服务设施、教育设施、体育设施、文化设施等建设完成度高，且基本按照规划建设。上川路以南片区商业设施实际建设与规划相比缩水较多，出现这种情况与开发成本控制、项目建设进度等方面密切相关。②从各项已建设施来看：社区服务中心、体育中心等设施硬件条件好，建设品质好，开放程度较高［图7.2-2（a）、图7.2-2（b）］。由于社区居民入住率较高，加之设施选址较为合理，与周边社区交通联系紧密，居

---

[1] 从实际调查情况来看，曹路单元社区建设基本按照规划完成，人口入住情况较好，故后续现状达标分析按照该人口计算。

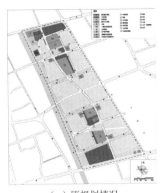

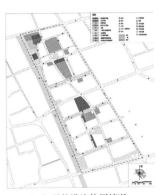

（a）原规划情况　　　　　　（b）现状设施建设情况　　　　　（c）现状设施使用情况

图 7.2-1　曹路单元社区设施现状分析图

（资料来源：根据《上海市配套商品房基地曹路基地控制性规划》绘制）

（a）社区服务中心　　　　　　（b）体育设施　　　　　　　　（c）宗教设施

图 7.2-2　曹路单元社区设施现状建设照片

民使用频率高。③潮音庵是本单元的标志性宗教建筑，环境优美，场地开阔，建设情况良好［图 7.2-2（c）］。

（2）现状设施使用情况

①教育设施分布均好性强，距离各个居民点较近，且交通便利，周边居民子女就学方便，使用情况较好［图 7.2-3（a）、图 7.2-3（d）、图 7.2-3（e）］。②宗教设施入口设置隐蔽，对内服务不强，其使用人群大多数不是本单元的居民。文化和体育设施与社区结合紧密，便于居民使用。③本单元建设有沿街商业设施和集中大型商业设施两类。沿街商业设施距离居民点距离较近，且多处于居住区出入口附近，便利性较好，但是整体数量和类别较少，难以满足居民的日常需求［图 7.2-3（c）］。大型商业设施处于本单元中心地带，到各个居民小区距离适中，设施使用频率高，整体的设施使用情况较好［图 7.2-3（f）］。另外，

在调研中发现教育设施与商业设施出现一定程度的供不应求。

(a) 中学　　　　　(b) 集贸市场　　　　(c) 沿街商业

(d) 小学　　　　　(e) 幼儿园　　　　　(f) 综合商业

图 7.2-3　曹路单元社区设施现状使用照片

(3) 现状设施达标情况

①基本情况

实际调查表明，曹路单元社区级公共服务设施规划用地面积为 14.22 公顷。行政设施：在瑞安路和周东路交叉口东南侧集中设置社区行政管理中心一处，用地面积为 0.22 公顷。商业设施：独立设置室内菜场 2 处，一处位于纬二路经一路交叉口东南侧，另一处位于经五路东侧靠近青蓬河处，总占地面积 0.90 公顷；其他社区商业设施 2 处，一处位于经五路纬六路交叉口东北侧，另一处位于上川路经一路交叉口西南侧，共占地面积 5.52 公顷。文化、体育设施：在东靖路南侧浦东运河东侧设置社区文化活动中心 1 处，占地面积 1.22 公顷，以及体育活动中心 1 处，占地面积 1.82 公顷。医疗卫生设施：在东靖路南侧浦东运河东侧设置社区卫生服务中心 1 处，在纬二路南侧浦东运河东侧设置地区级医院 1 处，总占地面积 3.05 公顷。福利设施：在东靖路南侧浦东运河东侧设置社区敬老院 1 处，占地面积 1.09 公顷；在纬二路经三路交叉口西南侧设置日间照料中心 1 处，占地面积 0.40 公顷 (表 7.2-1)。

曹路单元社区级公共服务设施现状汇总表　　　　表 7.2-1

类别	代码	用地面积（公顷）	数量（处）
行政设施	RC1	0.22	1
商业设施	RC2	6.42	4
文化、体育设施	RC3、RC4	3.04	2
医疗卫生设施	RC5	3.05	2
治安设施	RC8	—	2
福利设施	RC9	1.49	2
合计		14.22	13

基础教育设施用地面积为16.79公顷。其中，在瑞和路、纬四路交叉口南侧街坊设置30班高中一处，占地面积3.52公顷；设置初中2所，一处位于五灶港和姚渔港东北侧，占地面积2.32公顷，另一处位于纬二路和经三路交叉口南侧，占地面积2.34公顷；设置小学2所，一处位于纬二路和经二路交叉口西南侧，占地面积2.55公顷，另一处位于沈梅路和周园路交叉口西南侧，占地面积2.45公顷；设置5处幼儿园，用地面积为3.61公顷（表7.2-2）。

曹路单元社区基础教育设施现状汇总表　　　　表 7.2-2

类别	代码	用地面积（公顷）	数量（处）
高级中学	RS2	5.06	1
初级中学	RS3	5.56	2
小学	RS4	5.20	2
幼托	RS6	3.41	5
合计		16.79	10

②千人指标验证

曹路单元社区规划人口总规模约68.17千人。根据《准则》中对各项社区公共服务设施的千人指标要求，结合规划人口规模，可计算出公共服务设施的建筑与用地需求规模，并与设施供给规模进行比较（表7.2-3）。分析结果显示，行政管理设施用地面积缺口达3935.3平方米；室内菜场用地面积缺口约为1060.16平方米；医疗设施面积远超标准，这与社区卫生服务中心和医院联合设置有关；养老设施符合标准。另外规划未考虑设施预留空间，因而存在一定的弹性备用空间缺口。

曹路单元社区级公共服务设施千人指标验证表　　　表 7.2-3

类型	项目	千人指标（平方米/千人）		需求规模（平方米）		供给规模（平方米）		供需差值（平方米）	
		建筑面积	用地面积	建筑面积	用地面积	建筑面积	用地面积	建筑面积	用地面积
行政管理	街道办事处	14	18	954.38	1227.06	—	—	—	—
	派出所	12	15	818.04	1022.55	—	—	—	—
	城市管理监督	4	6	272.68	409.02	—	—	—	—
	税务工商等	4	4	272.68	272.68	—	—	—	—
	房管办	2	5	136.34	340.85	—	—	—	—
	社区事务受理中心	10	6	681.7	409.02	—	—	—	—
	社区服务中心	10	6	681.7	409.02	4300	2200	—	—
	居民委员会	50	33	3408.5	2249.61	—	—	—	—
	小计	106	90	7226.02	6135.3	4300	2200	-2926.02	-3935.3
文化	社区文化活动中心、青少年活动中心	90	100	6135.3	6817	10500	12213	4364.7	5396
	小计	90	100	6135.3	6817	10500	12213	4364.7	5396
体育	综合健身馆	36	40	2454.12	2726.8	—	—	—	—
	游泳池（馆）	16	60	1090.72	4090.2	—	—	—	—
	运动场	—	140	—	9543.8	—	—	—	—
	小计	52	240	3544.84	16360.8	—	18169	—	1808.2
医疗	社区卫生服务中心	60	60	4090.2	4090.2	—	35000	—	30909.8
	卫生服务站	10	—	681.7	—	—	—	—	—
	小计	70	60	4771.9	4090.2	—	35000	—	30909.8
养老福利	社区养老院	120	120	8180.4	8180.4	9300	10905	1119.6	2724.6
	日间照料中心	40	—	2726.8	—	6000	4000	3273.2	—
	老年活动室	60	—	4090.2	—	—	—	—	—
	工疗康体服务中心	16	32	1090.72	2181.44	—	—	—	—
	小计	236	152	16088.12	10361.84	15300	14905	-788.12	4543.16
商业	室内菜场	120	148	8180.4	10089.16	—	9029	—	-1060.16
	小计	120	148	8180.4	10089.16	—	9029	—	-1060.16
其他	设施预留用地	—	100	—	6817	—	0	—	-6817
	小计	—	100	—	6817	—	0	—	-6817
	合计	674	890	45946.58	60671.3	—	91516	—	30844.7

根据常住总人口规模与千人指标要求，可计算出基础教育设施的建筑与用地需求规模，与设施供给规模进行比较（表7.2-4）。结果显示，规划幼儿园及小学用地规模分别存在10157.33平方米、7307.9平方米的缺口，其余均满足配置要求。

曹路单元社区基础教育设施千人指标验证表　　　　表7.2-4

类型	千人指标（平方米）		需求面积（平方米）		供给面积（平方米）		供需差值（平方米）	
	建筑面积	用地面积	建筑面积	用地面积	建筑面积	用地面积	建筑面积	用地面积
幼儿园	550	649	37493.50	44242.33	—	34085	—	-10157.33
小学	432	870	29449.44	59307.90	—	52000	—	-7307.90
初中	414	787	28222.38	53649.79	—	55600	—	1950.21
高中	266	536	18133.22	36539.12	—	50600	—	14060.88
小计	—	—	113298.54	193739.14	—	192285	—	-1454.14

③最小规模验证

为保证服务能力，《准则》规定了各项公共服务设施的最小建筑面积与用地面积规模。社区级社会服务设施的建筑面积指标往往包含于所在街坊地块的控制指标之中，所以无法直接进行最小建筑面积的分项校核。社区文化活动中心、社区服务中心、社区养老院、日间照料中心有准确建筑面积值，均高于最小建筑规模值。《准则》中对用地面积提出最小规模要求的有派出所、运动场、社区卫生服务中心，其中社区无规划派出所，运动场社区体育中心合建，无法获取准确的规模数据，社区卫生服务中心用地面积远高于最小规模（表7.2-5）。

曹路单元社区级公共服务设施最小规模验证表　　　　表7.2-5

类型	项目	最小规模（平方米/处）		供给规模（平方米/处）	
		建筑面积	用地面积	建筑面积	用地面积
行政管理	街道办事处	1400	—	—	—
	派出所	1200	1500	—	—
	城市管理监督	200	—	—	—
	税务工商等	200	—	—	—
	房管办	100	—	—	—
	社区事务受理中心	1000	—	—	—

续表

类型	项目	最小规模（平方米/处）		供给规模（平方米/处）	
		建筑面积	用地面积	建筑面积	用地面积
行政管理	社区服务中心	1000	—	4300	2200
	居民委员会	200	—	—	—
	小计	—	—	—	—
文化	社区文化活动中心、青少年活动中心	4500	—	10500	12213
	小计	—	—	—	—
体育	综合健身馆	1800	—	—	—
	游泳池（馆）	800	—	—	—
	运动场	—	300	—	—
	小计	—	—	—	18169
医疗	社区卫生服务中心	4000	4000	—	35000
	卫生服务站	150	—	—	—
	小计	—	—	—	—
养老福利	社区养老院	3000	—	9300	10905
	日间照料中心	200	—	6000	4000
	老年活动室	200	—	—	—
	工疗康体服务中心	800	—	—	—
	小计	—	—	—	—
商业	室内菜场	1500	—	—	9029
	小计	—	—	—	—
其他	设施预留用地	—	—	—	—
	小计	—	—	—	—
合计		—	—	—	—

从规划建筑规模与一般建筑规模对比来看，仅幼儿园建筑规模略微不足标准要求，各项基础教育设施建筑规模均符合标准要求，且远超过一般建筑规模。例如，浦东复旦附中分校（高中）规划用地超出一般用地规模值23800平方米（表7.2-6）。

曹路单元社区基础教育设施最小规模验证表　　　　表 7.2-6

学校	规划建筑规模（平方米）	一般建筑规模（平方米）	建筑规模差值（平方米）	规划用地配置（平方米）	一般用地规模（平方米）	用地规模差值（平方米）
浦东模范中学东校（初中）	22200	10350	11850	27800	19670	8130
曹路打一小学（小学）	20800	10800	10000	26000	21770	4230
顾路幼儿园（西）	4567	5500	-933	6817	6490	327
顾路幼儿园（东）	4567	5500	-933	6817	6490	327
浦东复旦附中分校（高中）	40500	13300	27200	50600	26800	23800
海星幼儿园（北）	4567	5500	-933	6817	6490	327
海星幼儿园（南）	4567	5500	-933	6817	6490	327
上海市顾路中学金钻校区（初中）	22200	10350	11850	27800	19670	8130
顾路中心小学	20800	10800	10000	26000	21770	4230
好时光幼儿园	4567	5500	-933	6817	6490	327

④配置人口验证

根据《准则》要求，街道办事处、派出所、社区事务受理中心、社区服务中心、社区卫生服务中心、卫生服务站、社区养老院、日间照料中心、老年活动室、室内菜场具有明确的配置人口要求。根据明确的各类设施数量与规划总人口，可以计算出各类设施配置人口情况，与《准则》作比较。结果显示，社区养老院与日间照料中心、菜市场的配置人口超出标准要求2—3倍之多，服务压力过大；老年活动室未明确设置（表7.2-7）。

曹路单元社区级公共服务设施配置人口验证表　　　　表 7.2-7

类型	项目	备注	规划设置
行政管理	街道办事处	每个街道（镇）设一处	—
	派出所	每个街道（镇）设一处	—
	城市管理监督	—	
	税务工商等	—	
	房管办		
	社区事务受理中心	每个街道（镇）设一处	—

续表

类型	项目	备注	规划设置
行政管理	社区服务中心	每个街道（镇）设一处	设置1处
	居民委员会	—	—
	小计	—	—
文化	社区文化活动中心、青少年活动中心	—	设置1处
	小计	—	—
体育	综合健身馆	—	设置1处（结合其他体育用地设置）
	游泳池（馆）	—	设置1处（结合其他体育用地设置）
	运动场	—	设置1处（结合其他体育用地设置）
	小计	—	—
医疗	社区卫生服务中心	每个街道（镇）设一处	设置一处
	卫生服务站	1.5万人设一处	—
	小计	—	—
养老福利	社区养老院	2.5万人设一处	6.82万人设置一处
	日间照料中心	1.5万人设一处	6.82万人设置一处
	老年活动室	0.5万人设一处	—
	工疗康体服务中心	—	—
	小计	—	—
商业	室内菜场	1.5万人设一处	3.41万人设置一处
	小计	—	—
其他	设施预留用地	—	—
	小计	—	—
合计			

根据明确的各类设施数量与规划总人口，可以计算出各类设施配置人口情况，与《准则》作比较。结果显示，幼儿园、小学、初中、高中均符合标准配置要求（表7.2-8）。

曹路单元社区基础教育设施配置人口验证表　　　　表7.2-8

类型	备注	规划配置
幼儿园	每1万人应配置一所	每0.4万人一所
小学	每2.5万人一所	每1.0万人一所

续表

类型	备注	规划配置
初中	每2.5万人一所	每1.0万人一所
高中	每5万人一所	每2.0万人一所

⑤设置方式验证

根据《准则》要求,从用地配置来看,街道办事处、派出所、社区事务受理中心、社区服务中心、社区卫生服务中心需独立用地。从功能设施来看,除派出所、社区卫生服务中心、设施预留用地以外,其他社区级公共服务设施宜综合设置。鼓励在合理的服务半径内集中设置的设施包括:①街道办事处、城市管理监督、税务、工商等集中设置为社区行政管理中心;②综合健身馆、游泳池、球场等集中设置为社区体育中心;③社区卫生服务中心、卫生服务站等集中设置为社区医疗卫生中心。从规划实际设置情况来看,仅行政管理设施设置过少以及未设置设施预留用地,其余均按标准形式配置(表7.2-9)。

曹路单元社区级公共服务设施设置方式验证表　　　表7.2-9

类型	项目	设置方式	规划设置
行政管理	街道办事处	鼓励集中设置为社区行政管理中心	—
	派出所	独立设置	—
	城市管理监督	鼓励集中设置为社区行政管理中心	—
	税务工商等	鼓励集中设置为社区行政管理中心	—
	房管办	鼓励集中设置为社区行政管理中心	—
	社区事务受理中心	鼓励集中设置为社区行政管理中心	—
	社区服务中心	鼓励集中设置为社区行政管理中心	独立设置
	居民委员会	鼓励集中设置为社区行政管理中心	—
	小计	—	—
文化	社区文化活动中心、青少年活动中心	—	集中设置
	小计	—	—
体育	综合健身馆	鼓励集中设置为社区体育中心	集中设置
	游泳池(馆)	鼓励集中设置为社区体育中心	集中设置
	运动场	鼓励集中设置为社区体育中心	集中设置
	小计	—	—

续表

类型	项目	设置方式	规划设置
医疗	社区卫生服务中心	鼓励集中设置为社区医疗卫生中心	集中设置
	卫生服务站	鼓励集中设置为社区医疗卫生中心	—
	小计	—	—
养老福利	社区养老院	—	独立设置
	日间照料中心	—	独立设置
	老年活动室	—	—
	工疗康体服务中心	—	—
	小计	—	—
商业	室内菜场	—	独立设置
	小计	—	—
其他	设施预留用地	需独立用地，不宜综合设置	—
	小计	—	—
合计		—	—

⑥服务半径验证

《准则》对部分设施提出了明确的服务半径要求，社区文化活动中心、青少年活动中心、综合健身馆、游泳池（馆）、运动场、社区卫生服务中心的服务半径为1000米，卫生服务站、日间照料中心、室内菜场的服务半径为500米，老年活动室的服务半径为300米，并据此进行相关设施的网络覆盖率分析。从社区文化活动中心、社区体育中心、社区医疗中心、社区敬老院来看，位置集中在社区西北角，基本能够覆盖上川路北侧地块，但上川路南侧地块无法被覆盖。从菜市场来看，两处分别设置于上川路南北量两侧区域的中心位置，覆盖率较好（图7.2-4）。

《准则》对部分设施提出了明确的服务半径要求，高中及初中的服务半径为1000米，小学的服务半径为500米，幼儿园的服务半径为300米，并据此进行相关设施的网络覆盖率分析。从中学来看，整体覆盖程度较佳，能够覆盖整个社区。从小学来看，服务覆盖程度较为有限，受交通及服务半径限制，除与小学相邻地块以外的其余地块均无法有效覆盖，因此临近上川路的地块及社区东南角地块教育服务便利度不够。从幼儿园来看，幼儿园覆盖区之间的服务盲区普遍存在，对于部分居住组团中的局部小区或居住地块存在就近上学的困难（图7.2-5）。

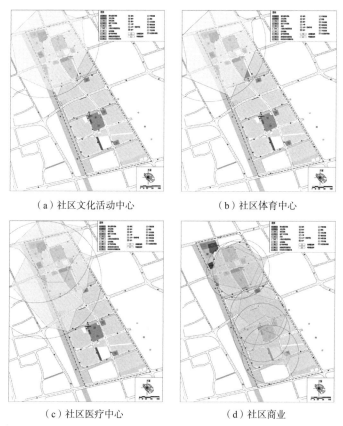

(a)社区文化活动中心 (b)社区体育中心
(c)社区医疗中心 (d)社区商业

图 7.2-4 曹路单元社区级公共服务设施覆盖区分析图

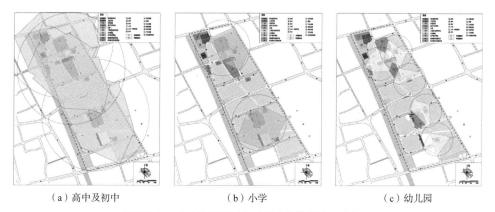

(a)高中及初中 (b)小学 (c)幼儿园

图 7.2-5 曹路单元社区基础教育设施覆盖区分析图

4. 规划策略

（1）基础保障类设施优化

基于以上分析，曹路单元社区主要存在三类问题：第一，单元南侧二期建设区域设施条件明显落后于北侧一期建设区域。例如，社区文化、体育、医疗设施均集中于北侧，使得南侧居民使用极为不便；第二，单元部分设施存在明显缺口，尤其是市民日常需求强烈的室内菜市场、幼儿园、小学等；第三，由于曹路单元内部南北向道路仅有一条，是市民南北片区间来往的重要通道。实地调查显示，高峰期可能还会出现公交车辆拥堵，而主要的设施集中分布于该通道沿线，势必加剧出行难度，降低便利性。建议一方面做好南部地区的配套设施建设，按照规划应补尽补，避免随意更改，同时做好查漏补缺，减少设施缺项与空白；另一方面做好中部南北向道路的交通管制，在政策制定中注意与两侧公共服务设施的使用与开放时间进行衔接。

（2）品质提升类设施布局

根据人口结构、行为特征、居民需求选择适合的设施类型。可根据实际需求自选新增类型和项目。建议新增社区学校2处，每处建筑面积不少于1000平方米，一处位于社区西北角结合社区文化中心设置，另一处位于经一路西侧纬五路北侧，结合社区文化服务设施设置，合理利用原有社区文化资源，主要是针对成年人的兴趣培训、兼作职业培训、儿童教育等，为社区居民提供教育机会。建议新增养育托管点2处，每处建筑面积不少于200平方米，一处位于社区西北角，另一处位于古镇东侧，为难以被基础教育设施覆盖的居住地块提供婴幼儿及儿童的托管服务。建议新增文化活动室3处，每处建筑面积不少于100平方米，分别位于上川路、经一路交叉口西南侧，经四路、纬五路交叉口东南侧和纬六路、经一路交叉口东南侧。建议新增健身点13处，室外健身点主要结合公共绿地及社区绿地设置，室内健身点结合文化活动室设置，且室内健身点每处建筑面积不少于300平方米。建议新增5处社区食堂，每处建筑面积不少于200平方米，分别位于纬二路、经三路交叉口东南侧，上川路北侧、经二路东侧，上川路、经一路交叉口西南侧，经四路、纬五路交叉口东南侧，纬六路南侧、经一路东侧。建议新增生活服务点12处，每处建筑面积不少于100平方米，结合已有底商、社区服务设施布置（表7.2-10和图7.2-6）。

曹路单元社区品质提升类设施设置情况表[1] 表 7.2-10

类型	序号	项目	内容	建筑面积（平方米/处）	服务人口规模	需增设设施数量（处）
文化教育	1	社区学校	老年大学、成年兴趣培训、职业培训、儿童教育	1000	各街道（镇）按需设置	2
	2	养育托管点	婴幼儿托管、儿童托管	200	1.5万人设一处	3
	3	文化活动室	棋牌室、阅览室等	100	1.5万人设一处	4
体育	4	健身点	室内健身点、室外健身点	300	0.5万人设一处	13
商业	5	社区食堂	膳食供应	200	1.5万人设一处	5
	6	生活服务点	修理服务、家政服务、菜店、快递收发、裁缝店	100	0.5万人设一处	12

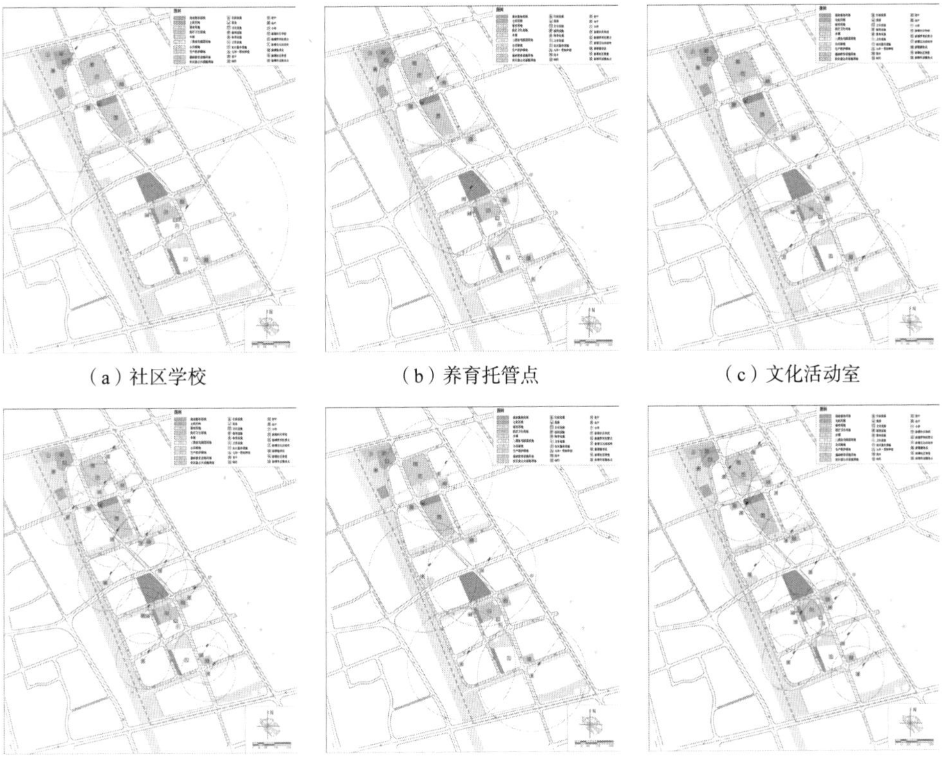

（a）社区学校

（b）养育托管点

（c）文化活动室

（d）健身点

（e）社区食堂

（f）生活服务点

图 7.2-6　曹路单元社区品质优化型设施规划布局图

1　品质提升类设施的总建筑面积应根据地区实际需求确定，一般不宜低于100平方米/千人。

（3）社区生活圈构建指引

曹路作为保障性大型居住区，有其普遍以及典型的问题存在，所处位置多数为近郊或远郊，在快速的"大居"住房建设下，公共设施与社区服务大多没有跟上建设速度，大量的人口聚集，而公共交通、少儿入学、养老等问题改善迟缓，商业及医疗服务等存在很大缺口，生活服务举措滞后。

儿童日常设施圈分析显示，上川路以北作为曹路建设一期，相对于南侧有较为完善的儿童日常设施圈层，而南侧作为建设二期，其配套设施尚未完全跟上建设。而培训机构的缺失给幼儿园及中小学的学生带来便利性的障碍。建议在基础教育设施周边增设相应的教育培训机构，同时在交通上加强与西侧曹路镇区的衔接，与镇区成型的教育设施及机构对接，以组织学生活动的形式，将镇区相对完善的教育资源引至社区内或让学生走出去［图 7.2-7（a）］。

  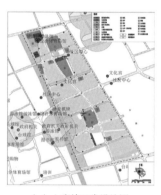

（a）儿童日常设施圈　　　　　（b）老年人日常设施圈　　　　　（c）上班族日常设施圈

图 7.2-7　曹路单元社区生活圈现状分析图

老年人日常设施圈分析[1]显示，菜市场分别分布在社区外的北侧、西侧、东南侧，且周边有较为完善的圈层结构。社区内部仅有两处室内集贸市场。根据调查，曹路社区内老龄人群占比高，对菜市场等日常设施有较大的需求。建议以菜市场为中心建设完善的老年人日常设施圈，引入一些精品生鲜超市类商业设施，弥补设施不足，同时鼓励以"智慧微菜场"等新兴互联网形式满足居民日常需求。另外，老年人在对于菜市场与精品超市、使用的便捷性与设施的精

---

[1] 由于 POI 数据存在一定的误差，可能并未包含部分设置于超市等设施内部的菜市场。

美程度等方面有一定倾向性的选择，建议对现有菜市场设施进行有针对性的整改提升［图 7.2-7（b）］。

上班族日常设施圈分析显示，由于曹路作为远郊"大居"的普遍性问题，上班族早出晚归，社区内基本缺失上班族的日常生活圈层。建议完善北侧以及中部尚未建设的两处商业用地，以此为中心增设文化娱乐等设施，完善社区内部的设施圈层；改善道路交通状况，合理规划社区与镇区、地铁站的公交系统衔接，使上班族能够更方便地使用周边服务设施［图 7.2-7（c）］。

7.2.2 生产型社区：外高桥保税区单元

1. 背景认知

（1）区位条件

上海外高桥保税区位于浦东新区，濒临长江入海口，地处黄金水道和黄金岸线的交汇点，紧靠外高桥深水港区，距离市中心人民广场约 20 公里，25 分钟自驾车程，距离浦东国际机场 40 公里，距离虹桥国际机场 35 公里。产业功能上以国际贸易、现代物流、先进制造业等三大功能为主。保税区充分利用自贸试验区（外高桥）的产业发展优势，联动森兰区域，依托区域先发优势，促进自贸试验区（外高桥）逐步融入上海市北部地区（尤其是浦东新区北部城区）功能。杨高路、张杨路、杨浦大桥、中环线、外环线、翔殷路隧道、外环隧道、轨道交通 6 号线和沪崇苏高速公路、规划中的浦东铁路和轨道交通 12 号线，组成了便利通达的立体交通网络，将外高桥保税区同市区及周边城市紧密相连。

（2）单元概况

本单元名称为外高桥保税区单元，项目编号为 Y00-0601，规划编制情况为已批。用地面积为 998.45 公顷，外高桥港区连接长江深水岸线与外高桥保税区，西距吴淞港口约 7 公里，东距长江出海口约 85 公里。现状道路结合客货运卡口分布，优化客货运交通组织，从空间上实现客货分流。依据自贸试验区（外高桥）转型发展的要求，单元内配置 6 条公交线路，结合轨道交通站点设置 2 处换乘枢纽，俱进路以南设置 1 处公交首末站，加强轨道站点的公交接驳，提升区域公交服务水平。同时，临近轨道站点增设人行出入口，沿杨高北路形成客运交通走廊。本单元的功能类型为生产型单元，以国际贸易服务、金融服务、专业服务功能为主，是一处商业、商务、文化多元功能集成的国际贸易城。规划沿富特北路、航津路、洲海路、五洲大道以及内部若干支路等形成绿化带,并按照均衡布局原则,在街坊内部布局街头绿地(弹性控制),在保证规模的基础上可对其布局进行调整并推进实施。

2. 现有规划

(1)规划范围

外高桥呈西北东南走向的不规则形状,南北最长距离为5730米,东西最长距离为2418米,最短距离为1452米。本单元南部为东靖路,东部为上海绕城高速,西为杨高北路,北邻外环运河。本单元内部有东西走向的航津路和洲海路,南北走向的富特中路为主干道,与上海绕城高速和外环高速相邻较近,能够便捷通达。该单元内有全国保税区第一家中外合资的物流企业——上海外红国际物流有限公司以及外商独资贸易企业——日本上海伊滕忠商事有限公司。外高桥保税区为国外商品进入中国市场提供了高效的流通渠道,以跨国公司为主导的贸易企业纷纷大规模开展分拨业务,分拨面也从单一的国内市场逐步向国际市场拓展,使外高桥保税区成为跨国公司跨区域的货物集散中心之一。

(2)建设规模

第六次人口普查数据显示外高桥保税区总人口合计1349人,男性1208人,女性141人,家庭户户数59户,家庭户人口男性28人,家庭户人口女性43人,分年龄人口0—14岁23人,15—64岁1314人,65岁以上12人。区内从业人员接近20万人。[1] 实测人口合计约201.35千人。规划总编制范围内用地面积为998.45公顷。

(3)设施布局

根据《中国(上海)自由贸易试验区控制性详细规划(草案)》,在服务分区内,公共设施配置相对综合,公共设施以满足整个外高桥片区内工作人员的需要为主,主要包括餐饮、商业、文化、体育、医疗等;在综合分区内,公共设施的配置以满足各自分区内人员的需要为主,遵循均衡布局的原则,按照服务半径配置相应的公共服务设施;在物流分区内,按照满足自身需要的原则可设置必要的商业和餐饮设施(图7.2-8)。

---

1 数据来源:http://wap.pdzx.gov.cn/Home/Index/detail/id/11873.html。

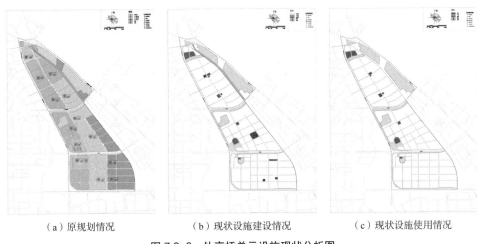

(a) 原规划情况　　　　(b) 现状设施建设情况　　　　(c) 现状设施使用情况

图 7.2-8　外高桥单元设施现状分析图

[资料来源：根据《中国（上海）自由贸易试验区控制性详细规划（草案）》绘制]

3. 现状分析

（1）现状设施建设情况

设施总体建设完成情况较差。就现状设施类型来说，缺少文化和体育设施配置。从分布上来看，餐饮设施和商业设施较多集中在洲海路附近，其余地块设施配置数量少且硬件设施条件一般，可达性不好。洲海路以南的餐饮设施环境优雅，规模较大，卫生条件良好，有星巴克咖啡、瑞幸咖啡等休闲茶饮场所；洲海路以北的餐饮设施除麦当劳外，主要是环境卫生条件较差的快餐店[图 7.2-9（f）]，且服务人群主要为低收入务工人员。卫生设施目前单元内只有一家大型综合医院——"上海阿蒙特"医院，位于洲海路[图 7.2-9（d）]。

（2）现状设施使用情况

商业设施总体使用情况一般。基隆路和洲海路附近设施商业活力强，使用频次高，使用情况良好。原因主要是附近有办公大楼，楼内上班族密集，对于商业设施与餐饮设施需求高。而其余地块都是工业物流园区，需求相对较低。另外，沿路还设置有便利商店、图文打印店[图 7.2-10（b）]以及快捷酒店等[图 7.2-10（c）]，但规模都不大且经营情况不佳。这种现状既与工业园区主要以上班族或工人群体为主有关，其每日用餐可能在内部食堂或回家解决，也与商业设施分布集中度过高，厂区内部难以接受设施辐射相关，加之消费时间有限，使得沿路商业氛围低迷。

(a) 饭店全景

(b) 五洲国际酒店

(c) 麦当劳

(d) 阿特蒙医院（妇幼保健院）

(e) 高行小学

(f) 小饭馆

图 7.2-9 外高桥单元设施建设现状照片

(a) 会所

(b) 全家便利店

(c) 酒店

图 7.2-10 外高桥单元设施使用现状照片

（3）现状设施达标情况

①基本情况

根据现状调查，社区内以工业园区及物流园区为主，无居民点，因此社区无文化、体育设施及社区养老福利设施需求，其他社区服务设施主要集中设置在杨高北路东侧、洲海路南北两侧，杨高北路东侧、基隆路南北两侧。行政设施：在杨高北路东侧、洲海路南侧，杨高北路东侧、美盛路南侧各设置行政设施（保税区海关）1处；在杨高北路东侧、基隆路两侧集中布置税务局、自由贸易试验区管委会。商业设施：设置商业9处，分别位于基隆路南侧、高桥港北侧地块，富特北路沿路两侧，台中南路、台南西路交叉口东南侧，台中北路、台北东路交叉口西侧，总用地面积14.76公顷。医疗卫生设施：在华京路东侧、洲海路北侧设置及外资综合医院（含医疗保健中心）1处，用地面积2.65公顷（表7.2-11）。

外高桥单元公共服务设施现状汇总表　　　　表7.2-11

类别	代码	用地面积（公顷）	数量
行政设施	RC1	2.25	2
商业设施	RC2	14.76	9
文化、体育设施	RC3、RC4	—	—
医疗卫生设施	RC5	2.65	1
治安设施	RC8	—	—
福利设施	RC9	—	—
合计		19.62	12

②千人指标验证

外高桥保税区总人口规模201.35千人，根据《准则》要求的千人指标进行测算，并与现状供给数值进行比对，社区行政设施、社区医疗设施均满足需求（表7.2-12）。该社区无室内菜市场需求，且商业用地供给规模达到147600平方米，远超规定需求。

外高桥单元公共服务设施千人指标验证表　　　　表7.2-12

类型	项目	千人指标		需求规模		供给规模		供需差值	
		建筑面积	用地面积	建筑面积	用地面积	建筑面积	用地面积	建筑面积	用地面积
行政管理	街道办事处	14	18	2818.9	3624.3	—	—	—	—
	派出所	12	15	2416.2	3020.25	—	—	—	—
	城市管理监督	4	6	805.4	1208.1	—	—	—	—
	税务工商等	4	4	805.4	805.4	—	—	—	—
	房管办	2	5	402.7	1006.75	—	—	—	—
	社区事务受理中心	10	6	2013.5	1208.1	—	—	—	—
	社区服务中心	10	6	2013.5	1208.1	—	—	—	—
	居民委员会	50	33	10067.5	6644.55	—	—	—	—
	小计	106	90	21343.1	18121.5	—	22500	—	4378.5
文化	社区文化活动中心、青少年活动中心	90	100	18121.5	20135				
	小计	90	100	18121.5	20135				

续表

类型	项目	千人指标		需求规模		供给规模		供需差值	
		建筑面积	用地面积	建筑面积	用地面积	建筑面积	用地面积	建筑面积	用地面积
体育	综合健身馆	36	40	7248.6	8054	—	—	—	—
	游泳池（馆）	16	60	3221.6	12081	—	—	—	—
	运动场	—	140	—	28189	—	—	—	—
	小计	52	240	10470.2	48324	—	—	—	—
医疗	社区卫生服务中心	60	60	12081	12081	—	—	—	—
	卫生服务站	10	—	2013.5	—	—	—	—	—
	小计	70	60	14094.5	12081	—	26500	—	14419
养老福利	社区养老院	120	120	24162	24162	—	—	—	—
	日间照料中心	40	—	8054	—	—	—	—	—
	老年活动室	60	—	12081	—	—	—	—	—
	工疗康体服务中心	16	32	3221.6	6443.2	—	—	—	—
	小计	236	152	47518.6	30605.2	—	—	—	—
商业	室内菜场	120	148	24162	29799.8	—	—	—	—
	小计	120	148	24162	29799.8	—	147600	—	117800.2
其他	设施预留用地	—	100	—	20135	—	—	—	—
	小计	—	100	—	20135	—	—	—	—
	合计	674	890	135709.9	179201.5	—	196200	—	16998.5

③最小规模验证

为保证服务能力，《准则》规定了各项公共服务设施的最小建筑面积与用地面积规模。《准则》在商业部分中仅对室内菜场有最小建筑面积要求，为1500平方米，而该社区无室内菜市场需求，且商业用地供给规模达到147600平方米，远超规定需求。社区行政设施仅对派出所提出要求，非本单元现状行政设施类别，不予验证。社区医疗设施仅对社区卫生服务中心提出要求，本单元医疗设施非仅作为社区医疗保健中心，且用地面积为26500平方米，远超规定需求。

④配置人口验证

根据《准则》要求，街道办事处、派出所、社区事务受理中心、社区服务中心、社区卫生服务中心、卫生服务站、社区养老院、日间照料中心、老年活动室、室内菜场具有明确的配置人口要求。根据《规划》中明确的各类设施数量与规划总人口,可以计算出各类设施配置人口情况,与《准则》作比较。结果显示,因保税区的特殊性,配置管委会以及海关、税务等相关行政管理机构各 1 处;社区配置社区医疗保健中心 1 处,已满足配置需求。

⑤设置方式验证

根据现状调查,该社区仅社区卫生服务中心及商业需验证其设置方式。根据《准则》要求,社区卫生服务中心鼓励集中设置为社区医疗卫生中心,现状设置方式满足相关规定(医疗保健中心与医院整合);而《准则》对商业无设置方式的规定,不予验证。

⑥服务半径验证

《准则》对部分设施提出了明确的服务半径要求,与该社区相关的规定为社区商业的服务半径为 500 米,社区卫生服务中心的服务半径为 1000 米。从分析结果来看,商业服务区仅覆盖了社区北侧少部分地块,杨高北路、洲海路交叉口东侧部分地块以及富特北路沿路地区,其余地块商业覆盖率明显较低,商业服务难以深入园区地块内部(图 7.2-11)。医疗服务区覆盖面则更为有限,主要面向办公区域人群提供就近服务,园区内部则可达性较差。

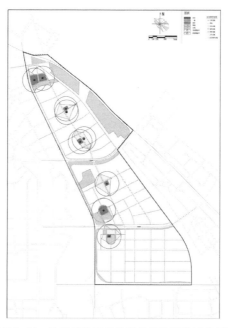

图 7.2-11　外高桥单元公共服务设施覆盖区分析图

4. 规划策略

（1）基础保障类设施优化

根据前述分析，外高桥单元主要存在以下问题：其一，商业设施布局与产业园区需求点之间关联不足，匹配度不够。商业设施多在十字路口布置，且为团块状用地形态，并未形成深入园区内部的沿街带状商业，难以为大型物流、工业厂区内部职工提供服务。实际上，这也与厂区、物流园区多封闭运转的客观情况相关联，但不可否认的为职工使用带来不便。其二，医疗设施仅重视了高层级公共服务设施的布局，对于给职工提供就近、初级医疗服务的医疗室、卫生室缺乏考虑。实际调研进一步显示，园区内各企业可能能够自成一体，自行提供较完善的内部配套，但企业间设施共享程度十分有限。因此，设施层级的缺失问题会更为加剧。建议：一方面，在对园区工业物流地块开展转型潜力及绩效研究的基础上，选择部分改造难度小、位置居中的小型地块，转型为商业或公共设施用地，为周边提供配套服务；另一方面，园区医疗机构可以在政府牵头指导下，与内部企业进行结对，设立分诊处或诊疗室，提供集中与分散兼具的健康服务。

（2）品质提升类设施布局

根据人口结构、行为特征、居民需求选择适合的设施类型。可根据实际需求自选新增类型和项目。明确品质提升类设施的类型、规模、布局（表7.2-13，图7.2-12）。外高桥总人口仅0.13万人，但其有20万从业人员，因此该地区增设的品质提升类设施主要服务于从业人员。建议新增培训中心3处，每处建筑面积不少于1000平方米，1处位于日京路惠特北路交叉口北侧，1处位于意威路惠特中路交叉口东侧，1处位于巴圣路日樱南路交叉口东北侧，向周边产业园区从业人员提供兴趣培训、职业培训等。建议新增养育托管点6处，每处建筑面积不少于200平方米，沿惠特路设置4处养育托管点，1处位于巴圣路日樱南路交叉口东北侧，1处位于希雅路日樱北路交叉口西南侧，各托管点结合已有商业等设施散布设置，主要服务于周边从业人员子女。建议新增文化活动室3处，每处建筑面积不少于100平方米，结合新增社区学校设置，提高社区文化资源利用率。建议新增健身点9处，结合公共绿地及社区绿地设置室外健身点、结合文化活动室建设室内健身点，每处建筑面积不少于300平方米。建议新增共享食堂3处，每处建筑面积不少于200平方米,结合新增培训中心设置。基于社区特殊性，不需要提供生活性便捷服务，不另外增设生活服务点。

外高桥单元品质提升类设施设置情况表[1]　　　　表 7.2-13

类型	序号	项目	内容	建筑面积（平方米/处）	服务人口规模	需增设设施数量（处）
文化教育	1	培训中心	成年兴趣培训、职业培训、	1000	各街道（镇）按需设置	3
	2	养育托管点	婴幼儿托管、儿童托管	200	1.5万人设一处	6
	3	工人俱乐部	阅览室等	100	1.5万人设一处	3
体育	4	健身点	室内健身点	300	0.5万人设一处	9
商业	5	共享食堂	膳食供应	200	1.5万人设一处	3
	6	生活服务点	修理服务、家政服务、菜店、快递收发、裁缝店	100	0.5万人设一处	0

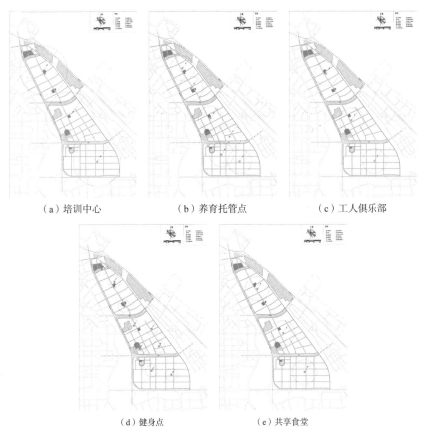

(a) 培训中心　　(b) 养育托管点　　(c) 工人俱乐部

(d) 健身点　　(e) 共享食堂

图 7.2-12　外高桥单元品质优化型设施规划布局图

1　品质提升类设施的总建筑面积应根据地区实际需求确定，一般不宜低于 100 平方米/千人。

（3）社区生活圈构建指引

儿童日常设施圈分析显示，外高桥社区内部以物流园区为主，其本身不存在居民区，也就不存在常规的基础教育设施需求，但园区内有大量职业工人与上班族，其在工作期间有较强的子女托管需求。建议在园区内设置一定数量的托育所作为职工子女的托管场所，并在其5分钟步行范围内配置儿童娱乐设施等，以形成儿童日常设施圈［图7.2-13（a）］。老年人日常设施圈分析显示，外高桥作为国家级保税区，各项设施建设标准相对较高，尤其是商业服务设施，加之其毗邻各重点镇区，明显存在外部资源比较丰富，内部资源比较集中的"洼地"特征。建议保税园区与周边社区实现功能互动，结合商业服务设施设置一定数量的菜市场及相关设施，并将其作为外高桥地区老年人日常设施生活圈体系的一部分，让产业园区与周边镇区互利互惠，形成产业园区为镇区，周边镇区为园区的和谐局面［图7.2-13（b）］。上班族日常设施圈分析显示，外高桥圈层结构并未形成，内部职工无法获取足够的日常生活设施。建议各个产业社区临近已有的商业聚集点设置小型工人俱乐部等设施，作为工人日常活动的"微型"场所核心，并在五分钟步行区域内合理设置健身点、疗养室等设施［图7.2-13（c）］。

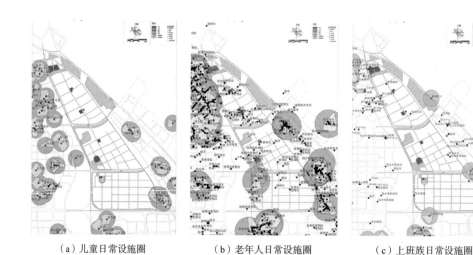

(a) 儿童日常设施圈　　　　(b) 老年人日常设施圈　　　　(c) 上班族日常设施圈

图7.2-13　外高桥单元社区生活圈现状分析图

7.2.3 生态型社区：合庆镇郊野单元

1. 背景认知

（1）区位条件

本单元为合庆郊野单元（公园），位于上海市浦东新区东部海滨地区，距上海市中心区约41公里，车行时间50分钟；单元紧邻浦东国际机场，距离上海东站和国际旅游度假区仅12 km，是距离市中心最近的一个郊野公园。本单元由6个控规编制单元组成，总体规划范围北至张家滨河道，南至迎宾高速-江镇河，西至上海绕城高速，东至东海。本单元位于上海环路射线上，通过龙东高架、华夏高架、迎宾高速和G1501高快速路系统可快速与中心城、重要功能区如浦东国际机场、国际旅游度假区联系，交通区位良好。单元内的奚阳公路、龙东大道、凌白公路、高科东路、华夏东路、华渊路彼此平行，自东西方向穿域而过，海滨路自南北贯穿于单元。上海地铁2号线途径本单元，且在区域西南部设有远东大道地铁站。

（2）单元概况

本单元的6个编制单元分别为PDP0-0604、PDP0-0606、PDP0-0607、PDP0-0709、PDP0-0710、PDP0-0711，占地面积26.6平方公里，属于中心城毗邻区类型编制单元，其中PDP0-0604、PDP0-0606、PDP0-0710这三个单元处于未编状态，PDP0-0607、PDP0-0709、PDP0-0711三个单元处于已批编制状态。本单元是生活、生态和其他功能混合的用地类型，含有部分工业区块。用地功能构成情况较为复杂，住宅区、旅游度假区、商业街区以及公共服务区分散于单元中。乡村居民点用地集中于单元南部地区，另有少量城市居民点用地集中于北部地区。另外，合庆郊野公园是上海市东部地区规划的首个滨海生态型郊野公园，其以合庆镇综合环境整治为背景，依托合庆镇和祝桥镇的现状滨海生态型、生活型岸线及湿地滩涂资源整合而成。本单元落实了郊野公园建设的重点项目，改善了浦东新区合庆镇、祝桥镇滨海地区的生产、生活和生态环境，提升了城市开发边界外综合发展水平，以实现城乡一体化可持续发展。

2. 现有规划

（1）规划范围

本单元规划范围为不规则形状，周长约28公里，总面积26.6平方公里，由6个浦东新区控规编制单元共同组成。范围北至张家滨河道，南至迎宾高速-江镇河，西至上海绕城高速，东至东海。单元范围涉及浦东新区合庆镇、祝桥镇部分镇域，位于长江入海口。北与曹路相邻，南与祝桥、川沙接壤。单元内部河流道网错综复杂，水陆交通便捷，用地功能比较完善，生态绿地系统发达。

（2）建设规模

规划范围内实测人口规模为20.95千人，用地规模为2666.31公顷，其中住宅用地117.04公顷，占建设用地规模的4.39%；公共服务设施用地规模为47.90公顷，占建设用地规模的1.80%。

（3）设施布局

本单元设施规划主要涉及地区级公共服务设施、其他公共服务设施（包括社区级公共服务设施与村庄公共服务设施）两大类，其中，地区级公共服务设施主要包括商业与行政服务设施，零散分布在奚阳公路、海滨路、华夏东路和华渊路周边，分布较为均衡。其他公共服务设施主要分布于本单元中南部地区，且与农村居民点结合较为紧密［图7.2-14（a）］。

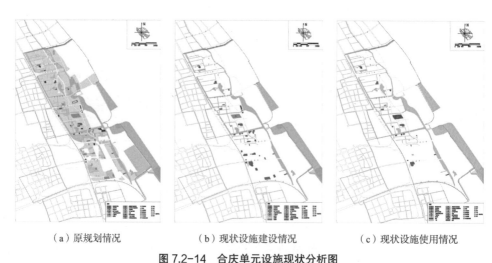

（a）原规划情况　　　　（b）现状设施建设情况　　　　（c）现状设施使用情况

图7.2-14　合庆单元设施现状分析图

［资料来源：根据《上海浦东新区合庆郊野单元（郊野公园）规划》自绘］

3. 现状分析

（1）现状设施建设情况

该地区规划商业服务设施、社区服务设施、基础教育设施建设的整体完成度较低。①商业服务设施硬件条件较差。由于大部分地块仍是郊野乡村的分散式聚落风貌,商业业态形式主要为沿街商铺,集中的大型商业设施尚未出现,商业设施周边景观环境建设落后。在实地调研中,商业服务设施存在比较明显的缺乏统一管理,脏乱差等现象[图7.2-15(a)]。未来应当加强市场管理,集中整治当地分散小型的商业服务设施。②社区服务设施建设情况较好。该地区社区服务设施基本覆盖到了各个居住组团,同时,设施种类齐全,硬件配置完善,场地空间开阔,景观环境优美[图7.2-15(b)—图7.2-15(e)],周边基础设施条件优良,能较好满足村民日常生活需求。其三,基础教育设施建设情况较差,建设完善且有效运营的基础教育设施数量较少。例如,福德小学目前已经荒废,未发挥出应有功能[图7.2-15(f)]。

(a) 临街商业

(b) 文化服务站

(c) 党群服务站

(d) 家门口服务站

(e) 家庭医生诊所

(f) 小学

图 7.2-15　新场单元设施使用现状照片

(2) 现状设施使用情况

①商业服务设施使用情况不佳。商业设施主要分布在道路两侧,便利性较强但是实际服务能力较差,且村庄内的沿街商铺缺乏特色,大部分是趋同的日常性商铺,规模较小,服务对象多为周边村民,没有游客前来观光消费。未来可考虑挖掘当地特色,结合郊野公园建设形成具有一定竞争力和影响力的商

业品牌形象和商业空间。②社区服务设施目前使用情况较好。该地区社区服务设施分布较均匀，与周边社区的联系较为紧密，居民使用便利度较高。但是，从实际调查来看，各类设施的重复性建设与叠加性设置十分明显，如居委会"身兼数职"，党群服务站同时又发挥老年人服务中心功能［图7.2-16（a）、图7.2-16（b）］。此举虽有助于节约建设资金与土地空间，但也会带来社区服务设施行政化弊端，从而导致设施在开放性上出现短板。未来应在日常管理中进一步加大开放力度，同时增强服务种类与项目，提高设施的使用率。③基础教育设施少且使用率不高，不能满足村庄居民需求。从实际调查来看，仅有地块中部的一处幼儿园使用情况较好。可能原因是目前村庄内大量人口外流，适龄儿童较少，大部分儿童跟随家长外出，且普遍前往镇区上学。建议未来可以根据实际情况酌情减少基础教育设施的建设投入，并采取一定措施对闲置教育设施进行再利用。

（a）居委会　　　　　　（b）老年人服务中心　　　　　（c）联动联防站

（d）社区事务中心　　　　　（e）卫生室　　　　　　（f）健身点

图7.2-16　新场单元设施使用现状照片

（3）现状设施达标情况

①基本情况

根据现状实地调查与卫星图片识别，村庄公共服务设施规划用地面积为4.57

公顷，其中，设置村委及附带场地、设施等 4 处，用地面积 2.89 公顷；设置医疗室 2 处，与其他设施合建，不单独占地；设置室外健身点 6 处，用地面积 0.45 公顷；设置多功能活动室及附带场地、设施等 4 处，占地面积 0.6 公顷；设置幼托 1 处，用地面积 0.64 公顷（表 7.2-14）。

合庆单元村庄公共服务设施现状汇总表　　表 7.2-14

项目名称	用地面积（公顷）	数量
村委办公室	2.89	4
便民商店	—	—
小型市场	—	—
医疗室	—	2
室外健身点	0.45	6
综合服务用房	—	—
多功能活动室	0.60	—
幼托和托老设施	0.64	4
为农综合服务站	—	—
合计	4.57	16

根据实际调查，地区级商业设施用地分布极为分散，实际上同时发挥着社区级商业设施的功能，用地面积为 9.63 公顷。社区公共服务设施中重点验证基础教育设施，基础教育设施用地面积为 11.77 公顷。其中，设置 3 处小学（包括福德小学 0.55 公顷，民办利民小学西校区 0.53 公顷，民办利民小学东校区 0.5000 公顷），用地面积 1.58 公顷；设置 1 处幼儿园，用地面积为 0.64 公顷（表 7.2-15）。

合庆单元基础教育设施现状汇总表　　表 7.2-15

类别	代码	用地面积（公顷）	数量
高级中学	RS2	—	—
初级中学	RS3	—	—
小学	RS4	1.58	3
幼托	RS6	0.64	1
合计	—	1.78	4

②千人指标验证

根据《导则》规定,村庄公共服务设施配置指标按每千人1000—2000平方米建筑面积计算。根据实际调查,合庆现状实测人口为20.95千人,因此建筑面积需求为2.10万平方米,虽难以得到准确的实际建筑面积,但通过已明确的用地面积4.57公顷及现状建设强度情况,估算建筑面积为2.29万平方米,能够满足千人指标需求。[1]

《准则》规定了各项社区公共服务设施的千人指标要求,结合规划人口规模,可计算出公共服务设施的建筑与用地需求规模,将现状已建成的设施供给规模与其进行比较。商业设施用地的千人指标为148平方米/千人,用地需求为3100.3平方米,用地供给为96300平方米,供给值远超需求值。该结论与商业设施同时要为旅游人口提供服务相关。小学用地的千人指标为870平方米/千人,用地需求为18226.5平方米,用地供给为15800平方米,供给无法满足需求。幼儿园的千人指标为649平方米/千人,用地需求为13596.55平方米,用地供给为6380平方米,供给无法满足需求。

③最小规模验证

根据《导则》规定,已建成各项设施用地供给规模充足,按照最低容积率计算均能满足一般建筑规模要求且超出较多。为保证服务能力,《准则》规定了各项公共服务设施的最小建筑面积与用地面积规模。《准则》在商业部分中仅对室内菜场有最小建筑面积要求,为1500平方米,而商业仅有总用地面积数据,无法开展最小规模校核。幼儿园与小学的一般用地规模分别为7300平方米、21600平方米,相比之下,已建成的幼儿园与小学用地规模均偏小,未达到一般用地规模(表7.2-16)。

合庆单元村庄公共服务设施最小规模验证表　　　　表7.2-16

项目名称	一般建筑面积(平方米)	现状用地面积(平方米)
村委办公室	100—300	7225/处
便民商店	50—150	—
小型市场	50—150	—
医疗室	50—200	

1　现状建设多为1—2层建筑群落,容积率一般在0.5左右。

续表

项目名称	一般建筑面积（平方米）	现状用地面积（平方米）
室外健身点	300—500	750/处
综合服务用房	300（用地）	—
多功能活动室	200—350	1500/处
幼托和托老设施	根据需要自定	6380/处
为农综合服务站	不大于250（用地）	—
总和	—	45700
千人指标	1000—2000	2181

④配置人口验证

《导则》未明确各项村庄设施的配置人口要求，故不进行配置人口验证。根据《准则》要求，依照实际调查所得的各类设施数量与明确的规划总人口，可以计算出各类设施配置人口情况，与《准则》作比较。结果显示，幼儿园低于配置要求，中学未设置，小学符合配置要求（表7.2-17）。

合庆单元基础教育设施配置人口验证表　　表7.2-17

类型	标准配置	现状配置
幼儿园	每1万人应配置一所	每2.10万人一所
小学	每2.5万人一所	每0.70万人一所
初中	每2.5万人一所	—
高中	每5万人一所	—

⑤设置方式验证

为保证服务能力，《导则》与《准则》均对各项公共服务设施有一定的设置要求。根据现状调查，合庆单元各项村庄服务设施、商业服务设施以及基础教育设施符合规范设置要求（表7.2-18）。

合庆单元村庄公共服务设施配置验证表　　表7.2-18

项目名称	设置要求	现状设置
村委办公室	—	独立设置
便民商店	—	独立设置

续表

项目名称	设置要求	现状设置
小型市场	可与相邻镇区联合设置	—
医疗室	—	集中设置
室外健身点	可与绿地结合设置	独立设置
综合服务用房	可与多功能活动室结合设置	—
多功能活动室	可与综合服务用房结合设置	独立设置
幼托和托老设施	—	独立设置
为农综合服务站	—	—

⑥服务半径验证

根据《准则》，按照服务半径为500米，对商业设施进行网络覆盖率分析，城镇居民点及郊野公园范围内覆盖程度较高，远优于南侧乡村居民点［图7.2-17（a）］。《准则》对教育设施提出了明确的服务半径要求，高中及初中的服务半径为1000米，小学的服务半径为500米，幼儿园的服务半径为300米，并据此进行相关设施的网络覆盖率分析。从幼儿园与小学分析结果来看，明显数量与分布不合理，居住地块与教育设施布局错位明显［图7.2-17（b）、图7.2-17（c）］。

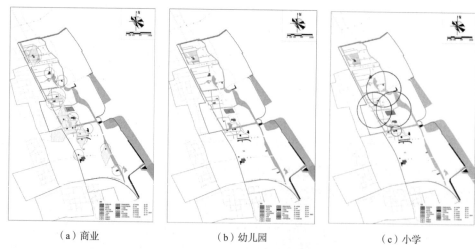

(a) 商业　　　　　　　(b) 幼儿园　　　　　　　(c) 小学

图7.2-17　合庆单元公共服务设施覆盖区分析图

4. 规划策略

（1）基础保障类设施优化

基于以上现状分析，主要存在三个方面的问题：①商业设施分布散，能级低，特色不明显。就现状来看，合庆单元商业服务空间分布较为零散，已建成设施多为低层小型商业，服务能级有限，服务品质难以达到居民需求，相较于合庆郊野单元建设的发展目标与功能定位而言，存在一定的差距。另外，商业配套对农村社区的考虑不足，未实现全面有效的服务覆盖。②公共设施尤其是村庄公共服务设施集中配置过度，导致服务功能集中，单处设施用地面积超标，出现一定程度上的建设重复与资源浪费。③基础教育设施在指标验证上虽反映出不达标的实际情况，但调研反馈结果显示，教育资源使用效率并不高，甚至出现明显的空置现象。笔者分析，出于教育质量考虑，受益于便捷的现代交通条件，远郊农村居民子女就学往往在镇上或父母工作地解决，这使得农村基础教育设施的存在意义逐渐降低。针对于此，策略一：结合郊野公园的旅游服务设施体系，设置一定数量的综合性商业设施，既能够为本地居民提供日常性的消费服务，也可以为前来郊野公园的游客提供多样化的商业服务；策略二：增强闲置设施与场地的再利用，对不适宜的功能进行有效置换，并设置一定规模的弹性设施空间应对不断变化的服务需求，同时，增强各类公共设施的开放性，为居民便利使用设施提供保障。

（2）品质提升类设施布局

根据人口结构、行为特征、居民需求选择适合的设施类型。可根据实际需求自选新增类型和项目。明确品质提升类设施的类型、规模、布局（表7.2-19，图7.2-18）。合庆的部分居民点较为分散，因此选择在居民点较为聚集处增加设施，无法全面覆盖所有居民点。建议新增小型市场3处，没处建筑面积50平方米，结合或升级已有商业设施设置。建议新增综合服务用房2处，用地面积为300平方米，在条件允许下结合村文化中心集中设置。建议新增幼托设施7处、托老设施3处，在条件允许下结合村文化中心以及已有的基础教育设施、商业设施等设置，建筑面积各100平方米，为留守老幼提供保健、休息、托管、餐饮等服务，以及负责提供社区上门养老服务。建议新增为农综合服务站3处，用地面积为200平方米，为社区居民提供农业技术培训，提升农业产业生产力。

合庆单元品质提升类设施设置情况表[1]　　　　表 7.2-19

项目名称	一般建筑面积（平方米）	需增设设施数量（处）	备注
小型市场	50	3	邻近城镇集中建设区的村庄共用相邻镇的，可不设置
综合服务用房	300（用地）	2	举办各种村民集体活动的多功能用房，可与多功能活动室联合设置
幼托和托老设施	根据需要自定	10（7 处幼托设施，3 处托老设施）	保健室、休息室、餐饮服务等
为农综合服务站	不大于 250（用地）	3	农业生产资料供应、农民技术培训等

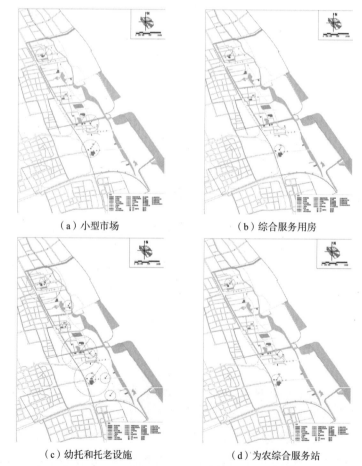

（a）小型市场　　　（b）综合服务用房

（c）幼托和托老设施　　　（d）为农综合服务站

图 7.2-18　合庆单元品质优化型设施规划布局图

---

1 品质提升类设施的总建筑面积应根据地区实际需求确定，一般不宜低于 100 平方米 / 千人。

（3）社区生活圈构建指引

儿童日常设施圈分析显示，虽然基础教育设施有一定的设置基础，但合庆作为远郊地区，其各类教育培训资源贫瘠，机构种类缺失。建议与郊野公园合作开展儿童及青少年的科普教育活动，建设田园学校、青少年科普教育基地等特色培训机构与设施。不仅服务于吸引城区儿童、青少年及其父母周末假期游玩［图 7.2-19（a）］。老年人日常设施圈分析显示，作为典型的郊野单元，老人日常生活形式与城镇中的不同，几乎每家每户有自己的院落以及田地，基本可以解决日常瓜果菜蔬的消费需求，因此老人并不以菜场为日常活动的中心。而合庆本身有完善的村庄公共服务设施，包括党政服务中心、家门口服务站、老年人活动中心等设施，这些设施已成为老年人的聚集点。老年人日常生活圈构建应以此为日常活动中心，为其在 5 分钟内解决儿童接送等日常需求创造条件（图 7-20-b）。上班族日常设施圈分析显示，与大多数村庄相同，存在中青年劳动力外流、基础商业设施不完善等问题，合庆内部基本没有成型的上班族日常设施圈。建议与郊野公园等旅游资源发展需求相互做好衔接，提升社区内特色文化娱乐、农业旅游等各类设施，形成完善的产业链，为中青年回流提供工作岗位［图 7.2-19（c）］。

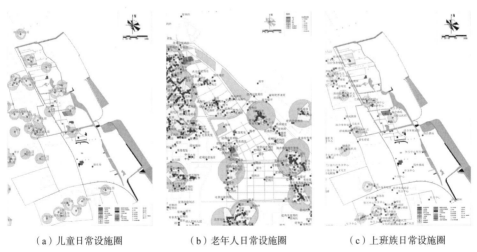

(a) 儿童日常设施圈　　(b) 老年人日常设施圈　　(c) 上班族日常设施圈

图 7.2-19　合庆单元社区生活圈现状分析图

第 8 章
主要结论和研究展望

8.1 主要结论

8.1.1 社区生活空间资源配置基本特征

1. 供给与需求的对接性

社区生活空间本质上是社区居民各类日常活动的空间投影，其结构与类型特征突出反映着社区及社区居民的需求内容及层次；社区资源配置本质上是各类社区资源以设施实体的形式，按照一定的供给原则，有序实现规划布局的目的与过程。社区生活空间资源配置涵盖了生活空间需求与设施资源配置两大体系，且两者之间互为本质与内涵、界定与层次、主体与关键、测度与标准、对象与内容、目标与手段的双向耦合关系，形成明显的供给与需求关系。

2. 人本与科学的交互性

社区生活空间资源配置的核心是"人"。在实际的配置过程中，一方面，要求理顺设施"由上至下"逐级落实的体制机制，运用科学合理的技术方法，预测人口发展现状及未来可能情况，力求精准模拟各种可能情况，实现科学配置；另一方面，要求扩展社区居民公众参与的渠道，推动高效实用的社会咨询平台建设，"由下至上"调查居民切实关心的问题，保证资源配置与居民社区生活质量提高有效契合。

3. 经营与使用的关联性

社区生活空间资源配置既与社区居民等使用主体相关，也与经营者密切联系。一方面，使用者要求日常的居住、工作和消费需求从社区生活空间资源获得满足；另一方面，经营者要求各项设施要在保证成本与收益前提下有效和充分地运转。因此，经营者的经营模式与使用者的行为模式在生活空间资源中产生交互作用，资源配置的关键就是要明确两种模式之间的关联性，不断提升设施配置效率。

4. 社会与空间的交错性

社区生活空间资源配置既有显著的空间性,也有错综复杂的社会性,反映着突出的社会问题。而且,资源配置的空间不公平往往与社会阶层差距、制度管理缺位、特殊群体生活需求不满等问题相关联,从而衍生出获取社会机会不公平、经济发展地位不公平等深层次问题。在实际配置中,应当将生活空间资源配置与社会经济、社会制度问题等统筹解决,为供给主体提出更为系统的解决方案与对策。

5. 纵向与横向的协调性

社区生活空间资源配置活动与各个设施对应管理部门相关,各项政策都是"纵向到底"的层层落实,还与各级地方政府相关,尤其是基层街道或乡镇政府直面社区各项设施资源配置问题,因此基层政府的各项政策是"横向到边"的全覆盖。在实际配置过程中,需要在"条"与"块"政策之间要有效协调,以基层社区政府为中心,扩展财权、事权与话语权,有效落实生活空间资源配置政策。

8.1.2 社区生活空间资源配置影响要素

1. 市场经济要素

一是房地开发程度方面,房地产适度开发为社区资源配置提供必要途径和空间载体,有效提升居民生活质量水平。但是,房地产过度开发既会带来资源浪费,难以保障资源配置品质,又会产生生产及生活服务设施配套跟进不足的问题。二是居民置业行为方面,居民投资房地市场可促进公共服务设施事业与居民生活服务产业的发展,但投资性置业比例过高带来居住小区低入住率,因此小区难以维持配套商业正常运营。三是商业等级体系方面,企业以市场建设为目的,培育商业设施规模与职能等级体系,有助于提供网络化的消费服务。但体系建设要避免市场资源过度集中于高档商业设施,造成社区、地区、市区商业设施服务差距过大,还要防止等级体系发育不完善,网点配置过于均等化。四是商业经营规模方面,"大而全"与"小而精"的商业模式内涵与空间特征不同,所面临的转型发展问题与解决方式也不同。五是设施服务水平方面,设施服务水平过于低端,大众化程度过高,会产生设施数量泛化,缺乏竞争,降低整体配置水平;若设施服务水平过于强调品质化,成本偏高,使用收费相应增多,就会让居民消费不起，望而却步。六是土地获取方式方面，公共服务设施用地使用权获取方式，会对社区资源配置产生影响，划拨土地与出让土地设施建设稳定性强，但建设运营周期较长、投资大，而租赁土地设施建设周转性强又可能带来资源服务不连续问题。

2. 政策体制要素

一是配套建设政策方面，配套建设政策由各项政府规章制度与规范性文件组成，是社区生活空间资源配置目标、任务、方式、步骤和措施的具体规定。配套建设政策的空缺或失效会带来诸多问题。例如，安置社区配套建设落后于拆迁进度，往往出现服务空缺，加之人群需求错位与商业设施短缺相互作用，诱发社区衰败。二是规划管控单元方面，设施配置模式计划性强，缺乏社区重塑与营造措施。政策对公共服务设施配置有着直接影响，规划是产生直接影响的公共政策机制。城市规划划定的控制性规划编制单元是开展资源配置建设与管理的基本范围，单元划分过小会造成资源浪费，单元过大则会增大配置难度。三是设施管理制度方面，"一刀切"设施管理制度会给设施使用增加不必要的"门槛"，如义务教育实施中存在的户籍制度障碍。相反，适度宽松的设施管理制度有利于满足居民的便利性需求，但过于宽松又会带来不良的外部效应。例如，"室内菜场"与"室外集市"虽问题各异，但服务各有所长，居民可各取所需。四是设施配置标准方面，设施配置标准是居住区与居住社区生活资源配置的底线约束条件，也是论证社区配套服务水平是否达标的主要依据。配置标准要求过高或刚性过强会阻碍资源配置的正常进程，要求过低或弹性过强则无法发挥规范作用。

3. 空间规划要素

一是城市街区尺度方面，城市街区尺度可由道路网密度指标反映出来。道路网络越稀疏，街区尺度越大，设施均等化配置难度也会较大；道路网络密集，街区尺度小，设施的空间可达性也会更强。二是设施布局模式方面，设施布局模式分为集中型与分散型，过于集中会造成设施配置的不公平，过于分散则会造成部分设施空转浪费，因此要把握好适度集中与有序分散的协调度。三是设施使用效率方面，通勤及教育设施使用效率低下，加剧职住分离问题。设施使用效率既指单种类生活空间资源使用，也指相互关联的生活空间资源间组合使用的有效性。设施使用效率越高，说明生活空间资源与使用人群间的供需关系越接近理想水平。四是设施建设方式方面，"拆迁新建"与"保留改造"的设施建设手段不同,且各有优势与缺陷。"拆迁新建"虽在短时间内提高设施供给水平,如果没有处理好功能过渡与衔接,反而极有可能降低便利度。五是行政区划调整方面,从积极面看,行政单元调整有助于优势地区带动落后地区发展;从消极面看,优势地区资源多、条件好,对落后地区人口吸引力大,可能会进一步加大差距。

4. 人群特征要素

一是家庭生命周期方面,经典家庭生命周期理论是将家庭生命周期按照核心家庭的历史,从结婚至配偶死亡、家庭解体,划分为形成、扩展、扩展完成、收缩、收缩完成和解体六个阶段,家庭核心需求特征在各个阶段的存在差异。例如在形成期,文化艺术培训成为少年儿童的核心需求;在扩展期,中青年人优先关注社区优质教育资源配置;在收缩期,中老年人格外关心食品安全与医疗健康设施。二是人群收入结构方面,人群收入结构反映着社会职业阶层的差异,收入直接决定相应人群的生活水平与消费能力,是社区阶层化的直接表现。三是职业身份背景方面,人群年龄层次是影响居民日常行为与生活方式的重要因素,也是居民生活资源使用规律差异的决定性要素。四是人口居住形式,人口居住形式突出反映了需求人群所处社区开发强度和人口分布密度,高密度住区不仅要求更多生活资源,也要求设施配建的一体化与共享性;低密度住区则要求设施配置从实际需求出发,以组团为单位提供设施配套服务。

5. 个体选择要素

一是价值观念差别,上海是一座国际化的移民城市,来自各省乃至各国的外来人口具有迥异的文化背景与家庭实力。居民内心秉持着不同文化价值观念,作出差异化的社区生活选择。来自发达地区人群更关注维持体面生活的品质型资源社区,来自落后地区人群则更重视保障生活、工作与学习的基础型资源社区。二是城乡认知差异,不同年龄层次的居民对于"城里"与"乡下"的地域差异认知不同。不同迁居意愿的居民在认知"市区"与"郊区"间的设施差距也不尽相同。三是生活方式差距,生活物质满足层面,存在"节俭自足型"与"品质追求型"两类人群;精神文化追求层面,存在"安于现状型"与"乐于上进型"两类人群。人群类型特征差异极大程度上塑造了消费行为与设施使用习惯。四是行为惯性作用,居民或许非常熟悉"地点"而做出意志性行为,也会认可自身"身份"而做出无意识行为,这两类行为都有一定"惯性",逐渐成为居民的日常生活习惯。

综上所述,五大要素形成"圈层式"关联性(图 8.1-1)。这五大要素可划分为空间因素与社会因素,其中,空间要素从住宅邻里到城市区域逐层展开,社会要素从微观层面到宏观层面逐级区分。当然,个体选择要素与人群特征要素相互关联作用形成使用者的需求层次,又会直接影响空间规划要素体系的形成与分异。再者,市场经济要素与政策体制要素相互耦合适应形成经营者的供给体系,借助政府与市场两方力量,共同影响资源配置进程。因此,空间规划要素既是对人群特征要素与个体选择要素的空间响应与布局落实,也是政策体制与市场经济要素发挥作用的重要依据和主要手段,发挥着承接主观需求与客观供给的过渡作用,是重要的衔接性要素。

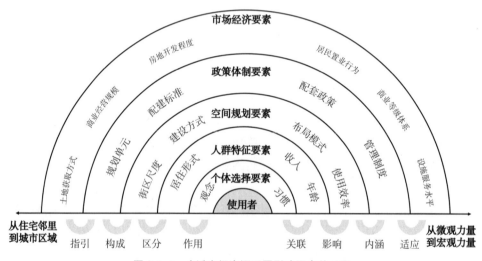

图 8.1-1 生活空间资源配置影响要素关系图

8.1.3 社区生活空间资源配置作用机理

1. 居住社区:需求主导型配置

居住空间资源要素配置呈现明显的需求差异性特征。一方面,不同背景的居民具有不同的日常生活资源需求,这种差异突出反映在高收入与低收入人群、青年与老幼人群、常住与流动人群、本地与外来人群之间;另一方面,不同类型的居住社区建设对公共服务设施的需求也各有侧重。在城镇与农村社区、保障与商品房社区、老旧与新建社区、高价与低价社区、大型与小型社区中,资源结构与内容受到社区空间或社会属性影响各不相同。不同的居民生活与社区发展需求，引导着居住型生活空间资源配置，其与社区分类体系相互耦合，形成了不同类型的居住空间。

①在居住社区中，由"15—10—5分钟"生活圈组织成的居住空间，具有层级结构特征，内部社会组织关系相对稳定，各社区内居住人群需求比较一致，因此以市场化为主体，也要符合政府配建标准要求，按照居住社区的人口等级序列与圈层布局结构，进行生活空间资源配置。②产业社区中的居住空间为上班人群提供居住服务，因产业社区的产业发展阶段和发展导向不同，人员生活需求与社区发展需求也会不断变动。如产业配套住宅（宿舍、人才公寓）的配置，应以区、镇政府或园区管委会为主体保障供给率，市场有条件参与，结合产业园区整体的发展阶段逐步完善。③商业社区中的居住空间不仅空间形式多以酒店式公寓、商住楼等复合形式出现，随着混合功能业态变化内部居住人员结构也不断组合变化，因此需求变化复杂多样，空间特征灵活多变。该类居住空间资源配置应以市场开发为主，政府则出台相应的兼容性用地标准进行引导，鼓励其与商业等其他类型服务设施的混合供给。

2. 产业社区：政策主导型配置

工作空间资源配置往往具有较明确的前置政策导向与标准指引。一方面，产业园区建设是城市经济发展的重要组成部分，其布局选址与产业定位明显受到政府经济社会发展政策影响；另一方面，产业园区建设计划性强，政府往往运用政策工具将不同区位（城市集中建设区内外部）、不同级别（国家级与省级开发区）、不同形态（集中与分散）的产业区进行划分，分级分类明确配套建设发展的内容与要求，因此，政府在产业空间资源配置中发挥着关键性作用。

①居住社区中的工作空间多与居住空间毗邻布局，相互嵌入，且占地规模不大，多以旧工业园区、小型工厂、乡镇企业等形式零散出现。该类型工作空间的生活资源配置应在政府工业转型与存量挖掘政策指引下，充分发挥市场主体力量，并根据产业发展政策要求采取差异化配置手段，现状保留型工作空间应强调现状资源的升级改造，更新优化型工作空间应注重公共服务资源的供给创新，拆迁新建型则应注重设施资源的有效匹配。②产业社区中的工作空间往往以成片厂区或企业机构组成，整体性很强，往往具有相似或者相同的产业发展导向，是政府推动产业发展的成块集聚地区。该类生活空间资源配置以开发

区管委会为主体，由区、镇政府提供政策保障，按照国家级、市级、区级开发区相应标准合理配置资源。③商业社区中的工作空间既有分散到各个商业单元中的零散工作空间，也有成片成块的完整工作空间，对应的生活资源配置受政府商贸商务政策导向影响，重点改善居民生活服务企业的小、散、弱等不良状态，强调提升工作空间生活资源的集约性、集聚性与集成性。

3. 商业社区：市场主导型配置

消费空间资源配置多是营利性，以获取利润为主要目的。商业资源配置的主体是企业，各项配置行为与目的，均具有鲜明的市场化特点。因此，消费空间资源配置受市场要素影响更为明显。具体而言，①产业社区中的消费空间多以基础性商业服务为目的，以保障产业社区能够相对独立有序运转，主要是为周边社区居民与上班族提供最为基本的商业购物服务。资源配置规模往往比较有限，多与产业空间、居住空间内生活资源相互结合，例如商住楼、总部楼的底商等形式。由于供需两端受市场波动影响大，区、镇政府及园区管委会需发挥重要的兜底保障作用。②居住社区与产业社区相比，消费空间中的设施类型更为齐全，往往有明确的服务社区，配套功能性强，能够满足居民日常生活的大部分消费需求。居住社区商业配套的市场化开发较为成熟，社区中消费空间资源配置与社区建设情况密切关联，往往以系统化地完善住区产品完成资源供给。政府在此过程中发挥调控作用，一般运用制度工具，引导开发商结合人口需求配建相关设施，避免设施空转或资源扎堆。③商业社区中的消费空间往往是由较高品质的中高档商业设施构成，能够代表浦东新区乃至全上海市商业设施对外服务水平，满足多种消费和休闲娱乐类型需求，侧重于提供独立完整的综合性商业服务。与之对应的生活空间资源配置以市场为主体，政府则以政策保障和市场监管为主要手段发挥治理作用（表8.1-1）。

生活空间资源配置模式分类表　　　　表8.1-1

分类	模式	对象	手段	主体
居住空间资源配置	需求主导型配置	稳定型居住空间 变动型居住空间 灵活型居住空间	圈层配置 逐步配置 兼容配置	市场主体，政府保障 政府主体，市场参与 市场主体，政府引导
工作空间资源配置	政策主导型配置	嵌入型工作空间 区块型工作空间 网络型工作空间	分类配置 分级配置 整合配置	政府引领，市场主体 政府主体，市场参与 政府管控，市场主体

续表

分类	模式	对象	手段	主体
消费空间资源配置	市场主导型配置	基础型消费空间 配套型消费空间 品质型消费空间	关联配置 系统配置 独立配置	市场主体，政府兜底 市场主体，政府调控 市场主体，政府治理

8.2 研究展望

8.2.1 主要创新点

第一，丰富。本研究围绕城乡发展、上海政策、浦东实证三个层次逐步递进展开分析，较以往成果更为系统、全面、深入地探索了上海市社区生活空间资源配置问题，同时借助地理、社会、经济、管理学的相关理论，构建适宜上海超大城市发展的社区规划理念框架，论证了社区生活空间资源配置从单一、单向、趋同分析转向系统、耦合、异质分析的必然性。第二，拓展。本研究从"供给侧—需求侧"与"使用者—经营者"的双向耦合视角重新审视了上海市社区生活空间资源配置状态与特征，系统分析了资源配置过程中的匹配、便利、品质等核心问题，为进一步分析该过程中的复杂性与动态性提供了跨学科基础。第三，增加。本研究立足于空间分析与评价，但不拘泥于传统的空间方法与视角，一方面依托 GIS 与大数据技术的整合实现空间分析方法创新使用；一方面借助 SPSS 与 EXCEL 统计工具，深度挖掘问卷调查与深度访谈中的关键信息，努力实现两类方法融合使用。

8.2.2 需进一步探讨的问题

目前，本研究有四个方面的问题与不足：首先，相关理论研究有待进一步完善，加强管理学、经济学理论对资源配置目标、手段及过程的系统指导；其次，关于上海社区生活空间资源配置改进策略有待深化完善，形成具有可操作性的规划标准与设计导则；再次，空间评价结果有待深入发掘社会意义与问题关联，问卷访谈则要加强经营者的需求调查，以求提升主观分析的全面性；最后，扩大实际案例的研究范围，与国土空间规划实践相衔接，提出更具针对性与实用性的对策。社区生活空间资源配置的未来研究前景十分广阔，从广度上，可以将实证视野从浦东新区扩展到上海全市、上海大都市圈乃至"长三角城市群"

等区域层面,并借助层次化的空间规划视角,分级展开城市生活空间资源配置的功能、结构、要素与系统研究。从深度上,结合调查访谈中反映出的现实社会、经济与制度问题,涉及疾病与贫穷、教育与犯罪、卫生与污染、隔离与孤立、公益与营利、投入与产出等多个维度,重点针对具有现实需求和理论意义的社区生活空间资源配置实践案例展开专项研究。

附 录

附录1 深度访谈提纲

1. 您(在浦东)住了多久?
(1)当时或者现在为什么选择(在浦东)居住?
(2)现在家里几人同住?
(3)是和小孩、老人一起住?还是一个人或夫妻两个人住?
(4)感觉房屋面积够吗?
(5)有没有想过换房子?
(6)现在是自己的房子?
(7)房贷或者租金压力感觉大吗?
(8)一个月大概要支出多少?

2. 对小区附近社区商业,您感觉满意吗(主要是菜市场、小卖部、小超市等)?
(9)您喜欢在超市、门面房还是路边摊贩买菜?
(10)您对价格、菜品、环境、距离等方面是否满意?
(11)有没有不满意的方面?能举几个例子说说看吗?
(12)您家附近小卖部货品种类是否齐全?
(13)就日常生活所需而言,有没有无法满足的地方?
(14)您认为有必要增加菜市场和小卖部吗?为什么?
(15)您认为其他类型商铺有没有增设的必要?为什么?

3. 您觉得小区餐饮设施条件怎么样(主要是早餐店、包子铺、熟食店、面粉店、奶茶店、面包店等)?
(16)平常主要光顾哪些店铺吃饭?
(17)这些店铺的环境卫生、菜品口味等是否满意?
(18)如果家庭聚餐会选择在小区附近店铺吗?宴请客人会选择在小区附近店铺吗?为什么?
(19)您感觉附近餐饮店铺有哪些需要改进的地方?
(20)您认为小型餐饮店营业对您日常生活有不良的影响吗?

4. 您使用过哪些家政类服务(主要是维修、疏通、清洁、清洗、搬家、家教、课外辅导班等)?
(21)您会经常使用家政服务吗?为什么?
(22)能不能说一段您印象最深的家政服务经历?
(23)您感觉实际使用体验怎么样?
(24)为什么不太好或为什么比较好?

5. 阶段性结束问题
(25)您认为小区附近的其他配套设施存在问题吗?
(26)您能提供一些解决办法和建议吗?
(可以畅谈,例如通勤流通、购物消费、健康医疗、家务家政、文化教育、休闲娱乐等设施)?

6. 对于青年

（27）您学校在哪里？离家远不远？
（28）您上学的交通方式是？大概花多长时间在路上？
（29）您听说过15分钟社区生活圈规划吗？
（30）您觉得这项举措有没有什么问题？为什么？
（31）就学校周边配套设施而言，您感觉能实现15分钟步行可达吗？
（32）学校附近公共交通设施使用方便吗？
（33）平常娱乐聚餐会在学校周边解决吗？为什么？
（34）日常体育锻炼会使用学校内部或周边健身房吗？方便吗？
（35）一般会去校医院就医吗？为什么？

7. 对于中年（可包括近三年内离退休人员）

（36）您是在（浦东）工业园区或开发区内工作吗？
（37）您上班交通方式是？大概花多长时间在路上？
（38）就您目前工作所在地配套设施而言，您感觉使用方便吗？
（39）单位附近公共交通设施使用方便吗？
（40）聚会会去单位附近娱乐设施吗？还是需要去其他地段？
（41）平常会在单位附近锻炼身体吗？感觉方不方便？
（42）单位附近医疗教育设施平常会使用吗？一般什么情况下？
（43）工作午休时候会在单位附近吃饭或者逛街吗？为什么？
（44）平常客户过来安排住酒店会不会安排住在附近？为什么？

8. 对于老年（可包括近三年内离退休人员）

（45）您印象中有没有非常不便使用的配套设施？举例说说看。
（46）日常出行经常会前往的公交车与地铁站方便吗？
（47）体育健身一般会采取哪些形式？公园与广场方便吗？
（48）一般会去哪些医院看病或检查？感觉距离远吗？
（49）平常会接送家里孙辈上下学吗？有没有不方便的地方？
（50）会参加社区老年大学（社区中学习书法、做饭等技能或者打发时间的设施）等类似组织吗？感觉体验怎么样？
（51）如果不参加，有什么因素阻碍参加？希望如何改进？
（52）平常休闲娱乐会去哪里？能否举几个例子。
（53）您目前或未来会选择怎样的养老服务？就您了解的养老院和福利院，您认为服务品质和硬件水平如何？谈谈看。

9. 阶段性结束问题

（54）您觉得与生活所在地设施配套相比，工作或学习地区存在差距吗？如果有，您认为缩小这种差距可能吗？
（55）有没有比较好的建议？

10. 上海市层面

（56）您平时一般会去哪些商圈消费？
（57）您一般多久去一次这些商圈（如淮海路、陆家嘴等）？
（58）您前往那里主要目的是购物吗？
（59）如果是的话，一次购物消费大概多少？
（60）您一般主要购买什么物品？
（61）如果不是购物，您会侧重于哪类消费（餐饮、娱乐）？
（62）为什么会选择餐饮？娱乐？购物？

11. 街道/乡镇层面

（63）您会经常光顾离家比较近的商业区吗？具体是哪一处？
（64）您感觉家附近商业区设施档次怎么样？
（65）档次高/低主要反映在哪些方面，能谈谈看吗？
（66）您感觉家附近商业场所有没有自身的特色，会不会和你去过其他商业设施一模一样？举例说说看。
（67）您认为家附近商业场所服务能满足餐饮需求吗？能满足休闲娱乐需求吗？能满足购物需求吗？哪些不能满足？主要欠缺在哪些方面？
（68）您觉得家附近商业场所的经营业务有新意吗？
（专业店：运动城、书城、电脑城、家居城；专卖店：服装品牌、化妆品；专业街：以业种归类、集中在一起的步行街；主体百货：苹果专卖店、苏宁电器、家乐福等主力店；
餐饮：正餐、中西快餐、特色餐饮、休闲餐饮；休闲娱乐：电影院、KTV、游戏房、健身中心、美容SPA、休闲按摩养生馆；超市：精品超市、生鲜超市、24小时便利店；停车场）

12. 结束问题
姓氏：＿＿＿＿＿＿ 性别：＿＿＿＿＿＿
户籍：＿＿＿＿＿＿ 年龄：＿＿＿＿＿＿
学历：＿＿＿＿＿＿ 收入：＿＿＿＿＿＿
职业：＿＿＿＿＿＿

附录2　社区生活空间资源配置调查问卷

上海市浦东新区
居住社区生活空间资源配置情况问卷调查

尊敬的市民朋友：

您好！我们是上海大学浦东新区课题调研组的学生。社区生活空间资源是实现社区高质量发展和高品质生活的关键。为了在研究过程中更加准确、客观地了解社区居民的需求与诉求，我们编辑了此调查问卷，现随机抽样到您所在地区，邀请您填答。答题没有对错之分，每题只选一个答案（注明多选或排序的除外），填写时不用署名，您所填写的内容仅用于课题研究公众意愿的调查，我们承诺对信息严格保密。谢谢您的合作！

（本资料"属于私人单项调查资料，非经本人同意不得泄露"。《统计法》第三章14条）

上海大学上海美术学院
建筑系

A：背景情况调查

(1) 基本情况调查				
101 性别	1. □男	2. □女		
102 户口	1. □上海户籍	2. □非上海户籍	3. □外籍	4. □港澳台身份
103 年龄	1. □17岁及以下	2. □18—34岁	3. □35—59岁	4. □60岁及以上
104 受教育程度	1. □初中及以下	2. □高中/中专/技校	3. □大专	4. □本科及以上
105 职业状况	1. □在职	2. □离职	3. □退休	4. □其他（请注明）
106 职业类型	1. □机关企业领导	2. □专业技术人员	3. □办事及有关人员	4. □生产生活服务人员
	5. □农民	6. □工人	7. □军人	8. □其他（请注明）
107 月收入	1. □1万元及以下	2. □1万—2万元	3. □2万—3万元	4. □3万元及以上
	5. □保密（期望月收入：　　万元）			

(2) 居住情况调查				
108 现居住地	1. □浦东新区城区	2. □浦东新区镇区	3. □浦东新区农村	4. □上海其他城区
	5. □上海其他镇区	6. □上海其他农村	7. □外地	8. □其他（请注明）
109 入住时间	1. □0.5年以下	2. □0.5—5年	3. □5—7年	4. □7—10年
	5. □10年以上			
110 入住原因	排序题，请在方框中按照原因重要性依次填入数字，数字越小说明该因素越重要，从1开始			
	a. □生活环境好	b. □设施资源全	c. □工作机会多	d. □上班距离近
	e. □消费品质高	f. □休闲去处多	g. □其他（请注明）	

B：设施需求度调查

(1) 社区商业设施					
201 综合商场	1. □完全不需要	2. □不需要	3. □一般	4. □需要	5. □非常需要
202 超市	1. □完全不需要	2. □不需要	3. □一般	4. □需要	5. □非常需要
203 便利店	1. □完全不需要	2. □不需要	3. □一般	4. □需要	5. □非常需要
204 综合日杂店	1. □完全不需要	2. □不需要	3. □一般	4. □需要	5. □非常需要
205 粮油店	1. □完全不需要	2. □不需要	3. □一般	4. □需要	5. □非常需要
206 面包甜点店	1. □完全不需要	2. □不需要	3. □一般	4. □需要	5. □非常需要
207 果蔬店	1. □完全不需要	2. □不需要	3. □一般	4. □需要	5. □非常需要
208 水产店	1. □完全不需要	2. □不需要	3. □一般	4. □需要	5. □非常需要
209 保健品店	1. □完全不需要	2. □不需要	3. □一般	4. □需要	5. □非常需要
210 饮品店	1. □完全不需要	2. □不需要	3. □一般	4. □需要	5. □非常需要

211 烟草专卖店	1. □完全不需要	2. □不需要	3. □一般	4. □需要	5. □非常需要
212 其他食品店	1. □完全不需要	2. □不需要	3. □一般	4. □需要	5. □非常需要
213 经济型酒店	1. □完全不需要	2. □不需要	3. □一般	4. □需要	5. □非常需要
214 旅馆	1. □完全不需要	2. □不需要	3. □一般	4. □需要	5. □非常需要
215 民宿	1. □完全不需要	2. □不需要	3. □一般	4. □需要	5. □非常需要

（2）社区餐饮设施					
216 餐厅	1. □完全不需要	2. □不需要	3. □一般	4. □需要	5. □非常需要
217 快餐店	1. □完全不需要	2. □不需要	3. □一般	4. □需要	5. □非常需要
218 冷饮店	1. □完全不需要	2. □不需要	3. □一般	4. □需要	5. □非常需要
219 配餐点	1. □完全不需要	2. □不需要	3. □一般	4. □需要	5. □非常需要
220 外卖点	1. □完全不需要	2. □不需要	3. □一般	4. □需要	5. □非常需要
221 小吃店	1. □完全不需要	2. □不需要	3. □一般	4. □需要	5. □非常需要

注：配餐点是指餐饮配送服务，外卖点是外卖送餐服务，前者侧重于面向单位或企业，后者侧重于面向个人。

（3）社区便民设施					
222 家政服务点	1. □完全不需要	2. □不需要	3. □一般	4. □需要	5. □非常需要
223 洗衣店	1. □完全不需要	2. □不需要	3. □一般	4. □需要	5. □非常需要
224 美容美发	1. □完全不需要	2. □不需要	3. □一般	4. □需要	5. □非常需要
225 洗浴店（场）	1. □完全不需要	2. □不需要	3. □一般	4. □需要	5. □非常需要
226 足浴店	1. □完全不需要	2. □不需要	3. □一般	4. □需要	5. □非常需要
227 影楼	1. □完全不需要	2. □不需要	3. □一般	4. □需要	5. □非常需要
228 居民服务点	1. □完全不需要	2. □不需要	3. □一般	4. □需要	5. □非常需要
229 家电维修点	1. □完全不需要	2. □不需要	3. □一般	4. □需要	5. □非常需要
230 日用品维修点	1. □完全不需要	2. □不需要	3. □一般	4. □需要	5. □非常需要

C：设施满意度调查

（1）设施分项评价				
301 满意的社区商业设施（选择3项）	1. □综合商场	2. □超市	3. □便利店	4. □综合日杂店
	5. □粮油店	6. □面包甜点店	7. □果蔬店	8. □水产店
	9. □保健品店	10. □饮品店	11. □烟草专卖店	12. □其他食品店
	13. □经济型酒店	14. □旅馆	15. □民宿	

302 不满意的社区商业设施（选择3项）	1. □综合商场	2. □超市	3. □便利店	4. □综合日杂店
	5. □粮油店	6. □面包甜点店	7. □果蔬店	8. □水产店
	9. □保健品店	10. □饮品店	11. □烟草专卖店	12. □其他食品店
	13. □经济型酒店	14. □旅馆	15. □民宿	
303 满意的社区餐饮设施（选择3项）	1. □餐厅	2. □快餐店	3. □冷饮店	4. □配餐点
	5. □外卖点	6. □小吃店		
304 不满意的社区餐饮设施（选择3项）	1. □餐厅	2. □快餐店	3. □冷饮店	4. □配餐点
	5. □外卖点	6. □小吃店		
305 满意的社区便民设施（选择3项）	1. □家政服务点	2. □洗衣店	3. □美容美发	4. □洗浴店（场）
	5. □足浴店	6. □影楼	7. □居民服务点	8. □家电维修点
	9. □日用品维修点			
306 不满意的社区便民设施（选择3项）	1. □家政服务点	2. □洗衣店	3. □美容美发	4. □洗浴店（场）
	5. □足浴店	6. □影楼	7. □居民服务点	8. □家电维修点
	9. □日用品维修点			

（2）设施综合评价					
307 社区商业设施满意度评价	1. □非常不满意	2. □不满意	3. □一般	4. □满意	5. □非常满意
308 社区餐饮设施满意度评价	1. □非常不满意	2. □不满意	3. □一般	4. □满意	5. □非常满意
309 社区便民设施满意度评价	1. □非常不满意	2. □不满意	3. □一般	4. □满意	5. □非常满意
310 总体满意度评价	1. □非常不满意	2. □不满意	3. □一般	4. □满意	5. □非常满意
311 选择非常不满意的原因排序	排序题，请在选项方框中按照原因重要性依次填入数字，数字越小说明该因素越重要，从1开始				
	a. □数量供不应求，总体短缺		b. □数量供求相当，但设施质量不高		
	c. □数量供大于求，造成浪费		d. □其他（请注明）		

D：问题与建议

401 您认为当前设施配置与居民需求匹配上还存在哪些问题？您认为可以改善现状的有效措施？

调查员姓名		调查地点	路 小区/弄
调查时间	年 月 日 时	调查环境描述	

上海市浦东新区
产业社区生活空间资源配置情况问卷调查

尊敬的市民朋友：

您好！我们是上海大学浦东新区课题调研组的学生。社区生活空间资源是实现社区高质量发展和高品质生活的关键。为了在研究过程中更加准确、客观地了解社区居民的需求与诉求，我们编辑了此调查问卷，现随机抽样到您所在地区，邀请您填答。答题没有对错之分，每题只选一个答案（注明多选或排序的除外），填写时不用署名，您所填写的内容仅用于课题研究公众意愿的调查，我们承诺对信息严格保密。谢谢您的合作！

（本资料"属于私人单项调查资料，非经本人同意不得泄露"。《统计法》第三章14条）

上海大学上海美术学院
建筑系

(1) 基本情况调查				
101 性别	1. □男	2. □女		
102 户口	1. □上海户籍	2. □非上海户籍	3. □外籍	4. □港澳台身份
103 年龄	1. □17岁及以下	2. □18—34岁	3. □35—59岁	4. □60岁及以上
104 受教育程度	1. □初中及以下	2. □高中/中专/技校	3. □大专	4. □本科及以上
105 月收入	1. □1万元及以下	2. □1万—2万元	3. □2万—3万元	4. □3万元及以上
	5. □保密（期望月收入：　　万元）			

(2) 工作情况调查				
106 是否在附近开发区工作			1. □是	2. □否
107 职业状况	1. □在职	2. □离职	3. □退休	4. □其他（请注明）
108 职业类型	1. □机关企业领导	2. □专业技术人员	3. □办事及有关人员	4. □生产生活服务人员
	5. □农民	6. □工人	7. □军人	8. □其他（请注明）

(3) 居住情况调查			
109 居住地点	1. □开发区或园区内部	2. □开发区或园区附近	3. □距离开发区或园区较远
110 住房类型	1. □农居	2. □职工宿舍	3. □老公房	4. □商品房
	5. □保障房	6. □公寓	7. □别墅	8. □其他（请注明）

B：设施可达性调查

注：如 106 题目选"是"，则以您工作所在地为起点填涂 201—224 题；如选"否"，则以您居住所在地为起点填涂。

(1) 到达通勤设施					
201 单程耗时（分钟）	1. □15 以下	2. □15—30	3. □30—60	4. □60—120	5. □120 以上
202 交通方式（分钟）	1. □步行	2. □骑车	3. □公交	4. □自驾	5. □其他
203 容忍耗时（分钟）	1. □15 以下	2. □15—30	3. □30—60	4. □60—120	5. □120 以上

(2) 到达购物设施					
204 单程耗时（分钟）	1. □15 以下	2. □15—30	3. □30—60	4. □60—120	5. □120 以上
205 交通方式（分钟）	1. □步行	2. □骑车	3. □公交	4. □自驾	5. □其他
206 容忍耗时（分钟）	1. □15 以下	2. □15—30	3. □30—60	4. □60—120	5. □120 以上

(3) 到达酒店设施					
207 单程耗时（分钟）	1. □15 以下	2. □15—30	3. □30—60	4. □60—120	5. □120 以上
208 交通方式（分钟）	1. □步行	2. □骑车	3. □公交	4. □自驾	5. □其他
209 容忍耗时（分钟）	1. □15 以下	2. □15—30	3. □30—60	4. □60—120	5. □120 以上

(4) 到达餐饮设施					
210 单程耗时（分钟）	1. □15 以下	2. □15—30	3. □30—60	4. □60—120	5. □120 以上
211 交通方式（分钟）	1. □步行	2. □骑车	3. □公交	4. □自驾	5. □其他
212 容忍耗时（分钟）	1. □15 以下	2. □15—30	3. □30—60	4. □60—120	5. □120 以上

(5) 到达医疗设施					
213 单程耗时（分钟）	1. □15 以下	2. □15—30	3. □30—60	4. □60—120	5. □120 以上
214 交通方式（分钟）	1. □步行	2. □骑车	3. □公交	4. □自驾	5. □其他
215 容忍耗时（分钟）	1. □15 以下	2. □15—30	3. □30—60	4. □60—120	5. □120 以上

（6）到达教育设施					
216 单程耗时（分钟）	1. □ 15 以下	2. □ 15—30	3. □ 30—60	4. □ 60—120	5. □ 120 以上
217 交通方式（分钟）	1. □ 步行	2. □ 骑车	3. □ 公交	4. □ 自驾	5. □ 其他
218 容忍耗时（分钟）	1. □ 15 以下	2. □ 15—30	3. □ 30—60	4. □ 60—120	5. □ 120 以上

（7）到达体育设施					
219 单程耗时（分钟）	1. □ 15 以下	2. □ 15—30	3. □ 30—60	4. □ 60—120	5. □ 120 以上
220 交通方式（分钟）	1. □ 步行	2. □ 骑车	3. □ 公交	4. □ 自驾	5. □ 其他
221 容忍耗时（分钟）	1. □ 15 以下	2. □ 15—30	3. □ 30—60	4. □ 60—120	5. □ 120 以上

（8）到达娱乐设施					
222 单程耗时（分钟）	1. □ 15 以下	2. □ 15—30	3. □ 30—60	4. □ 60—120	5. □ 120 以上
223 交通方式（分钟）	1. □ 步行	2. □ 骑车	3. □ 公交	4. □ 自驾	5. □ 其他
224 容忍耗时（分钟）	1. □ 15 以下	2. □ 15—30	3. □ 30—60	4. □ 60—120	5. □ 120 以上

C：设施便利性调查

注：如 106 题目选"是"，则 301—339 题是指工作所在地设施；如选"否"，则 301—339 题是指居住所在地设施。

（1）通勤设施					
301 公交车站	1. □ 非常方便	2. □ 方便	3. □ 一般	4. □ 不方便	5. □ 非常不方便
302 地铁站	1. □ 非常方便	2. □ 方便	3. □ 一般	4. □ 不方便	5. □ 非常不方便
303 自行车租赁点	1. □ 非常方便	2. □ 方便	3. □ 一般	4. □ 不方便	5. □ 非常不方便
304 停车场	1. □ 非常方便	2. □ 方便	3. □ 一般	4. □ 不方便	5. □ 非常不方便
305 轮渡码头	1. □ 非常方便	2. □ 方便	3. □ 一般	4. □ 不方便	5. □ 非常不方便

（2）餐饮设施					
306 餐厅	1. □ 非常方便	2. □ 方便	3. □ 一般	4. □ 不方便	5. □ 非常不方便
307 快餐店	1. □ 非常方便	2. □ 方便	3. □ 一般	4. □ 不方便	5. □ 非常不方便
308 冷饮店	1. □ 非常方便	2. □ 方便	3. □ 一般	4. □ 不方便	5. □ 非常不方便
309 配餐点	1. □ 非常方便	2. □ 方便	3. □ 一般	4. □ 不方便	5. □ 非常不方便
310 外卖点	1. □ 非常方便	2. □ 方便	3. □ 一般	4. □ 不方便	5. □ 非常不方便
311 小吃店	1. □ 非常方便	2. □ 方便	3. □ 一般	4. □ 不方便	5. □ 非常不方便

注：配餐点是指餐饮配送服务，外卖点是外卖送餐服务，前者侧重于面向单位或企业，后者侧重于面向个人。

(3) 购物设施					
312 综合商场	1. □非常方便	2. □方便	3. □一般	4. □不方便	5. □非常不方便
313 超市	1. □非常方便	2. □方便	3. □一般	4. □不方便	5. □非常不方便
314 便利店	1. □非常方便	2. □方便	3. □一般	4. □不方便	5. □非常不方便

(4) 酒店设施					
315 星级酒店	1. □非常方便	2. □方便	3. □一般	4. □不方便	5. □非常不方便
316 经济型酒店	1. □非常方便	2. □方便	3. □一般	4. □不方便	5. □非常不方便
317 旅馆	1. □非常方便	2. □方便	3. □一般	4. □不方便	5. □非常不方便

(5) 医疗设施					
318 综合医院	1. □非常方便	2. □方便	3. □一般	4. □不方便	5. □非常不方便
319 专科医院	1. □非常方便	2. □方便	3. □一般	4. □不方便	5. □非常不方便
320 疗养院	1. □非常方便	2. □方便	3. □一般	4. □不方便	5. □非常不方便
321 卫生服务中心	1. □非常方便	2. □方便	3. □一般	4. □不方便	5. □非常不方便
322 卫生院	1. □非常方便	2. □方便	3. □一般	4. □不方便	5. □非常不方便
323 卫生室	1. □非常方便	2. □方便	3. □一般	4. □不方便	5. □非常不方便
324 诊所	1. □非常方便	2. □方便	3. □一般	4. □不方便	5. □非常不方便
325 妇幼保健院	1. □非常方便	2. □方便	3. □一般	4. □不方便	5. □非常不方便

(6) 教育设施					
326 幼儿园	1. □非常方便	2. □方便	3. □一般	4. □不方便	5. □非常不方便
327 小学	1. □非常方便	2. □方便	3. □一般	4. □不方便	5. □非常不方便
328 中学	1. □非常方便	2. □方便	3. □一般	4. □不方便	5. □非常不方便
329 高中	1. □非常方便	2. □方便	3. □一般	4. □不方便	5. □非常不方便
330 培训机构	1. □非常方便	2. □方便	3. □一般	4. □不方便	5. □非常不方便

(7) 体育设施					
331 体育场馆	1. □非常方便	2. □方便	3. □一般	4. □不方便	5. □非常不方便
332 体育设施	1. □非常方便	2. □方便	3. □一般	4. □不方便	5. □非常不方便

(8) 娱乐设施					
333 歌舞厅	1. □非常方便	2. □方便	3. □一般	4. □不方便	5. □非常不方便

334 电子游艺厅	1. □非常方便	2. □方便	3. □一般	4. □不方便	5. □非常不方便
335 网吧	1. □非常方便	2. □方便	3. □一般	4. □不方便	5. □非常不方便
336 游乐场（园）	1. □非常方便	2. □方便	3. □一般	4. □不方便	5. □非常不方便
337 茶馆	1. □非常方便	2. □方便	3. □一般	4. □不方便	5. □非常不方便
338 咖啡厅	1. □非常方便	2. □方便	3. □一般	4. □不方便	5. □非常不方便
339 酒吧	1. □非常方便	2. □方便	3. □一般	4. □不方便	5. □非常不方便

D：问题与建议

401 您认为现状设施使用最不方便之处是什么？提高生活便利度的首要措施是什么？	

调查员姓名		调查地点	路　　小区/弄
调查时间	年　月　日　时	调查环境描述	

上海市浦东新区
商业社区生活空间资源配置情况问卷调查

尊敬的市民朋友：

您好！我们是上海大学浦东新区课题调研组的学生。社区生活空间资源是实现社区高质量发展和高品质生活的关键。为了在研究过程中更加准确、客观地了解社区居民的需求与诉求，我们编辑了此调查问卷，现随机抽样到您所在地区，邀请您填答。答题没有对错之分，每题只选一个答案（注明多选或排序的除外），填写时不用署名，您所填写的内容仅用于课题研究公众意愿的调查，我们承诺对信息严格保密。谢谢您的合作！

（本资料"属于私人单项调查资料，非经本人同意不得泄露"。《统计法》第三章 14 条）

上海大学上海美术学院

建筑系

A：背景情况调查

（1）基本情况调查

101 性别	1. □男	2. □女		
102 户口	1. □上海户籍	2. □非上海户籍	3. □外籍	4. □港澳台身份
103 年龄	1. □17 岁及以下	2. □18—34 岁	3. □35—59 岁	4. □60 岁及以上
104 受教育程度	1. □初中及以下	2. □高中/中专/技校	3. □大专	4. □本科及以上
105 职业状况	1. □在职	2. □离职	3. □退休	4. □其他（请注明）
106 职业类型	1. □机关企业领导	2. □专业技术人员	3. □办事及有关人员	4. □生产生活服务人员
	5. □农民	6. □工人	7. □军人	8. □其他（请注明）
107 月收入	1. □1 万元及以下	2. □1 万—2 万元	3. □2 万—3 万元	4. □3 万元及以上
	5. □保密（期望月收入：　　万元）			

（2）消费行为调查

108 是否来过本商业区			1. □是	2. □否
109 上次来的时间	1. □第一次来	2. □一周内	3. □一个月内	4. □三个月内
	5. □半年内	6. □一年内	7. □一年以上	
110 来商业区目的	1. □购物	2. □娱乐	3. □餐饮	4. □办事
	5. □旅游	6. □其他		
111 主要目的地	1. □商场	2. □酒店	3. □影剧院	4. □公园
	5. □景区	6. □体育场馆	7. □歌舞游艺厅	8. □游乐场/园
	9. □其他（请注明）			
112 次要目的地	1. □商场	2. □酒店	3. □影剧院	4. □公园
	5. □景区	6. □体育场馆	7. □歌舞游艺厅	8. □游乐场/园
	9. □其他（请注明）			
113 目的满足程度	1. □完全达到目的	2. □基本达到目的	3. □未达到目的	
114 出于同样目的还会去哪些商业区（多项选择）	1. □南京东路	2. □南京西路	3. □徐家汇	4. □四川北路
	5. □五角场	6. □静安寺	7. □浦东正大广场	8. □淮海路
	9. □其他（请注明）			
115 出发地类型	1. □住处	2. □单位	3. □上一购物点	4. □外地
	5. □其他（请注明）			
116 去程交通方式	1. □私家车	2. □公共汽车	3. □地铁	4. □出租车
	5. □自行车	6. □步行	7. □摩托车	8. □轮渡
117 回程交通方式	1. □私家车	2. □公共汽车	3. □地铁	4. □出租车

		5. □自行车	6. □步行	7. □摩托车	8. □轮渡
118 路上时间		1. □0.5 小时及以下	2. □0.5—1 小时	3. □1—2 小时	4. □2 小时及以上
119 到达时间		1. □00 点—03 点	2. □03 点—06 点	3. □06 点—09 点	4. □09 点—12 点
		5. □12 点—15 点	6. □15 点—18 点	7. □18 点—21 点	8. □21 点—00 点
120 逗留时间		1. □1 小时以下	2. □1—4 小时	3. □5—8 小时	4. □9—12 小时
		5. □12 小时以上			
121 计划消费额		1. □200 元以下	2. □200—500 元	3. □500—1000 元	4. □1000 元以上
122 购物物品		1. □便利品（日用品等）	2. □选购品（如家具、服装等）	3. □特殊品（如艺术收藏品等）	4. □非渴求品（如专业书籍等）

B：本商业区商业场所的品质调查

（1）商业场所整体形象					
201 特色鲜明的程度	1. □很强	2. □较强	3. □一般	4. □较弱	5. □很弱
202 消费吸引的程度	1. □很强	2. □较强	3. □一般	4. □较弱	5. □很弱
203 周边社区关联的程度	1. □很强	2. □较强	3. □一般	4. □较弱	5. □很弱
204 文化创意的程度	1. □很强	2. □较强	3. □一般	4. □较弱	5. □很弱
205 多元活动包容的程度	1. □很强	2. □较强	3. □一般	4. □较弱	5. □很弱

（2）商业场所服务能力					
206 面向全国乃至国际的服务能力	1. □很强	2. □较强	3. □一般	4. □较弱	5. □很弱
207 面向全市乃至长三角的服务能力	1. □很强	2. □较强	3. □一般	4. □较弱	5. □很弱
208 面向不同人群的差异化服务能力	1. □很强	2. □较强	3. □一般	4. □较弱	5. □很弱
209 可以独立自主、做大做强的能力	1. □很强	2. □较强	3. □一般	4. □较弱	5. □很弱
210 绿色、集约、可持续发展的能力	1. □很强	2. □较强	3. □一般	4. □较弱	5. □很弱

（3）商业场所服务内容					
211 创意活动数量	1. □很多	2. □较多	3. □一般	4. □较少	5. □很少
212 日常使用频率	1. □很多	2. □较多	3. □一般	4. □较少	5. □很少
213 公益活动场所数量	1. □很多	2. □较多	3. □一般	4. □较少	5. □很少
214 高端定制服务数量	1. □很多	2. □较多	3. □一般	4. □较少	5. □很少

| 215 特色体验商业数量 | 1.□很多 | 2.□较多 | 3.□一般 | 4.□较少 | 5.□很少 |

C：本商业区内部及周边设施的档次调查

（1）购物设施					
301 综合商场	1.□档次非常低	2.□档次低	3.□一般	4.□档次高	5.□档次非常高

（2）住宿设施					
302 星级酒店	1.□档次非常低	2.□档次低	3.□一般	4.□档次高	5.□档次非常高
303 民宿	1.□档次非常低	2.□档次低	3.□一般	4.□档次高	5.□档次非常高
304 露营地	1.□档次非常低	2.□档次低	3.□一般	4.□档次高	5.□档次非常高

（3）文化设施					
305 电影院	1.□档次非常低	2.□档次低	3.□一般	4.□档次高	5.□档次非常高
306 剧场	1.□档次非常低	2.□档次低	3.□一般	4.□档次高	5.□档次非常高
307 音乐厅	1.□档次非常低	2.□档次低	3.□一般	4.□档次高	5.□档次非常高

（4）休闲设施					
308 公园绿地	1.□档次非常低	2.□档次低	3.□一般	4.□档次高	5.□档次非常高
309 名胜风景区	1.□档次非常低	2.□档次低	3.□一般	4.□档次高	5.□档次非常高
310 森林公园	1.□档次非常低	2.□档次低	3.□一般	4.□档次高	5.□档次非常高
311 观光景区	1.□档次非常低	2.□档次低	3.□一般	4.□档次高	5.□档次非常高
312 体育场馆	1.□档次非常低	2.□档次低	3.□一般	4.□档次高	5.□档次非常高

（5）娱乐设施					
313 歌舞厅（KTV）	1.□档次非常低	2.□档次低	3.□一般	4.□档次高	5.□档次非常高
314 电子游艺厅	1.□档次非常低	2.□档次低	3.□一般	4.□档次高	5.□档次非常高
315 网吧	1.□档次非常低	2.□档次低	3.□一般	4.□档次高	5.□档次非常高
316 室内游乐场	1.□档次非常低	2.□档次低	3.□一般	4.□档次高	5.□档次非常高
317 室外游乐园	1.□档次非常低	2.□档次低	3.□一般	4.□档次高	5.□档次非常高
318 街头表演场地	1.□档次非常低	2.□档次低	3.□一般	4.□档次高	5.□档次非常高

（6）餐饮设施					
319 茶馆	1.□档次非常低	2.□档次低	3.□一般	4.□档次高	5.□档次非常高

320 咖啡厅	1. □档次非常低	2. □档次低	3. □一般	4. □档次高	5. □档次非常高
321 酒吧	1. □档次非常低	2. □档次低	3. □一般	4. □档次高	5. □档次非常高

D：问题和建议

401 设施档次综合评价	1. □档次非常低	2. □档次低	3. □一般	4. □档次高	5. □档次非常高
402 设施品质综合评价	1. □品质非常差	2. □品质差	3. □一般	4. □品质高	5. □品质非常高
403 档次低、品质差原因排序	排序题，请在选项方框中按照原因重要性依次填入数字，数字越小说明该因素越重要，从 1 开始					
	1. □交通不方便	2. □环境不好	3. □商品太少	4. □活动太少	5. □人气不够
	6. □地段不好	7. □没有特色	8. □其他（请注明）		
404 请写出您认为最急需要改善的地方，并提出您认为可行的改善措施?					

调查员姓名		调查地点	路　　小区 / 弄
调查时间	年　月　日　时	调查环境描述	

后 记

本书是教育部人文社会科学面上项目（16YJA840007）的最终成果。书稿即将付梓，想要感谢为我们提供帮助的同学和朋友。正是他们的热心帮助和无私奉献，才使得这项工作顺利完成。

感谢上海大学建筑系的多届本科生，他们选修了我所讲授的专业课程，把专业课学习与科研项目相结合，开展社区现状调研、深度访谈和问卷调查工作。他们是：2014级城乡规划班的刘欣琪、罗来文、李静宜；2015级建筑班、城乡规划班的关以晴、顾秋易、周绮妍、刘钰、吴冉、周进宸、徐嘉诚、杨瑞雪、刘慧敏、杨殊同、蒋昕辰、韦海燕、柴畅、袁月、李沅珂、黄艺文、周文丹、宋子蒙、张哲炜、潘梦圆；2016级城乡规划班的王佳、杨金炜、张文博、黄秋实、高健、李良伟、覃明君、夏阳、张哲涵；2017级城乡规划班的徐心怡、王鑫、周子凡、于悦、吴松真、卢阳、温格、梁馨予、张雨薇、刘逸人、刘衍岑、唐梦圆、徐俊峰、唐浔、钟竺筱、张瑞欣、陶欣语、马寅杰、孙玥琦、胡卉、杨凡。当然，也要感激那些接受我们问卷调查和参与深度访谈的热心居民。

感谢我的硕士研究生：姚正厅、姜乐洋、熊彬宇、赵伯川、张泽青、张紫鹓、王子璇，以及上海宜筑建筑设计工程有限公司唐依依工程师。他们在社区调研和资料整理中承担了大量工作。

特别要感谢中国建筑出版传媒有限公司的率琦编审，在书号申请、书稿撰写进度、初稿审定和修改完善等方面，率琦先生都给予了热情和专业的指导。尤其是他的严谨、耐心和宽容，让我们克服重重困难，顺利完成书稿。

此外，还要感谢清华大学建筑学院城市规划系副主任田莉教授、上海大学上海美术学院建筑系主任刘勇副教授、上海大学上海美术学院建筑系吴煜博士在课题申报和研究过程中所给予的热情帮助和专业指导。

最后感谢教育部人文社会科学面上项目（16YJA840007）、北京高等学校卓越青年科学家项目（JJWZYJH01201910003010）、上海大学2021年联合大作业项目（202112）对于课题研究和成果出版的资助。

  本书写作过程中，参考了大量国内外学者的科研成果，感谢各参考文献的作者。写作过程中可能会有疏漏，也敬请作者海涵。

  本书只是城市公共服务设施研究的阶段性成果，今后我们仍将继续努力。

李永浮　蔡宇超

2022 年 1 月 1 日于上海大学